历任领导

金善宝　中国农业科学院院长，1980—1984年兼任中国农业科学院研究生院院长

卢良恕　中国农业科学院院长，1984—1988年兼任中国农业科学院研究生院院长

王连铮　中国农业科学院院长，1988—1995年兼任中国农业科学院研究生院院长

吕飞杰　中国农业科学院院长，1995—2001年兼任中国农业科学院研究生院院长

翟虎渠　中国农业科学院院长，2001—2012年兼任中国农业科学院研究生院院长

李家洋　农业部副部长、中国农业科学院院长，2012—2014年兼任中国农业科学院研究生院院长

刘大群　中国农业科学院党组成员，2016—2018年任中国农业科学院研究生院党委书记、2014—2018年任研究生院院长

唐华俊　农业农村部党组成员、中国农业科学院院长，2019年至今兼任中国农业科学院研究生院院长

杨忠源　1984—1989年任中国农业科学院研究生院副院长、1989—1995年任常务副院长

王汝谦　中国农业科学院副院长，1995—1999年任中国农业科学院研究生院党委书记、常务副院长

章力建　中国农业科学院党组成员，2002—2003年任中国农业科学院研究生院常务副院长

韩惠鹏　2003—2016年任中国农业科学院研究生院党委书记、常务副院长

方　军　2019年至今任中国农业科学院研究生院党委书记

研究生教育工作会议

研究生开学典礼

专业学位研究生开学典礼

赴农林高校开展招生专场宣讲

参加教育部科技发展中心组织的招生现场咨询会

召开联合培养博士生研讨会

举办大学生暑期夏令营

召开教学委员会会议

启动院所共建教研室建设

举办导师培训班

举办教师教学培训班

中国农业科学院党组书记张合成为研究生讲授思想政治理论课

“学术节”专家讲座

研究生“两代会”

青年教职工兼职班主任启动仪式

孟山都奖学金评选颁奖

金龙鱼奖学金颁奖

先正达奖学金颁奖

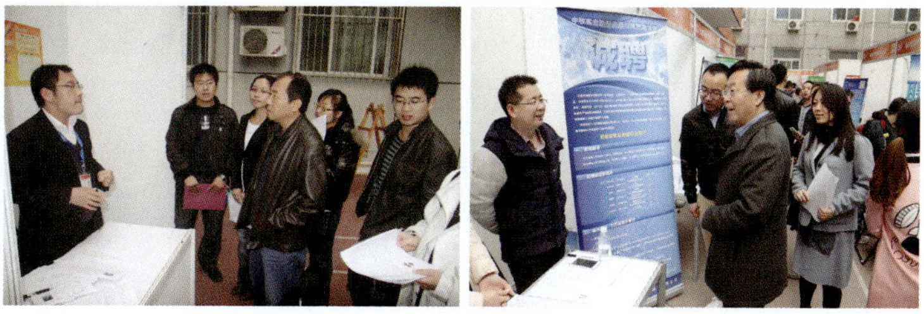

毕业生双选会

召开学位评定委员会会议

研究生毕业典礼暨学位授予仪式

中国农业科学院领导为毕业研究生拨穗

中国农业科学院领导出席学位授予仪式

中国农业科学院领导在学位授予仪式上与研究生合影

学位授予仪式上研究生合影

中国农业科学院与比利时列日大学合作培养
博士生项目首届毕业生合影

中国农业科学院与荷兰瓦赫宁根大学联合培养
博士生项目师生合影

留学生学术讲座

留学生参加师生运动会

中外友好班级联谊会

来华留学生毕业留念

由中国农业科学院、四川新津县人民政府、新希望集团联合举办“天府希望绿领学院”在新津县揭牌

举办发展中国家技术培训班

举办“西部之光”访问学者培训

举办养蜂技术培训班　助力脱贫攻坚

举办产业兴旺培训班　助力乡村振兴

社会服务

为西北地区培训农业科技人才

中国农业科学院青年课题组长培训班

中国农业科学院培训中心与顺鑫集团签约
建立培训基地

研究生赴通州关爱中心开展社会实践

师生科技服务团在北大荒856农场

研究生赴承德开展社会实践

研究生田间实践

翟虎渠院长会见英国伯明翰大学校长

李家洋院长会见加拿大圭尔夫大学校长

唐华俊院长会见新西兰梅西大学副校长

澳大利亚默多克大学代表团访问研究生院

所罗门群岛代表团访问研究生院

巴基斯坦萨格达大学代表团访问研究生院

赴捷克南波西米亚大学签署教育合作协议

赴美国北卡罗莱纳州立大学交流访问

赴埃塞俄比亚生物技术研究所交流访问

赴比利时列日大学交流访问

与中国水产科学研究院签署合作备忘录

联合培养高校领导来我院交流座谈

赴呼伦贝尔市推进院地合作

组织召开海峡两岸农业科研与教育研讨会

先进人物事迹报告会

中国农业科学院原党组书记陈萌山为研究生讲党课

研究生“两学一做”学习教育动员会

研究生院“两优一先”表彰大会

与国防大学军事文化学院共同举行“七一”入党宣誓

教工党员参观抗日战争纪念馆

离退休党支部主题党日活动

党员示范宿舍挂牌

工会组织职工参加中国农业科学院健步行活动

青委会专题活动

国际妇女节活动

博士后参加北京市博士后趣味运动会

纪念“一二·九”合唱比赛

校园风采大赛

师生运动会

迎新篮球赛

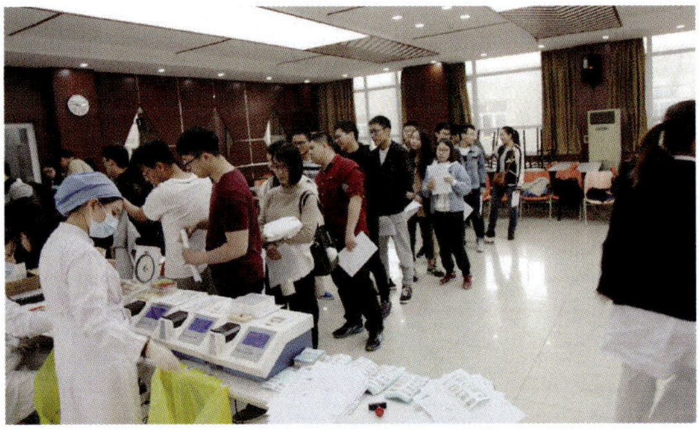

师生义务献血

研究生参加首届农民丰收节

军民共建元旦联欢会

荣誉奖励

全国高等教育学籍学历管理工作
先进集体
教育部高校学生司
二〇一二年一月

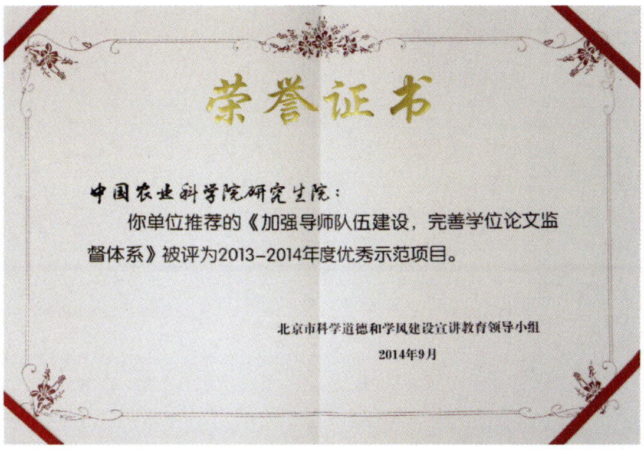
荣誉证书
中国农业科学院研究生院：
你单位推荐的《加强导师队伍建设，完善学位论文监督体系》被评为2013-2014年度优秀示范项目。
北京市科学道德和学风建设宣讲教育领导小组
2014年9月

荣誉证书
中国农业科学院研究生院：
荣获 2013 年度北京地区学位授予信息报送工作先进单位称号。
北京教育综合服务中心
二〇一四年六月

中国农业科学院
荣获北京市全国硕士研究生招生考试工作
先进单位
北京教育考试院
二〇一八年六月

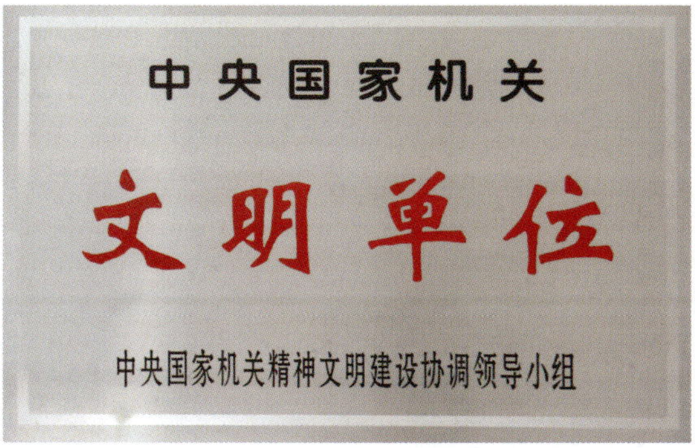
中央国家机关
文明单位
中央国家机关精神文明建设协调领导小组

首都文明单位
首都精神文明建设委员会
二〇一五年三月

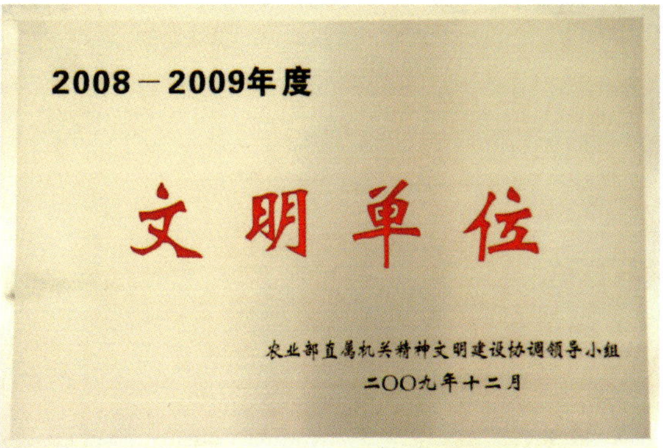
2008－2009年度
文明单位
农业部直属机关精神文明建设协调领导小组
二〇〇九年十二月

2015-2017年度
文明单位
中国农业科学院精神文明建设协调领导小组
2018年1月

中国农业科学院
文明单位标兵
(2009-2010年度)
中国农业科学院精神文明建设委员会颁发

农业部直属机关
先进基层党组织
中共农业部直属机关委员会
二〇一一年六月

农业农村部直属机关
先进基层党组织
中共农业农村部直属机关委员会
二〇一八年八月

2008-2009年度
先进基层党组织
中共中国农业科学院直属机关委员会
二〇一〇年七月

2010-2011年度
先进基层党组织
中共中国农业科学院直属机关委员会
二〇一二年七月

(2012-2013年度)
先进基层党组织
中共中国农业科学院直属机关委员会
二〇一四年六月

2016-2017年度
先进基层党组织
中国农业科学院党的建设工作领导小组办公室
中国农业科学院直属机关党委
2018年6月

青年文明号
中国农业科学院团委
二〇一二年七月

2013-2014年度中国农业科学院
先进基层妇女组织
中国农业科学院妇女工作委员会
2015年3月

中国农业科学院
群众性体育活动先进单位
中国农业科学院
2018年4月

中国农业科学院
研究生院志

（2009–2019）

中国农业科学院研究生院　编

中国农业科学技术出版社

图书在版编目（CIP）数据

中国农业科学院研究生院志. 2009-2019 / 中国农业科学院研究生院编 .—北京：中国农业科学技术出版社，2019. 10

ISBN 978-7-5116-4483-1

Ⅰ. ①中…　Ⅱ. ①中…　Ⅲ. ①中国农业科学院研究生院-概况-2009-2019　Ⅳ. ①G649. 281

中国版本图书馆 CIP 数据核字（2019）第 228138 号

责任编辑　朱　绯
责任校对　贾海霞

出 版 者　中国农业科学技术出版社
北京市中关村南大街 12 号　邮编：100081
电　　话　（010）82106626（编辑室）　（010）82109702（发行部）
（010）82109709（读者服务部）
传　　真　（010）82106626
网　　址　http://www. castp. cn
经 销 者　各地新华书店
印 刷 者　北京建宏印刷有限公司
开　　本　787mm×1 092mm　1/16
印　　张　19　　插页　16 面
字　　数　480 千字
版　　次　2019 年 10 月第 1 版　2019 年 10 月第 1 次印刷
定　　价　98. 00 元

《中国农业科学院研究生院志（2009—2019）》
编 委 会

凡　例

一、本志以社会主义核心价值观和习近平新时代中国特色社会主义思想为指导，以实事求是、述而不论为原则，以横不缺项，纵不断线为要求，力求客观、准确地记述中国农业科学院研究生院近10年的发展历程。

二、本志采用公元纪年。时间段限：上自2009年7月，下至2019年6月，对一些特定事物或内容为保证其完整性，上限略有突破。

三、本志按内容分十一章，章内设节、目，以历史发展为经，以内部结构为纬，横排竖写。各章节所记交叉之内容，选择不同视角、不同侧面重点记之。

四、本志数量使用阿拉伯数字和国际通用公制单位。数字用法执行GBIT 15835—2011《出版物上数字用法》，外国人名或地名用原名或中文译名。

五、本志称谓一律使用第三人称，人物直书其名，必要时在人名前或后加职务名称。

六、本志使用的有关数字，原则以档案记录为准，档案未进行统计的，按各部门的统计实录。

七、本志的资料来源于研究生院档案、部分取自上级文件、报刊、专著、讲话、访谈记录等。

八、《中国农业科学院研究生院志（1979—2009）》中由于客观因素未能记录或记录与实际有出入的内容，在本志相关章节内酌情修补并作适当追溯或勘正。

九、由于编者水平有限以及过去的资料不完整等原因，难免有遗漏和错误之处，欢迎读者批评指正。

序

喜迎中华人民共和国成立70周年之际，中国农业科学院研究生院恰逢建院40周年华诞。续编《中国农业科学院研究生院志（2009—2019）》，记载研究生院近10年的弦歌不辍、薪火相传，以实际行动向国庆和院庆献礼，甚为幸事。

春华秋实四十载，研究生院诞生在“科学的春天”里，成长在改革开放的浪潮中。40年来，研究生院以立德树人为根本，以强农兴农为己任，秉承“明德格物，博学笃行”的院训，坚持“立足科研、质量为本、科教兴农”的办学理念，追求“高层次、研究型、国际化、有特色”的办学目标，以“院所结合、两段式培养”为特色，在教育改革的征程中，披荆斩棘，奋勇向前，走出了一条特色鲜明的跨越发展之路，为我国农业科技创新和农业农村现代化建设培养了大量高水平人才，为我国研究生教育事业的蓬勃发展做出了应有的贡献。

40年峥嵘岁月，风雨兼程；近10年乘风破浪，砥砺前行。在农业农村部和中国农业科学院的坚强领导和亲切关怀下，在院属各研究所和各单位的积极配合和大力支持下，研究生院党委领导班子带领全体教职员工不忘教育报国初心、牢记立德树人使命，抢抓机遇、凝心聚力、励精图治、改革创新，实现了研究生教育事业内涵式发展。招生规模大幅增加、学科建设卓有成效、教育质量持续提升、办学条件全面完善、国际教育快速发展、教育改革深入推进、内部管理不断强化，取得了斐然成绩。在全国第四轮学科评估中，作物学、植物保护、畜牧学、兽医学4个学科被评为A+，生物学、农业资源与环境2个学科被评为A-，A+学科数与全国高校相比居于并列第12位，A类学科数占中国农业科学院参评时具有博士学位授权一级学科数的60%。

盛世修史，懿年纂志。秉务实之风，著之成书。《中国农业科学院研究生院志（2009—2019）》凝结了近10年的发展历程，以实言史，系统记载了近10年的领导体制与组织机构沿革，全面记录了近10年在学科建设、学生工作、培养与教学、国际合作与交流、科技与社会服务、条件建设、行政管理、党建及精神文明等各方面取得的成绩及各培养单位的研究生培养情况，对继武前贤、以史为鉴、兴教育人，有重要的现实意义和深远的历史意义。

值此志修成之际，抚今追昔，倍感任重而道远。成绩已成既往，未来犹待奋蹄。愿中国农业科学院研究生院同仁，承前启后，继往开来，坚持“三个面向”，全面落实立德树人根本任务，建设“两个一流”，扎实推进研究生教育改革发展，为中国农业科技创新、助力乡村振兴战略、推动“三农”事业发展培养更多具有创新力和国际竞争力的高层次人才，为中国农业科学院研究生教育事业发展谱写新的篇章！

农业农村部党组成员
中国农业科学院院长　唐华俊
研 究 生 院 院 长

目　　录

第一章
概　述

2009—2019 年，是中国农业科学院研究生院发展史上一个新的历史时期。研究生院始终坚持社会主义办学方向，深入贯彻落实习近平新时代中国特色社会主义思想、习近平总书记关于教育的重要论述，认真贯彻党和国家关于研究生教育的各项路线方针政策，以立德树人为已任，围绕习近平总书记致中国农业科学院建院 60 周年贺信中提到的“三个面向、两个一流”总要求，全面深化研究生教育改革，创新教育管理体制，优化教学培养机制，实现了招生规模迅速扩大、培养质量稳步提升、教育产出成果丰硕、内部管理规范有序、条件建设不断完善、党建和精神文件建设成效显著，为经济社会发展和农业科技创新培养了大批高层次人才，研究生教育工作进入了全新的发展阶段。

一、加强党的领导，坚持社会主义办学方向

研究生院党委始终认真贯彻落实党中央关于加强党的建设的要求，紧密围绕研究生教育中心工作，将党的建设贯穿研究生教育工作全过程，以党的建设促进研究生教育事业发展。

（一）领导决策机制逐步完善

10 年间，研究生教育领导体制发生重大变化，2009—2016 年实行行政领导人负责制，建立健全院务会、党委会、院长办公会等议事制度；2016 年 6 月，为加强党对研究生教育工作的领导，农业部党组决定，研究生院实行党委领导下的行政领导人负责制，议事制度中增加了书记办公会和院长专题办公会，进一步完善“三重一大”制度，“三重一大”事项由党委会研究决定；2019 年 5 月建立党政联席会议事制度。研究生教育领导决策机制逐步健全完善，为教育事业专业化长远发展奠定了坚实基础。

（二）思想政治工作体系逐步健全

高度重视研究生思想政治工作，以立德树人为根本，以理想信念教育为核心，以社会主义核心价值观为引领，将思想政治建设融入党建和精神文明建设中，通过举办丰富多彩的校园文化活动，增加研究生的社会责任心和凝聚力、归属感。

2011 年起，实施兼职班主任制度，选聘有一定的理论水平和管理工作经验、能够胜任研究生思想政治教育工作、热爱学生工作的人员，充实研究生思想教育工作队伍。2012 年

开始，以培育综合素养为核心，开设“学术名家”“国外学者”“企业精英”和“文化名流”四大精品讲堂。

2017年，积极落实全国高校思想政治工作会议精神，中国农业科学院党组印发《中共中国农业科学院党组关于加强和改进研究生思想政治工作的意见》（农科院党组〔2017〕26号），明确建立以中国农业科学院党组统一领导、研究生院、研究所党委组织实施、各级党团组织、研究生管理部门齐抓共管的工作格局，将思想政治教育、学术道德教育和学风建设宣讲教育纳入研究生教育培养体系，从党建、课堂教学、学术文化、阵地建设、导师、教师、管理队伍等多方面梳理了新形势下研究生思想政治工作的有效途径。投资完成心理咨询室建设，开展在校生心理筛查，关注研究生心理健康，促进研究生全面综合发展。

2018年，以《高校思政工作质量提升工程实施纲要》为指导，利用“农科校园”App及微信公众号等新媒体手段，加强新形势下思想政治建设。

（三）基层组织建设规范有力

严格按上级党组织要求，加强党的基层组织建设，规范党员发展及组织管理工作，扎实开展主题教育活动，充分发挥基层党组织的战斗堡垒作用，发挥党员示范带头作用，积极推进研究生教育事业快速发展。

颁布实施《中共中国农业科学院研究生院委员会工作规则》《中国农业科学院研究生院编外职工党员管理办法》以及《中国农业科学院研究生院关于评选年度先进基层党组织、优秀共产党员、优秀党务工作者的规定》等制度，建立健全基层组织建设工作机制。

根据党中央要求，2009年开展“学习实践科学发展观”活动，并代表中国农业科学院接受农业部的科学发展观“回头看”检查，受到充分肯定和高度评价。2010—2012年，深入开展创先争优活动专题活动，组织900余名学生党员在西门主楼广场以佩戴党徽、集体签名的方式举行承诺宣誓大会，此项活动作为典型事例向中央组织部创先争优活动领导小组汇报，获得中央组织部高度评价。2013年，开展党的群众路线教育实践活动，突出教育特色，制定“两方案、一计划”，部署群众路线教育实践活动“回头看”。2015年，召开党委会议部署“三严三实”专题教育活动，组织处级以上干部学习党的十八大、十八届三中、四中、五中全会精神和习近平总书记系列重要讲话精神，学习《习近平谈治国理政》等书籍，确保学习效果。2016年，开展“两学一做”学习教育，班子成员积极主动过“双重”组织生活，邀请李保国同志先进事迹报告团来院宣讲，提高学习效果，坚定党员理想信念。2019年6月，在处级以上干部中开展“不忘初心、牢记使命”主题教育活动，做到“守初心、担使命，找差距、抓落实”贯穿主题教育全过程。

2009—2016年，研究生院是农业部系统内党员人数最多的单位，年均有1 000多名师生党员。根据学生变化，定期调整研究生党支部，开展入党积极分子和支部委员培训，提高支部委员的党务工作能力。严格按要求发展党员，将优秀分子纳入党组织中来。与国防大学军事文化学院学员大队（原解放军艺术学院文化管理系）合作举办七一入党宣誓等丰富多彩的党建活动，开展创先争优，评选“先进基层党组织”“优秀共产党员”和“优秀党务工作者”，发挥示范效应。2016 年，为进一步加强回所研究生党员管理，印发实施《关于进一步加强和改进研究生党员教育和管理工作的意见》，实行回所研究生党员“属地管理”。

（四）党风廉政建设常抓不懈

党风廉政建设工作始终坚持“标本兼治、综合治理、惩防并举、注重预防”的原则，形成“一级抓一级，层层抓落实”的党风廉政建设格局，为教育事业健康发展保驾护航。

2011 年，成立纪律检查委员会，制定《中国农业科学院研究生院纪律检查委员会工作规则》，纪委书记由党委副书记兼任，建立健全党风廉政建设工作机制。党委、纪委始终认真贯彻落实党风廉政建设制度规定和上级党风廉政建设会议精神和要求，贯彻落实党风廉政建设责任制度，党委书记与处室负责人签订党风廉政建设责任书，党委主要负责人认真履行第一责任人的职责，班子成员和各处室负责人认真落实“一岗双责”，坚持业务和党风廉政两手抓。加强廉政教育宣传，增强党员干部廉政意识。编制《中国农业科学院研究生院廉政风险防控手册》并根据实际情况及时修订。

2016 年，按照中央第八巡视组巡视反馈意见，多次召开专题会议研究部署巡视整改方案的落实，建立健全廉政建设长效机制。

二、全面深化改革，明确发展目标

研究生教育始终围绕国家社会发展和科技创新需求，分阶段分步骤深化教育改革，开拓进取、求实创新，推动教育事业不断发展。

2009 年，研究生院举办建院 30 周年庆祝活动，对 30 年教育发展总结回顾，谋划中国农业科学院研究生教育未来发展方向。时任副总理回良玉发来贺信，肯定了研究生院 30 年来取得的成绩，勉励全体师生员工继续努力奋斗。

2011 年，编制出台《中国农业科学院研究生教育“十二五”发展规划（2011—2015）》，总结“十一五”研究生教育发展成绩，明确了“十二五”期间中国农业科学院研究生教育发展目标和任务。

2012 年 4 月 9—10 日，中国农业科学院第七次研究生教育工作会议在京召开，出台《中国农业科学院关于深化研究生教育改革的若干意见》，全面深化研究生教育改革，内容涉及生源选拔、联合培养、过程管理、课程建设、素质提升、激励机制、优博计划及管理体制 8 个方面。

2013 年，结合国家高等教育发展趋势和中国农业科学院研究生教育实际，制定《中国农业科学院研究生教育中长期发展规划》和《研究生院中长期人才发展规划》，谋划研究生教育及人才队伍的中长期发展和通州新院区建设；同年，为贯彻落实中国农业科学院党组提出的现代化科研院所建设行动，推进实施科技创新工程，充分调动各研究所在研究生教育管理方面的积极性，出台《中国农业科学院研究生教育评价指标体系》，建立研究所研究生教育评价机制，按年度对各研究所研究生教育工作进行考核评价。

2014 年 11 月 30 日，中国农业科学院研究生教育改革与发展研讨会在京召开。会议就中国农业科学院研究生教育改革思路和重点举措达成共识，从创新管理机制等 8 个方面重点推进教育综合改革。

2015 年，成立研究生教育质量保障领导小组，在积极扩大规模的同时，狠抓教育质量。成立“兽医学院”，负责兽医学科研究生招生及培养管理工作，探索“研究生院—学院—研究所”“三位一体”的教育管理体制，于 2016 年正式开展教学管理工作。

2016 年 5 月 6 日，农业部、教育部签署《农业部 教育部关于合作共建、深化产教融合，推进现代农业发展的协议》，明确提出“稳步扩大中国农业科学院研究生教育培养规模”，为研究生教育规模的大幅增加奠定了基础。

2017 年 4 月 28 日，印发《中国农业科学院研究生教育“十三五”发展规划（2016—2020）》，总结“十二五”研究生教育取得的成绩，深刻分析研究生教育发展面临的机遇和挑战，明确了“十三五”期间研究生教育发展的目标和任务，为下一步发展指明了方向。

2017 年 10 月 30 日，印发《中国农业科学院关于成立中国农业科学院研究生院国际教育学院的通知》，正式成立国际教育学院，同年 12 月，深圳研究生院经院党组批准，学院制改革取得阶段性进展。

2018 年，印发《中国农业科学院研究生院兽医学院 2019 年博士研究生“申请—考核制”招生方案》，兽医学院试点探索博士生招生“申请—考核制”，选拔优秀生源。

三、多管齐下，教育规模大幅增加

在研究生指标紧缺的大背景下，研究生院坚持解放思想、开拓创新，多渠道丰富教育类别，招生规模大幅增加。

通过向教育部争取，在全日制硕士、博士、非全日制专业学位、留学生招生类别的基础上，2010 年，为促进科教协同创新，扩大博士生招生规模，经教育部批准，与中国农业大学联合培养博士生项目正式启动，首期招收博士生 10 人。2013 年，中国农业科学院研究生院与比利时列日大学合作举办农学和生物工程博士学位教育项目获得批准，首期招收博士生 20 人。研究生教育类别不断丰富，扩大为全日制博士、硕士、非全日制专业学位、留学生、中外合作办学博士生 5 个类别，招生规模随之大幅增加。

2009—2019 年，通过积极争取增加常规指标、扩大留学生招生规模、拓宽国内联合培养、增加中外合作办学项目、增加“少数民族骨干招生计划”等措施，研究生招生规模实现了跨越式增长，2018 年招生 1 711 人，较 2009 年招生 785 人增长 1. 18 倍。

2016 年，全日制博士和硕士合计招收1 011人，首次突破千人。

2017 年，根据《教育部办公厅关于统筹全日制和非全日制研究生管理工作的通知》（教研厅〔2016〕2 号），统筹全日制和非全日制研究生教育，当年招收全日制和非全日制硕士生合计1 012人，招生规模实现大幅增长，其中硕士招生规模首次突破千人。

四、构建质量保证体系，教育质量稳步提升

10 年来，研究生院始终坚持以质量为核心，充分发挥“院所结合，两段式培养”特色，不断推进研究生教育教学改革，探索从招生到学位授予全过程的质量保障措施，稳步提升研究生教育质量。

（一）生源质量不断提升

加强研究生院、研究所以及专家导师的统一协调，通过大学生夏令营、现场咨询会、招生专场宣讲会、网络宣传等多种形式提升研究生教育的知名度和影响力，吸引优秀生源。

2014 年，加大对优秀生源的奖励力度，对优秀推免生的奖励标准由一次性奖励5 000元提高为免除 3 年学费，吸引优秀生源报考。2015 年，加大优秀应届本科毕业生攻读研究生选拔力度，大幅增加推免生接收人数。2016 年，招收推免生占全日制硕士比例达 21%。2018 年，改革招生宣传方式，由过去研究生院集中统一举办夏令营的方式改为鼓励并支持京内外各研究所举办特色夏令营。2019 年，启动实施招收直博生。

（二）培养模式彰显特色

充分发挥中国农业科学院优质科教资源，针对农业科研特点，通过深化教育教学改革，突出特色，提升质量。

2009 年，根据学科布局特点，全面修订和完善 44 个博士学位授权专业和 56 个硕士学位授权专业的培养方案。2013 年，全面修订完成 65 个硕士学位授权专业和 53 个博士学位授权专业的研究生培养方案。根据专业设置特点，试行集中教学以秋季学期为大学期、春季学期为小学期的“大—小学期制”，促进研究生尽早回所开展科研工作。

2014—2015 年，分两批成立生物学等 32 个院所共建教研室，建立以研究生院集中教学为主体、以研究所专业教研室为支撑的研究生教学体系。2016 年，修订硕博连读评审制度，充分发挥研究所在研究生培养中的重要作用。

2018 年，组织完成农业硕士 7 个领域以及兽医硕士培养方案的修订，进一步实现学术学位与专业学位研究生分类培养。

（三）奖助体系逐步完善

始终坚持服务导向，畅通诉求渠道，改革优化奖助体系，维护学生合法权益，提高为学生服务的水平，研究生管理工作获得肯定。

2012 年起，中央财政对纳入全国研究生招生计划的中央高校全日制研究生（委托培

养研究生除外）安排生均综合定额拨款。从2012年起，免收研究所、导师和研究生承担的培养费（委托培养、计划外研究生除外），同时，提高全日制非定向培养的在读博士、硕士研究生的基本生活津贴和助研津贴。

2014年起，按照《财政部 国家发展改革委 教育部关于完善研究生教育投入机制的意见》（财教〔2013〕19号）文件精神，从2014年秋季学期起，按“新生新办法、老生老办法”的原则，向所有纳入全国研究生招生计划的新入学研究生收取学费。对奖助体系进行全面改革和优化，设立研究生国家助学金和学业奖学金。改革后的奖助学金体系由奖学金和助学金两部分组成。

2016年，继续推进奖助体系改革，取消一年级学业奖学金分级评选，将学业奖学金由3个等次压缩为2个等次，缩小等次差距，扩大受奖面；首次将各类企业奖学金名额下拨到研究所，做到研究所之间奖助相对均衡。

（四）大力加强师德师风和学风建设

通过完善制度建设、定期开展教育培训工作，大力加强师德师风建设和学风建设，营造良好学术氛围。

完善监督机制，营造良好学风。2009年，首次使用中国知网的“学术不端文献检测系统”，树立诚信观念，提高学位论文质量。2013年，建立并落实研究生科研原始记录检查制度，加强学术道德建设。同年，“加强导师队伍建设，完善学位论文监督体系项目”被评为“北京市学风和学术道德建设示范项目”。

2015年，开设“科研诚信与学术道德”课程，将科研诚信教育纳入课程教学，2019年，该课程设为全院研究生必修课程。

加强师资队伍培训，增强师德师风教育。2012年，首次启动全院导师轮训，对新增导师进行岗前培训，强化学术科研道德，提升指导研究生的水平。自2012年起，每年定期举办导师培训班，提升导师队伍整体水平，累计培训导师2 000余人次。2016年11月，举办首期教师教学培训班，围绕课堂教学方法、师生课堂互动、学生心理等内容开展专题讲座，提高专兼职教师教学能力和水平，截至2019年，累计培训300余人次。

强化制度建设，落实立德树人职责。深入贯彻落实党的十九大关于加强师德师风建设的精神及《教育部关于全面落实研究生导师立德树人职责的意见》要求，制定《中国农业科学院全面落实研究生导师立德树人职责实施细则》，从提出导师基本素质“三个具备”、明确导师立德树人职责“七要”、健全评价考核、激励及督导问责机制、划定导师禁行行为十三条、建立监督反馈机制、强化组织保障、完善院所两级导师培训体系等方面多措并举构建导师立德树人工作长效机制。

（五）学科体系不断完善

始终坚持学科建设为引领，整合中国农业科学院优质科教资源，完善学科体系，优化学科布局，不断提升办学层次，办学实力迈上新台阶。

2011 年，新增生物学、生态学、草学 3 个博士学位授权一级学科。

2018 年，新增农业工程博士学位授权一级学科、大气科学和水产 2 个硕士学位授权一级学科、工程硕士和图书情报硕士 2 个专业学位授权类别。

2019 年，新增兽医博士专业学位授权类别，工程硕士专业学位授权类别按照国务院学位委员会要求对应调整为生物与医药硕士专业学位授权类别。

截至 2019 年 6 月，共有生物学、生态学、农业工程、作物学、园艺学、农业资源与环境、植物保护、畜牧学、兽医学、草学、农林经济管理 11 个博士学位授权一级学科，51 个博士学位授权二级学科；16 个硕士学位授权一级学科，61 个硕士学位授权二级学科；兽医博士、生物与医药硕士、农业硕士、兽医硕士、图书情报硕士 5 个专业学位授权类别。

（六）严把培养质量“出口关”

10 年来，不断加强和规范学位管理，学位论文质量逐年攀升。获得“全国百篇优秀博士学位论文”1 篇，提名 5 篇，获“北京市优秀博士学位论文”2 篇，获“全国农业推广硕士优秀论文”4 篇，“全国兽医专业学位优秀硕士学位论文”1 篇。

2012 年 6 月，为充分发挥学位评定委员会在质量保证方面的作用以及研究所的积极性和主动性，将原有的中国农业科学院学位评定委员会、学位评定分委员会两级学位管理体系更改为中国农业科学院学位评定委员会、学科评议组及专业学位评定分委员会、研究所学位评定委员会三级学位管理体系。

2013 年，大幅提高学位论文双盲评阅比例，博士学位论文双盲评阅比例由 40%提高为 100%，硕士学位论文双盲评阅比例由 10%提高为 30%。

2015 年，首次实施学位论文审查办法，对学位论文实行“初审”“复审”“终审”三级审查和责任追究制度。同年，针对学科专业布局分散、交叉的特点，启动实施培养点管理制度，形成以培养点为研究生教育的基本管理单元、同一学科专业不同研究所之间协调联动的运行模式。

2016 年，分学科专业制订《中国农业科学院学位授予标准》，包括 1 个一级学科、49 个二级学科及 2 个交叉学科，2018 年进行修订补充。2019 年，制订 2 个硕士专业学位授权类别学位授予标准。

五、深化交流合作，促进国际教育高质量发展

10 年来，研究生院国际教育始终面向国际农业科技教育发展前沿，服务国家科教外交大局和科技创新需求，大力发展来华留学生教育，积极实施中外合作博士学位教育项目，建立完善国际教育管理和质量保证体系，助力“一流研究生院”和“一流学科”建设，打造以农业和生命科学为优势、以研究生学历教育为主体、以博士留学生教育为特色的“留学农科”品牌。

（一）来华留学生教育实现跨越式发展

依托中国农业科学院科技教育资源，建立“院所结合，两段式培养”的留学生工作管理机制、奖学金资助体系和中外学生“趋同培养”模式。

2008年开始实行来华留学生招生“申请—审核制”。2009年招收来华留学生12人，在校生16人、在校生国别10个。2009年9月至2019年6月，累计招收来华留学生821人（含高级进修生）。2018年招收191人，在校留学生523人，生源国别57个，其中博士留学生规模位于全国农林类高校首位、国内高校第十位。

2011年首届毕业留学生2人。2009年9月至2019年6月，毕业留学生共计343人，其中博士285人，硕士58人，培养了一批具有国际视野和跨文化交流能力的高层次农业人才。

2016—2018年共有7名博士生获得中国政府优秀来华留学生奖学金。

（二）中外合作办学博士学位教育稳步提升

围绕“高层次、研究型、国际化、有特色”的办学目标，积极探索国际合作新机制，推动研究生培养模式改革创新，促进研究生培养与国际合作的融合发展。

2013年，教育部批准与比利时列日大学合作举办农学和生物工程博士学位教育项目，是国内农业领域首个博士层次的中外合作办学项目。项目学制4年，实行“3（国内学习）+1（国外学习）”的培养模式。首期招生19人，截至2019年6月项目在校生102人。2017年12月6日，中比项目顺利通过教育部主管部门的评估并获批准延期（2018—2026）。

2015年8月，教育部批准研究生院与荷兰瓦赫宁根大学合作举办农业和生命科学博士学位教育项目。学制4年，实行“2.5（国内学习）+1.5（国外学习）”的培养模式。2016年首次招生19人，截至2019年6月项目在校生共72人。

（三）国际教育合作交流迈上新台阶

依托中国农业科学院的国际合作资源，围绕中外合作办学、来华留学生教育和师生交流及教学资源引进工作，积极拓展国际合作交流伙伴，研究生教育合作交流迈上新台阶。

2009年至2019年6月，累计接待来访团组76个，来访国别（次）112个，来访人数529人次。累计出访团组50个，出访国别（次）88个，出访人数114人次。

截至2019年6月，累计与全球五大洲的16个国家和1个国际组织签署合作协议/合作谅解备忘录29份。

六、发挥资源优势，社会服务效果显著

（一）在职专业学位教育稳步发展

在职专业学位教育始终围绕国家重大决策部署、农业主战场，不断规范内部管理，积极扩大对外合作，先后在全国20个省、市、自治区建立43个招生培养协作单位，其中挂牌三家研究生院分院。2009年7月至2019年6月，共授予学位2 565人。通过在职人员攻读专业学位的教育方式，为我国“三农”事业的建设和发展培养了一批学历高、留得住、用得上、懂农业、爱农村、爱农民的高层次应用型人才。

2009—2010年与农业部联合开展“基层农业技术推广骨干人员学历提升计划”项目，招收培养基层农业技术推广人员357人，促进了基层农业技术推广体系人才素质的提升；为贯彻落实国家援藏、援疆计划，在与中国农业科学院研究生院西藏分院——西藏自治区农牧科学院继续加强合作的同时，2014年与新疆塔里木大学签订合作协议，累计在西藏和新疆地区招收培养在职攻读专业学位硕士研究生160人；响应国家西部大开发工作，在重庆、四川、贵州、云南、陕西、甘肃、青海、宁夏、内蒙古、广西等边远少数民族地区招收培养在职攻读专业学位硕士研究生305人；积极支持东北地区振兴规划，2010年在黑龙江省农业科学院设立中国农业科学院研究生院黑龙江分院，在东北三省招收培养699名在职人员攻读专业学位硕士，为加强东北地区粮食生产能力建设，形成稳固的国家粮食战略基地提供基层农技人才保障；认真落实国家《促进中部地区崛起规划》，2010年在湖北省农业科学院设立中国农业科学院研究生院武汉分院，累计招收培养在职攻读专业学位硕士研究生131人。

2010—2013年、2015年、2017年先后在沈阳、北京、哈尔滨等地举办6次“专业学位研究生教育研讨会”，对在职攻读专业学位硕士研究生的招生、培养、管理等各个环节进行研讨，分析发展过程中的问题和挑战，总结成功的经验和做法，不断提升培养质量。

（二）科技培训成效显著

依托中国农业科学院培训中心、国家级专业技术人员继续教育基地和科技部发展中国家技术培训基地，构建“一个中心、两个基地”培训平台，积极开展社会服务工作。充分发挥院所科技和人才资源，开展人员培训、教材课件开发和课题研究，搭建具有专业特色的学习网络，致力于打造我国农业科技培训的第一品牌。

2014年6月20日，成立中国农业科学院培训中心，挂靠研究生院，负责对中国农业科学院各类科技培训活动进行总体规划和顶层设计，对培训活动中的战略性、方向性、全局性问题进行指导和协调。2009—2019年，累计组织实施乡村振兴、精准扶贫、科技成果转化、“西部之光”访问学者、发展中国家技术培训班、青年课题组长培训班等各类培训班166期，累计培训人员14 500余人次。在北京、四川成都、新疆石河子、黑龙江哈尔

滨、海南三亚等地建立中国农业科学院培训中心培训基地 11 个。

（三）两岸教育交流日益深入

2011 年 7 月 21—25 日，为增进海峡两岸科技人员与教育交流，由中国农业科学院、台湾大学、中兴大学主办，中国农业科学院研究生院、台湾大学生物资源暨农学院、中兴大学农业暨自然资源学院承办的第一届“海峡两岸农业科研与教育研讨会”在京举办。来自海峡两岸的 120 余名农业科研与教育专家参加会议，在两岸专家间建立起沟通交流的桥梁，三方签订《关于合作举办海峡两岸农业科研与教育研讨会的备忘录》及研究生交流协议书，建立了合作的长效机制。2011—2016 年，“海峡两岸农业科研与教育研讨会”连续举办 6 届，在中国大陆举办 3 届，在中国台湾举办 3 届，累计 500 余人次参加会议，成为农业部系统最大的对台交流项目。通过会议举办，中国农业科学院相关研究所与中国台湾两所大学的院系建立了密切的合作关系，双方共同开展科学研究，致力于将科技成果应用于社会服务。

七、加强队伍建设，内部管理规范有序

（一）队伍规模不断壮大，结构日趋合理

始终坚持“人才是第一资源”的理念，不断加强教育管理队伍建设，打造一支专业化、年轻化、结构化的管理队伍，提高研究生教育管理水平。

不断加强干部队伍建设。2010 年，按照“公开竞聘、择优录用”的原则，完成专业学位教育处、学位办、研究生工作处及后勤服务中心 5 个处级岗位的公开竞聘工作。2011 年，提拔 1 名副处级干部，1 名处级干部轮岗。加大年轻干部培养力度，启动实施年轻人兼任研究生班主任制度。2013 年，1 人被中央组织部博士服务团选派赴新疆塔里木大学挂职，支援边疆教育发展。2014 年，组织完成学位办、培养处、研究生工作处、招生就业处 4 个处室的副处级干部竞聘上岗。2015 年，4 名处级干部轮岗。2016 年，完成 8 名处级干部的选拔任用工作，2 名副处级干部轮岗，强化中层干部队伍建设。2018 年，完成 5 名处级干部选拔任用工作。

加强师资队伍建设。充分发掘中国农业科学院各研究所优质人才资源，建立起一支“以我为主、专兼结合”的高水平师资队伍，各研究所兼职教师占教师队伍总数的比例不断增加。严格导师遴选，实行导师招生资格年审制，为“青年英才”等人才开辟导师遴选“绿色通道”，定期开展导师、教师培训，提高导师、教师指导及教学水平，导师队伍中高水平专家比例日益增长。

完善管理队伍建设。在人员编制受限的情况下，通过调入、招聘聘用人员等方式，加强管理队伍建设，支持编制内及编外聘用人员在职深造，攻读研究生，管理队伍的学历层次、职称层次不断提升。加强研究所教育管理队伍建设，开展教育业务培训，评选表彰研

究生管理工作先进集体和先进个人，激发研究所研究生管理人员的积极性和主动性，提高研究所研究生管理水平。

（二）加强制度建设，内部管理科学规范

2010年，在原有教育管理制度的基础上，着重加强人事、档案、国有资产管理及政府采购等方面的制度建设，新起草制订编制外劳动用工、国有资产管理及基本建设管理办法等20余项。

2012年，完成《研究生院规章制度汇编》的修订，组织制（修）订党务、行政、人事、财务、档案、培养管理、学位管理、科研、后勤等规章制度64项。

2016年，对原有《研究生院规章制度汇编》进行修订，制（修）订各类规章制度58项，规范办事程序，理顺工作流程。

2018年，根据中国农业科学院管理效益年活动要求，对原有《研究生院规章制度汇编》进行再次修订，制（修）订各类规章制度70余项。

通过制度建设，不断规范研究生教育管理工作，增强教育工作制度化、规范化、科学化，提升教育管理及服务水平。

八、加强教育保障，条件建设不断优化

10年来，通过申请财政资金及自筹资金等多种渠道，加大基础设施建设，校园面貌不断改善，研究生教育教学条件不断完善。

2009年，自筹资金100万元，完成球形网架建设工程，在宿舍楼和教学楼之间建设了700平方米室内运动场地。

2010年9月30日，建筑面积15 500平方米的学生公寓楼竣工并投入使用，大大改善了研究生住宿条件。

2012年以来，通过多种渠道，不断提升研究生教育信息化水平。投资190万元完成校园“一卡通”工程。2014年，正式启动实施“研究生教育一体化数字校园平台建设项目”并顺利完成，布置完成18个研究生院教室和32个研究所地面教室，共计50个点，在北京（研究生院）、兰州（兰州兽医研究所）、杭州（中国水稻研究所）、哈尔滨（哈尔滨兽医研究所）建成4个数据中心。校园内部网络带宽增至1G。2015年，“研究生教育一体化数字校园平台建设项目”二期进展顺利，建设完成研究生管理信息系统和办公自动化系统。自主引进500M教育宽带，丰富网络教育资源。2017年，完成“虚拟教学机房及精品课堂建设设备购置项目”，建成5个现代化精品课堂教室。2018年，实施完成“数字校园无线覆盖设备购置项目”，布置完成无线接入点1 035个，实现全院办公教学生活区域无线网络全覆盖。

九、全院师生团结奋进，研究生教育硕果累累

十年栉风沐雨、耕读不辍，十年桃李芬芳、春华秋实。在农业农村部、中国农业科学院党组的坚强领导下，在社会各界的大力支持下，研究生院全体职工开拓进取、踏实工作，取得了教育管理工作的辉煌成绩。2009 年 7 月—2019 年 6 月，共授予2 253 人博士学位（含留学生 284 人）；共授予9 151 人硕士学位，其中全日制学术学位硕士5 191 人（含留学生 58 人），同等学力硕士 83 人，全日制专业学位硕士 1 312 人，非全日制专业学位硕士2 565 人。在全国第四轮学科评估中，作物学、植物保护、畜牧学及兽医学 4 个学科被评为 A+，生物学、农业资源与环境两个学科被评为 A-，A+学科数与全国高校相比居于并列第 12 位，A 类学科数占研究生院参评时具有博士学位授权一级学科数的 60%。获得首批全国高等教育学籍学历管理工作先进集体、北京市招生工作先进单位、北京地区学位授予信息报送工作先进集体。

先后获中央国家机关文明单位、全国巾帼文明岗、首都文明单位、首都军（警）民共建标兵单位，农业农村部先进基层党组织、文明单位、创先争优先进基层党组织，中国农业科学院先进基层党组织、文明单位标兵、文明单位、先进基层妇女组织、青年文明号、先进集体；此外，还获海淀区拥军拥属先进单位、军（警）民共建标兵单位、交通安全先进单位，中国农业科学院“好公文”优秀奖、宣传工作先进单位。

第二章
领导体制与组织机构沿革

第一节 领导体制

1985—2016 年，根据中国农业科学院《关于实行所长负责制的通知》（[人]字第 187 号文件）精神，研究生院实行院长负责制。院长领导研究生院的全面工作，并实行逐级负责的工作机制，即常务副院长向院长负责，副院长向常务副院长负责，各处处长向分管院领导负责。同时，建立重大决策会议制度，实施科学化、民主化管理，主要形式有：党委会议、院务会议、院长办公会议制度。

2016 年 6 月，农业部党组决定，研究生院在中国农业科学院党组领导下，实行党委领导下的行政领导人负责制。不断完善重大事项的决策规则和程序，确保决策的科学化、民主化。研究生院党政会议主要形式有：党委会议、党政联席会、院务会议、书记办公会议、院长办公会议、院长专题办公会议，其决定事项须以会议纪要形式印发。

第二节 历任领导

第五任院长翟虎渠（2001 年 8 月—2012 年 3 月），常务副院长章力建，常务副院长兼党委书记韩惠鹏，党委副书记兼副院长王秀玲、李思经，副院长陆庆光、刘荣乐、孙红。2003 年 6 月，常务副院长章力建调离；2003 年 5 月，韩惠鹏调任副院长，主持工作并于同年 12 月任常务副院长兼党委书记；2002 年 7 月，党委副书记王秀玲兼任副院长，2010 年 9 月退休；2010 年 4 月，李思经调任副院长，同年 9 月兼任党委副书记，2011 年 1 月，兼任纪委书记；2005 年 12 月，刘荣乐调任副院长；2010 年 9 月，孙红任副院长。

第六任院长李家洋（2012 年 3 月—2014 年 12 月），常务副院长兼党委书记韩惠鹏，党委副书记、副院长兼纪委书记李思经，副院长刘荣乐、孙红。2014 年 5 月，副院长孙红离任。

第七任院长刘大群（2014 年 12 月—2018 年 12 月），常务副院长兼党委书记韩惠鹏，党委副书记、副院长兼纪委书记李思经，常务副院长兼党委副书记刘瀛弢，副院长、纪委书记刘荣乐，副院长、党委副书记兼纪委书记罗长富，副院长王春霞、李哲敏。2014 年

12 月，刘大群任中国农业科学院党组成员、研究生院院长，2015 年 9 月到任，同年 11 月兼任党委副书记，2016 年 12 月转任党委书记，2019 年 5 月退休；2016 年 5 月，常务副院长兼党委书记韩惠鹏退休；2015 年 3 月，党委副书记、副院长兼纪委书记李思经调离；2017 年 8 月，刘瀛弢调任常务副院长，2017 年 9 月兼任党委副书记；2015 年 3 月，副院长刘荣乐兼任纪委书记，2017 年 12 月调离；2015 年 3 月，罗长富任副院长，2017 年 12 月兼任纪委书记，2018 年 12 月转任党委副书记兼纪委书记；2017 年 9 月，王春霞任副院长，李哲敏调任副院长。

第八任院长唐华俊（2019 年 1 月至今），党委书记方军，常务副院长兼党委副书记刘瀛弢，副院长方海洋，党委副书记、纪委书记罗长富，副院长王春霞、李哲敏。2019 年 3 月，方军调任党委书记，5 月到任；2019 年 4 月，方海洋任副院长；2019 年 6 月，常务副院长兼党委副书记刘瀛弢调离。历任领导变更情况见表 2-1。

表 2-1　研究生院历任领导变更情况

届　别	职　务	姓　名	任　期	任命批准文号
第五任	中国农业科学院院长兼研究生院院长	翟虎渠	2001. 8—2012. 3	农科院党组发〔2001〕40 号
	常务副院长	韩惠鹏	2003. 12—2010. 8	农科院党组发〔2003〕66 号
			2010. 8—2016. 4	农任字〔2010〕48 号
	党委书记	韩惠鹏	2003. 12—2011. 1	农科院党组发〔2003〕66 号
			2011. 1—2016. 4	直党字〔2011〕3 号
	党委副书记兼副院长	王秀玲（女）	2002. 7—2010. 9	农科院党组发〔2002〕38 号
	党委副书记	李思经（女）	2010. 9—2015. 3	农科院党组发〔2010〕33 号
	纪委书记	李思经（女）	2011. 1—2015. 3	直党字〔2011〕3 号
	副院长	刘荣乐	2005. 12—2010. 9	农科院任字〔2005〕17 号
			2010. 9—2017. 12	农科院任字〔2010〕21 号
		李思经（女）	2010. 4—2015. 3	农科院任字〔2010〕14 号
		孙红（女）	2010. 9—2014. 5	农科院任字〔2010〕21 号
第六任	农业部党组成员、副部长、中国农业科学院院长兼研究生院院长	李家洋	2012. 3—2014. 12	农任字〔2012〕16 号
	常务副院长	韩惠鹏	2010. 8—2016. 4	农任字〔2010〕48 号
	党委书记	韩惠鹏	2011. 1—2016. 4	直党字〔2011〕3 号
	党委副书记	李思经（女）	2010. 9—2015. 3	农科院党组发〔2010〕33 号
	纪委书记	李思经（女）	2011. 1—2015. 3	直党字〔2011〕3 号
	副院长	刘荣乐	2010. 9—2017. 12	农科院任字〔2010〕21 号
		李思经（女）	2010. 4—2015. 3	农科院任字〔2010〕14 号
		孙红（女）	2010. 9—2014. 5	农科院任字〔2010〕21 号

（续表）

届　别	职　务	姓　名	任　期	任命批准文号
第七任	中国农业科学院党组成员、研究生院院长	刘大群	2014. 12—2018. 12	农任字〔2015〕85 号
	党委书记	韩惠鹏	2011. 1—2016. 4	直党字〔2011〕3 号
		刘大群	2016. 12—2018. 12	农党组发〔2016〕144 号
	常务副院长	韩惠鹏	2010. 8—2016. 4	农任字〔2010〕48 号
		刘瀛弢（女）	2017. 8—2019. 6	农任字〔2017〕110 号
	党委副书记	李思经（女）	2010. 9—2015. 3	农科院党组发〔2010〕33 号
		刘大群	2015. 11—2016. 12	农科院党组发〔2015〕43 号
		刘瀛弢（女）	2017. 9—2019. 6	农科院党组发〔2017〕47 号
		罗长富	2018. 12—	农科院党组发〔2018〕45 号
	纪委书记	李思经（女）	2011. 1—2015. 3	直党字〔2011〕3 号
		刘荣乐	2015. 3—2017. 12	农科院党组发〔2015〕9 号
		罗长富	2017. 12—	农科院党组发〔2017〕66 号
	副院长	刘荣乐	2010. 9—2017. 12	农科院任字〔2010〕21 号
		李思经（女）	2010. 4—2015. 3	农科院任字〔2010〕14 号
		罗长富	2015. 3—2018. 12	农科院任字〔2015〕6 号
		王春霞（女）	2017. 9—	农科院任字〔2017〕34 号
		李哲敏（女）	2017. 9—	农科院任字〔2017〕34 号
第八任	农业农村部党组成员、中国农业科学院院长兼研究生院院长	唐华俊	2019. 1—	农任字〔2019〕38 号
	党委书记	方军（女）	2019. 3—	农党组发〔2019〕51 号
	常务副院长	刘瀛弢（女）	2017. 8—2019. 6	农任字〔2017〕110 号
	党委副书记	刘瀛弢（女）	2017. 9—2019. 6	农科院党组发〔2017〕47 号
		罗长富	2018. 12—	农科院党组发〔2018〕45 号
	纪委书记	罗长富	2017. 12—	农科院党组发〔2017〕66 号
	副院长	王春霞（女）	2017. 9—	农科院任字〔2017〕34 号
		李哲敏（女）	2017. 9—	农科院任字〔2017〕34 号
		方海洋	2019. 4—	农科院任字〔2019〕37 号

注：表中任期时间按任命批准文号时间标示

2010 年 5 月 28 日，研究生院召开院务会调整领导班子分工。韩惠鹏负责研究生院全面工作，王秀玲分管办公室、招生就业处、培训服务中心，李思经分管研究生工作处，刘荣乐分管培养处、学位办公室、专业学位教育处。同年 9 月 21 日，研究生院召开院长办公会调整新一届领导班子分工，韩惠鹏负责研究生院全面工作，王秀玲分管培训服务中心工作，李思经分管办公室、学位办公室及财务处，刘荣乐分管培养处、专业学位教育处，孙红分管招生就业处、研究生工作处。

2015 年 4 月 1 日，研究生院召开党委会调整领导班子分工。韩惠鹏负责研究生院全面工作，分管后勤服务中心和继续教育处；刘荣乐分管办公室、招生就业处、培养处和专业学位教育处；罗长富分管财务处、研究生工作处、学位办公室和国际教育处。

2017 年 10 月 13 日，研究生院召开党委会调整领导班子分工。刘大群主持研究生院全面工作，刘瀛弢分管院长办公室和财务处，刘荣乐分管党委办公室、招生就业处和专业学位教育处，罗长富分管研究生工作处和国际教育处，王春霞分管学位办公室和培养处，李哲敏分管继续教育处和培训服务中心。

2018 年 1 月 9 日，研究生院召开党委会调整领导班子分工。刘大群主持研究生院全面工作，刘瀛弢分管院长办公室、财务处和兽医学院，罗长富分管党委办公室、研究生工作处和国际教育处，王春霞分管培养处、学位办公室和专业学位教育处，李哲敏分管招生就业处、继续教育处、培训服务中心和北京中农研科技服务中心有限公司。

2019 年 6 月 17 日，研究生院第八任领导班子确定后，研究生院召开党委会调整领导班子分工。方军主持研究生院全面工作，刘瀛弢分管院长办公室、财务处和兽医学院，方海洋分管国际教育处和继续教育处，罗长富分管党委办公室和研究生工作处，王春霞分管培养处、学位办公室和专业学位教育处，李哲敏分管招生就业处、培训服务中心和北京中农研科技服务中心有限公司。

第三节　组织机构

建院之初，研究生院设有教务处和总务处两个机构。至 2009 年 7 月，设有办公室、招生就业处、培养处、学位办公室、研究生工作处、专业学位教育处、培训服务中心 7 个职能机构。

2009 年 7 月 7 日，增设专业学位教育处（农科人干函〔2009〕72 号），主要负责全院在职攻读专业学位招生、录取、教学组织、论文答辩等相关工作。

2011 年 7 月 12 日，为更好地开展国际交流与合作，加强留学生教育管理工作，研究生院党委会决定增设国际教育处（农科人干函〔2011〕52 号），主要负责来华留学生教育、国际合作与外事管理工作。

2013 年 1 月 19 日，为加强资金管理，保证财务工作顺利开展，研究生院党委会决定增设财务处（农科人干函〔2013〕6 号），主要负责研究生院及所属企业的财务管理和会计核算、资产管理。

2014 年 6 月 20 日，为深入贯彻落实中央一号文件和农业部关于“加快农业科技推广应用”的决策部署，充分发挥中国农业科学院在人才、资源和基地等方面的优势，进一步整合和集中培训力量开展培训工作，经中国农业科学院 2014 年第 3、第 4 次常务会讨论通过，成立中国农业科学院培训中心（农科院研生〔2014〕148 号），挂靠研究生院，统筹组织中国农业科学院科技培训工作。同年 7 月 7 日，研究生院党委会决定成立继续教育处（内设机构）。主要负责中国农业科学院培训中心具体事务，同时也承担中国农业科学院科技人员继续教育基地的培训任务。2017 年 10 月 16 日，根据中国农业科学院人事局批复

（农科人干函〔2017〕155 号），正式成立继续教育处，主要负责全院科技培训活动的筹划、组织和实施及国家级专业技术人员继续教育基地的管理工作。

2015 年 7 月 22 日，为进一步整合全院兽医学科的研究平台和智力资源，加强兽医学科相关研究所之间的协同创新，促进中国农业科学院与高校、地方企事业单位实现“科教融合、产学研一体化”，经中国农业科学院党组 2015 年 6 月 12 日会议研究通过，成立兽医学院（农科院研生〔2015〕182 号），统筹兽医学科研究生招生及培养管理。

2017 年 10 月 16 日，为更好地落实党委领导下的行政领导人负责制，加强党的领导，全面推进从严治党，将原办公室的党建党务、纪检监察职责分离，成立党委办公室（农科人干函〔2017〕155 号），主要负责党的建设、党务管理、纪检监察、干部人才队伍建设及工会、青委会及妇委会的管理工作。

2017 年 10 月 30 日，为顺应国家科技外交和农业科技创新需求，积极服务国家“一带一路”倡议和农业“走出去”战略，促进研究生国际教育与中国农业科技创新及海外农业研究的融合发展，进一步提升研究生教育国际化水平，经 2016 年 12 月 29 日中国农业科学院党组第 29 次会议研究同意，成立国际教育学院（农科院研生〔2017〕239 号），与国际教育处合署办公，统筹管理留学生教育、中外合作办学教育及研究生教育国际交流工作。

2017 年 11 月 8 日，原办公室更名为院长办公室（农科人干函〔2017〕184 号），负责行政管理、人事管理、离退休管理、信息宣传、政府采购、档案管理及安全保密工作。

2017 年 12 月 21 日，经中国农业科学院 2017 年第 22 期党组会研究同意，建设中国农业科学院深圳研究生院，充分发挥基因组所学科优势以及深圳的区位优势、政策优势，抓住机遇，加快推进。

2018 年，经中国农业科学院 2018 年第 13 次常务会研究同意组建“中国农业科学院乡村振兴学院”，挂靠中国农业科学院研究生院。各行政部门机构沿革详见表 2-2。

表 2-2 各行政部门机构沿革

机构名称	负责人职务	负责人姓名	任职时间	备 注
办公室	主 任	李志平（女）	2006. 11—2017. 11	
	副主任	李虹（女）	2011. 11—2013. 1	
		高 雷	2013. 7—2014. 12	
		王仕龙	2016. 10—2017. 11	
党委办公室	主 任	李志平（女）	2017. 11—2018. 1	
		佟继旭	2018. 1—	
	副主任	张玉胜	2018. 1—	
院长办公室	副主任	佟继旭	2017. 11—2018. 1	主持工作
		王仕龙	2017. 11—	
			2018. 1—	主持工作
		张博（女）	2018. 1—	
财务处	处 长	李虹（女）	2016. 10—	
	副处长	李虹（女）	2013. 1—2016. 10	主持工作
		王志霞（女）	2016. 10—	

（续表）

机构名称	负责人职务	负责人姓名	任职时间	备 注
招生就业处	处 长	孙红（女）	2006.11—2011.5	
		王春霞（女）	2011.5—2015.4	
		翟研宁（女）	2018.1—	
	副处长	刘宇航	2014.1—2015.4	
		翟研宁（女）	2015.4—2018.1	主持工作
		王恩涛	2017.7—	
培养处	处 长	王春霞（女）	2005.2—2011.5	
		汪勋清	2012.7—2015.6	
		温洋（女）	2016.10—	
	副处长	汪勋清	2006.7—2012.7	
			2011.5—2012.7	主持工作
		李文才	2014.1—2016.10	
			2015.6—2016.10	主持工作
		卓 炯	2016.10—	
研究生工作处	处 长	于子荣（女）	2006.11—2013.3	
		李文才	2016.10—2019.3	
	副处长	杨建玲（女）	2010.6—2016.10	
			2013.3—2016.10	主持工作
		佟继旭	2014.1—2017.11	
		夏晨（女）	2016.11—	
			2019.3—	主持工作
学位办公室	主 任	罗长富	2005.9—2015.4	
		王春霞（女）	2015.4—2018.1	
	副主任	潘东芳（女）	2010.6—2011.7	
		王海峰	2014.1—2015.4	
		陈黎明	2016.10—	
			2018.1—	主持工作
		田松杰（女）	2018.1—	
专业学位教育处	处 长	王凤忠	2010.6—2011.8	
		于子荣（女）	2013.3—2017.3	
		杨建玲（女）	2018.1—	
	副处长	王凤忠	2009.7—2010.6	主持工作
		温洋（女）	2010.6—2016.10	
			2011.8—2013.3	主持工作
			2014.7—2016.10	主持工作
		杨建玲（女）	2016.10—2018.1	主持工作

（续表）

机构名称	负责人职务	负责人姓名	任职时间	备　注
国际教育处	处　长	汪勋清	2015. 6—	
	副处长	潘东芳（女）	2011. 7—2015. 6	主持工作
		翟研宁（女）	2012. 6—2015. 4	
		张明军	2016. 1—	
		董一威	2018. 1—	
继续教育处	处　长	于子荣（女）	2014. 7—2017. 3	兼　任
		柳　萌	2017. 11—	
	副处长	佟继旭	2016. 10—2017. 11	兼　任
			2017. 3—2017. 11	主持工作
		李艾诺（女）	2018. 1—	
培训服务中心	主　任	刘永杰	2003. 6—2018. 4	
	副主任	陈媭（女）	2010. 6—	
			2018. 10—	主持工作

第四节　常设委员会

为促进教育事业的发展，根据国家、教育部有关研究生教育的规定，中国农业科学院研究生教育设立常设机构负责日常的招生就业、教学培养、学科发展、学位管理及教育管理等工作，本节重点介绍学位各类常设机构如学位评定委员会、教学委员会、学术委员会及培训指导中心委员会，其他常设机构在后边的章节中具体表述。

一、中国农业科学院学位评定委员会

2009 年 7 月—2012 年 5 月，中国农业科学院继续实行中国农业科学院学位评定委员会、学位评定分委员会两级学位管理体系。2012 年 6 月，随着学科专业数量的增加以及研究生招生规模的不断扩大，为充分发挥学位评定委员会在质量保证方面的作用及研究所的积极性和主动性，提高研究生教育质量，根据 2012 年 1 月 13 日中国农业科学院第七届学位评定委员会第七次会议决议和《中国农业科学院关于深化研究生教育改革的若干意见》（农科院研生〔2012〕103 号）文件精神，将两级学位管理体系改为中国农业科学院学位评定委员会、学科评议组及专业学位评定分委员会、研究所学位评定委员会三级学位管理体系。

2009 年 7 月—2019 年 1 月，中国农业科学院各级学位评定委员会的有关规定均体现在《中国农业科学院学位授予工作实施细则》中，对各级学位评定委员会的组成、职责、议事规则等做出规定。为进一步规范各级学位评定委员会的工作，经 2019 年 1 月 18 日中国农业科学院第九届学位评定委员会第四次会议审议通过，制订《中国农业科学院学位评定委员会章程》（农科学位〔2019〕3 号），对各项规定进行补充完善。

（一）中国农业科学院学位评定委员会

2011 年 1 月 10 日，根据《农业部关于同意增补王韧同志为中国农业科学院第七届学位评定委员会委员的批复》（农科教发〔2011〕1 号），增补王韧为中国农业科学院第七届学位评定委员会委员。

2012 年 1 月 9 日，根据《农业部关于同意调整李家洋同志为中国农业科学院第七届学位评定委员会主席的批复》（农科教发〔2012〕1 号），李家洋担任中国农业科学院第七届学位评定委员会主席，翟虎渠不再担任中国农业科学院第七届学位评定委员会主席。

2013 年 6 月 19 日，根据《农业部关于中国农业科学院第八届学位评定委员会委员名单的批复》（农科教函〔2013〕2 号），成立中国农业科学院第八届学位评定委员会（表 2-3）。

表 2-3　第八届学位评定委员会委员名单

姓　名	性别	出生年月	所在单位	专业技术职务	学科专业	备　注
李家洋	男	1956. 7	中国农业科学院	研究员、院士	植物分子遗传学	主　席
刘　旭	男	1953. 12	中国农业科学院	研究员、院士	作物种质资源学	副主席
吴孔明	男	1964. 7	中国农业科学院	研究员、院士	农业昆虫与害虫防治	副主席
韩惠鹏	男	1956. 2	研究生院	研究员	农业经济管理	副主席
方智远	男	1939. 9	蔬菜花卉所	研究员、院士	蔬菜学	委　员
喻树迅	男	1953. 11	棉花所	研究员、院士	作物遗传育种	委　员
林　敏	男	1964. 5	生物所	研究员	微生物学	委　员
朱昌雄	男	1963. 2	环发所	研究员	微生物学	委　员
李付广	男	1966. 8	棉花所	研究员	棉花转基因	委　员
唐华俊	男	1960. 10	中国农业科学院	研究员	农业区域发展	委　员
段爱旺	男	1963. 3	灌溉所	研究员	农业水土工程	委　员
胡志超	男	1963. 1	南京农机化所	研究员	农业机械	委　员
王　强	男	1965. 3	农产品加工所	研究员	农产品质量安全与食物安全	委　员
戴小枫	男	1962. 2	农产品加工所	研究员	植物保护/农产品加工	委　员
钱永忠	男	1965. 12	质量标准所	研究员	农产品质量安全与食物安全	委　员
万建民	男	1960. 6	作物科学所	教　授	作物遗传育种	委　员
程式华	男	1958. 11	水稻所	研究员	水稻遗传育种	委　员
王汉中	男	1964. 1	油料所	研究员	作物遗传育种	委　员
杨亚军	男	1961. 9	茶叶所	研究员	茶学	委　员
王志强	男	1963. 9	郑州果树所	研究员	果树学	委　员

（续表）

姓 名	性别	出生年月	所在单位	专业技术职务	学科专业	备 注
孙日飞	男	1959.6	蔬菜花卉所	研究员	蔬菜学	委 员
周 卫	男	1966.8	资源区划所	研究员	农业资源与环境	委 员
刘荣乐	男	1963.3	研究生院	研究员	植物营养学	委 员
梅旭荣	男	1963.4	环发所	研究员	农业资源环境	委 员
徐明岗	男	1961.1	资源区划所	研究员	农业资源环境	委 员
郑永权	男	1962.11	植保所	研究员	农药学	委 员
杨福合	男	1956.8	特产所	研究员	特种动物遗传育种学	委 员
文 杰	男	1963.7	畜牧兽医学	研究员	动物营养和遗传育种	委 员
童光志	男	1962.10	上海兽医所	研究员	预防兽医学	委 员
殷 宏	男	1966.11	兰州兽医所	研究员	预防兽医学	委 员
王笑梅	女	1962.5	哈尔滨兽医所	研究员	预防兽医学	委 员
侯向阳	男	1963.10	草原所	研究员	草地资源利用与保护	委 员
李思经	女	1962.3	研究生院	研究员	农业信息管理	委 员
秦 富	男	1960.9	农经所	教 授	农业经济管理	委 员
许世卫	男	1962.5	农业信息所	研究员	农业经济管理/农业信息分析	委 员

2016年7月7日，根据《农业部关于同意刘大群同志为中国农业科学院第八届学位评定委员会副主席的批复》（农科教发〔2016〕5号），增补刘大群为中国农业科学院第八届学位评定委员会委员，并担任副主席，韩惠鹏不再担任中国农业科学院第八届学位评定委员会副主席、委员。

2017年1月5日，根据《农业部关于同意中国农业科学院调整第八届学位评定委员会主席的批复》（农科教发〔2017〕1号），唐华俊担任中国农业科学院第八届学位评定委员会主席，李家洋不再担任中国农业科学院第八届学位评定委员会主席、委员。

2017年5月22日，根据《农业部关于中国农业科学院第九届学位评定委员会委员组成名单的批复》（农科教发〔2017〕7号），成立中国农业科学院第九届学位评定委员会（表2-4）。

表2-4 第九届学位评定委员会委员名单

姓 名	性别	出生年月	所在单位	专业技术职务	学科专业	备 注
唐华俊	男	1960.10	中国农业科学院	研究员、院士	区域发展	主 席
吴孔明	男	1964.7	中国农业科学院	研究员、院士	农业昆虫与害虫防治	副主席
万建民	男	1960.6	中国农业科学院	教授、院士	作物遗传育种	副主席
刘大群	男	1958.8	中国农业科学院、研究生院	教 授	植物病理学	副主席
王汉中	男	1963.12	中国农业科学院	研究员	作物遗传育种	委 员
刘 旭	男	1953.12	中国工程院	研究员、院士	作物种质资源学	委 员
方智远	男	1939.9	蔬菜花卉所	研究员、院士	蔬菜学	委 员

（续表）

姓名	性别	出生年月	所在单位	专业技术职务	学科专业	备注
刘春明	男	1963.2	作物科学所	研究员	生物化学与分子生物学	委员
路铁刚	男	1964.6	生物所	研究员	生物化学与分子生物学	委员
李付广	男	1966.8	棉花所	研究员	生物化学与分子生物学	委员
朱昌雄	男	1963.2	环发所	研究员	微生物学	委员
钱永忠	男	1965.12	质量标准所	研究员	农产品质量与食物安全	委员
戴小枫	男	1962.2	农产品加工所	研究员	食品科学	委员
黄修桥	男	1961.10	灌溉所	研究员	农业水土工程	委员
胡志超	男	1963.1	南京农机化所	研究员	农业机械化工程	委员
程式华	男	1958.11	水稻所	研究员	作物遗传育种	委员
廖伯寿	男	1963.6	油料所	研究员	作物遗传育种	委员
孙日飞	男	1959.6	蔬菜花卉所	研究员	蔬菜学	委员
杨亚军	男	1961.8	茶叶所	研究员	茶学	委员
任天志	男	1960.11	天津环保所	研究员	农业生态学	委员
梅旭荣	男	1963.4	科技管理局	研究员	农业水资源与环境	委员
周清波	男	1965.9	资源区划所	研究员	农业遥感	委员
周卫	男	1966.8	资源区划所	研究员	植物营养学	委员
周雪平	男	1965.7	植保所	研究员	植物病理学	委员
文杰	男	1963.7	畜牧兽医所	研究员	动物营养与饲料科学	委员
齐广海	男	1963.5	饲料所	研究员	动物营养与饲料科学	委员
王加启	男	1967.6	蜜蜂所	研究员	动物营养与饲料科学	委员
侯向阳	男	1963.10	草原所	研究员	草地资源利用与保护	委员
步志高	男	1965.6	哈尔滨兽医所	研究员	预防兽医学	委员
童光志	男	1962.10	上海兽医所	研究员	预防兽医学	委员
殷宏	男	1966.11	兰州兽医所	研究员	预防兽医学	委员
孙坦	男	1970.9	农业信息所	研究员	情报学	委员
李思经	女	1962.3	农经所	研究员	农业信息管理	委员
刘荣乐	男	1963.3	研究生院	研究员	土壤学	委员
罗长富	男	1963.1	研究生院	研究员	农业信息管理	委员兼秘书

（二）学位评定分委员会及学科评议组

2009年6月—2012年5月，中国农业科学院学位评定委员会下设立作物科学、植保园艺、动物科学、资源环境、管理与工程、专业学位等六个学位评定分委员会，协助中国农业科学院学位评定委员会开展学位评定和研究生教育管理相关工作。

作物科学学位评定分委员会（2009.6—2012.5，15人）：负责学术学位研究生及在职人员以研究生毕业同等学力申请硕士学位人员的学位评定等有关工作，涉及生物化学与分子生物学、作物栽培学与耕作学、作物遗传育种、作物种质资源学、药用植物资源学等5个学术学位授权学科。

主席：万建民（作物科学所）

副主席：王汉中（油料所）、程式华（水稻所）、喻树迅（棉花所）

委员：黎志康（作物科学所）、李立会（作物科学所）、毛龙（作物科学所）、贾继增（作物科学所）、赵明（作物科学所）、林敏（生物所）、路铁刚（生物所）、钱前（水稻所）、熊和平（麻类所）、王元英（烟草所）、王英平（特产所）

植保园艺学位评定分委员会（2009.6—2012.5，15人）：负责学术学位研究生及在职人员以研究生毕业同等学力申请硕士学位人员的学位评定等有关工作，涉及果树学、蔬菜学、茶学、观赏园艺、植物病理学、农业昆虫与害虫防治、农药学、杂草科学、病虫测报、生物安全、农业微生物等11个学术学位授权学科。

主席：吴孔明（植保所）

副主席：杜永臣（蔬菜花卉所）

委员：何晨阳（植保所）、邱德文（植保所）、程登发（植保所）、万方浩（植保所）、孙日飞（蔬菜花卉所）、李锡香（蔬菜花卉所）、谢丙炎（蔬菜花卉所）、葛红（蔬菜花卉所）、王志强（郑州果树所）、丛佩华（果树所）、刘凤之（果树所）、杨亚军（茶叶所）、杨其长（环发所）

动物科学学位评定分委员会（2009.6—2012.5，15人）：负责学术学位研究生及在职人员以研究生毕业同等学力申请硕士学位人员的学位评定等有关工作，涉及动物遗传育种与繁殖、动物营养与饲料科学、草业科学、特种经济动物饲养、动物信息科学、基础兽医学、预防兽医学、临床兽医学、中兽医学、兽药学、野生动植物保护与利用等11个学术学位授权学科。

主席：才学鹏（兰州兽医所）

副主席：童光志（上海兽医所）

委员：柳纪省（兰州兽医所）、孔宪刚（哈尔滨兽医所）、林矫矫（上海兽医所）、薛飞群（上海兽医所）、时建忠（畜牧兽医所）、文杰（畜牧兽医所）、李向林（畜牧兽医所）、李奎（畜牧兽医所）、杨福合（特产所）、吴杰（蜜蜂所）、杨志强（兰州牧药所）、侯向阳（草原所）、蔡辉益（饲料所）

资源环境学位评定分委员会（2009.6—2012.5，11人）：负责学术学位研究生及在职人员以研究生毕业同等学力申请硕士学位人员的学位评定等有关工作，涉及气象学、微生物学、生物物理学、生态学、农业生物环境与能源工程、环境科学、环境工程、作物生态学、作物气象学、土壤学、植物营养学、农业水资源利用、农业区域发展、农业遥感、草地资源利用与保护等15个学术学位授权学科。

主席：梅旭荣（环发所）

副主席：段爱旺（灌溉所）

委员：董红敏（环发所）、李玉娥（环发所）、张维理（资源区划所）、梁永超（资源

区划所）、徐明岗（资源区划所）、周卫（资源区划所）、周清波（资源区划所）、唐世荣（天津环保所）、黄修桥（灌溉所）

管理与工程分委员会（2009.6—2012.5，13人）：负责学术学位研究生及在职人员以研究生毕业同等学力申请硕士学位人员的学位评定等有关工作，涉及农业机械化工程、农业水土工程、食品科学、农产品加工及贮藏工程、农产品质量与食物安全、作物信息科学、管理科学与工程、农业经济管理、农业资源与环境经济学、农产品贸易、农业技术经济、农业信息管理学、农业经营管理、情报学等14个学术学位授权学科。

主席：秦富（农经所）

副主席：魏益民（农产品加工所）

委员：王东阳（农经所）、李先德（农经所）、张陆彪（国际合作局）、叶志华（质量标准所）、钱永忠（质量标准所）、王强（农产品加工所）、许世卫（农业信息所）、王文生（农业信息所）、王道龙（资源区划所）、张辉（沼气所）、梁建（南京农机化所）

专业学位评定分委员会（2009.6—2012.5，15人）：负责在职攻读专业学位硕士学位评定等有关工作，涉及农业推广硕士、兽医硕士2个专业学位授权类别。

主席：韩惠鹏（研究生院）

副主席：刘荣乐（研究生院）、吴敬学（农经所）

委员：罗其友（资源区划所）、姜文来（资源区划所）、蒋卫杰（蔬菜花卉所）、陈万权（植保所）、李少昆（作物科学所）、王天宇（作物科学所）、李锁平（农经所）、夏英（农经所）、吕加平（农产品加工所）、王加启（畜牧兽医所）、李刚（畜牧兽医所）、孟宪学（农业信息所）

2012年6月5日，根据《关于成立中国农业科学院学位评定委员会学科评议组的通知》（农科学位〔2012〕5号），在中国农业科学院学位评定委员会下成立生物学、食品与工程、作物学、园艺学、资源环境、植物保护、畜牧与草业、兽医学、管理与信息九个学科评议组，同时保留专业学位评定分委员会，协助中国农业科学院学位评定委员会开展学位评定和研究生教育管理相关工作。撤销原有的作物科学、植保园艺、动物科学、资源环境、管理与工程五个学位评定分委员会。

生物学学科评议组（2012.6—2017.5，11人）：负责学术学位研究生及在职人员以研究生毕业同等学力申请硕士学位人员的学位评定等有关工作，涉及生理学、微生物学、生物化学与分子生物学、生物物理学、生物信息学等5个学术学位授权学科。

组长：林敏（生物所）

副组长：朱昌雄（环发所）

成员：路铁刚（生物所）、钱前（水稻所）、张辉（沼气所）、邱德文（植保所）、李俊（资源区划所）、李付广（棉花所）、黎志康（作物科学所）、毛龙（作物科学所）、王国英（作物科学所）

食品与工程学科评议组（2012.6—2017.5，11人）：负责学术学位研究生、在职人员以研究生毕业同等学力申请硕士学位人员及全日制专业学位研究生的学位评定等有关工作，涉及食品科学、粮食、油脂及植物蛋白工程、农产品加工及贮藏工程、农产品加工装备、农业机械化工程、农业水土工程、农业生物环境与能源工程、农产品质量与食物安全、农产品加工利用、作物土壤机械工程学、设施农业与生态工程等 11 个学术学位授权学科及农业推广硕士专业学位相关领域。

组长：叶志华（质量标准所）

副组长：王强（农产品加工所）

成员：木泰华（农产品加工所）、魏益民（农产品加工所）、钱永忠（质量标准所）、杨曙明（质量标准所）、李培武（油料所）、黄修桥（灌溉所）、胡志超（南京农机化所）、杨其长（环发所）、梅自力（沼气所）

作物学学科评议组（2012. 6—2017. 5，11 人）：负责学术学位研究生、在职人员以研究生毕业同等学力申请硕士学位人员及全日制专业学位研究生的学位评定等有关工作，涉及作物栽培学与耕作学、作物遗传育种、作物种质资源学、药用植物资源学等 4 个学术学位授权学科及农业推广硕士专业学位相关领域。

组长：万建民（作物科学所）

副组长：喻树迅（棉花所）

成员：王述民（作物科学所）、程式华（水稻所）、王英平（特产所）、王元英（烟草所）、王汉中（油料所）、伍晓明（油料所）、熊和平（麻类所）、李立会（作物科学所）、赵明（作物科学所）

园艺学学科评议组（2012. 6—2017. 5，9 人）：负责学术学位研究生、在职人员以研究生毕业同等学力申请硕士学位人员及全日制专业学位研究生的学位评定等有关工作，涉及果树学、蔬菜学、茶学、观赏园艺等 4 个学术学位授权学科及农业推广硕士专业学位相关领域。

组长：杜永臣（蔬菜花卉所）

副组长：杨亚军（茶叶所）

成员：李锡香（蔬菜花卉所）、孙日飞（蔬菜花卉所）、葛红（蔬菜花卉所）、王晓武（蔬菜花卉所）、刘凤之（果树所）、王志强（郑州果树所）、丛佩华（果树所）

资源环境学科评议组（2012. 6—2017. 5，11 人）：负责学术学位研究生、在职人员以研究生毕业同等学力申请硕士学位人员及全日制专业学位研究生的学位评定等有关工作，涉及土壤学、植物营养学、农业水资源与环境、农业遥感、农业环境学、农业生态学、农业气象与气候变化、环境科学、环境工程、气象学、畜禽环境科学与工程等 11 个学术学位授权学科及农业推广硕士专业学位相关领域。

组长：梅旭荣（环发所）

副组长：徐明岗（资源区划所）

成员：徐应明（天津环保所）、侯向阳（草原所）、董红敏（环发所）、李玉娥（环发所）、段爱旺（灌溉所）、梁永超（资源区划所）、张维理（资源区划所）、周清波（资源区划所）、周卫（资源区划所）

植物保护学科评议组（2012. 6—2017. 5，9 人）：负责学术学位研究生、在职人员以研究生毕业同等学力申请硕士学位人员及全日制专业学位研究生的学位评定等有关工作，涉及植物病理学、农业昆虫与害虫防治、农药学、杂草学、入侵生物学、转基因生物安全学、生物防治学等 7 个学术学位授权学科及农业推广硕士专业学位相关领域。

组长：吴孔明（植保所）

副组长：郑永权（植保所）

成员：李宝聚（蔬菜花卉所）、谢丙炎（蔬菜花卉所）、万方浩（植保所）、何晨阳（植保所）、彭于发（植保所）、崔金杰（棉花所）、王晓鸣（作物科学所）

畜牧与草业学科评议组（2012.6—2017.5，11 人）：负责学术学位研究生、在职人员以研究生毕业同等学力申请硕士学位人员及全日制专业学位研究生的学位评定等有关工作，涉及动物遗传育种与繁殖、动物营养与饲料科学、特种经济动物饲养、野生动植物保护与利用、草地资源利用与保护、饲草遗传育种与种子科学、饲草生产加工及利用等 7 个学术学位授权学科及农业推广硕士专业学位相关领域。

组长：杨福合（特产所）

副组长：文杰（畜牧兽医所）

成员：李向林（畜牧兽医所）、李奎（畜牧兽医所）、曹文广（畜牧兽医所）、罗绪刚（畜牧兽医所）、杨博辉（兰州牧药所）、吴杰（蜜蜂所）、蔡辉益（饲料所）、刁其玉（饲料所）、刘桂香（草原所）

兽医学学科评议组（2012.6—2017.5，11 人）：负责学术学位研究生、在职人员以研究生毕业同等学力申请硕士学位人员及全日制专业学位研究生的学位评定等有关工作，涉及基础兽医学、预防兽医学、临床兽医学、中兽医学、兽药学等 5 个学术学位授权学科及兽医硕士专业学位相关领域。

组长：孔宪刚（哈尔滨兽医所）

副组长：童光志（上海兽医所）

成员：王笑梅（哈尔滨兽医所）、步志高（哈尔滨兽医所）、杨志强（兰州牧药所）、殷宏（兰州兽医所）、柳纪省（兰州兽医所）、武华（特产所）、朱鸿飞（畜牧兽医所）、薛飞群（上海兽医所）、林矫矫（上海兽医所）

管理与信息学科评议组（2012.6—2017.5，9 人）：负责学术学位研究生、在职人员以研究生毕业同等学力申请硕士学位人员及全日制专业学位研究生的学位评定等有关工作，涉及农业经济管理、农业资源与环境经济学、国际农产品贸易、农业技术经济、农业信息管理、产业经济、农业信息分析学、管理科学与工程、情报学、信息技术与数字农业、农业区域发展与规划等 11 个学术学位授权学科及农业推广硕士专业学位相关领域。

组长：秦富（农经所）

副组长：许世卫（农业信息所）

成员：王济民（农经所）、李先德（农经所）、王文生（农业信息所）、王东阳（农业信息所）、李思经（研究生院）、曹永生（作物科学所）、王道龙（资源区划所）

专业学位评定分委员会（2012.6—2017.5，15 人）：负责在职攻读专业学位硕士学位评定等有关工作，涉及农业推广硕士、兽医硕士 2 个专业学位授权类别。

主席：韩惠鹏（研究生院）

副主席：刘荣乐（研究生院）、吴敬学（农经所）

委员：罗其友（资源区划所）、姜文来（资源区划所）、蒋卫杰（蔬菜花卉所）、陈万权（植保所）、李少昆（作物科学所）、王天宇（作物科学所）、李锁平（农经所）、夏英

（农经所）、吕加平（农产品加工所）、王加启（畜牧兽医所）、李刚（畜牧兽医所）、孟宪学（农业信息所）

2013 年 1 月 25 日，中国农业科学院第七届学位评定委员会第九次会议审议通过《关于中国农业科学院学位评定委员会换届工作的请示》，同意中国农业科学院学位评定委员会进行换届。同时，考虑到学科评议组成立时间较短，为保证各学科评议组工作的延续性，同意学科评议组及专业学位评定分委员会暂不换届，只对个别成员进行调整。

2013 年 6 月 14 日，根据中国农业科学院学位评定委员会《关于调整中国农业科学院学科评议组成员的通知》（农科学位〔2013〕8 号），鉴于中国农业科学院学位评定委员会换届后的委员变动情况，同时为保证中国农业科学院学位评定委员会和学科评议组在工作上能够更好地衔接，对部分学科评议组进行调整：叶志华、杜永臣、孔宪刚 3 位专家由于年龄原因，不再担任第八届学位评定委员会委员，因此也不再担任学科评议组组长、成员。

食品与工程学科评议组由王强担任组长、钱永忠担任副组长；园艺学学科评议组由孙日飞担任组长；兽医学学科评议组由童光志担任组长、王笑梅担任副组长；增补农业质量标准与检测技术研究所王静为食品与工程学科评议组成员；增补蔬菜花卉研究所黄三文为园艺学学科评议组成员；增补哈尔滨兽医研究所陈化兰为兽医学学科评议组成员。

2013 年 6 月 19 日，根据中国农业科学院学位评定委员会《关于增补植物保护学科评议组成员的通知》（农科学位〔2013〕9 号），增补植物保护研究所周雪平、农产品加工研究所戴小枫为植物保护学科评议组成员。

2014 年 6 月 30 日，根据中国农业科学院学位评定委员会《关于调整部分学科评议组成员的通知》（农科学位〔2014〕7 号），鉴于学科专业发展变化、部分成员工作变动等情况，由相关研究所提议、推荐，经第八届学位评定委员会第三次会议讨论通过，决定对个别成员进行调整：黄三文不再担任园艺学学科评议组成员，调整到生物学学科评议组担任成员。增补于贤昌为园艺学学科评议组成员；徐应明不再担任资源环境学科评议组成员，增补任天志为本组成员；蔡辉益不再担任畜牧与草业学科评议组成员，增补齐广海为畜牧与草业学科评议组成员。

2017 年 6 月 9 日，根据《中国农业科学院关于公布第九届学位评定委员会学科评议组及专业学位分委会委员组成名单的通知》（农科院研生〔2017〕132 号），成立中国农业科学院第九届学位评定委员会学科评议组及专业学位评定分委员会。

生物学学科评议组（2017. 6— ，11 人）：负责学术学位研究生及在职人员以研究生毕业同等学力申请硕士学位人员的学位评定等有关工作，涉及生理学、微生物学、生物化学与分子生物学、生物物理学、生物信息学等 5 个学术学位授权学科。

组长：刘春明（作物科学所）

副组长：路铁刚（生物所）

成员：黄荣峰（生物所）、黄三文（深圳基因组所）、李付广（棉花所）、李俊（资源区划所）、马有志（作物科学所）、钱前（水稻所）、姚斌（饲料所）、张春义（生物所）、朱昌雄（环发所）

食品与工程学科评议组（2017. 6— ，11 人）：负责学术学位研究生、在职人员以研究生毕业同等学力申请硕士学位人员及全日制专业学位研究生的学位评定等有关工作，涉及食品科学、粮食、油脂及植物蛋白工程、农产品加工及贮藏工程、农产品加工装备、农业机械化工程、农业水土工程、农业生物环境与能源工程、农产品质量与食物安全、农产品加工利用、作物土壤机械工程学、设施农业与生态工程等 11 个学术学位授权学科及农业推广硕士专业学位相关领域。

组长：钱永忠（质量标准所）

副组长：黄修桥（灌溉所）

成员：戴小枫（农产品加工所）、胡志超（南京农机化所）、李培武（油料所）、齐学斌（灌溉所）、秦玉昌（畜牧兽医所）、王静（质量标准所）、王强（农产品加工所）、杨其长（环发所）、杨曙明（质量标准所）。

作物学学科评议组（2017.6— ，11 人）：负责学术学位研究生、在职人员以研究生毕业同等学力申请硕士学位人员及全日制专业学位研究生的学位评定等有关工作，涉及作物栽培学与耕作学、作物遗传育种、作物种质资源学、药用植物资源学等 4 个学术学位授权学科及农业推广硕士专业学位相关领域。

组长：万建民（中国农业科学院）

副组长：程式华（水稻所）

成员：王汉中（中国农业科学院）、何中虎（作物科学所）、李德芳（麻类所）、李立会（作物科学所）、廖伯寿（油料所）、王述民（科技管理局）、王元英（烟草所）、王树声（烟草所）、王英平（特产所）

园艺学学科评议组（2017.6— ，11 人）：负责学术学位研究生、在职人员以研究生毕业同等学力申请硕士学位人员及全日制专业学位研究生的学位评定等有关工作，涉及果树学、蔬菜学、茶学、观赏园艺等 4 个学术学位授权学科及农业推广硕士专业学位相关领域。

组长：孙日飞（蔬菜花卉所）

副组长：杨亚军（茶叶所）

成员：丛佩华（果树所）、方金豹（郑州果树所）、李广存（蔬菜花卉所）、林智（茶叶所）、明军（蔬菜花卉所）、阮建云（茶叶所）、王力荣（郑州果树所）、于贤昌（蔬菜花卉所）、张忠华（蔬菜花卉所）

资源环境学科评议组（2017.6— ，11 人）：负责学术学位研究生、在职人员以研究生毕业同等学力申请硕士学位人员及全日制专业学位研究生的学位评定等有关工作，涉及土壤学、植物营养学、农业水资源与环境、农业遥感、农业环境学、农业生态学、农业气象与气候变化、环境科学、环境工程、气象学、畜禽环境科学与工程等 11 个学术学位授权学科及农业推广硕士专业学位相关领域。

组长：任天志（天津环保所）

副组长：梅旭荣（科技管理局）

成员：邓良伟（沼气所）、董红敏（环发所）、高清竹（环发所）、刘仲齐（天津环保所）、辛晓平（资源区划所）、易可可（资源区划所）、张斌（资源区划所）、周清波（资源区划所）、周卫（资源区划所）

植物保护学科评议组（2017.6— ，11 人）：负责学术学位研究生、在职人员以研究生毕业同等学力申请硕士学位人员及全日制专业学位研究生的学位评定等有关工作，涉及植物病理学、农业昆虫与害虫防治、农药学、杂草学、入侵生物学、转基因生物安全学、生物防治学等 7 个学术学位授权学科及农业推广硕士专业学位相关领域。

组长：吴孔明（中国农业科学院）

副组长：周雪平（植保所）

成员：崔金杰（棉花所）、傅强（水稻所）、李香菊（植保所）、王凤龙（烟草所）、王振营（植保所）、张友军（蔬菜花卉所）、郑永权（植保所）、周宗山（果树所）、朱振东（作物科学所）

畜牧与草业学科评议组（2017.6— ，11 人）：负责学术学位研究生、在职人员以研究生毕业同等学力申请硕士学位人员及全日制专业学位研究生的学位评定等有关工作，涉及动物遗传育种与繁殖、动物营养与饲料科学、特种经济动物饲养、野生动植物保护与利用、草地资源利用与保护、饲草遗传育种与种子科学、饲草生产加工及利用等 7 个学术学位授权学科及农业推广硕士专业学位相关领域。

组长：文杰（畜牧兽医所）

副组长：侯向阳（草原所）

成员：李光玉（特产所）、李建科（蜜蜂所）、齐广海（饲料所）、王加启（蜜蜂所）、阎萍（兰州牧药所）、杨博辉（兰州牧药所）、杨青川（畜牧兽医所）、周志刚（饲料所）、朱化彬（畜牧兽医所）

兽医学学科评议组（2017.6— ，11 人）：负责学术学位研究生、在职人员以研究生毕业同等学力申请硕士学位人员及全日制专业学位研究生的学位评定等有关工作，涉及基础兽医学、预防兽医学、临床兽医学、中兽医学、兽药学等 5 个学术学位授权学科及兽医硕士专业学位相关领域。

组长：步志高（哈尔滨兽医所）

副组长：童光志（上海兽医所）

成员：陈化兰（哈尔滨兽医所）、丁铲（上海兽医所）、李秀波（饲料所）、马志永（上海兽医所）、王笑梅（哈尔滨兽医所）、殷宏（兰州兽医所）、张继瑜（兰州牧药所）、张志东（兰州兽医所）、朱兴全（兰州兽医所）

管理与信息学科评议组（2017.6— ，11 人）：负责学术学位研究生、在职人员以研究生毕业同等学力申请硕士学位人员及全日制专业学位研究生的学位评定等有关工作，涉及农业经济管理、农业技术经济、农业信息管理、产业经济、农业信息分析学、管理科学与工程、情报学、信息技术与数字农业、信息技术与数字农业、区域发展等 10 个学术学位授权学科及农业推广硕士专业学位相关领域。

组长：孙坦（农业信息所）

副组长：李思经（农经所）

成员：曹永生（郑州果树所）、李先德（农经所）、吕开宇（农经所）、毛世平（农经所）、聂凤英（农业信息所）、王济民（农经所）、王文生（农业信息所）、许世卫（农业信息所）、周国民（农业信息所）

专业学位评定分委员会（2017.6— ，15 人）：负责在职攻读专业学位硕士学位评定等有关工作，涉及农业推广硕士、兽医硕士 2 个专业学位类别。

主席：刘荣乐（研究生院）

副主席：李少昆（作物科学所）、夏英（农经所）

委员：曹坳程（植保所）、陈刚（质量标准所）、崔尚金（畜牧所）、姜文来（资源区划所）、蒋卫杰（蔬菜花卉所）、罗其友（资源区划所）、马月辉（畜牧所）、任爱胜（农经所）、王明利（农经所）、王天宇（作物科学所）、赵瑞雪（农业信息所）、周素梅（农产品加工所）

（三）研究所学位评定委员会

2012 年 6 月 5 日，根据中国农业科学院学位评定委员会《关于成立中国农业科学院所级学位评定委员会的决定》（农科学位〔2012〕3 号），凡是具有研究生培养职能的研究所均成立学位评定委员会，职责是协助学科评议组、中国农业科学院学位评定委员会完成学位评定及其他研究生教育管理相关工作，当时共成立 33 个研究所学位评定委员会。截至 2019 年 6 月，全院共有 35 个研究所学位评定委员会。研究所学位评定委员会一般人数为 7~15 人（具体人数按照研究生规模确定），主要由研究所负责人和科研、教学人员担任，成员均为具有研究员、教授或相当职称的专家。研究所学位评定委员会主席须由学科评议组成员或院学位评定委员会委员担任，委员名单报中国农业科学院学位评定委员会办公室备案。

二、研究生院教学委员会

根据中国农业科学院文件（农科院研生〔2004〕213 号），成立中国农业科学院研究生院教学委员会，委员由中国农业科学院具有高级职称，治学严谨，热爱研究生教育工作，作风正派，办事公正，在教学和科研一线工作并取得显著成绩的博（硕）士研究生指导教师组成。教学委员会对研究生培养管理、课程教学等工作进行决策、咨询、审议、监督和实施。

根据《中国农业科学院研究生院教学委员会暂行条例》的有关规定，2004 年 7 月成立的第一届教学委员会于 2009 年到期换届。第二届教学委员会由 55 名委员组成，主任委员翟虎渠，副主任委员方智远、韩惠鹏、王秀玲，秘书长刘荣乐，分作物科学、动物科学、资源与环境、管理与工程 4 个学科组。

2010 年 9 月 27 日，第二届教学委员会第二次会议在北京举行。会议通过了 13 门主干课程建设项目的验收，审定了研究生课程英文名称，讨论加强研究生回所后课程学习和管理问题（博士生综合考试、博士专业课、专业外语、专业 Seminar）。

2011 年 10 月 25 日，第二届教学委员会第三次会议在北京举行。会议原则通过了“数量遗传学”等 15 门主干课程验收、《全日制专业学位硕士研究生培养方案》、4 个专业培养方案的修订草案及《研究生课程中英文名称目录》，审议修订了27门课程教学大纲。

2013年4月10—11日，第二届教学委员会第四次扩大会议在北京举行。会议原则通过了《中国农业科学院关于研究生培养方案修订和教学改革的意见》。

2013年5月30日，在征求各研究生培养单位意见的基础上，经研究生院办公会研究并报中国农业科学院院领导同意后，出台《关于成立中国农业科学院研究生院第三届教学委员会的通知》（农科研生〔2013〕74号），成立中国农业科学院研究生院第三届教学委员会（表2-5），第三届教学委员会分院教学委员会和学科指导委员会两级，由53名委员组成，中国农业科学院副院长吴孔明院士任主任委员，方智远院士、研究生院韩惠鹏常务副院长和刘荣乐副院长任副主任委员，秘书长由刘荣乐副主任委员兼任。在第三届教学委员会的基础上，按主要一级学科成立作物学等9个学科培养指导委员会，主要职能有研究和修（制）订本学科内的研究生培养方案；制订课程设置方案、审定课程教学大纲和课程内容、督导检查课程教学活动等；制订培养环节管理相关制度并检查实施情况；研究针对学科的教学培养改革问题等。

表2-5 第三届教学委员会委员名单

序号	姓　名	单　位	学科专业	学科指导委员会	委员会分工
1	吴孔明	中国农业科学院	农业昆虫与害虫防治	植物保护	主任委员
2	方智远	蔬菜花卉所	蔬菜学	园艺学	副主任委员
3	韩惠鹏	研究生院	农业经济管理	管理与信息	副主任委员
4	刘荣乐	研究生院	植物营养学	资源环境	副主任委员、秘书长
5	王述民	作物科学所	作物种质资源学	作物学	委员、学科组长
6	毛　龙	作物科学所	生物化学与分子生物学	生物学	委　员
7	王国英	作物科学所	生物化学与分子生物学	生物学	委　员
8	赵　明	作物科学所	作物栽培学与耕作学	作物学	委　员
9	邱德文	植保所	生物化学与分子生物学	植物保护	委员、学科组长
10	陈万权	植保所	植物病理学	植物保护	委　员
11	万方浩	植保所	入侵生物学	植物保护	委　员
12	王晓武	蔬菜花卉所	蔬菜学	园艺学	委员、学科组长
13	张友军	蔬菜花卉所	农业昆虫与害虫防治	植物保护	委　员
14	董红敏	环发所	农业水土工程	资源环境	委　员
15	杨正礼	环发所	农业生态学	资源环境	委　员
16	文　杰	畜牧兽医所	动物营养与饲料科学	畜牧与草业	委员、学科组长
17	高洪文	畜牧兽医所	饲草遗传育种与种子科学	畜牧与草业	委　员
18	李　奎	畜牧兽医所	动物遗传育种与繁殖	畜牧与草业	委　员
19	吴　杰	蜜蜂所	特种经济动物饲养	畜牧与草业	委　员
20	姚　斌	饲料所	生物化学与分子生物学	生物学	委　员

（续表）

序号	姓　名	单　位	学科专业	学科指导委员会	委员会分工
21	王　强	农产品加工所	农产品加工利用	食品与工程	委员、学科组长
22	路铁刚	生物所	生物化学与分子生物学	生物学	委员、学科组长
23	秦　富	农经所	农业经济管理	管理与信息	委员、学科组长
24	王济民	农经所	产业经济	管理与信息	委　员
25	徐明岗	资源区划所	土壤学	资源环境	委员、学科组长
26	罗其友	资源区划所	农业区域发展与规划	管理与信息	委　员
27	周　卫	资源区划所	植物营养学	资源环境	委　员
28	许世卫	农业信息所	农业信息分析学	管理与信息	委　员
29	钱永忠	质量标准所	农产品质量与食物安全	食品与工程	委　员
30	王东阳	食物营养所	农业经济管理	管理与信息	委　员
31	李思经	研究生院	农业信息管理	管理与信息	委　员
32	潘淑敏	研究生院	研究生英语教学研究	管理与信息	委　员
33	闫艳春	研究生院	生物化学与分子生物学	生物学	委　员
34	齐学斌	灌溉所	农业水土工程	食品与工程	委　员
35	胡培松	水稻所	作物遗传育种	作物学	委　员
36	钱　前	水稻所	作物遗传育种	生物学	委　员
37	王坤波	棉花所	作物种质资源学	作物学	委　员
38	廖　星	油料所	植物营养学	资源环境	委　员
39	李培武	油料所	农产品质量与食物安全	食品与工程	委　员
40	臧巩固	麻类所	生物化学与分子生物学	生物学	委　员
41	从佩华	果树所	果树学	园艺学	委　员
42	王志强	郑州果树所	果树学	园艺学	委　员
43	阮建云	茶叶所	茶　学	园艺学	委　员
44	王笑梅	哈尔滨兽医所	预防兽医学	兽医学	委员、学科组长
45	罗建勋	兰州兽医所	预防兽医学	兽医学	委　员
46	张继瑜	兰州牧药所	基础兽医学	兽医学	委　员
47	薛飞群	上海兽医所	兽药学	兽医学	委　员
48	王育青	草原所	草地资源利用与保护	畜牧与草业	委　员
49	李光玉	特产所	野生动植物保护与利用	畜牧与草业	委　员
50	周其文	天津环保所	环境科学	资源环境	委　员
51	邓良伟	沼气所	设施农业与生态工程	资源环境	委　员
52	胡志超	南京农机化所	农业机械化工程	食品与工程	委　员
53	王树声	烟草所	作物栽培学与耕作学	作物学	委　员

2013 年 6 月 6 日，教学委员会三届一次会议在北京举行。大会审议通过了中国农业科学院研究生院新修（制）订的研究生培养方案，并讨论研究生教学培养有关问题，围绕“扩大规模、优化结构、改善条件、创新导向、强化特色”的目标，明确了今后一个时期内研究生教育工作的任务要求、工作重点和关键措施。

2014 年 10 月 10 日，教学委员会三届二次会议在北京举行。大会原则通过了《研究生培养与教学改革工作进展报告》《研究生回所课程管理办法（试行）》和《研究生院课程建设实施办法（试行）》，审定了 31 门研究生课程教学大纲，审议通过了研究生课程建设项目申报计划与课程建设成果等。

2015 年 11 月，经主任委员批准、研究生院院长办公会研究决定，增补刘大群为研究生院第三届教学委员会副主任委员。

2015 年 11 月 27 日，教学委员会三届三次会议在北京举行。大会原则通过了《中国农业科学院研究生院研究生课程教学大纲汇编》《中国农业科学院研究生院教师管理暂行办法》和《关于硕博连读研究生选拔工作的暂行规定》，审议通过了研究所教研室课程建设项目申报计划，重点就全日制专业学位研究生培养与教学改革提出指导性意见和建议。

2016 年 12 月 2 日，教学委员会三届四次会议召开。大会审议并原则通过了研究生培养及教学档案管理、研究生培养实践基地建设、教研室设置和管理 3 个管理办法，审核了 7 门课程教学大纲。

2017 年 10 月 23 日，按照《中国农业科学院教学委员会暂行条例》规定的有关委员会换届程序，印发《关于成立中国农业科学院研究生院第四届教学委员会的通知》，成立第四届教学委员会（表 2-6）。委员会由 59 位委员组成，主任委员由中国农业科学院副院长吴孔明院士担任，副主任委员由方智远院士、万建民院士、刘大群教授担任，委员会秘书长由研究生院王春霞研究员担任。

表 2-6　第四届教学委员会委员名单

序号	姓　名	单　位	学科专业	学科指导委员会	委员会分工
1	吴孔明	中国农业科学院	农业昆虫与害虫防治	植物保护	主任委员
2	方智远	蔬菜花卉所	蔬菜学	园艺学	副主任委员
3	万建民	中国农业科学院	生物化学与分子生物学	生物学	副主任委员
4	刘大群	研究生院	植物病理学	植物保护	副主任委员
5	王春霞	研究生院	动物营养与饲料科学	畜牧与草业	秘书长
6	刘春明	作物科学所	生物化学与分子生物学	生物学	学科召集人
7	路铁刚	生物所	生物化学与分子生物学	生物学	学科召集人
8	李付广	棉花所	生物化学与分子生物学	生物学	委　员
9	黄三文	深圳基因组所	生物信息学	生物学	委　员
10	曹永生	郑州果树所	生物信息学	生物学	委　员
11	姚　斌	饲料所	生物化学与分子生物学	生物学	委　员
12	邓　宇	沼气所	微生物学	生物学	委　员
13	崔海信	环发所	生物物理学	生物学	委　员
14	闫艳春	研究生院	生物化学与分子生物学	生物学	委　员

（续表）

序号	姓　名	单　位	学科专业	学科指导委员会	委员会分工
15	黄修桥	灌溉所	节水灌溉	农业工程	学科召集人
16	胡志超	南京农机化所	农业机械化工程	农业工程	学科召集人
17	杨其长	环发所	设施农业与生态工程	农业工程	委　员
18	戴小枫	农产品加工所	农产品质量与食物安全	食品科学	学科召集人
19	钱永忠	质量标准所	农产品质量与食物安全	食品科学	学科召集人
20	李培武	油料所	农产品质量与食物安全	食品科学	委　员
21	张德权	农产品加工所	食品科学	食品科学	委　员
22	辛凤姣	农产品加工所	农产品加工及贮藏工程	食品科学	委　员
23	王述民	作物科学所	作物种质资源学	作物学	学科召集人
24	王树声	烟草所	作物栽培学与耕作学	作物学	学科召集人
25	廖伯寿	油料所	作物遗传育种	作物学	委　员
26	宋国立	棉花所	作物遗传育种	作物学	委　员
27	李新海	作物科学所	作物遗传育种	作物学	委　员
28	胡培松	水稻所	作物遗传育种	作物学	委　员
29	王英平	特产所	药用植物资源学	作物学	委　员
30	李少昆	作物科学所	作物栽培学与耕作学	作物学	委　员
31	丛佩华	果树所	果树学	园艺学	学科召集人
32	王志强	郑州果树所	果树学	园艺学	学科召集人
33	阮建云	茶叶所	茶　学	园艺学	委　员
34	周清波	资源区划所	农业遥感	资源与环境	学科召集人
35	周其文	天津环保所	环境科学	资源与环境	学科召集人
36	董红敏	环发所	环境工程	资源与环境	委　员
37	金　轲	资源区划所	土壤学	资源与环境	委　员
38	周　卫	资源区划所	植物营养学	资源与环境	委　员
39	周雪平	植保所	植物病理学	植物保护	学科召集人
40	陈万权	麻类所	植物病理学	植物保护	学科召集人
41	张友军	蔬菜花卉所	农业昆虫与害虫防治	植物保护	委　员
42	曹坳程	植保所	农药学	植物保护	委　员
43	王加启	蜜蜂所	动物营养与饲料科学	畜牧与草业	学科召集人
44	文　杰	畜牧兽医所	动物营养与饲料科学	畜牧与草业	学科召集人
45	李光玉	特产所	野生动植物保护与利用	畜牧与草业	委　员
46	刘桂香	草原所	草地资源利用与保护	畜牧与草业	委　员
47	李建科	蜜蜂所	特种经济动物饲养	畜牧与草业	委　员
48	马月辉	畜牧兽医所	动物遗传育种与繁殖	畜牧与草业	委　员
49	杨青川	畜牧兽医所	草　学	畜牧与草业	委　员
50	王笑梅	哈尔滨兽医所	预防兽医学	兽医学	学科召集人
51	罗建勋	兰州兽医所	预防兽医学	兽医学	学科召集人
52	张继瑜	兰州牧药所	基础兽医学	兽医学	委　员
53	周金林	上海兽医所	预防兽医学	兽医学	委　员

（续表）

序号	姓 名	单 位	学科专业	学科指导委员会	委员会分工
54	刘益民	哈尔滨兽医所	预防兽医学	兽医学	委 员
55	李建喜	兰州牧药所	临床兽医学	兽医学	委 员
56	孙 坦	农业信息所	情报学	管理与信息	学科召集人
57	李思经	农经所	农业信息管理	管理与信息	学科召集人
58	王东阳	食物营养所	农业经济管理	管理与信息	委 员
59	卢 鹿	研究生院	英语语言	管理与信息	委 员

2018 年 7 月 16 日，教学委员会四届一次会议在北京召开。会议审议并原则通过了《中国农业科学院研究生第一外国语（英语）课程免修管理办法（试行）》、农业硕士 7 个领域培养方案、兽医学博士研究生、硕士研究生与兽医硕士专业学位培养方案、农业机械化工程、农业生物环境与能源工程 2 个专业博士研究生培养方案、16 门课程教学大纲，验收通过了 20 门课程建设成果。

三、研究生院学术委员会

2011 年 1 月 7 日，中国农业科学院学术委员会印发《关于同意中国农业科学院研究生院学术委员会换届的批复》（农科院学委〔2011〕1 号），同意研究生院第二届学术委员会换届，成立研究生院第三届学术委员会，共有委员 15 人，其中本单位委员 10 人、外单位委员 5 人。

主任委员：韩惠鹏

副主任委员：刘荣乐、林敏（生物所）、李思经

委员：孙红、王秀玲、欧百钢（国务院学位委员会办公室）、秦富（农经所）、任天志（资源区划所）、刘瀛弢（财务局）、罗长富、李志平、王春霞、闫艳春、潘淑敏

秘书：罗长富（兼）

2014 年 7 月，鉴于王秀玲退休、孙红内退的情况，对研究生院第三届学术委员会进行调整，王秀玲、孙红不再担任委员，增补于子荣、汪勋清为委员。

2018 年 8 月 1 日，研究生院印发《关于调整研究生院相关工作小组、委员会构成人员的通知》（农科研生〔2018〕75 号），为保证研究生院各类相关工作小组、委员会顺利开展工作，结合研究生院人员变动情况，经研究生院 2018 年第 7 次院务会研究同意，对研究生院相关工作小组、委员会构成人员进行调整。调整后，成立研究生院第四届学术委员会，共有委员 13 人，其中本单位委员 9 人、外单位委员 4 人。

主任委员：刘大群

副主任委员：刘瀛弢、罗长富、王春霞、李哲敏

本单位委员：温洋、汪勋清、闫艳春、卢鹿

外单位委员：任天志（科技管理局）、林敏（生物所）、朱昌雄（环发所）、李俊（资

源区划所）

四、中国农业科学院培训中心指导委员会

2014 年 6 月 20 日，中国农业科学院印发《中国农业科学院关于成立培训中心的通知》（农科院研生〔2014〕148 号），同意成立中国农业科学院科技培训指导委员会（以下简称“指导委员会”），负责对全院各类科技培训活动进行总体规划和顶层设计，对培训活动中的战略性、方向性、全局性问题进行指导和协调。有关院系干部教育培训和高层次人才培养培训工作，仍由人事局负责组织管理。

指导委员会设主任委员 1 人，副主任委员 4 人，秘书长 1 人，委员若干。主任委员由中国农业科学院分管院领导担任，副主任委员由人事局、成果转化局、科技管理局和研究生院主要领导担任，委员由各研究所主要领导担任。

指导委员会每届任期四年，原则上连任不超过两届。委员名单必须经中国农业科学院常务会审核通过。委员在任期内如有工作变动等情况应及时调整，由指导委员会下设的日常管理机构根据规定提出更换人选，报主任委员批准，并向全体委员通报。

第三章
学科建设

第一节　学科专业设置

一、学术学位授权学科

2011 年 3 月 3 日，根据国务院学位委员会《关于下达 2010 年审核增列的博士和硕士学位授权一级学科名单的通知》（学位〔2011〕8 号），中国农业科学院增列生物学博士学位授权一级学科、食品科学与工程硕士学位授权一级学科。

2011 年 8 月 5 日，根据国务院学位委员会《关于下达按〈学位授予和人才培养学科目录〉进行学位授权点对应调整结果的通知》（学位〔2011〕51 号），中国农业科学院生态学、草学 2 个二级学科对应调整为博士学位授权一级学科。

2011—2012 年，根据国务院学位委员会办公室《关于做好授予博士、硕士学位和培养研究生的二级学科自主设置工作的通知》（学位办〔2011〕12 号）、《关于做好 2011 年授予博士、硕士学位和培养研究生的二级学科备案工作的通知》（学位办便字 111203 号），中国农业科学院对二级学科进行增设、更名、撤销、归并等调整如下。

在生物学博士学位授权一级学科下增设微生物学、生理学 2 个目录内二级学科，自主设置生物信息学二级学科。

在生态学博士学位授权一级学科下自主设置农业生态学、设施农业与生态工程、农业气象与气候变化、农业区域发展与规划 4 个二级学科。

在食品科学与工程硕士学位授权一级学科下增设粮食、油脂及植物蛋白工程目录内二级学科，自主设置农产品加工装备二级学科。

在作物学博士学位授权一级学科下自主设置农产品加工利用、作物土壤机械工程学 2 个二级学科；撤销原自主设置的作物生态学二级学科，并入自主设置在生态学博士学位授权一级学科下的农业生态学二级学科；撤销原自主设置的作物气象学二级学科，并入自主设置在生态学博士学位授权一级学科下的农业气象与气候变化二级学科；撤销原自主设置的作物信息科学二级学科，并入自主设置的信息技术与数字农业交叉学科。

在农业资源与环境博士学位授权一级学科下自主设置农业环境学二级学科；将原自主设置的农业水资源利用二级学科更名为农业水资源与环境；撤销原自主设置的农业区域发展二级学科，并入自主设置在生态学博士学位授权一级学科下的农业区域发展与规划二级学科；撤销原自主设置的草地资源利用与保护二级学科，并入自主设置在草学博士学位授权一级学科下的草地资源利用与保护二级学科。

在植物保护博士学位授权一级学科下自主设置入侵生物学、转基因生物安全学、生物防治学 3 个二级学科；将原自主设置的杂草科学二级学科更名为杂草学；撤销原自主设置的病虫测报二级学科，并入该一级学科下的农业昆虫与害虫防治目录内二级学科；撤销原自主设置的农业微生物二级学科，并入生物学博士学位授权一级学科下的微生物学目录内二级学科；撤销原自主设置的生物安全二级学科。

在畜牧学博士学位授权一级学科下自主设置畜禽环境科学与工程二级学科；撤销原自主设置的动物信息科学二级学科，并入自主设置的信息技术与数字农业交叉学科。

在草学博士学位授权一级学科下自主设置草地资源利用与保护、饲草遗传育种与种子科学、饲草生产加工及利用 3 个二级学科。

在农林经济管理博士学位授权一级学科下自主设置农业信息分析学二级学科；将原自主设置的农产品贸易、农业信息管理学、农业经营管理分别更名为国际农产品贸易、农业信息管理、产业经济。

自主设置信息技术与数字农业博士学位授权交叉学科。

2013 年，根据国务院学位委员会《学位授予和人才培养学科目录设置与管理办法》（学位〔2009〕10 号）、《教育部办公厅关于印发〈授予博士、硕士学位和培养研究生的二级学科自主设置实施细则〉的通知》（教研厅〔2010〕1 号），经中国农业科学院第八届学位评定委员会第一次会议审议通过，自主设置区域发展博士学位授权交叉学科，撤销原自主设置在生态学博士学位授权一级学科下的农业区域发展与规划二级学科。

2017 年 1 月 11 日，经中国农业科学院第八届学位评定委员会第八次会议审议通过，撤销原自主设置在农林经济管理博士学位授权一级学科下的农业资源与环境经济学、国际农产品贸易 2 个二级学科。

2018 年 3 月 22 日，根据《国务院学位委员会关于下达 2017 年审核增列的博士、硕士学位授权点名单的通知》（学位〔2018〕9 号），中国农业科学院增列农业工程博士学位授权一级学科及大气科学、水产 2 个硕士学位授权一级学科。

2018 年 6 月 27 日，经中国农业科学院第九届学位评定委员会第三次会议审议通过，撤销原自主设置在生态学博士学位授权一级学科下的设施农业与生态工程二级学科，撤销原自主设置在作物学博士学位授权一级学科下的作物土壤机械工程学二级学科。

2018 年 10 月，根据《北京市学位委员会办公室关于做好 2018 年博士硕士学位授权学科和专业学位授权类别动态调整工作的通知》（京学位办〔2018〕1 号）文件精神，经中国农业科学院第九届学位评定委员会审议通过，撤销情报学目录内二级学科。

截至 2019 年 6 月，共有生物学、生态学、农业工程、作物学、园艺学、农业资源与环境、植物保护、畜牧学、兽医学、草学、农林经济管理 11 个博士学位授权一级学科，51 个博士学位授权二级学科；16 个硕士学位授权一级学科，61 个硕士学位授权二级学科（表 3-1）。

表 3-1　学术学位授权学科一览表（截至 2019 年 6 月）

学科门类	一级学科名称（代码）	二级学科名称（代码）	批准年份或设置年份
理　学	大气科学（0706）	气象学（070601）	硕 1984
	*生物学（0710）	*生理学（071003）	博、硕 2012
		*微生物学（071005）	博 2012、硕 1981
		*生物化学与分子生物学（071010）	博 2000、硕 1990
		*生物物理学（071011）	博 1986、硕 1981
		*生物信息学（0710Z1）	博、硕 2012
	*生态学（0713）	*农业生态学（0713Z1）	博、硕 2012
		*农业气象与气候变化（0713Z3）	博、硕 2012
工　学	*农业工程（0828）	*农业机械化工程（082801）	博 2018、硕 2006
		*农业水土工程（082802）	博 2003、硕 1986
		*农业生物环境与能源工程(082803)	博 2018、硕 2006
	环境科学与工程（0830）	环境科学（083001）	硕 2006
		环境工程（083002）	硕 1998
	食品科学与工程（0832）	食品科学（083201）	硕 2006
		粮食、油脂及植物蛋白工程（083202）	硕 2012
		农产品加工及贮藏工程（083203）	硕 1998
		农产品加工装备（0832Z1）	硕 2012
农　学	*作物学（0901）	*作物栽培学与耕作学（090101）	博 2000、硕 1981
		*作物遗传育种（090102）	博、硕 1981
		*作物种质资源学（0901Z1）	博、硕 2002
		*农产品质量与食物安全（0901Z2）	博、硕 2002
		*药用植物资源学（0901Z3）	博、硕 2004
		*农产品加工利用（0901Z4）	博、硕 2012
	*园艺学（0902）	*果树学（090201）	博 2006、硕 1986
		*蔬菜学（090202）	博 1996、硕 1984
		*茶学（090203）	博 2003、硕 1984
		*观赏园艺（0902Z1）	博、硕 2006
	*农业资源与环境（0903）	*土壤学（090301）	博 2003、硕 1984
		*植物营养学（090302）	博、硕 1981
		*农业水资源与环境（0903Z1）	博、硕 2012
		*农业遥感（0903Z2）	博、硕 2004
		*农业环境学（0903Z3）	博、硕 2012
	*植物保护（0904）	*植物病理学（090401）	博 1993、硕 1981
		*农业昆虫与害虫防治（090402）	博、硕 1981
		*农药学（090403）	博 1998、硕 1986
		*杂草学（0904Z1）	博、硕 2012
		*入侵生物学（0904Z2）	博、硕 2012
		*转基因生物安全学（0904Z3）	博、硕 2012
		*生物防治学（0904Z4）	博、硕 2012

（续表）

学科门类	一级学科名称（代码）	二级学科名称（代码）	批准年份或设置年份
农学	*畜牧学（0905）	*动物遗传育种与繁殖（090501）	博 2003、硕 1981
		*动物营养与饲料科学（090502）	博 1984、硕 1981
		*特种经济动物饲养（090504）	博 1986、硕 1981
		*畜禽环境科学与工程（0905Z1）	博、硕 2012
	*兽医学（0906）	*基础兽医学（090601）	博 2006、硕 1986
		*预防兽医学（090602）	博 1984、硕 1986
		*临床兽医学（090603）	博 2006、硕 1986
		*中兽医学（0906Z1）	博、硕 2006
		*兽药学（0906Z2）	博、硕 2006
	林学（0907）	野生动植物保护与利用（090705）	硕 1984
	水产（0908）		硕 2018
	*草学（0909）	*草地资源利用与保护（0909Z1）	博、硕 2012
		*饲草遗传育种与种子科学（0909Z2）	博、硕 2012
		*饲草生产加工及利用（0909Z3）	博、硕 2012
管理学	管理科学与工程（1201）		硕 1986
	*农林经济管理（1203）	*农业经济管理（120301）	博 1986、硕 1981
		*农业技术经济（1203Z3）	博、硕 2004
		*农业信息管理（1203Z4）	博、硕 2012
		*产业经济（1203Z5）	博、硕 2012
		*农业信息分析学（1203Z6）	博、硕 2012
	*信息技术与数字农业（99J1）		博、硕 2012
	*区域发展（99J2）		博、硕 2013

注：1. 带 * 为博士学位授权学科；
2. 学科代码中含“Z”为自主设置二级学科；
3. 学科代码中含“J”为自主设置交叉学科，授“管理学”学位

二、专业学位授权类别

随着全国农业（推广）专业学位研究生教育指导委员会对农业（推广）硕士专业学位招生领域的调整，中国农业科学院于 2010 年增加农业科技组织与服务领域；2012 年增加种业、设施农业领域。截至 2017 年年底，中国农业科学院专业学位招生领域覆盖农业（推广）硕士 15 个领域中除林业、渔业以外的 13 个领域：作物、园艺、草业、种业、农业资源利用、植物保护、养殖、食品加工与安全、农业机械化、农业信息化、设施农业、农村与区域发展、农业科技组织与服务。

2014 年 12 月 11 日，国务院学位委员会印发《关于将“农业推广（暂用名）硕士”定名为“农业硕士”的通知》（学位〔2014〕46 号）。2015 年 3 月 24 日，全国农业专业

学位研究生教育指导委员会印发《关于农业推广硕士定名为农业硕士后相关事宜的补充说明》（农业教指委秘〔2015〕1号），“对于已入学或正在招收的‘农业推广硕士’研究生，包括2014年招收的在职攻读专业学位研究生和2015年9月入学的全日制专业学位研究生仍使用‘农业推广硕士’名称进行培养和学位授予工作，学位授予单位继续颁发‘农业推广硕士’专业学位。2015年在职攻读专业学位研究生和2016年全日制专业学位研究生的招生、培养和学位授予等工作使用‘农业硕士’名称，学位授予单位颁发‘农业硕士’专业学位。”根据文件要求，中国农业科学院自2016级在职攻读专业学位研究生和2016级全日制专业学位研究生开始使用“农业硕士”名称，授予“农业硕士”专业学位。

农业硕士定名后，全国农业专业学位研究生教育指导委员会开展优化“农业硕士”领域设置研究论证工作。根据全国农业专业学位研究生教育指导委员会2016年10月16日《关于农业硕士专业学位领域设置调整的通知》（农业教指委〔2016〕3号），农业硕士专业学位由15个领域调整为8个领域。根据文件要求，中国农业科学院自2018年开始统一按照调整后的8个领域开展招生和培养工作（表3–2）。

表3–2　农业硕士领域设置调整对应表

序号	调整后领域代码	调整后领域名称	对应原领域名称	原领域代码
1	095131	农艺与种业	作　物	095101
			园　艺	095102
			草　业	095106
			种　业	095115
2	095132	资源利用与植物保护	农业资源利用	095103
			植物保护	095104
3	095133	畜　牧	养　殖	095105
4	095134	渔业发展	渔　业	095108
5	095135	食品加工与安全	食品加工与安全	095113
6	095136	农业工程与信息技术	农业机械化	095109
			农业信息化	095112
			设施农业	095114
7	095137	农业管理	农村与区域发展（部分）	095110
			农业科技组织与服务	095111
8	095138	农村发展	农村与区域发展（部分）	095110

2018年3月22日，根据《国务院学位委员会关于下达2017年审核增列的博士、硕士学位授权点名单的通知》（学位〔2018〕9号），中国农业科学院增列工程、图书情报2个硕士专业学位授权类别。2019年5月6日，根据《国务院学位委员会关于下达工程硕士、

博士专业学位授权点对应调整名单的通知》（学位〔2019〕5号）、《国务院学位委员会关于下达2018年动态调整撤销和增列的学位授权点名单的通知》（学位〔2019〕8号）文件，中国农业科学院工程硕士专业学位授权类别对应调整为生物与医药硕士专业学位授权类别，新增兽医博士专业学位授权类别。

截至2019年6月，共有兽医博士、生物与医药硕士、农业硕士、兽医硕士、图书情报硕士5个专业学位授权类别（表3-3）。

表3-3 专业学位授权类别一览表（截至2019年6月）

专业学位类别（代码）	领域名称（代码）
生物与医药硕士（0860）	
农业硕士（0951）	农艺与种业（095131）
	资源利用与植物保护（095132）
	畜牧（095133）
	渔业发展（095134）
	食品加工与安全（095135）
	农业工程与信息技术（095136）
	农业管理（095137）
	农村发展（095138）
兽医博士（0952b）	
兽医硕士（0952）	
图书情报硕士（1255）	

三、培养点

针对学科专业布局分散、交叉（即同一学科专业分布在不同研究所、同一研究所又涉及不同学科专业）的特点，为进一步规范、优化研究生教育管理工作，完善研究生教育质量保证和监督体系，于2015年3月17日制订《中国农业科学院学位授权点管理办法（试行）》（农科学位〔2015〕5号），启动实施培养点管理制度，形成以培养点为研究生教育的基本管理单元、同一学科专业不同研究所之间协调联动的运行模式。

培养点管理的核心是以培养点作为基本单元对导师和研究生进行管理，每个研究所具有招收培养博士、硕士研究生资格的二级学科即是一个培养点。导师原则上归属在一个培养点，并且只能在该培养点所属的学科专业招收培养研究生。培养点对所属学科专业的研究生培养工作进行全过程管理，统一组织实施研究生学位论文开题报告、中期考核、论文答辩及研究生综合评价等重要环节和工作。

为加强同一学科专业不同研究所间的协调联动，充分整合利用资源形成高效的“学术共同体”，各学科专业均设定一个该学科专业体量较大、综合实力较强的研究所作为“点长单位”，牵头负责组织本学科学位授予标准制订、学科评估等工作，组织该学科各培养点专家研究本学科研究生教育的重要事宜。

培养点管理实行定期评估及准入退出机制。一方面，所有培养点须参加由研究生院组织的定期评估（每六年一次），主要从师资队伍建设、人才培养质量、研究成果、环境条件和管理工作等方面进行评估，评估结果作为所在研究所研究生教育资源配置的重要依据，对于评估不合格的，撤销培养点。2015—2016 年，分两批组织完成 144 个培养点的评估工作，其中合格 133 个、限期整改 6 个、经研究所申请同意撤销 5 个。另一方面，从学科特色、导师队伍、项目经费、研究生课程、学术交流、仪器设备及管理制度和队伍等方面对增列培养点的基本条件做出规定，达到基本条件方可增列培养点。对于确有必要在某个学科专业开展招收培养研究生工作，但目前未达到培养点基本条件的研究所，可以向研究生院提出申请，纳入院内其他研究所相应的培养点进行管理，待条件成熟时再申请增列培养点。2016—2018 年，经研究所申请，同意增列培养点 9 个、不同意增列 1 个、同意撤销 2 个。

截至 2019 年 6 月，共有 141 个培养点，涉及 35 个研究所（表 3-4）。

表 3-4 培养点一览表（截至 2019 年 6 月）

序号	单位名称	培养点（二级学科）	所属一级学科
1	作物科学所	生物化学与分子生物学	生物学
2	作物科学所	生物信息学	生物学
3	作物科学所	作物栽培学与耕作学	作物学
4	作物科学所	作物遗传育种	作物学
5	作物科学所	作物种质资源学	作物学
6	作物科学所	植物病理学	植物保护
7	资源区划所	微生物学	生物学
8	资源区划所	农业生态学	生态学
9	资源区划所	环境科学	环境科学与工程
10	资源区划所	土壤学	农业资源与环境
11	资源区划所	植物营养学	农业资源与环境
12	资源区划所	农业遥感	农业资源与环境
13	资源区划所	农业经济管理	农林经济管理
14	资源区划所	区域发展	交叉学科
15	环发所	气象学	大气科学
16	环发所	生物物理学	生物学
17	环发所	农业生态学	生态学
18	环发所	农业气象与气候变化	生态学
19	环发所	农业生物环境与能源工程	农业工程

（续表）

序号	单位名称	培养点（二级学科）	所属一级学科
20	环发所	环境科学	环境科学与工程
21	环发所	环境工程	环境科学与工程
22	环发所	土壤学	农业资源与环境
23	环发所	农业水资源与环境	农业资源与环境
24	蔬菜花卉所	蔬菜学	园艺学
25	蔬菜花卉所	观赏园艺	园艺学
26	蔬菜花卉所	植物病理学	植物保护
27	蔬菜花卉所	农业昆虫与害虫防治	植物保护
28	饲料所	微生物学	生物学
29	饲料所	生物化学与分子生物学	生物学
30	饲料所	食品科学	食品科学与工程
31	饲料所	动物营养与饲料科学	畜牧学
32	饲料所	兽药学	兽医学
33	生物所	微生物学	生物学
34	生物所	生物化学与分子生物学	生物学
35	农经所	农业经济管理	农林经济管理
36	农经所	农业技术经济	农林经济管理
37	农经所	产业经济	农林经济管理
38	农业信息所	农业经济管理	农林经济管理
39	农业信息所	农业信息管理	农林经济管理
40	农业信息所	农业信息分析学	农林经济管理
41	农业信息所	信息技术与数字农业	交叉学科
42	质量标准所	食品科学	食品科学与工程
43	质量标准所	农产品质量与食物安全	作物学
44	植保所	生物化学与分子生物学	生物学
45	植保所	植物病理学	植物保护
46	植保所	农业昆虫与害虫防治	植物保护
47	植保所	农药学	植物保护
48	植保所	杂草学	植物保护
49	植保所	入侵生物学	植物保护
50	植保所	转基因生物安全学	植物保护

（续表）

序号	单位名称	培养点（二级学科）	所属一级学科
51	植保所	生物防治学	植物保护
52	畜牧兽医所	农产品质量与食物安全	作物学
53	畜牧兽医所	动物遗传育种与繁殖	畜牧学
54	畜牧兽医所	动物营养与饲料科学	畜牧学
55	畜牧兽医所	预防兽医学	兽医学
56	畜牧兽医所	饲草遗传育种与种子科学	草　学
57	农产品加工所	生物化学与分子生物学	生物学
58	农产品加工所	食品科学	食品科学与工程
59	农产品加工所	农产品加工及贮藏工程	食品科学与工程
60	农产品加工所	农产品质量与食物安全	作物学
61	农产品加工所	农产品加工利用	作物学
62	农产品加工所	植物病理学	植物保护
63	蜜蜂所	食品科学	食品科学与工程
64	蜜蜂所	农产品质量与食物安全	作物学
65	蜜蜂所	特种经济动物饲养	畜牧学
66	天津环保所	农业生态学	生态学
67	天津环保所	环境科学	环境科学与工程
68	天津环保所	环境工程	环境科学与工程
69	天津环保所	植物营养学	农业资源与环境
70	天津环保所	农业环境学	农业资源与环境
71	灌溉所	农业水土工程	农业工程
72	郑州果树所	果树学	园艺学
73	郑州果树所	蔬菜学	园艺学
74	郑州果树所	植物病理学	植物保护
75	棉花所	生物化学与分子生物学	生物学
76	棉花所	作物栽培学与耕作学	作物学
77	棉花所	作物遗传育种	作物学
78	棉花所	作物种质资源学	作物学
79	棉花所	农产品质量与食物安全	作物学
80	棉花所	植物病理学	植物保护
81	棉花所	农业昆虫与害虫防治	植物保护

（续表）

序号	单位名称	培养点（二级学科）	所属一级学科
82	油料所	微生物学	生物学
83	油料所	生物化学与分子生物学	生物学
84	油料所	食品科学	食品科学与工程
85	油料所	农产品加工及贮藏工程	食品科学与工程
86	油料所	作物栽培学与耕作学	作物学
87	油料所	作物遗传育种	作物学
88	油料所	作物种质资源学	作物学
89	油料所	农产品质量与食物安全	作物学
90	油料所	农产品加工利用	作物学
91	油料所	植物营养学	农业资源与环境
92	油料所	植物病理学	植物保护
93	麻类所	微生物学	生物学
94	麻类所	生物化学与分子生物学	生物学
95	麻类所	作物栽培学与耕作学	作物学
96	麻类所	作物遗传育种	作物学
97	麻类所	作物种质资源学	作物学
98	麻类所	植物病理学	植物保护
99	麻类所	动物营养与饲料科学	畜牧学
100	水稻所	微生物学	生物学
101	水稻所	生物化学与分子生物学	生物学
102	水稻所	作物栽培学与耕作学	作物学
103	水稻所	作物遗传育种	作物学
104	水稻所	作物种质资源学	作物学
105	水稻所	农产品质量与食物安全	作物学
106	水稻所	植物病理学	植物保护
107	水稻所	农业昆虫与害虫防治	植物保护
108	茶叶所	茶学	园艺学
109	深圳基因组所	生物化学与分子生物学	生物学
110	深圳基因组所	生物信息学	生物学
111	沼气所	微生物学	生物学
112	沼气所	生物化学与分子生物学	生物学

（续表）

序号	单位名称	培养点（二级学科）	所属一级学科
113	沼气所	农业生物环境与能源工程	农业工程
114	沼气所	环境科学	环境科学与工程
115	沼气所	环境工程	环境科学与工程
116	烟草所	作物栽培学与耕作学	作物学
117	烟草所	作物遗传育种	作物学
118	烟草所	农产品质量与食物安全	作物学
119	烟草所	植物病理学	植物保护
120	特产所	药用植物资源学	作物学
121	特产所	果树学	园艺学
122	特产所	特种经济动物饲养	畜牧学
123	特产所	预防兽医学	兽医学
124	特产所	野生动植物保护与利用	林　学
125	果树所	果树学	园艺学
126	上海兽医所	预防兽医学	兽医学
127	上海兽医所	兽药学	兽医学
128	哈尔滨兽医所	预防兽医学	兽医学
129	兰州兽医所	预防兽医学	兽医学
130	兰州牧药所	动物遗传育种与繁殖	畜牧学
131	兰州牧药所	基础兽医学	兽医学
132	兰州牧药所	临床兽医学	兽医学
133	草原所	农业昆虫与害虫防治	植物保护
134	草原所	草地资源利用与保护	草　学
135	草原所	饲草遗传育种与种子科学	草　学
136	草原所	饲草生产加工及利用	草　学
137	南京农机化所	农业机械化工程	农业工程
138	食物营养所	农产品质量与食物安全	作物学
139	食物营养所	农业经济管理	农林经济管理
140	甘薯所	作物遗传育种	作物学
141	家禽所	动物遗传育种与繁殖	畜牧学

第二节　学科评估

一、全国第三轮学科评估

教育部学位与研究生教育发展中心组织开展的学科评估，是按照国务院学位委员会和教育部颁布的《学位授予和人才培养学科目录》的学科划分，对具有研究生培养和学位授予资格的一级学科进行的整体水平评估。学科评估是教育部学位与研究生教育发展中心以第三方方式开展的非行政性、服务性评估项目，2002 年首次开展，截至 2017 年已完成四轮。

2012 年，教育部学位与研究生教育发展中心组织开展全国第三轮学科评估，此次学科评估历时一年，按照自愿申请参评的原则，采用客观评价与主观评价相结合的方式，所需数据由相关政府部门、社会组织公布的公共数据和参评单位报送的材料构成。通过对相关数据的公示、核查，同时还邀请学科专家、政府部门及企业界人士进行主观评价，在此基础上形成最终评价结果。中国农业科学院涉及的 17 个一级学科中，生物学、生态学、农业工程、环境科学与工程、食品科学与工程、作物学、园艺学、农业资源与环境、植物保护、畜牧学、兽医学、草学、管理科学与工程、农林经济管理、图书情报与档案管理 15 个学科参加了本轮评估，大气科学、林学 2 个学科（授权级别均为硕士二级）未参加本轮评估。

2013 年 1 月 29 日，教育部召开“2012 年学科评估结果发布”新闻发布会，公布全国第三轮学科评估结果。中国农业科学院参评的 15 个学科中，作物学、兽医学 2 个学科排名全国第一，另有 3 个学科进入全国前五名、4 个学科进入全国前十名（表 3-5）。

表 3-5　全国第三轮学科评估结果

一级学科代码及名称	学位授权级别（参评时）	整体得分	排名
0901 作物学	博士一级	91	1
0906 兽医学	博士一级	90	1
0904 植物保护	博士一级	88	3
0902 园艺学	博士一级	86	3
0905 畜牧学	博士一级	83	4
0903 农业资源与环境	博士一级	80	6
0710 生物学	博士一级	79	13
0713 生态学	博士一级	77	14

（续表）

一级学科代码及名称	学位授权级别（参评时）	整体得分	排名
0909 草学	博士一级	75	8
1203 农林经济管理	博士一级	75	9
0828 农业工程	博士二级	74	8
0832 食品科学与工程	硕士一级	73	16
0830 环境科学与工程	硕士一级	69	36
1205 图书情报与档案管理	硕士二级	68	16
1201 管理科学与工程	硕士一级	66	70

二、全国第四轮学科评估

全国第四轮学科评估于 2016 年 4 月启动，按照“自愿申请、免费参评”原则，采用“客观评价与主观评价相结合”的方式进行。评估体系在前三轮的基础上进行诸多创新；评估数据以“公共数据和单位填报相结合”的方式获取；评估结果按“分档”方式呈现，具体方法是按“学科整体水平得分”的位次百分位，将前 70%的学科分 9 档公布：前 2%（或前 2 名）为 A+，2%~5%为 A（不含 2%，下同），5%~10%为 A-，10%~20%为 B+，20%~30%为 B，30%~40%为 B-，40%~50%为 C+，50%~60%为 C，60%~70%为 C-。

中国农业科学院涉及的 17 个一级学科中，生物学、生态学、农业工程、环境科学与工程、食品科学与工程、作物学、园艺学、农业资源与环境、植物保护、畜牧学、兽医学、草学、管理科学与工程、农林经济管理 14 个学科参加了本轮评估，大气科学、林学、图书情报与档案管理 3 个学科（授权级别均为硕士二级）未参加本轮评估。

2017 年 12 月 28 日，教育部学位与研究生教育发展中心发布全国第四轮学科评估结果，中国农业科学院参评的 14 个学科全部上榜，其中作物学、植物保护、畜牧学、兽医学 4 个学科被评为 A+，生物学、农业资源与环境 2 个学科被评为 A-，A+学科数与全国高校相比居于并列第 12 位，A 类学科数占研究生院参评时具有博士学位授权一级学科数的 60%。与全国第三轮学科评估结果相比，前 2%（或前 2 名）学科数由 2 个增加到 4 个，前 10%学科数由 4 个增加到 6 个，前 20%学科数由 7 个增加到 10 个（表 3-6）。

表 3-6　全国第四轮学科评估结果

一级学科代码及名称	学位授权级别（参评时）	评估结果
0901 作物学	博士一级	A+
0904 植物保护	博士一级	A+
0905 畜牧学	博士一级	A+

（续表）

一级学科代码及名称	学位授权级别（参评时）	评估结果
0906 兽医学	博士一级	A+
0710 生物学	博士一级	A−
0903 农业资源与环境	博士一级	A−
0713 生态学	博士一级	B+
0832 食品科学与工程	硕士一级	B+
0902 园艺学	博士一级	B+
0909 草学	博士一级	B+
1203 农林经济管理	博士一级	B
0830 环境科学与工程	硕士一级	B−
0828 农业工程	博士二级	C+
1201 管理科学与工程	硕士一级	C

三、学位授权点合格评估

根据 2014 年 1 月 29 日《国务院学位委员会 教育部关于印发〈学位授权点合格评估办法〉的通知》（学位〔2014〕4 号）、2014 年 6 月 26 日国务院学位委员会《关于开展学位授权点合格评估工作的通知》（学位〔2014〕16 号），2014—2019 年将开展学位授权点合格评估工作。评估工作分为学位授予单位自我评估和教育行政部门随机抽评两个阶段，其中 2014—2018 年为自我评估阶段，2019 年为随机抽评阶段。

根据评估工作要求，按照“以评促建、优化管理、办出特色、促进发展”的思路，于 2015 年 3 月制订《中国农业科学院学位授权点自我评估工作方案》，按要求上传“全国学位与研究生教育质量信息平台”。评估分为两个层面，一是研究生院对各研究所培养点的评估，评估结果作为学位授权点自我评估的基础，同时也作为培养点研究生教育资源配置的依据；二是在培养点评估的基础上开展学位授权点的自我评估，形成自我评估材料，接受上级部门的随机抽评。培养点评估层面，实行研究生院—研究所—培养点三级管理；学位授权点自我评估层面，实行研究生院—学位授权点点长单位—培养点三级管理。评估结果及处理措施由研究生院提交学科评议组审议、中国农业科学院学位评定委员会审定。

2016 年 1 月，组织完成第一批培养点的评估工作，包括大气科学、生态学、农业工程、环境科学与工程、食品科学与工程、林学、草学、管理科学与工程、图书情报与档案管理 9 个学术学位授权点涉及的 32 个培养点。经中国农业科学院第八届学位评定委员会第六次会议审定，评估结果为合格 26 个、限期整改 5 个、同意撤销 1 个（表 3-7）。

表 3-7 第一批 32 个培养点评估结果

序号	单位名称	培养点（二级学科）	评估结果	评议意见
1	资源区划所	农业生态学	合　格	/
2	资源区划所	环境科学	合　格	/
3	环发所	气象学	合　格	/
4	环发所	农业生态学	合　格	/
5	环发所	设施农业与生态工程	合　格	/
6	环发所	农业气象与气候变化	合　格	/
7	环发所	农业生物环境与能源工程	合　格	/
8	环发所	环境科学	合　格	/
9	环发所	环境工程	限期整改	建议加强导师队伍建设
10	饲料所	食品科学	限期整改	建议加强导师队伍建设
11	农业信息所	情报学	合　格	/
12	质量标准所	食品科学	合　格	/
13	畜牧兽医所	农产品加工及贮藏工程	限期整改	建议加强导师队伍建设
14	畜牧兽医所	饲草遗传育种与种子科学	合　格	/
15	农产品加工所	食品科学	合　格	/
16	农产品加工所	农产品加工及贮藏工程	合　格	/
17	蜜蜂所	食品科学	合　格	/
18	天津环保所	农业生态学	合　格	/
19	天津环保所	环境科学	合　格	/
20	天津环保所	环境工程	合　格	/
21	灌溉所	农业水土工程	合　格	/
22	油料所	食品科学	合　格	/
23	油料所	农产品加工及贮藏工程	限期整改	建议加强导师队伍建设
24	水稻所	农业生态学	同意撤销	/
25	沼气所	农业生物环境与能源工程	合　格	/
26	沼气所	环境科学	合　格	/
27	沼气所	环境工程	合　格	/
28	特产所	野生动植物保护与利用	合　格	/
29	草原所	草地资源利用与保护	合　格	建议加强学位论文质量管理
30	草原所	饲草遗传育种与种子科学	合　格	/
31	草原所	饲草生产加工及利用	限期整改	建议加强导师队伍建设
32	南京农机化所	农业机械化工程	合　格	/

2017 年 1 月，组织完成第二批培养点的评估工作，包括生物学、作物学、园艺学、农业资源与环境、植物保护、畜牧学、兽医学、农林经济管理 8 个学术学位授权点涉及的

112 个培养点。经中国农业科学院第八届学位评定委员会第八次会议审定，评估结果为合格 107 个、限期整改 1 个、同意撤销培养点 2 个、同意撤销学科专业及相应培养点 2 个（农业资源与环境经济学、国际农产品贸易）（表 3-8）。

表 3-8　第二批 112 个培养点评估结果

序号	单位名称	培养点（二级学科）	评估结果	评议意见
1	作物科学所	生物化学与分子生物学	合　格	/
2	作物科学所	生物信息学	合　格	/
3	作物科学所	作物栽培学与耕作学	合　格	/
4	作物科学所	作物遗传育种	合　格	/
5	作物科学所	作物种质资源学	合　格	/
6	作物科学所	植物病理学	合　格	/
7	资源区划所	微生物学	合　格	/
8	资源区划所	生物化学与分子生物学	同意撤销	/
9	资源区划所	土壤学	合　格	/
10	资源区划所	植物营养学	合　格	/
11	资源区划所	农业遥感	合　格	/
12	资源区划所	农业经济管理	合　格	/
13	资源区划所	区域发展	合　格	/
14	环发所	生物物理学	合　格	/
15	环发所	农业水资源与环境	合　格	/
16	蔬菜花卉所	蔬菜学	合　格	/
17	蔬菜花卉所	观赏园艺	合　格	/
18	蔬菜花卉所	植物病理学	合　格	/
19	蔬菜花卉所	农业昆虫与害虫防治	合　格	/
20	饲料所	微生物学	合　格	/
21	饲料所	生物化学与分子生物学	合　格	/
22	饲料所	动物营养与饲料科学	合　格	/
23	饲料所	兽药学	合　格	/
24	生物所	微生物学	合　格	/
25	生物所	生物化学与分子生物学	合　格	/
26	农经所	农业经济管理	合　格	/
27	农经所	农业资源与环境经济学	同意撤销	/
28	农经所	国际农产品贸易	同意撤销	/

（续表）

序号	单位名称	培养点（二级学科）	评估结果	评议意见
29	农经所	农业技术经济	合 格	/
30	农经所	产业经济	合 格	/
31	农业信息所	农业经济管理	合 格	/
32	农业信息所	农业信息管理	合 格	/
33	农业信息所	农业信息分析学	合 格	/
34	农业信息所	信息技术与数字农业	合 格	/
35	质量标准所	农产品质量与食物安全	合 格	/
36	植保所	生物化学与分子生物学	合 格	/
37	植保所	植物病理学	合 格	/
38	植保所	农业昆虫与害虫防治	合 格	/
39	植保所	农药学	合 格	/
40	植保所	杂草学	合 格	/
41	植保所	入侵生物学	合 格	/
42	植保所	转基因生物安全学	合 格	/
43	植保所	生物防治学	合 格	/
44	畜牧兽医所	动物遗传育种与繁殖	合 格	/
45	畜牧兽医所	动物营养与饲料科学	合 格	/
46	畜牧兽医所	预防兽医学	合 格	/
47	农产品加工所	生物化学与分子生物学	合 格	/
48	农产品加工所	农产品质量与食物安全	合 格	/
49	农产品加工所	农产品加工利用	合 格	/
50	农产品加工所	植物病理学	合 格	/
51	蜜蜂所	农产品质量与食物安全	合 格	/
52	蜜蜂所	特种经济动物饲养	合 格	/
53	天津环保所	植物营养学	合 格	建议加强导师队伍建设
54	天津环保所	农业环境学	合 格	/
55	天津环保所	信息技术与数字农业	同意撤销	/
56	郑州果树所	果树学	合 格	/
57	郑州果树所	蔬菜学	合 格	/
58	郑州果树所	植物病理学	合 格	/
59	棉花所	生物化学与分子生物学	合 格	/

（续表）

序号	单位名称	培养点（二级学科）	评估结果	评议意见
60	棉花所	作物栽培学与耕作学	合　格	/
61	棉花所	作物遗传育种	合　格	/
62	棉花所	作物种质资源学	合　格	/
63	棉花所	农产品质量与食物安全	合　格	/
64	棉花所	植物病理学	合　格	/
65	棉花所	农业昆虫与害虫防治	合　格	/
66	油料所	微生物学	合　格	/
67	油料所	生物化学与分子生物学	合　格	/
68	油料所	作物栽培学与耕作学	限期整改	建议加强导师队伍建设
69	油料所	作物遗传育种	合　格	/
70	油料所	作物种质资源学	合　格	/
71	油料所	农产品质量与食物安全	合　格	/
72	油料所	农产品加工利用	合　格	/
73	油料所	植物营养学	合　格	建议加强导师队伍建设
74	油料所	植物病理学	合　格	/
75	麻类所	微生物学	合　格	/
76	麻类所	生物化学与分子生物学	合　格	/
77	麻类所	作物栽培学与耕作学	合　格	/
78	麻类所	作物遗传育种	合　格	/
79	麻类所	作物种质资源学	合　格	/
80	麻类所	植物病理学	合　格	/
81	水稻所	微生物学	合　格	/
82	水稻所	生物化学与分子生物学	合　格	/
83	水稻所	作物栽培学与耕作学	合　格	/
84	水稻所	作物遗传育种	合　格	/
85	水稻所	作物种质资源学	合　格	/
86	水稻所	农产品质量与食物安全	合　格	/
87	水稻所	植物病理学	合　格	/

（续表）

序号	单位名称	培养点（二级学科）	评估结果	评议意见
88	水稻所	农业昆虫与害虫防治	合　格	/
89	茶叶所	茶　学	合　格	/
90	沼气所	微生物学	合　格	/
91	沼气所	生物化学与分子生物学	合　格	/
92	烟草所	作物栽培学与耕作学	合　格	/
93	烟草所	作物遗传育种	合　格	/
94	烟草所	农产品质量与食物安全	合　格	/
95	烟草所	植物病理学	合　格	/
96	特产所	药用植物资源学	合　格	/
97	特产所	果树学	合　格	/
98	特产所	特种经济动物饲养	合　格	/
99	特产所	预防兽医学	合　格	/
100	果树所	果树学	合　格	/
101	上海兽医所	预防兽医学	合　格	/
102	上海兽医所	兽药学	合　格	/
103	哈尔滨兽医所	预防兽医学	合　格	/
104	兰州兽医所	预防兽医学	合　格	/
105	兰州牧药所	动物遗传育种与繁殖	合　格	/
106	兰州牧药所	基础兽医学	合　格	/
107	兰州牧药所	临床兽医学	合　格	/
108	草原所	农业昆虫与害虫防治	合　格	建议加强导师队伍建设
109	南京农机化所	作物土壤机械工程学	合　格	/
110	食物营养所	农业经济管理	合　格	/
111	甘薯所	作物遗传育种	合　格	/
112	家禽所	动物遗传育种与繁殖	合　格	/

2018 年 6 月 15 日、19 日，组织完成大气科学、生物学、生态学、农业工程、环境科学与工程、食品科学与工程、作物学、园艺学、农业资源与环境、植物保护、畜牧学、兽医学、林学、草学、管理科学与工程、图书情报与档案管理、农林经济管理 17 个学术学

位授权点及农业硕士、兽医硕士 2 个专业学位授权点自我评估院外同行专家评议工作，评议结果均为“合格”。2018 年 6 月 27 日，经中国农业科学院第九届学位评定委员会第三次会议审议，一致同意评估结果为“合格”。

2018 年 6 月 13 日，国务院学位委员会办公室印发《关于学位授权点合格评估有关事项的通知》（学位办〔2018〕25 号），对学位授权点合格评估工作提出新的要求。根据文件要求，组织各研究所重新填报生物学、生态学、环境科学与工程、食品科学与工程、作物学、园艺学、农业资源与环境、植物保护、畜牧学、兽医学、林学、草学、管理科学与工程、农林经济管理 14 个学术学位授权点及农业硕士、兽医硕士 2 个专业学位授权点的《学位授权点基本状态信息表》《学位授权点自我评估总结报告》等自我评估材料，按要求于 2018 年 11 月 30 日前提交“全国学位与研究生教育质量信息平台”。农业工程、大气科学为国务院学位委员会 2017 年审核增列的博士、硕士学位授权点，按要求将在获得授权满三年后参加专项评估，不参加本次合格评估；图书情报与档案管理经农业信息所提出申请、中国农业科学院学位评定委员会审议通过决定撤销，不参加本次合格评估。

四、在职攻读专业学位检查评估

2010 年、2011 年，中国学位与研究生教育学会农林工作委员会和全国农业推广专业学位研究生教育指导委员会共同印发《关于开展 2010 年农业推广硕士培养管理与教学实施情况专项调研工作的通知》《关于开展 2011 年农业推广硕士培养管理与教学实施情况专项调研工作的通知》（农工委〔2011〕3 号、农推指委〔2011〕8 号），要求对各培养单位农业推广专业学位研究生的培养管理与教学实施情况进行专项调研。按照通知要求，研究生院系统梳理专业学位教育的各项工作，对调研所涉及的内容进行全面、客观的自查和总结，先后两次撰写《中国农业科学院农业推广硕士培养管理和教学实施情况自评报告》，提交《农业推广硕士培养管理和教学专项调研需提交的材料和汇总表格》，制作《农业推广硕士培养管理与教学实施情况专项调研材料汇编》。2010 年 8 月、2011 年 8 月，全国农业推广专业学位研究生教育指导委员会组织专家组分别对中国农业科学院农业推广硕士的培养管理、课程教学、师资队伍建设等方面进行实地调研。在评估检查中，专家组对中国农业科学院农业推广专业学位研究生教育给予肯定，同时也就存在的问题提出中肯的建议。

2011 年 6 月，国务院学位委员会办公室和北京市学位委员会办公室先后印发《关于开展在职人员攻读硕士专业学位工作检查的通知》（学位办〔2011〕43 号）、《关于开展北京地区在职人员攻读硕士专业学位工作检查的通知》（京学位办〔2011〕8 号），要求对所有招收在职人员攻读硕士专业学位的研究生培养单位的管理、招生、培养、异地办学、收费、委托中介机构招生等六个方面情况进行检查，通过培养单位自查、省级学位委员会核查、国务院学位委员会办公室适时抽查的方式组织开展。按照有关通知要求，对农业推广和兽医硕士专业学位研究生教育的各项工作环节进行认真自查和总结，按时报送了《中国农业科学院研究生院农业推广和兽医硕士自查报告》和《在职人员攻读硕士专业学位基本信息表》。

第三节　师资队伍建设

一、师德师风建设

为加强师德师风建设，强化导师教书育人的责任感、使命感和指导研究生的能力，提高任课教师的教育专业素养、教学能力和水平，推动研究生教育质量不断提升，自2009年以来定期举办导师培训班及教师教学培训班，成为加强师资队伍建设的重要举措和常态化工作。2010—2014年，共举办12期导师培训班，累计培训1 700余人次，完成了对全院在岗导师的轮训。

2014年9月，由北京市科学道德和学风建设宣讲教育领导小组主办的“2014年北京市科学道德和学风建设宣讲教育报告会”在北京师范大学举行，大会对15所院校报送的17项示范项目进行表彰，中国农业科学院《加强导师队伍建设，完善学位论文监督体系》被评为2013—2014年度优秀示范项目。北京市科学道德和学风建设示范项目是由北京市科学道德和学风建设宣讲领导小组组织评选，面向所有在京研究生培养单位，旨在深入推进首都科学道德和学风建设。获得表彰的示范项目共分为课程类、资源类、报告会类、学生活动类、监督查处类、网站类六大项，中国农业科学院《加强导师队伍建设，完善学位论文监督体系》是监督查处类中唯一优秀示范项目。《加强导师队伍建设，完善学位论文监督体系》的实施，符合中国农业科学院研究生教育的自身特点，从制度体系上有效抑制了学术不端行为的产生，使在学风建设中有法可依，有章可循，形成有效的监管机制，对于做好科学道德和学风建设工作，营造健康、积极、诚信的校园学术氛围，培养更多学风严谨、诚实守信的高层次农业科技人才具有重要作用。

2015年以来，每年对新上岗的导师进行培训，参加培训并取得合格证书方可取得招生资格，累计培训800余人次。培训内容主要包括师德师风、研究生思想政治教育、国家研究生教育政策解读、中国农业科学院研究生教育规章制度解析、学术道德、研究生心理健康、名师经验交流、导师应知应会测试等内容。2016—2018年，共举办3期教师教学培训班，累计培训230余人次。培训内容主要包括教学名师经验分享、研究型教学、案例教学、师生沟通、信息化时代的混合式教学、教学设计、讨论式教学等内容。

2018年，为全面贯彻党的教育方针，加强研究生导师师德师风建设、落实立德树人职责，根据教育部《关于全面落实研究生导师立德树人职责的意见》（教研〔2018〕1号）、《关于建立健全高校师德建设长效机制的意见》（教师〔2014〕10号）、《新时代高校教师职业行为十项准则》（教师〔2018〕16号）、《关于高校教师师德失范行为处理的指导意见》（教师〔2018〕17号）等文件精神，制订《中国农业科学院全面落实研究生导师立德树人职责实施细则》，经2018年11月5日中国农业科学院2018年第11次常务会议审议通过，于2018年12月5日印发（农科院研生〔2018〕227号）。《中国农业科学院全面落实研究生导师立德树人职责实施细则》从提出导师基本素质“三个具备”、明确导师立德树人职责“七要”、健全评价考核、激励及督导问责机制、划定导师禁行行为十三条、建立监督反馈机制、强化组织保障、完善院所两级导师培训体系等方面多措并举构建导师立德树人工作长效机制。

二、教师选聘

（一）导师遴选

中国农业科学院博士生导师选聘实行遴选制，硕士生导师选聘实行备案制。博士生导师遴选程序包括个人申请、研究所学位评定委员会初审、院外同行专家通讯评议、学科评议组复审、中国农业科学院学位评定委员会终审、公示等环节，主要由研究生院组织实施。2008年7月4日，中国农业科学院第六届学位评定委员会第七次会议决定，自2008年起，每两年开展一次博士生导师遴选；硕士生导师备案程序包括个人申请、研究所学位评定委员会审核、研究生院备案等环节，主要由研究所组织实施，每年开展一次。

自2014年1月起，为落实中国农业科学院人才工作政策，为“青年英才计划”等人员开辟博士生导师遴选的“绿色通道”，对职称、指导硕士生经历不做硬性要求，且每年组织开展一次。自2018年1月起，将参加博士生导师遴选“绿色通道”的人员按照《中国农业科学院农科英才特殊支持管理暂行办法》（农科院党组发〔2017〕44号）及《中国农业科学院“青年英才计划”管理办法》（农科院党组发〔2017〕67号）文件扩大为“农科英才”等人员。

2009年7月至2019年6月，组织开展9批博士生导师遴选工作，共遴选博士生导师493人；此外，认定外单位引进或调入人员15人的博士生导师资格；组织开展10批硕士生导师备案工作，共备案硕士生导师890余人。截至2019年6月，共有在岗导师2 171人，其中博士生导师730人、硕士生导师1 441人。

2010年7月5日，经中国农业科学院第七届学位评定委员会第四次会议审议通过，遴选51人为博士生导师（农科学位〔2010〕9号）（表3-9）。

表3-9　2010年7月遴选新增博士导师名单

单位名称	姓　名	性别	学科专业	备　注
作物科学所	李学勇	男	生物化学与分子生物学	遴选新增
作物科学所	雷财林	男	作物遗传育种	遴选新增
作物科学所	周永力	女	植物病理学	遴选新增
资源区划所	程宪国	男	生物化学与分子生物学	遴选新增

（续表）

单位名称	姓　名	性别	学科专业	备　注
资源区划所	张　斌	男	土壤学	遴选新增
资源区划所	李书田	男	植物营养学	遴选新增
资源区划所	陈印军	男	农业经济管理	遴选新增
资源区划所	尹昌斌	男	农业资源与环境经济学	遴选新增
蔬菜花卉所	杨丽梅	女	蔬菜学	遴选新增
蔬菜花卉所	冯东昕	女	植物病理学	遴选新增
生物所	陈　明	男	生物化学与分子生物学	遴选新增
生物所	裴新梧	男	生物化学与分子生物学	遴选新增
生物所	王　磊	男	生物化学与分子生物学	遴选新增
生物所	吴燕民	男	生物化学与分子生物学	遴选新增
生物所	张　锐	女	生物化学与分子生物学	遴选新增
农经所	陈志钢	男	农业经济管理	遴选新增
植保所	梁革梅	女	农业昆虫与害虫防治	遴选新增
植保所	黄啟良	男	农药学	遴选新增
植保所	张桂芬	女	生物安全	遴选新增
畜牧兽医所	孙宝忠	男	食品科学	遴选新增
畜牧兽医所	陈继兰	女	动物遗传育种与繁殖	遴选新增
畜牧兽医所	顾宪红	女	动物营养与饲料科学	遴选新增
农产品加工所	张德权	男	农产品加工与贮藏工程	遴选新增
蜜蜂所	吴　杰	男	特种经济动物饲养	遴选新增
郑州果树所	方金豹	男	果树学	遴选新增
郑州果树所	刘文革	男	蔬菜学	遴选新增
郑州果树所	古勤生	男	植物病理学	遴选新增
水稻所	陶龙兴	男	作物栽培学与耕作学	遴选新增
水稻所	郭龙彪	男	作物遗传育种	遴选新增
水稻所	魏兴华	男	作物种质资源学	遴选新增
沼气所	邓良伟	男	环境工程	遴选新增
油料所	姜慧芳	女	作物遗传育种	遴选新增
烟草所	王树声	男	作物栽培学与耕作学	遴选新增
特产所	程世鹏	男	预防兽医学	遴选新增
特产所	闫喜军	男	预防兽医学	遴选新增

（续表）

单位名称	姓　名	性别	学科专业	备　注
上海兽医所	于圣青	女	预防兽医学	遴选新增
哈尔滨兽医所	冯　力	男	预防兽医学	遴选新增
哈尔滨兽医所	刘思国	男	预防兽医学	遴选新增
兰州兽医所	刘定祥	男	基础兽医学	遴选新增
兰州兽医所	常惠芸	女	预防兽医学	遴选新增
兰州兽医所	付宝权	男	预防兽医学	遴选新增
兰州兽医所	景志忠	男	预防兽医学	遴选新增
兰州兽医所	刘湘涛	男	预防兽医学	遴选新增
兰州兽医所	马军武	男	预防兽医学	遴选新增
兰州兽医所	朱兴全	男	预防兽医学	遴选新增
兰州牧药所	杨博辉	男	动物遗传育种与繁殖	遴选新增
兰州牧药所	张继瑜	男	基础兽医学	遴选新增
研究生院	韩贵清	男	农业经济管理	遴选新增
蚕业所	吴福安	男	特种经济动物饲养	遴选新增
蚕业所	赵卫国	男	特种经济动物饲养	遴选新增
蚕业所	张光明	男	农业技术经济	遴选新增

2011 年 1 月 13 日，经中国农业科学院第七届学位评定委员会第五次会议审议通过，认定 1 人的博士生导师资格（表 3-10）。

表 3-10　2011 年 1 月资格认定新增博士生导师名单

所在单位	姓　名	性别	学科专业	备　注
植保所	王国梁	男	植物病理学	资格认定新增

2011 年 7 月 5 日，经中国农业科学院第七届学位评定委员会第六次会议审议通过，认定 2 人的博士生导师资格（表 3-11）。

表 3-11　2011 年 7 月资格认定新增博士生导师名单

所在单位	姓　名	性别	学科专业	备　注
作物科学所	李文学	男	生物化学与分子生物学	资格认定新增
作物科学所	徐云碧	男	作物遗传育种	资格认定新增

2013 年 1 月 25 日，经中国农业科学院第七届学位评定委员会第九次会议审议通过，

遴选 57 人为博士生导师（农科学位〔2013〕5 号）（表 3-12）。

表 3-12　2013 年 1 月遴选新增博士生导师名单

所在单位	姓　名	性别	学科专业	备　注
作物科学所	夏兰琴	女	生物化学与分子生物学	遴选新增
作物科学所	侯文胜	男	作物遗传育种	遴选新增
作物科学所	张　勇	男	作物遗传育种	遴选新增
作物科学所	王克晶	男	作物种质资源学	遴选新增
作物科学所	张宗文	男	作物种质资源学	遴选新增
资源区划所	李茂松	男	农业气象与气候变化	遴选新增
资源区划所	罗其友	男	农业区域发展与规划	遴选新增
资源区划所	黄绍文	男	植物营养学	遴选新增
环发所	钟秀丽	女	农业生态学	遴选新增
蔬菜花卉所	李君明	男	蔬菜学	遴选新增
蔬菜花卉所	尚庆茂	男	蔬菜学	遴选新增
蔬菜花卉所	明　军	男	观赏园艺	遴选新增
饲料所	周志刚	男	生物化学与分子生物学	遴选新增
饲料所	秦玉昌	男	动物营养与饲料科学	遴选新增
生物所	陈茹梅	女	生物化学与分子生物学	遴选新增
生物所	王　劲	女	作物遗传育种	遴选新增
农经所	梁书民	男	农业经济管理	遴选新增
农经所	王明利	男	农业经济管理	遴选新增
农业信息所	李哲敏	女	农业经济管理	遴选新增
农业信息所	许正中	男	农业经济管理	遴选新增
质量标准所	田河山	男	动物营养与饲料科学	遴选新增
植保所	蒋细良	男	微生物学	遴选新增
植保所	侯茂林	男	农业昆虫与害虫防治	遴选新增
植保所	徐学农	男	农业昆虫与害虫防治	遴选新增
植保所	张永军	男	农业昆虫与害虫防治	遴选新增
植保所	李香菊	女	杂草科学	遴选新增
畜牧兽医所	李俊雅	男	动物遗传育种与繁殖	遴选新增
畜牧兽医所	苗向阳	男	动物遗传育种与繁殖	遴选新增
畜牧兽医所	朱化彬	男	动物遗传育种与繁殖	遴选新增
畜牧兽医所	张军民	男	动物营养与饲料科学	遴选新增

（续表）

所在单位	姓　名	性别	学科专业	备　注
天津环保所	刘仲齐	男	生物化学与分子生物学	遴选新增
天津环保所	杨殿林	男	土壤学	遴选新增
天津环保所	张克强	男	农业水资源与环境	遴选新增
灌溉所	翟国亮	男	农业水土工程	遴选新增
棉花所	宋国立	男	作物遗传育种	遴选新增
棉花所	叶武威	男	作物种质资源学	遴选新增
棉花所	崔金杰	男	农业昆虫与害虫防治	遴选新增
油料所	张春雷	男	作物栽培学与耕作学	遴选新增
麻类所	李德芳	男	作物遗传育种	遴选新增
水稻所	曾大力	男	作物遗传育种	遴选新增
水稻所	傅　强	男	农业昆虫与害虫防治	遴选新增
烟草所	王元英	男	作物遗传育种	遴选新增
烟草所	王凤龙	男	植物病理学	遴选新增
特产所	艾　军	男	果树学	遴选新增
特产所	李光玉	男	特种经济动物饲养	遴选新增
果树所	曹玉芬	女	果树学	遴选新增
上海兽医所	程国锋	男	预防兽医学	遴选新增
上海兽医所	李泽君	男	预防兽医学	遴选新增
哈尔滨兽医所	崔尚金	男	预防兽医学	遴选新增
哈尔滨兽医所	王秀荣	女	预防兽医学	遴选新增
哈尔滨兽医所	翁长江	男	预防兽医学	遴选新增
兰州兽医所	蔡建平	男	预防兽医学	遴选新增
兰州兽医所	刘光远	男	预防兽医学	遴选新增
兰州牧药所	李剑勇	男	基础兽医学	遴选新增
草原所	王育青	男	草地资源利用与保护	遴选新增
南京农机化所	胡志超	男	作物土壤机械工程学	遴选新增
南京农机化所	吴崇友	男	作物土壤机械工程学	遴选新增

2014 年 1 月 16 日，经中国农业科学院第八届学位评定委员会第二次会议审议通过，遴选 17 人为博士生导师、认定 5 人的博士生导师资格（农科学位〔2014〕2 号）（表 3-13）。

表 3-13　2014 年 1 月遴选及资格认定新增博士生导师名单

所在单位	姓　名	性别	学科专业	备　注
作物科学所	吴传银	男	生物化学与分子生物学	遴选新增
资源区划所	李召良	男	农业遥感	资格认定新增
资源区划所	史　云	男	农业遥感	遴选新增
蔬菜花卉所	崔　霞	女	蔬菜学	遴选新增
生物所	林　浩	男	生物化学与分子生物学	遴选新增
生物所	牛丽芳	女	生物化学与分子生物学	遴选新增
生物所	王海洋	男	生物化学与分子生物学	资格认定新增
生物所	徐玉泉	男	生物化学与分子生物学	遴选新增
植保所	向文胜	男	生物化学与分子生物学	资格认定新增
植保所	周雪平	男	植物病理学	资格认定新增
植保所	李显春	男	农业昆虫与害虫防治	遴选新增
畜牧兽医所	王彦芳	女	动物遗传育种与繁殖	遴选新增
畜牧兽医所	晏向华	男	动物营养与饲料科学	资格认定新增
农产品加工所	吴　韬	男	农产品加工利用	遴选新增
农产品加工所	刘世名	男	植物病理学	遴选新增
油料所	矫永庆	男	生物化学与分子生物学	遴选新增
水稻所	张　健	男	生物化学与分子生物学	遴选新增
水稻所	王克剑	男	作物种质资源学	遴选新增
烟草所	孔英珍	女	生物化学与分子生物学	遴选新增
上海兽医所	廖　瑛	女	预防兽医学	遴选新增
上海兽医所	邱亚峰	男	预防兽医学	遴选新增
哈尔滨兽医所	刘平黄	男	预防兽医学	遴选新增

2014 年 6 月 25 日，经中国农业科学院第八届学位评定委员会第三次会议审议通过，遴选 82 人为博士生导师、认定 1 人的博士生导师资格（农科学位〔2014〕8 号）（表 3-14）。

表 3-14　2014 年 6 月遴选及资格认定新增博士生导师名单

所在单位	姓　名	性别	学科专业	备　注
作物科学所	孙加强	男	生物化学与分子生物学	遴选新增
作物科学所	李英慧	女	作物种质资源学	遴选新增
作物科学所	杨庆文	男	作物种质资源学	遴选新增
作物科学所	宗绪晓	男	作物种质资源学	遴选新增

（续表）

所在单位	姓　名	性别	学科专业	备　注
资源区划所	刘宏斌	男	农业生态学	遴选新增
资源区划所	王立刚	男	农业生态学	遴选新增
资源区划所	李建伟	男	土壤学	遴选新增
资源区划所	张会民	男	土壤学	遴选新增
资源区划所	曹卫东	男	植物营养学	遴选新增
资源区划所	汪　洪	男	植物营养学	遴选新增
资源区划所	李建平	男	农业区域发展	遴选新增
资源区划所	吴永常	男	农业区域发展	遴选新增
资源区划所	武雪萍	女	农业水资源与环境	遴选新增
环发所	罗良国	男	农业生态学	遴选新增
环发所	高清竹	男	农业气象与气候变化	遴选新增
环发所	居　辉	女	农业气象与气候变化	遴选新增
环发所	熊　伟	男	农业气象与气候变化	遴选新增
环发所	刘文科	男	植物营养学	遴选新增
蔬菜花卉所	吴青君	女	农业昆虫与害虫防治	遴选新增
饲料所	刘　智	男	微生物学	遴选新增
饲料所	苏小运	男	生物化学与分子生物学	遴选新增
饲料所	杨培龙	男	生物化学与分子生物学	遴选新增
饲料所	刘国华	男	动物营养与饲料科学	遴选新增
饲料所	薛　敏	女	动物营养与饲料科学	遴选新增
饲料所	李秀波	女	兽药学	遴选新增
生物所	张永强	男	生物化学与分子生物学	遴选新增
农经所	毛世平	男	产业经济	遴选新增
农业信息所	张蕙杰	女	农业经济管理	遴选新增
植保所	刘晓辉	男	生物化学与分子生物学	遴选新增
植保所	宋福平	男	生物化学与分子生物学	遴选新增
植保所	宋　英	女	生物化学与分子生物学	遴选新增
植保所	曾洪梅	女	植物病理学	遴选新增
植保所	陈巨莲	女	农业昆虫与害虫防治	遴选新增
植保所	江幸福	男	农业昆虫与害虫防治	遴选新增
植保所	陆宴辉	男	农业昆虫与害虫防治	遴选新增

（续表）

所在单位	姓　名	性别	学科专业	备　注
植保所	蒋红云	女	农药学	遴选新增
植保所	郭建英	女	入侵生物学	遴选新增
畜牧兽医所	王　栋	男	动物遗传育种与繁殖	遴选新增
畜牧兽医所	赵桂苹	女	动物遗传育种与繁殖	遴选新增
畜牧兽医所	万里强	男	草业科学	遴选新增
农产品加工所	毕金峰	男	农产品加工利用	遴选新增
农产品加工所	陈卫华	男	农产品加工利用	遴选新增
农产品加工所	沈清武	男	农产品加工利用	资格认定新增
农产品加工所	张春晖	男	农产品加工利用	遴选新增
农产品加工所	郑金铠	男	农产品加工利用	遴选新增
农产品加工所	周素梅	女	农产品加工利用	遴选新增
农产品加工所	郭　维	男	植物病理学	遴选新增
蜜蜂所	吴黎明	男	农产品质量与食物安全	遴选新增
天津环保所	漆新华	男	环境科学	遴选新增
天津环保所	郑向群	男	环境工程	遴选新增
郑州果树所	刘崇怀	男	果树学	遴选新增
棉花所	范术丽	女	作物遗传育种	遴选新增
棉花所	邢朝柱	男	作物遗传育种	遴选新增
麻类所	陈建华	男	作物种质资源学	遴选新增
水稻所	马良勇	男	作物遗传育种	遴选新增
水稻所	唐绍清	男	作物遗传育种	遴选新增
水稻所	张光恒	男	作物遗传育种	遴选新增
水稻所	黄世文	男	植物病理学	遴选新增
茶叶所	江和源	男	茶　学	遴选新增
深圳基因组所	李盛本	男	生物化学与分子生物学	遴选新增
深圳基因组所	张玉波	男	生物化学与分子生物学	遴选新增
深圳基因组所	阮　珏	男	生物信息学	遴选新增
深圳基因组所	熊国胜	男	作物遗传育种	遴选新增
烟草所	刘贯山	男	作物遗传育种	遴选新增
特产所	邢秀梅	女	特种经济动物饲养	遴选新增
果树所	聂继云	男	果树学	遴选新增

（续表）

所在单位	姓　名	性别	学科专业	备　注
上海兽医所	冯新港	男	预防兽医学	遴选新增
上海兽医所	刘光清	男	预防兽医学	遴选新增
上海兽医所	王　权	男	预防兽医学	遴选新增
上海兽医所	周艳君	女	预防兽医学	遴选新增
哈尔滨兽医所	蔡雪辉	男	预防兽医学	遴选新增
哈尔滨兽医所	邓国华	男	预防兽医学	遴选新增
哈尔滨兽医所	李呈军	男	预防兽医学	遴选新增
哈尔滨兽医所	王晓钧	男	预防兽医学	遴选新增
哈尔滨兽医所	辛九庆	男	预防兽医学	遴选新增
哈尔滨兽医所	郑永辉	男	预防兽医学	遴选新增
兰州兽医所	贾万忠	男	预防兽医学	遴选新增
兰州兽医所	刘永生	男	预防兽医学	遴选新增
兰州兽医所	骆学农	男	预防兽医学	遴选新增
兰州兽医所	张　杰	女	预防兽医学	遴选新增
兰州兽医所	朱启运	男	预防兽医学	遴选新增
南京农机化所	薛新宇	女	作物土壤机械工程学	遴选新增
甜菜所	耿　贵	男	作物遗传育种	遴选新增

2015 年 7 月 3 日，经中国农业科学院第八届学位评定委员会第五次会议审议通过，遴选 28 人为博士生导师（农科学位〔2015〕10 号）（表 3-15）。

表 3-15　2015 年 7 月遴选新增博士生导师名单

所在单位	姓　名	性别	学科专业	备　注
作物科学所	刘　斌	男	生物化学与分子生物学	遴选新增
资源区划所	张瑞福	男	微生物学	遴选新增
资源区划所	易可可	男	植物营养学	遴选新增
蔬菜花卉所	李广存	男	蔬菜学	遴选新增
蔬菜花卉所	张忠华	男	蔬菜学	遴选新增
生物所	谷晓峰	男	生物化学与分子生物学	遴选新增
生物所	韩　霄	男	生物化学与分子生物学	遴选新增
生物所	李玉斌	男	生物化学与分子生物学	遴选新增
生物所	普　莉	女	生物化学与分子生物学	遴选新增

（续表）

所在单位	姓 名	性别	学科专业	备 注
生物所	张芃芃	女	生物化学与分子生物学	遴选新增
植保所	刘文德	男	植物病理学	遴选新增
植保所	周焕斌	男	植物病理学	遴选新增
植保所	周忠实	男	入侵生物学	遴选新增
农产品加工所	辛凤姣	女	生物化学与分子生物学	遴选新增
农产品加工所	关文强	男	农产品加工利用	遴选新增
农产品加工所	梁 俊	男	农产品加工利用	遴选新增
蜜蜂所	Boris Baer	男	特种经济动物饲养	遴选新增
天津环保所	李永涛	男	土壤学	遴选新增
水稻所	冯国忠	男	微生物学	遴选新增
深圳基因组所	高 飞	男	生物化学与分子生物学	遴选新增
深圳基因组所	樊 伟	男	生物信息学	遴选新增
烟草所	张洪博	男	作物遗传育种	遴选新增
上海兽医所	黄勤锋	男	预防兽医学	遴选新增
上海兽医所	刘芹防	男	预防兽医学	遴选新增
上海兽医所	茅 翔	男	预防兽医学	遴选新增
哈尔滨兽医所	李 海	男	预防兽医学	遴选新增
兰州兽医所	郭慧琛	女	预防兽医学	遴选新增
兰州兽医所	刘光亮	男	预防兽医学	遴选新增

2016年1月17日，经中国农业科学院第八届学位评定委员会第六次会议审议通过，遴选53人为博士生导师、认定3人的博士生导师资格（农科学位〔2016〕6号）（表3-16）。

表3-16 2016年1月遴选及资格认定新增博士生导师名单

所在单位	姓 名	性别	学科专业	备 注
作物科学所	李爱丽	女	生物化学与分子生物学	遴选新增
作物科学所	孙君明	男	作物遗传育种	遴选新增
作物科学所	王春连	女	作物遗传育种	遴选新增
资源区划所	胡清秀	女	微生物学	遴选新增
资源区划所	杨 鹏	男	农业遥感	遴选新增
资源区划所	陈世宝	男	农业环境学	遴选新增
资源区划所	李菊梅	女	农业环境学	遴选新增

（续表）

所在单位	姓　名	性别	学科专业	备　注
资源区划所	李兆君	男	农业环境学	遴选新增
资源区划所	刘冬梅	女	农业经济管理	遴选新增
环发所	张晴雯	女	农业生态学	遴选新增
环发所	陶秀萍	女	设施农业与生态工程	遴选新增
环发所	郭李萍	女	农业气象与气候变化	遴选新增
环发所	刘布春	女	农业气象与气候变化	遴选新增
环发所	游松财	男	农业气象与气候变化	遴选新增
环发所	刘晓英	女	农业水资源与环境	遴选新增
饲料所	屠　焰	女	动物营养与饲料科学	遴选新增
生物所	张　伟	女	微生物学	遴选新增
生物所	郎志宏	女	生物化学与分子生物学	遴选新增
生物所	李为民	男	生物化学与分子生物学	遴选新增
农经所	黄德林	男	农业经济管理	遴选新增
农经所	刘　静	女	农业经济管理	遴选新增
农经所	吕开宇	男	农业经济管理	遴选新增
农经所	吕新业	男	农业经济管理	遴选新增
质量标准所	陈　刚	男	农产品质量与食物安全	遴选新增
质量标准所	邱　静	男	农产品质量与食物安全	遴选新增
植保所	齐放军	男	植物病理学	遴选新增
植保所	董丰收	男	农药学	遴选新增
植保所	刘新刚	男	农药学	遴选新增
植保所	张克诚	男	生物防治学	遴选新增
畜牧兽医所	唐中林	男	动物遗传育种与繁殖	遴选新增
畜牧兽医所	卜登攀	男	动物营养与饲料科学	遴选新增
蜜蜂所	安建东	男	特种经济动物饲养	遴选新增
蜜蜂所	刁青云	女	特种经济动物饲养	遴选新增
蜜蜂所	徐书法	男	特种经济动物饲养	遴选新增
天津环保所	宋正国	男	植物营养学	遴选新增
天津环保所	翁莉萍	女	农业环境学	资格认定新增
灌溉所	吕谋超	男	农业水土工程	遴选新增
郑州果树所	曹尚银	男	果树学	遴选新增

（续表）

所在单位	姓　名	性别	学科专业	备　注
棉花所	崔敏龙	男	生物化学与分子生物学	资格认定新增
棉花所	宋美珍	女	作物栽培学与耕作学	遴选新增
棉花所	朱荷琴	女	植物病理学	遴选新增
油料所	华　玮	女	生物化学与分子生物学	遴选新增
油料所	陈　洪	男	农产品质量与食物安全	遴选新增
油料所	张　奇	男	农产品质量与食物安全	遴选新增
水稻所	高振宇	男	作物遗传育种	遴选新增
烟草所	刘好宝	男	作物栽培学与耕作学	遴选新增
烟草所	郭永峰	男	作物遗传育种	遴选新增
果树所	周宗山	男	植物病理学	遴选新增
上海兽医所	胡青海	男	预防兽医学	遴选新增
上海兽医所	李国新	男	预防兽医学	遴选新增
哈尔滨兽医所	田志军	男	预防兽医学	遴选新增
哈尔滨兽医所	王玉娥	女	预防兽医学	遴选新增
兰州兽医所	关贵全	男	预防兽医学	遴选新增
兰州牧药所	李建喜	男	临床兽医学	遴选新增
南京农机化所	金诚谦	男	作物土壤机械工程学	遴选新增
研究生院	刘大群	男	植物病理学	资格认定新增

2016 年 7 月 5 日，经中国农业科学院第八届学位评定委员会第七次会议审议通过，遴选 15 人为博士生导师（农科学位〔2016〕12 号）（表 3-17）。

表 3-17　2016 年 7 月遴选新增博士生导师名单

所在单位	姓　名	性别	学科专业	备　注
作物科学所	乔永利	男	生物化学与分子生物学	遴选新增
作物科学所	周文彬	男	生物化学与分子生物学	遴选新增
作物科学所	刘　君	男	生物信息学	遴选新增
作物科学所	贾冠清	男	作物种质资源学	遴选新增
环发所	曾章华	男	生物物理学	遴选新增
环发所	贺　勇	男	农业气象与气候变化	遴选新增
环发所	王耀生	男	农业水资源与环境	遴选新增
饲料所	李习龙	男	动物营养与饲料科学	遴选新增

（续表）

所在单位	姓　名	性别	学科专业	备　注
生物所	陈　涛	男	生物化学与分子生物学	遴选新增
生物所	梅子青	女	生物化学与分子生物学	遴选新增
植保所	杨秋颖	女	植物病理学	遴选新增
蜜蜂所	郝　悦	女	特种经济动物饲养	遴选新增
蜜蜂所	孙　成	男	特种经济动物饲养	遴选新增
深圳基因组所	常玉晓	男	生物化学与分子生物学	遴选新增
兰州兽医所	孙跃峰	男	预防兽医学	遴选新增

2018 年 1 月 25 日，经中国农业科学院第九届学位评定委员会第二次会议审议通过，遴选 159 人为博士生导师、认定 1 人的博士生导师资格（农科学位〔2018〕5 号、农科学位〔2018〕4 号）（表 3-18）。

表 3-18　2018 年 1 月遴选及资格认定新增博士生导师名单

所在单位	姓　名	性别	学科专业	备　注
作物科学所	陈　明	男	生物化学与分子生物学	遴选新增
作物科学所	李宏宇	女	生物化学与分子生物学	遴选新增
作物科学所	童红宁	男	生物化学与分子生物学	遴选新增
作物科学所	徐兆师	男	生物化学与分子生物学	遴选新增
作物科学所	付俊杰	男	生物信息学	遴选新增
作物科学所	吴存祥	男	作物遗传育种	遴选新增
作物科学所	谢传晓	男	作物遗传育种	遴选新增
作物科学所	杨　平	男	作物遗传育种	遴选新增
作物科学所	郑　军	男	作物遗传育种	遴选新增
作物科学所	关荣霞	女	作物种质资源学	遴选新增
资源区划所	魏海雷	男	微生物学	遴选新增
资源区划所	张晓霞	女	微生物学	遴选新增
资源区划所	冯文婷	女	土壤学	遴选新增
资源区划所	龙怀玉	男	土壤学	遴选新增
资源区划所	卢昌艾	男	土壤学	遴选新增
资源区划所	张文菊	女	土壤学	遴选新增
资源区划所	艾　超	男	植物营养学	遴选新增
资源区划所	梁国庆	男	植物营养学	遴选新增

（续表）

所在单位	姓 名	性别	学科专业	备 注
资源区划所	毛克彪	男	农业遥感	遴选新增
资源区划所	吴文斌	男	农业遥感	遴选新增
资源区划所	杨秀春	女	农业遥感	遴选新增
资源区划所	金 轲	男	农业生态学	遴选新增
资源区划所	邵长亮	男	农业生态学	遴选新增
资源区划所	庚 强	男	农业生态学	遴选新增
环发所	王 琰	女	生物物理学	遴选新增
环发所	张 亮	男	生物物理学	遴选新增
环发所	龚道枝	男	农业水土工程	遴选新增
环发所	杨建军	男	土壤学	遴选新增
环发所	刘恩科	男	农业水资源与环境	遴选新增
环发所	张西美	男	农业水资源与环境	遴选新增
环发所	张国良	男	农业生态学	遴选新增
蔬菜花卉所	薄凯亮	男	蔬菜学	遴选新增
蔬菜花卉所	程 锋	男	蔬菜学	遴选新增
蔬菜花卉所	贺超兴	男	蔬菜学	遴选新增
蔬菜花卉所	黄泽军	男	蔬菜学	遴选新增
蔬菜花卉所	王孝宣	男	蔬菜学	遴选新增
蔬菜花卉所	张圣平	男	蔬菜学	遴选新增
蔬菜花卉所	张扬勇	男	蔬菜学	遴选新增
蔬菜花卉所	李 彦	男	植物病理学	遴选新增
饲料所	罗会颖	女	微生物学	遴选新增
饲料所	韩剑锋	男	生物化学与分子生物学	遴选新增
饲料所	黄火清	男	动物营养与饲料科学	遴选新增
饲料所	武书庚	男	动物营养与饲料科学	遴选新增
饲料所	张乃锋	男	动物营养与饲料科学	遴选新增
生物所	燕永亮	男	微生物学	遴选新增
生物所	张海文	男	生物化学与分子生物学	遴选新增
生物所	张执金	男	生物化学与分子生物学	遴选新增
生物所	王 欢	女	生物信息学	遴选新增
农经所	陈秧分	男	农业经济管理	遴选新增

（续表）

所在单位	姓　名	性别	学科专业	备　注
农经所	刘合光	男	农业经济管理	遴选新增
农经所	赵一夫	男	农业经济管理	遴选新增
农经所	钟　钰	男	农业经济管理	遴选新增
农经所	胡志全	男	农业技术经济	遴选新增
农经所	辛　岭	女	农业技术经济	遴选新增
农经所	王秀东	男	产业经济	遴选新增
农业信息所	刘瀛弢	女	农业经济管理	遴选新增
农业信息所	徐　磊	男	农业经济管理	遴选新增
农业信息所	郑海霞	女	农业经济管理	遴选新增
农业信息所	刘继芳	男	农业信息管理	遴选新增
农业信息所	孔繁涛	男	农业信息分析学	遴选新增
质量标准所	陈爱亮	男	农产品质量与食物安全	遴选新增
质量标准所	金　芬	女	农产品质量与食物安全	遴选新增
质量标准所	刘霁欣	男	农产品质量与食物安全	遴选新增
质量标准所	佘永新	男	农产品质量与食物安全	遴选新增
植保所	高　利	女	植物病理学	遴选新增
植保所	宁约瑟	男	植物病理学	遴选新增
植保所	王忠跃	男	植物病理学	遴选新增
植保所	张　峰	男	农业昆虫与害虫防治	遴选新增
植保所	芮昌辉	男	农药学	遴选新增
植保所	王秋霞	女	农药学	遴选新增
植保所	徐　军	女	农药学	遴选新增
植保所	郭立华	女	生物防治学	遴选新增
植保所	李广悦	男	生物防治学	遴选新增
植保所	农向群	女	生物防治学	遴选新增
植保所	张礼生	男	生物防治学	遴选新增
畜牧兽医所	高会江	男	动物遗传育种与繁殖	遴选新增
畜牧兽医所	蒋　琳	女	动物遗传育种与繁殖	遴选新增
畜牧兽医所	牟玉莲	女	动物遗传育种与繁殖	遴选新增
畜牧兽医所	徐凌洋	男	动物遗传育种与繁殖	遴选新增
畜牧兽医所	杨述林	男	动物遗传育种与繁殖	遴选新增

（续表）

所在单位	姓　名	性别	学科专业	备　注
畜牧兽医所	张　莉	女	动物遗传育种与繁殖	遴选新增
畜牧兽医所	赵学明	男	动物遗传育种与繁殖	遴选新增
畜牧兽医所	孙　鹏	女	动物营养与饲料科学	遴选新增
畜牧兽医所	庞永珍	女	饲草遗传育种与种子科学	资格认定新增
畜牧兽医所	王　珍	女	饲草遗传育种与种子科学	遴选新增
农产品加工所	邢福国	男	生物化学与分子生物学	遴选新增
农产品加工所	郭波莉	女	农产品质量与食物安全	遴选新增
农产品加工所	刘红芝	女	农产品加工利用	遴选新增
农产品加工所	刘兴训	男	农产品加工利用	遴选新增
农产品加工所	王　锋	男	农产品加工利用	遴选新增
农产品加工所	王凤忠	男	农产品加工利用	遴选新增
蜜蜂所	陈兰珍	女	农产品质量与食物安全	遴选新增
蜜蜂所	薛晓锋	男	农产品质量与食物安全	遴选新增
蜜蜂所	李继莲	女	特种经济动物饲养	遴选新增
蜜蜂所	刘永军	女	特种经济动物饲养	遴选新增
蜜蜂所	石　巍	女	特种经济动物饲养	遴选新增
天津环保所	丁永祯	男	农业环境学	遴选新增
天津环保所	黄益宗	男	农业环境学	遴选新增
天津环保所	孙约兵	男	农业环境学	遴选新增
灌溉所	李中阳	男	农业水土工程	遴选新增
郑州果树所	曹　珂	男	果树学	遴选新增
棉花所	李亚兵	男	作物栽培学与耕作学	遴选新增
棉花所	商海红	男	作物遗传育种	遴选新增
棉花所	杨代刚	男	作物遗传育种	遴选新增
棉花所	张永山	男	作物遗传育种	遴选新增
棉花所	刘　方	男	作物种质资源学	遴选新增
油料所	吴　刚	男	生物化学与分子生物学	遴选新增
油料所	王林海	男	作物遗传育种	遴选新增
油料所	赵应忠	男	作物遗传育种	遴选新增
油料所	张兆威	男	农产品质量与食物安全	遴选新增
麻类所	刘头明	男	生物化学与分子生物学	遴选新增

（续表）

所在单位	姓　名	性别	学科专业	备　注
麻类所	朱爱国	男	作物遗传育种	遴选新增
水稻所	方福平	男	作物栽培学与耕作学	遴选新增
水稻所	楼向阳	男	作物遗传育种	遴选新增
水稻所	罗　炬	男	作物遗传育种	遴选新增
水稻所	王跃星	男	作物遗传育种	遴选新增
水稻所	吴玮勋	男	作物遗传育种	遴选新增
水稻所	寇艳君	女	植物病理学	遴选新增
茶叶所	吕海鹏	男	茶　学	遴选新增
茶叶所	孙晓玲	女	茶　学	遴选新增
茶叶所	王新超	男	茶　学	遴选新增
茶叶所	许勇泉	男	茶　学	遴选新增
茶叶所	尹军峰	男	茶　学	遴选新增
深圳基因组所	汪　泉	男	生物化学与分子生物学	遴选新增
深圳基因组所	向　勇	男	生物化学与分子生物学	遴选新增
深圳基因组所	闫建斌	男	生物化学与分子生物学	遴选新增
深圳基因组所	崔　鹏	男	生物信息学	遴选新增
深圳基因组所	叶国友	男	作物遗传育种	遴选新增
深圳基因组所	萧玉涛	男	农业昆虫与害虫防治	遴选新增
沼气所	承　磊	男	微生物学	遴选新增
沼气所	何明雄	男	生物化学与分子生物学	遴选新增
烟草所	杨爱国	男	作物遗传育种	遴选新增
烟草所	李义强	男	植物病理学	遴选新增
特产所	张亚玉	女	药用植物资源学	遴选新增
特产所	许保增	男	特种经济动物饲养	遴选新增
果树所	程存刚	男	果树学	遴选新增
上海兽医所	谷　峰	男	基础兽医学	遴选新增
上海兽医所	陈鸿军	男	预防兽医学	遴选新增
上海兽医所	陈兆国	男	预防兽医学	遴选新增
上海兽医所	董　辉	男	预防兽医学	遴选新增
上海兽医所	韩红玉	女	预防兽医学	遴选新增
上海兽医所	韩先干	男	预防兽医学	遴选新增

（续表）

所在单位	姓　名	性别	学科专业	备　注
上海兽医所	于　海	男	预防兽医学	遴选新增
哈尔滨兽医所	安同庆	男	预防兽医学	遴选新增
哈尔滨兽医所	高玉龙	男	预防兽医学	遴选新增
哈尔滨兽医所	祁小乐	男	预防兽医学	遴选新增
哈尔滨兽医所	乔传玲	女	预防兽医学	遴选新增
哈尔滨兽医所	王靖飞	男	预防兽医学	遴选新增
哈尔滨兽医所	赵东明	男	预防兽医学	遴选新增
兰州兽医所	储岳峰	男	预防兽医学	遴选新增
兰州兽医所	李有全	男	预防兽医学	遴选新增
兰州兽医所	卢曾军	男	预防兽医学	遴选新增
兰州兽医所	孙世琪	男	预防兽医学	遴选新增
兰州兽医所	郑海学	男	预防兽医学	遴选新增
兰州牧药所	丁学智	男	动物遗传育种与繁殖	遴选新增
兰州牧药所	严作廷	男	临床兽医学	遴选新增
草原所	李志勇	男	饲草遗传育种与种子科学	遴选新增
草原所	任卫波	男	饲草遗传育种与种子科学	遴选新增
草原所	于林清	男	饲草遗传育种与种子科学	遴选新增
甘薯所	李　强	男	作物遗传育种	遴选新增

2019 年 1 月 18 日，经中国农业科学院第九届学位评定委员会第四次会议审议通过，遴选 31 人为博士生导师（农科学位〔2019〕5 号）（表 3-19）。

表 3-19　2019 年 1 月遴选新增博士生导师名单

所在单位	姓　名	性别	学科专业	备　注
作物科学所	谢瑞芝	女	作物栽培学与耕作学	遴选新增
作物科学所	周美亮	男	作物种质资源学	遴选新增
资源区划所	毕于运	男	农业生物环境与能源工程	遴选新增
资源区划所	吴庆钰	男	植物营养学	遴选新增
资源区划所	孙　晶	男	农业遥感	遴选新增
资源区划所	孙　亮	男	农业遥感	遴选新增
环发所	朱志平	男	农业生物环境与能源工程	遴选新增
环发所	韩东飞	男	农业水资源与环境	遴选新增

（续表）

所在单位	姓　名	性别	学科专业	备　注
生物所	William Paul Quick	男	生物化学与分子生物学	遴选新增
生物所	张治国	男	生物化学与分子生物学	遴选新增
农业信息所	柴秀娟	女	信息技术与数字农业	遴选新增
植保所	李方方	女	植物病理学	遴选新增
植保所	刘万学	男	入侵生物学	遴选新增
畜牧兽医所	周正奎	男	动物遗传育种与繁殖	遴选新增
畜牧兽医所	赵　峰	男	动物营养与饲料科学	遴选新增
畜牧兽医所	李金祥	男	预防兽医学	遴选新增
天津环保所	张贵龙	男	农业生态学	遴选新增
灌溉所	王景雷	男	农业水土工程	遴选新增
灌溉所	周新国	男	农业水土工程	遴选新增
棉花所	杨作仁	男	生物化学与分子生物学	遴选新增
棉花所	庞朝友	男	作物栽培学与耕作学	遴选新增
棉花所	王红梅	女	作物遗传育种	遴选新增
油料所	刘　军	男	生物化学与分子生物学	遴选新增
油料所	邓乾春	男	农产品加工利用	遴选新增
油料所	郑明明	男	农产品加工利用	遴选新增
茶叶所	韩文炎	男	茶　学	遴选新增
沼气所	白丽萍	女	微生物学	遴选新增
沼气所	邓　宇	男	微生物学	遴选新增
特产所	彭英华	女	特种经济动物饲养	遴选新增
哈尔滨兽医所	王　琦	女	预防兽医学	遴选新增
南京农机化所	曹光乔	男	农业机械化工程	遴选新增

2019 年 6 月 25 日，经中国农业科学院第九届学位评定委员会第五次会议审议通过，认定 2 人的博士生导师资格（农科学位〔2019〕12 号）（表 3-20）。

表 3-20　2019 年 6 月资格认定新增博士生导师名单

所在单位	姓　名	性别	学科专业	备　注
作物科学所	阎　哲	男	作物遗传育种	资格认定新增
蔬菜花卉所	郭　巍	女	农业昆虫与害虫防治	资格认定新增

（二）在职攻读专业学位院外导师选聘

为规范管理，加强与各招生培养协作单位的合作，充分挖掘优质师资力量，更好地指导研究生完成论文研究，提高专业学位研究生培养质量，2014 年 4 月，修订《中国农业科学院研究生院在职攻读专业学位研究生外聘指导教师管理条例》（农科研生〔2014〕61 号），进一步明确外聘导师的任职资格、遴选条件和管理办法。2009—2018 年，经过严格审核和评审，增聘浙江省农业科学院、周口师范学院和塔里木大学等单位外聘导师 880 余人，其中第一导师 440 余人。

根据全国农业专业学位研究生教育指导委员会《关于制定在职攻读农业推广硕士专业学位研究生培养方案的指导意见（试行）》中关于农业（推广）硕士专业学位教育实行“双导师制”的精神，中国农业科学院推行以第一导师为主导的双导师制，即由本单位导师担任第一导师，负责论文工作的学术指导；研究生所在单位或相关科研院所的专家担任第二导师，负责论文工作的具体指导。截至 2019 年 6 月，选聘备案第二导师人数达 440 余人。

（三）任课教师选聘

2009—2018 年，研究生院集中教学期间课程任课教师队伍人数趋于稳定，每学年选聘任课教师 400~500 人，主要由专职教师、中国农业科学院各研究所科研人员、其他高校或科研单位专家共同组成。具有高级职称的比例超过总教师人数的 90%。研究生院专职教师主要承担研究生公共英语、生物学、统计学等公共基础课教学任务，其他高校或科研单位专家主要承担基础理论课程或专业课程的教学任务，各研究所科研人员以承担专业课程教学任务为主。

专职教师。研究生院始终重视专职教师队伍的建设，外语教研室和生物学教研室成立后，制订教研室的各项规章制度，并执行《中国农业科学院研究生院课程专职教师岗位管理办法（试行）》和《中国农业科学院研究生院课程专职教师工作量考核实施细则（试行）》。截至 2019 年 6 月，专职教师共计 15 人，共承担硕士生英语（课型分为口语、翻译、写作、阅读）、博士生英语（课型分为听力、科技写作、口语交际）、分子生物学、生物类专业英语、现代基因工程（合讲）、代谢组学、环境微生物学、微生物代谢与调控、发酵工程、高级生物化学研究技术、生物化学实验理论与操作技术、分子生物学实验理论与操作技术、分子微生物学实验理论与操作技术、统计分析与 SAS 软件、高级试验设计与统计、运筹学、应用数理统计、应用多元统计分析、论文写作、中国传统书画鉴赏与实践近 20 门课程的教学工作。教研室充分发挥教师管理职能作用，不断开展教学研究和改革，承担大量相关学科课程的教学组织、教学管理和教学研究工作。同时，专职教师通过参加科研工作、研究生培养和国内外学术活动，不断提高教学水平。

兼职教师。研究生院充分利用周边高校优质人才资源，同时挖掘各研究所研究生指导教师的资源，采用兼职聘任的方式从中国农业科学院各研究所、北京大学、清华大学、中国科学院大学、中国社会科学院大学、中国农业大学、中国人民大学、北京师范大学、首都师范大学、哈尔滨工业大学、哈尔滨医科大学、吉林大学等全国各高校和科研单位选聘知名专家、教授授课，研究生院通过每年与外聘教师签订“外聘兼职教师聘用协议书”的方式，进一步明确双方的权责，从而加强兼职教师的选聘和管理。

外聘高校兼职教师主要承担基础理论课、专业基础课或专业课的教学任务，中国农业科学院各研究所聘任的专家主要承担前沿类专题课、模块化教学的专业课，这样的师资队伍结构，既能保证研究生在学期间掌握扎实的基础知识，又利于研究生更早、更快了解并熟悉本专业领域的最新知识和研究进展。

三、师资队伍管理

中国农业科学院全日制研究生导师队伍建设主要由研究生院学位办公室负责管理，在职攻读专业学位导师队伍建设主要由研究生院专业学位教育处负责管理，教师队伍建设主要由研究生院培养处负责管理。

2009 年以来，为建立有效激励机制，树立教书育人的榜样，提高教学质量，根据《中国农业科学院研究生院优秀教师评选及奖励办法》（农科研生〔2008〕16 号）的规定，开展优秀教师评选工作（表 3-21）。

表 3-21　2008—2018 年优秀教师评选情况

评选年份	学　年	表彰人数	批准文号
2008	2007—2008	80	农科研生〔2008〕65 号
2009	2008—2009	95	农科研生〔2009〕88 号
2010	2009—2010	111	农科研生〔2010〕81 号
2011	2010—2011	117	农科研生〔2011〕86 号
2012	2011—2012	110	农科研生〔2012〕71 号
2013	2012—2013	107	农科研生〔2013〕112 号
2014	2013—2014	113	农科研生〔2014〕117 号
2015	2014—2015	124	农科研生〔2015〕110 号
2016	2015—2016	125	农科研生〔2016〕116 号
2017	2016—2017	122	农科研生〔2017〕82 号
2018	2017—2018	134	农科研生〔2018〕83 号

2011 年，对董秀媛等 10 名 2010—2011 学年优秀教师给予奖励。2012 年开始评选表彰教学名师并给予奖励（表 3-22 至表 3-30）。

表 3-22 2012—2018 年教学名师评选情况

评选年份	学 年	表彰人数	批准文号
2012	2011—2012	12	农科研生〔2012〕69 号
2013	2012—2013	12	农科研生〔2013〕111 号
2014	2013—2014	12	农科研生〔2014〕118 号
2015	2014—2015	13	农科研生〔2015〕111 号
2016	2015—2016	13	农科研生〔2016〕115 号
2017	2016—2017	12	农科研生〔2017〕83 号
2018	2017—2018	12	农科研生〔2018〕84 号

表 3-23 2010—2011 学年获奖优秀教师

序号	获奖教师	工作单位	课程名称
1	董秀媛	北京理工大学	应用数理统计、应用多元统计分析
2	郑世军	中国农业大学	高级免疫学
3	罗静初	北京大学	生物信息学
4	鲁显生	军事医学科学院	硕士生英语写译课
5	吴乃虎	中国科学院	基因工程原理
6	李典谟	中国科学院	理论生态学与生态学方法
7	汪 洪	资源区划所	高级植物营养学
8	郑光宇	北京师范大学	分子病毒学
9	乔惠理	中国农业大学	高级动物生理学
10	赵 明	作物科学所	作物高产理论与实践

表 3-24 2011—2012 学年教学名师

序号	获奖教师	工作单位	课程名称
1	郑世军	中国农业大学	高级免疫学
2	罗静初	北京大学	生物信息学
3	冯永君	北京理工大学	微生物代谢与调控
4	郑光宇	北京师范大学	分子病毒学
5	张象枢	中国人民大学	系统科学与工程
6	Lauren Stirling	研究生院	博士生英语
7	李典谟	中国科学院	理论生态学与生态学方法
8	郑 行	中国农业大学	高级动物生殖生理学、经济动物生物学
9	杨其长	环发所	设施农业工程学

（续表）

序号	获奖教师	工作单位	课程名称
10	蔡典雄	资源区划所	农业水资源利用学、土壤物理学
11	吴乃虎	中国科学院	基因工程原理
12	刘维全	中国农业大学	高级动物生物化学

表 3-25　2012—2013 学年教学名师

序号	获奖教师	工作单位	课程名称
1	张象枢	中国人民大学	系统科学与工程
2	吴乃虎	中国科学院	基因工程原理
3	罗静初	北京大学	生物信息学
4	郑世军	中国农业大学	高级免疫学
5	郑光宇	北京师范大学	分子病毒学
6	郑　行	中国农业大学	高级动物生殖生理学
7	曹坳程	植保所	农药学
8	蔡典雄	资源区划所	土壤物理学
9	雷仲仁	植保所	昆虫分类学
10	陈世宝	资源区划所	环境化学
11	诸叶平	农业信息所	农业信息技术专题
12	何伟勇	中国农业大学	高级兽医微生物学

表 3-26　2013—2014 学年教学名师

序号	获奖教师	工作单位	课程名称
1	罗静初	北京大学	实用生物信息技术
2	吴乃虎	中国科学院	基因工程原理
3	鲁显生	军事医学科学院	硕士生英语
4	董秀媛	北京理工大学	应用多元统计分析、应用数理统计
5	郑世军	中国农业大学	高级免疫学
6	郑　行	中国农业大学	高级动物生殖生理学、经济动物生物学
7	刘维全	中国农业大学	高级动物生物化学
8	杨正礼	环发所	高级农业生态学
9	曹坳程	植保所	农药学
10	马占鸿	中国农业大学	高级植物病理学
11	杜立新	畜牧兽医所	高级动物育种学

（续表）

序号	获奖教师	工作单位	课程名称
12	乔惠理	中国农业大学	高级动物生理学

表 3-27　2014—2015 学年教学名师

序号	获奖教师	工作单位	课程名称
1	郑　行	中国农业大学	经济动物生物学、高级动物生殖生理学
2	董秀媛	北京理工大学	应用多元统计分析、应用数理统计
3	罗静初	北京大学	实用生物信息技术
4	邱德文	植保所	蛋白质组学与分析技术
5	郑世军	中国农业大学	高级免疫学
6	郑光宇	北京师范大学	分子病毒学
7	吴乃虎	中国科学院	基因工程原理
8	杜立新	畜牧兽医所	高级动物育种学
9	刘世洪	农业信息所	农业农村信息化专题
10	彭红斌	北京理工大学	国际贸易
11	曹坳程	植保所	农药学
12	马占鸿	中国农业大学	高级植物病理学
13	鲁显生	军事医学科学院	硕士生英语

表 3-28　2015—2016 学年教学名师

序号	获奖教师	工作单位	课程名称
1	杨正礼	环发所	高级农业生态学
2	何伟勇	中国农业大学	高级兽医微生物学
3	王　静	质量标准所	食品检测技术
4	鲁显生	军事医学科学院	硕士生英语
5	雷仲仁	植保所	昆虫分类学
6	罗静初	北京大学	实用生物信息技术
7	吴乃虎	中国科学院	基因工程原理
8	蔡典雄	资源区划所	土壤物理学
9	郑　行	中国农业大学	高级动物生殖生理学、经济动物生物学
10	李先柏	北京理工大学	中级微观经济学
11	刘维全	中国农业大学	高级动物生物化学
12	闵顺耕	中国农业大学	现代仪器分析

（续表）

序号	获奖教师	工作单位	课程名称
13	李少昆	作物科学所	作物栽培学与耕作学专题

表 3-29　2016—2017 学年教学名师

序号	获奖教师	工作单位	课程名称
1	郑　行	中国农业大学	高级动物生殖生理学、经济动物生物学
2	鲁显生	军事医学科学院	硕士生英语
3	罗静初	北京大学	实用生物信息技术
4	张礼生	植保所	昆虫生理学
5	李典谟	中国科学院	理论生态学与生态学方法
6	彭红斌	北京理工大学	国际贸易
7	杨其长	环发所	设施农业工程学
8	刘维全	中国农业大学	高级动物生物化学
9	董秀媛	北京理工大学	应用数理统计
10	马占鸿	中国农业大学	高级植物病理学
11	曹坳程	植保所	农药生物化学、农药学
12	赵　明	作物科学所	作物高产高效理论与实践

表 3-30　2017—2018 学年教学名师

序号	获奖教师	工作单位	课程名称
1	郑　行	中国农业大学	高级动物生殖生理学、经济动物生物学
2	罗静初	北京大学	实用生物信息技术
3	邱德文	植保所	蛋白质组学与分析技术、生物防治原理与实践
4	鲁显生	军事医学科学院	硕士生英语
5	李典谟	中国科学院	理论生态学与生态学方法
6	诸叶平	农业信息所	农业信息技术概论
7	赵廷昌	植保所	植物病原细菌学
8	张　勤	中国农业大学	数量遗传学（动物）
9	蔡典雄	资源区划所	现代土壤耕作学
10	张礼生	植保所	昆虫生理学
11	杨正礼	环发所	高级农业生态学
12	赵　明	作物科学所	作物高产高效理论与实践

2011 年，制订《中国农业科学院研究生院关于兼职教师教学津贴的暂行规定》，进一

步加强并规范兼职教师的管理。

2013 年，修订《中国农业科学院研究生院关于兼职教师教学津贴的暂行规定》、提高教学津贴，实施“优质优价”。对于年龄和身体原因不宜继续担任教学任务的教师以及教学评估不合格的教师，及时调整、更换，不断优化教师队伍结构。同时，修订《中国农业科学院研究生院课程专职教师岗位管理办法（试行）》和《中国农业科学院研究生院课程专职教师工作量考核实施细则（试行）》。

2014 年 1 月 16 日，经中国农业科学院第八届学位评定委员会第二次会议审议通过，对《中国农业科学院研究生指导教师工作条例》进行修订，进一步明确导师的权利和义务。2016 年 1 月 17 日，经中国农业科学院第八届学位评定委员会审议通过，对《中国农业科学院研究生指导教师工作条例》再次进行修订（农科学位〔2016〕2 号），进一步明确对在各级论文审查中“存在问题”或“不合格”学位论文的处理和责任追究办法。

2014 年起，为科学统筹和合理配置招生资源，对导师招生资格进行“动态管理”，中国农业科学院开始实施导师招生资格年度审核制度。每年上半年，研究所根据本所学位授权学科专业数量和研究生招生规模，设置招生导师岗位，并具体组织实施导师招生岗位审核聘任工作，结果报研究生院学位办公室备案。通过审核者方可取得下一年度招生资格。

第四节 教学科研平台

中国农业科学院研究生教育依托全院资源办学，教学平台主要有外语教研室、生物教研室、统计教研组以及各研究所教研室。外语教研室主要承担研究生的外语教学，负责研究生外语教学的研究和教学改革，教研室充分利用研究生院的多媒体教室、语音室、教学网络、网络视频课程等教学条件，使用“机适性”自主学习测试和训练平台，加强研究生的自主学习能力，实现研究生学习个性化。生物教研室设有生物化学实验室、微生物实验室和分子生物学实验室，主要负责集中教学阶段生物类实验课程教学工作，专职教师利用实验室条件和平台进行与课程教学有关的科研工作，从而不断提高课程教学质量。统计教研组主要承担研究生统计类课程教学及其教学研究与改革等工作，任课教师利用研究生院的多媒体教室、语音室等教学条件，根据研究生科研工作需求，优化统计类课程及计算机语言类课程建设，提高研究生处理与分析科研数据的能力。

科研平台依托各研究所优良的科研设施设备、大量的前沿课题项目、充足的科研经费、丰富的图书文献资源，一流的导师队伍及广泛的国际合作交流等，为研究生开展学术研究、参与课题实践、培养创新能力提供强大的科研支撑。全院现有各级各类平台 566 个，其中，国家重大科技基础设施（表 3-31）、国家重点实验室（表 3-32）、国家工程实验室、国家工程技术研究中心、国家科技资源共享服务平台等国家级科技平台 44 个（表 3-33）；农业部重点实验室、现代农业产业技术体系技术研发中心、农业部农产品质量安全风险评估实验室等部级科技平台 353 个；院重点开放实验室、工程技术研究中心、野外科学观测试验站、农产品质量安全风险评估研究中心等院级科技平台 169 个。

表 3-31　国家重大科技基础设施

序号	名　称	研究方向	依托单位
1	农作物基因资源与基因改良国家重大科学工程	新基因发掘与种质创新、作物分子育种、作物功能基因组学、作物蛋白组学、作物生物信息学	作物科学所/生物所
2	国家农业生物安全科学中心	重大农林病虫害、外来入侵生物、农林转基因生物安全	植保所

表 3-32　国家重点实验室

序号	名　称	研究方向	依托单位
1	植物病虫害生物学国家重点实验室	植物病害成灾机理、监测预警与综合治理、植物虫害成灾机理、监测预警与综合治理、生物入侵机制与防控、植保生物功能基因组与基因安全	植保所
2	动物营养学国家重点实验室	营养需要与代谢调控、饲料安全与生物学效价评定、营养与环境、营养与免疫、分子营养	畜牧兽医所/中国农业大学
3	水稻生物学国家重点实验室	水稻种质改良与创新遗传学、水稻发育生物学、水稻环境生物学和分子育种	水稻所/浙江大学
4	兽医生物技术国家重点实验室	畜禽传染病的分子生物学基础、致病及免疫机制以及预防、诊断或治疗用细胞工程和基因工程制剂	哈尔滨兽医所
5	家畜疫病病原生物学国家重点实验室	动物和主要人畜共患病的病原功能基因组学、感染与致病机理、病原生态学、免疫机理、疫病预警和防控技术基础	兰州兽医所
6	棉花生物学国家重点实验室	棉花基因组学及遗传多样性研究；棉花品质生物学及功能基因研究；棉花产量生物学及遗传改良研究；棉花抗逆生物学及环境调控研究	棉花所/河南大学

表 3-33　国际参考实验室

序号	名　称	研究方向	依托单位
1	FAO 动物流感参考中心	跨境动物疫病、人畜共患病防控	哈尔滨兽医所
2	FAO 沼气技术研究培训参考中心	沼气相关领域的政策研究和技术支撑	沼气所
3	OIE 马传染性贫血参考实验室	以马传贫等为主的马的重要传染病病原学与致病机理及诊断、防控技术研究；同时开展以马传贫为模型的慢病毒免疫机制研究	哈尔滨兽医所
4	OIE 马流感参考实验室	马流感的诊断、流行病学、病原学研究以及诊断试剂和防控疫苗的研发	哈尔滨兽医所
5	OIE 口蹄疫参考实验室	口蹄疫诊断；生态学、分子流行病学、免疫学研究；防控技术及产品研究	兰州兽医所

（续表）

序号	名 称	研究方向	依托单位
6	OIE 羊泰勒虫病参考实验室	羊泰勒虫病病原鉴定、流行病学、诊断技术和防控策略研究	兰州兽医所
7	OIE 禽传染性法氏囊病参考实验室	禽免疫抑制	哈尔滨兽医所
8	OIE 禽流感参考实验室	高致病性禽流感诊断、流行病学监测、致病性理和防控技术	哈尔滨兽医所
9	OIE 人兽共患病亚太协作中心	OIE 动物疫病防控	哈尔滨兽医所

第五节 博士后工作

2009 年 7 月—2012 年 7 月，博士后管理工作由研究生院负责，2011 年，中国农业科学院博士后管理委员会人员构成进行调整并召开第一次会议，通过并印发《中国农业科学院博士后管理工作办法》，进一步规范博士后工作程序。2012 年 7 月之后，博士后管理工作移交至中国农业科学院人事局。

一、博士后招收及进出站

2009 年，博士后招收规模保持稳定，共计招收 85 人，其中和北京市农林科学院、江西省农业科学院博士后工作站联合招收 3 人。出站共计 41 人，其中 19 人留在中国农业科学院工作。

2010 年，博士后招收规模保持稳定，共计招收 84 人，其中和北京市农林科学院、安徽省农业科学院、北京三元种业科技股份有限公司等博士后工作站联合招收 5 人。招收 1 名外籍博士后和 1 名留学回国人员博士后。出站共计 56 人，其中 26 人留在中国农业科学院工作。

2011 年，博士后招收规模保持稳定，共计招收 86 人，其中和北京市农林科学院、江西省农业科学院、北京市科学技术研究院、大北农公司、北京市奶牛中心和天津市中意畜牧科技发展有限公司等 6 个博士后工作站联合招收 12 人。招收 2 名外籍博士后，其中 1 名中非项目博士后。出站共计 65 人，其中 23 人留在中国农业科学院工作。

2012 年上半年，组织完成春季博士后的入站工作，审查入站材料，发放录用通知，办理入站手续。

二、博士后经费及福利待遇

2009 年，经过努力争取，中国农业科学院国家资助博士后研究人员计划指标从 2008 年的 9 名增至 12 名，国家博士后日常经费拨款增加 15 万元。

2009—2012 年，按照人事政策规定，开展对博士后研究人员的工资调级工作。

三、博士后流动站评估及申报

2009 年，顺利完成园艺学和生物学两个博士后流动站的评估工作，评估结果全部达标。

2010 年，作物学、农业资源利用、植物保护、畜牧学、兽医学和农林经济管理等 6 个博士后流动站参加全国博士后流动站的评估工作。本次评估共涉及全院 20 个研究所、22 个学科专业。评估结果均为“良好”及以上，其中畜牧学博士后流动站被评为“优秀”。1 人被评为“全国优秀博士后管理人员”（全国博士后流动站设站单位共 413 个，评选出 40 名“全国优秀博士后管理人员”）。

2012 年 3 月，组织开展博士后流动站的申报工作，完成农业工程博士后流动站的新设申请、草学博士后流动站的增设申请以及生物学、畜牧学博士后流动站的确认申请。

四、国家博士后科学基金申请

2009 年，在博士后科学基金特别资助的申报中，中国农业科学院申报 3 人，全部获得资助；在第四十五批有 11 人获得面上资助，其中 1 人获得一等资助；在第四十六批有 12 人获得中国博士后基金面上资助。1 人获中国博士后科学基金会颁发的“中国博士后设站单位先进组织者奖”。

2010 年，在博士后科学基金特别资助的申报中，中国农业科学院申报 11 人，5 人获得资助，高于全国获资助比率的平均水平；第四十七批有 11 人获得面上资助；第四十八批有 10 人获得中国博士后基金面上资助。

2011 年，在博士后科学基金特别资助的申报中，中国农业科学院 3 人获得资助；第四十九批、五十批共计有 10 人获得中国博士后基金面上资助。组织各研究所为基金会推荐博士后基金评审专家共计 45 人。

2012 年，在博士后科学基金特别资助的申报中，中国农业科学院申报 7 人，1 人获得资助；第五十一批 12 人获得中国博士后基金面上资助，其中 1 人获得一等奖资助。

五、博士后联谊

2009年，组织在站博士后积极开展联谊、讲座、培训等活动。对博士后理事会进行换届改选，开展博士后迎新茶话会，组织博士后秋游。

2010年，组织在站博士后积极开展联谊等活动。1月召开博士后迎春联欢会，4月对博士后理事会进行换届改选，5月组织博士后到金山岭长城春游，11月组织博士后到凤凰岭秋游。组织博士后及家属60余人，参加北京市博士后联谊会组织的趣味运动会。

2011年，组织在站博士后积极开展联谊等活动。1月召开博士后迎春联欢会，4月对博士后理事会进行换届改选，5月组织博士后到凤凰岭春游。组织博士后及家属60余人，参加北京市博士后联谊会组织的趣味运动会。

2012年，组织在站博士后积极开展联谊等活动。4月，完成博士后联谊会的换届工作。举办博士后新春联欢会。组织博士后参加北京市博士后联谊会举办的趣味运动会。

第四章

招生、学籍与就业

第一节　招生工作

2009—2019 年，中国农业科学院研究生教育规模实现跨越式发展，研究生招生工作取得显著成效，累计招收国内学历教育研究生共计 11 726 人（其中博士研究生 3 036 人，硕士研究生 8 690 人），累计招收在职攻读农业（推广）硕士和兽医硕士 2 546 人。2017 年，国家取消在职人员攻读硕士专业学位全国联考，将相关工作纳入全国硕士研究生统一考试，当年全日制和非全日制硕士招生总规模突破千人。2010 年起，经教育部批准，先后与中国农业大学、华中农业大学、西北农林科技大学、内蒙古大学、东北农业大学、华南农业大学、西南大学和南京农业大学等 8 所高校开展联合培养博士生项目。截至 2019 年，已累计招收与国内高校联合培养博士生 522 人。

一、硕士研究生招生

（一）分年度招生情况

根据《教育部、国家发展和改革委员会关于下达 2009 年全国研究生招生计划的通知》（教发〔2009〕4 号），2009 年中国农业科学院硕士招生计划 520 名。同年，教育部下达中国农业科学院“少数民族高层次骨干人才”硕士招生计划 10 人。为更好地适应国家经济社会发展对高层次应用型人才的迫切需要，调整优化研究生教育类型结构，进一步完善研究生教育培养体系，推动硕士研究生教育从以培养学术型人才为主的模式向以培养应用型人才为主的模式转变，教育部在已下达的研究生招生计划基础上，增加全日制专业学位研究生招生计划 5 万名（教发〔2009〕6 号），其中下达中国农业科学院全日制专业学位硕士研究生招生计划 50 人。根据教育部规定的 2009 年硕士生复试分数线，全院符合国家录取分数线考生为 914 人，超过招生计划 57.6%。经过初试和复试，全院 33 个研究生培养单位、51 个专业（含 4 个专业学位领域）的 500 位导师共招收硕士生 579 名（全日制学术型硕士 531 人，全日制专业学位硕士 48 人；非定向生 578 人、定向生 1 人）。其中推免生 12 人，占录取总数的 2.1%；应届本科生 520 人，占录取总数的 89.8%；男生占

48.4%，女生占51.6%；以同等学力录取的考生1人。

根据《教育部、国家发展改革委关于下达2010年全国研究生招生计划的通知》（教发〔2010〕1号），2010年中国农业科学院硕士招生计划588名，其中学术型538名，专业学位型50名。同年，教育部下达中国农业科学院“少数民族高层次骨干人才”硕士招生计划5名。根据教育部公布的2010年硕士生复试分数线，全院符合国家复试分数线考生993人，超过招生计划67.5%。经过初试和复试，33个研究生培养单位、51个专业（含6个专业学位领域）的592名导师共招收硕士研究生643名（含少数民族骨干计划2人）。其中，全日制学术型硕士545人，占84.8%；全日制专业学位硕士98人，占15.2%。参加全国统考628人，占97.7%；推免生15人，占2.3%。非定向生638人，占99.2%；定向生2人、委培生2人、自筹经费生1人。男生296人，占46.0%；党员（含预备党员）262人，占40.7%；25岁及25岁以下602人，占93.6%；汉族612人，占95.2%。

根据《教育部、国家发展改革委关于下达2011年全国研究生招生计划的通知》（教发〔2011〕1号），2011年中国农业科学院硕士招生计划608名，其中学术型508名，专业学位型100名。同年，教育部下达中国农业科学院“少数民族高层次骨干人才”硕士招生计划10名。根据教育部公布的2011年硕士生复试分数线，全院符合国家复试分数线考生1 275人，超过招生计划109.7%。经过初试和复试，33个研究生培养单位、56个专业（含8个专业学位领域）的603名导师共招收硕士研究生660名（含少数民族骨干计划3人）。其中，全日制学术型硕士511人，占77.4%；全日制专业学位硕士149人，占22.6%。参加全国统考的有651人，占98.6%；推免生9人，占1.4%。非定向生656人，占99.4%；定向生3人、委培生1人。男生321人，占48.6%；党员（含预备党员）260人，占39.4%；25岁及25岁以下637人，占96.5%；汉族640人，占97.0%。

根据《教育部、国家发展改革委关于下达2012年全国研究生招生计划的通知》（教发〔2012〕5号），2012年中国农业科学院硕士招生计划640名，其中学术型479名，专业学位型161名。同年，教育部下达中国农业科学院“少数民族高层次骨干人才”硕士招生计划10名。根据教育部公布的2012年硕士生复试分数线，全院符合国家复试分数线考生1 251人，超过招生计划95.5%。经过初试和复试，34个研究生培养单位、56个专业（含8个专业学位领域）的650名导师共招收硕士研究生675名（含少数民族骨干计划2人）。其中，全日制学术型硕士481人，占71.3%；全日制专业学位硕士194人，占28.7%。参加全国统考667人，占98.8%；推免生8人，占1.2%。非定向生673人，占99.7%；定向生2人。男生293人，占43.4%；党员（含预备党员）296人，占43.8%；25岁及25岁以下621人，占92.0%；汉族655人，占97.0%。

根据《教育部、国家发展改革委关于下达2013年全国研究生招生计划的通知》（教发〔2013〕5号），2013年中国农业科学院硕士招生计划670名，其中学术型494名，专业学位型176名。同年，教育部下达中国农业科学院“少数民族高层次骨干人才”硕士招生计划2名。根据教育部公布的2013年硕士生复试分数线，全院符合国家复试分数线考生1 268人，超过招生计划89.3%。经过初试和复试，34个研究生培养单位、61个专业（含9个专业学位领域）的675名导师共招收硕士研究生700名（含少数民族骨干计划16人）。其中，全日制学术型硕士507人，占72.4%；全日制专业学位硕士193人，占

27.6%。参加全国统考686人，占98.0%；推免生14人，占2.0%。非定向生683人，占97.6%；定向生16人，占2.3%；委培生1人。男生330人，占47.1%；党员（含预备党员）267人，占38.1%；25岁及以下638人，占91.1%；汉族674人，占96.3%。

根据《教育部、国家发展改革委关于下达2014年全国研究生招生计划的通知》（教发〔2014〕3号），2014年中国农业科学院硕士招生计划710名，其中学术型494名，专业学位型216名。同年，教育部下达中国农业科学院“少数民族高层次骨干人才”硕士招生计划14名。根据教育部公布的2014年硕士生复试分数线，全院符合国家复试分数线考生876人，超过招生计划23.4%。经过初试和复试，35个研究生培养单位、60个专业（含9个专业学位领域）的698名导师共招收硕士研究生710名（含少数民族骨干计划14人）。其中，全日制学术型494人，占69.58%；全日制专业学位硕士216人，占30.42%。参加全国统考688人，占96.9%；推免生22人，占3.1%。非定向生696人，占98.03%；定向生14人，占1.97%。男生343人，占48.31%；党员（含预备党员）261人，占36.76%；25岁及以下635人，占89.44%；汉族682人，占96.06%。

根据《教育部、国家发展改革委关于下达2015年全国研究生招生计划的通知》（教发〔2015〕2号），2015年中国农业科学院硕士招生计划716名，其中学术型494名，专业学位型222名。同年，教育部下达中国农业科学院“少数民族高层次骨干人才”硕士招生计划20名。根据教育部公布的2015年硕士生复试分数线，全院符合国家复试分数线考生696人，不足计划招生人数。经过初试和复试，35个研究生培养单位、57个专业（含9个专业学位领域）的704名导师共招收硕士研究生715名（含少数民族骨干计划19人）。其中，全日制学术型硕士494人，占69.1%；全日制专业学位硕士221人，占30.9%。参加全国统考585人，占81.8%；推免生130人，占18.2%。非定向生696人，占97.3%；定向生19人。男生261人，占36.5%；党员（含预备党员）276人，占38.6%；25岁及以下686人，占95.9%；汉族666人，占93.1%。

根据《教育部、国家发展改革委关于下达2016年全国研究生招生计划的通知》（教发〔2016〕8号），2016年中国农业科学院硕士招生计划720名，其中学术型494名，专业学位型226名。同年，教育部下达中国农业科学院“少数民族高层次骨干人才”硕士招生计划24名。根据教育部公布的2016年硕士生复试分数线，全院符合国家复试分数线考生779人，超过招生计划8.2%。经过初试和复试，36个研究生培养单位、60个专业（含9个专业学位领域）的710名导师共招收硕士研究生720名（含少数民族骨干计划24人）。其中，全日制学术型硕士494人，占68.6%；全日制专业学位硕士226人，占31.4%。参加全国统考568人，占78.9%；推免生152人，占21.1%。非定向生695人，占96.5%；定向生25人。男生261人，占36.3%；党员（含预备党员）216人，占30%；25岁及以下683人，占94.9%；汉族678人，占94.2%。

2016年9月，教育部下发《教育部办公厅关于统筹全日制和非全日制研究生管理工作的通知》（教研厅〔2016〕2号），取消在职人员攻读硕士专业学位全国联考，将相关工作纳入全国硕士研究生统一考试，全日制和非全日制研究生考试招生依据国家统一要求，执行相同的政策和标准。根据《教育部关于下达2017年全国研究生招生计划的通知》（教发〔2017〕11号），2017年中国农业科学院全日制硕士招生计划754名，其中学术型494

名，专业学位型 260 名，非全日制硕士研究生招生计划 261 名。同年，教育部下达中国农业科学院“少数民族高层次骨干人才”硕士招生计划 30 名。根据教育部公布的 2017 年硕士生复试分数线，全院符合国家复试分数线考生 828 人，不足计划招生人数。经过初试和复试，36 个研究生培养单位、57 个专业（含 10 个专业学位领域）的 872 名导师共招收硕士研究生 1 012 名（含少数民族骨干计划 30 人）。其中，全日制学术型硕士 494 人，占 48.8%；全日制专业学位硕士 260 人，占 25.7%；非全日制专业学位硕士 258 人，占 25.5%。参加全国统考 895 人，占 88.4%；推免生 117 人，占 11.6%。非定向生 971 人，占 95.9%；定向生 41 人。男生 399 人，占 39.4%；党员（含预备党员）227 人，占 22.4%；25 岁及以下 993 人，占 98.1%；汉族 951 人，占 94.0%。

根据《教育部关于下达 2018 年全国研究生招生计划的通知》（教发〔2018〕6 号），2018 年中国农业科学院全日制硕士招生计划 804 名，其中学术型 494 名，专业学位型 310 名；非全日制硕士招生计划 311 名。同年，教育部下达中国农业科学院“少数民族高层次骨干人才”硕士招生计划 30 名。根据教育部公布的 2018 年硕士生复试分数线，全院符合国家复试分数线考生 784 人，不足计划招生人数。经过初试和复试，36 个研究生培养单位、52 个专业（含 6 个专业学位领域）的 1 002 名导师共招收硕士研究生 1 115 名（含少数民族骨干计划 30 人）。其中，全日制学术型硕士 494 人，占 44.3%；全日制专业学位硕士 310 人，占 27.8%；非全日制专业学位硕士 311 人，占 27.9%。参加全国统考 970 人，占 87.0%；推免生 145 人，占 13.0%。非定向生 1 076 人，占 96.5%；定向生 39 人。男生 404 人，占 36.2%；党员（含预备党员）277 人，占 28.4%；25 岁及以下 1 055 人，占 94.6%；汉族 1 051 人，占 94.3%。

根据《教育部关于下达 2019 年全国研究生招生计划的通知》（教发〔2019〕63 号），2019 年中国农业科学院全日制硕士招生计划 854 名，其中学术型 494 名，专业学位型 360 名；非全日制硕士招生计划 311 名。同年，教育部下达中国农业科学院“少数民族高层次骨干人才”硕士招生计划 30 名。根据教育部公布的 2019 年硕士生复试分数线，全院符合国家复试分数线考生 969 人，不足计划招生人数。经过初试和复试，37 个研究生培养单位、53 个专业（含 10 个专业学位领域）的 1 096 名导师共招收硕士研究生 1 161 名（含少数民族骨干计划 26 人）。其中，全日制学术型硕士 494 人，占 42.5%；全日制专业学位硕士 356 人，占 30.7%；非全日制专业学位硕士 311 人，占 26.8%。参加全国统考 1 031 人，占 88.8%；推免生 130 人，占 11.2%。非定向生 1 130 人，占 97.3%；定向生 31 人。男生 413 人，占 37.4%；党员（含预备党员）264 人，占 22.7%；25 岁及以下 1 097 人，占 94.5%；汉族 1 089 人，占 93.8%。

2009—2019 年，中国农业科学院招收硕士研究生共计 8 690 人，有关情况汇总如表 4-1。

表 4-1　2009—2019 年招收硕士研究生录取情况

年度	计划招生数	实际录取数	录取专业数	指导教师数	录取单位数	备　注
2009	580	579	51	500	33	实际录取数中含少民计划 1 人

（续表）

年度	计划招生数	实际录取数	录取专业数	指导教师数	录取单位数	备　注
2010	593	643	51	592	33	实际录取数中含少民计划 2 人
2011	608	660	56	603	33	实际录取数中含少民计划 3 人
2012	640	675	56	650	34	实际录取数中含少民计划 2 人
2013	670	700	61	675	34	实际录取数中含少民计划 16 人
2014	710	710	60	698	35	实际录取数中含少民计划 14 人
2015	716	715	57	704	35	实际录取数中含少民计划 19 人
2016	720	720	60	710	36	实际录取数中含少民计划 24 人
2017	1 015	1 012	57	872	36	实际录取数中含少民计划 30 人
2018	1 115	1 115	52	1 002	36	实际录取数中含少民计划 30 人
2019	1 165	1 161	53	1 096	37	实际录取数中含少民计划 26 人

（二）推免生招生

2009—2019 年，为进一步提高生源质量，继续加大优秀应届本科毕业生免试攻读研究生选拔工作力度。根据《教育部办公厅关于进一步完善推荐优秀应届本科毕业生免试攻读研究生工作办法的通知》（教学厅〔2014〕5 号）精神，2015 年起大幅增加推免生招收人数，2016 年招收推免生占全日制硕士生比重达 21. 11%（表 4-2）。

表 4-2　2009—2019 年推免生招收人数及其占全日制硕士比重

项　目	2009	2010	2011	2012	2013	2014	2015	2016	2017	2018	2019
招收人数	12	15	9	8	14	22	130	152	117	145	130
占全日制硕士比重	2. 07%	2. 33%	1. 36%	1. 19%	2. 00%	3. 10%	18. 18%	21. 11%	15. 52%	18. 03%	15. 29%

为吸引优秀生源，进一步加大推免生奖励力度，2012 年设立优秀推免生奖，奖励标准为一次性奖励人民币 5 000 元。2014 年，根据修订后的《中国农业科学院研究生院学生奖励条例》，对优秀推免生的奖励标准提高为免除 3 年学费。

为进一步规范推免生招生选拔工作，2016 年 8 月制订《中国农业科学院接收优秀应届本科毕业生免试攻读研究生工作管理办法》（农科研生〔2016〕112 号）。

根据教育部规定，2019 年起具备在博士学位授权一级学科招收直博生的资格。为适应新的形势变化，2019 年 7 月将原推免生管理办法修订为《中国农业科学院接收优秀应届本科毕业生免试攻读研究生（含直博生）工作管理办法》（农科研生〔2019〕75 号）。

二、博士研究生招生

（一）分年度招生情况

根据《教育部、国家发展和改革委员会关于下达2009年全国研究生招生计划的通知》（教发〔2009〕4号），中国农业科学院博士招生计划为178名、“少数民族高层次骨干人才”博士计划18名。经过报名、初试和复试，全院28个研究生培养单位、36个专业的178名博士生导师共招收博士研究生206名，博士招生人数首次突破200人，其中定向委培生80人，硕博连读24人，同等学力6人，少数民族高层次骨干人才计划20人。

根据《教育部、国家发展改革委关于下达2010年全国研究生招生计划的通知》（教发〔2010〕1号），2010年中国农业科学院博士招生计划为178名，“少数民族高层次骨干人才”博士计划18名。经教育部批准，启动与中国农业大学联合培养博士生项目，下达招生计划10名（中国农业科学院为第一导师单位，下同）。经过报名、初试和复试，全院31个研究生培养单位、39个专业的195名博士生导师共招收博士研究生217名，其中定向委培生75人，硕博连读32人，同等学力3人，少数民族高层次骨干人才计划20人。

根据《教育部、国家发展改革委关于下达2011年全国研究生招生计划的通知》（教发〔2011〕1号），2011年中国农业科学院博士招生计划为178名、“少数民族高层次骨干人才”博士计划18名，与高校联合培养博士专项计划20名。经过报名、初试和复试，全院28个研究生培养单位、40个专业的213名博士生导师共招收博士研究生228名，其中定向委培生81人，硕博连读30人，同等学力2人，少数民族高层次骨干人才计划21人。

根据《教育部、国家发展改革委关于下达2012年全国研究生招生计划的通知》（教发〔2012〕5号），2012年中国农业科学院博士招生计划为178名、“少数民族高层次骨干人才”博士计划18名，与高校联合培养博士专项计划25名。经过报名、初试和复试，全院28个研究生培养单位、39个专业的214名博士生导师共招收博士研究生229名，其中定向委培生78人，硕博连读28人，同等学力1人，少数民族高层次骨干人才计划21人。

根据《教育部、国家发展改革委关于下达2013年全国研究生招生计划的通知》（教发〔2013〕5号），2013年中国农业科学院博士招生计划为195名、“少数民族高层次骨干人才”博士计划1名，与高校联合培养博士专项计划40名。经过报名、初试和复试，全院31个研究生培养单位、41个专业的232名博士生导师共招收博士研究生241名，其中定向委培生60人，硕博连读28人，同等学力1人，少数民族高层次骨干人才计划3人。

根据《教育部、国家发展改革委关于下达2014年全国研究生招生计划的通知》（教发〔2014〕3号），2014年中国农业科学院博士招生计划为205名、“少数民族高层次骨干人才”博士计划3名，与高校联合培养博士专项计划47名。经过报名、初试和复试，全院32个研究生培养单位、44个专业的238名博士生导师共招收博士研究生255名，其中定向委培生53人，硕博连读28人，少数民族高层次骨干人才计划3人。

根据《教育部、国家发展改革委关于下达2015年全国研究生招生计划的通知》（教发〔2015〕2号），2015年中国农业科学院博士招生计划为210名、“少数民族高层次骨干人才”博士计划4名，与高校联合培养博士专项计划55名。经过报名、初试和复试，全院33个研究生培养单位、45个专业的261名博士生导师共招收博士研究生269名，其中定向委培生61人，硕博连读32人，少数民族高层次骨干人才计划4人。

根据《教育部、国家发展改革委关于下达2016年全国研究生招生计划的通知》（教发〔2016〕8号），2016年中国农业科学院博士招生计划为219名、“少数民族高层次骨干人才”博士计划5名，与高校联合培养博士专项计划67名。经过报名、初试和复试，全院34个研究生培养单位、42个专业的282名博士生导师共招收博士研究生291名，其中定向委培生45人，硕博连读30人，少数民族高层次骨干人才计划5人。

根据《教育部关于下达2017年全国研究生招生计划的通知》（教发〔2017〕11号），2017年中国农业科学院博士招生计划为246名、“少数民族高层次骨干人才”博士计划8名，与高校联合培养博士专项计划81名。经过报名、初试和复试，全院32个研究生培养单位、40个专业的330名博士生导师共招收博士研究生335名，其中定向委培生53人，硕博连读48人，少数民族高层次骨干人才计划8人。

根据《教育部关于下达2018年全国研究生招生计划的通知》（教发〔2018〕6号），2018年中国农业科学院博士招生计划为276名、“少数民族高层次骨干人才”博士计划8名，与高校联合培养博士专项计划87名。经过报名、初试和复试，全院33个研究生培养单位、43个专业的354名博士生导师共招收博士研究生371名，其中定向委培生49人，硕博连读64人，少数民族高层次骨干人才计划8人。

根据《教育部关于下达2019年全国研究生招生计划的通知》（教发〔2019〕63号），2019年中国农业科学院博士招生计划为296名、“少数民族高层次骨干人才”博士计划8名，与高校联合培养博士专项计划90名。经过报名、初试和复试，全院34个研究生培养单位、42个专业的377名博士生导师共招收博士研究生394名，其中定向委培生42人，硕博连读51人，少数民族高层次骨干人才计划8人。根据《中国农业科学院研究生院兽医学院2019年博士研究生“申请—考核制”招生方案》（试点），兽医学院首次试行采用“申请—考核制”的方式招收博士生57人。

2009—2019年，中国农业科学院招收博士研究生共计3 036人（表4-3）。

表4-3　2009—2019年招收博士生录取情况统计

年度	计划招生数	实际录取数	录取专业数	指导教师数	录取单位数	备　注
2009	196	206	36	178	28	实际录取数中含少民计划20人
2010	206	217	39	195	31	实际录取数中含少民计划20人
2011	216	228	40	213	28	实际录取数中含少民计划21人
2012	221	229	39	214	28	实际录取数中含少民计划21人
2013	236	241	41	232	31	实际录取数中含少民计划3人

（续表）

年度	计划招生数	实际录取数	录取专业数	指导教师数	录取单位数	备 注
2014	255	255	44	238	32	实际录取数中含少民计划 3 人
2015	269	269	45	261	33	实际录取数中含少民计划 4 人
2016	291	291	42	282	34	实际录取数中含少民计划 5 人
2017	335	335	40	330	32	实际录取数中含少民计划 8 人
2018	371	371	43	354	33	实际录取数中含少民计划 8 人
2019	394	394	42	377	34	实际录取数中含少民计划 8 人

（二）与国内高校联合培养博士生项目

为促进科教协同创新，扩大博士生招生规模，通过积极开展与国内高校开展博士生联合培养博士生项目，不断扩大招生渠道。经教育部批准，2010 年启动与中国农业大学联合培养博士生项目，首批招收博士生 10 人。2013 年启动与华中农业大学、2015 年启动与西北农林科技大学、2016 年启动与内蒙古大学、2017 年启动与东北农业大学和华南农业大学、2018 年启动与西南大学和南京农业大学的联合培养博士生项目。截至 2019 年，与上述高校已累计联合招收博士生 522 人（表 4-4）。

表 4-4　2010—2019 年与国内高校联合培养博士招生人数

年份	中国农业大学	华中农业大学	西北农林科技大学	内蒙古大学	东北农业大学	华南农业大学	西南大学	南京农业大学	合计
2010	10								10
2011	20								20
2012	25								25
2013	25	15							40
2014	25	22							47
2015	25	26	4						55
2016	25	26	10	6					67
2017	25	26	10	6	7	7			81
2018	25	26	10	6	7	/	6	7	87
2019	25	26	10	6	7	3	6	7	90
合计	230	167	44	24	21	10	12	14	522

注：本表数字均指第一导师单位为中国农业科学院的录取数

进一步规范与高校联合培养管理工作，2018 年 4 月制订《中国农业科学院研究生院与高等学校联合培养博士研究生项目工作管理暂行办法》（农科研生〔2018〕22 号）。

（三）硕博连读生选拔

为加快创新型人才培养，提高生源质量，对硕博连读生选拔模式进行改革，扩大硕博连读生比例，增加硕博连读生人数。2011 年，制订《关于硕博连读的暂行规定》，每年组织召开硕博连读评审会议。

2016 年 1 月，制订《中国农业科学院研究生硕博连读管理暂行办法》（农科研生〔2016〕13 号），规定硕博连读生的选拔范围为非同等学力报考的在学硕士研究生（二、三年级均可申请），同时将硕博连读生选拔方式由“个人申请—研究所推荐—研究生院评审”调整为“个人申请—研究所评审—研究生院审核”，充分发挥研究所和导师在硕博连读生选拔中的作用，进一步优化博士研究生生源结构。

2018 年，硕博连读生选拔管理工作职能由培养处调整至招生就业处。

2019 年 7 月，制订《中国农业科学院硕博连读研究生选拔办法》（农科研生〔2019〕81 号），原暂行办法废止。该办法对今后硕博连读生选拔条件和程序进行调整和修订：将选拔范围限定在二年级在读硕士研究生，增加对申请者英语成绩要求，同时将选拔程序调整为“个人申请—研究所评审推荐—研究生院公示—研究所考核—研究生院审批”（表 4-5）。

表 4-5　2009—2019 年硕博连读生录取人数

年度	面向硕士年级	录取人数
2009	2007 级	24
2010	2008 级	32
2011	2009 级	30
2012	2010 级	27
2013	2011 级	29
2014	2012 级	27
2015	2013 级	32
2016	2014 级、2013 级	31
2017	2015 级、2014 级	48
2018	2016 级、2015 级	64
2019	2017 级、2016 级	51

三、在职攻读专业学位研究生招生

（一）基层农业技术推广骨干人员学历提升计划

2009 年 6 月，为落实中央一号文件精神，加强基层农技推广队伍建设，农业部办公厅印发《关于开展基层农技推广骨干在职攻读农业推广硕士学位试点工作的通知》（农办科〔2009〕44 号），与研究生院联合开展“基层农业技术推广骨干人员学历提升计划”项目。2010 级首批招生 194 人，占当年招生数 45.1%。2010 年，农业部科技教育司印发《关于继续开展基层农业技术推广骨干人才在职攻读农业推广硕士学位试点工作的通知》（农科（政体）函字〔2010〕201 号），在农业部和教育部有关部门的大力支持下，2011 级招生 163 人，占当年在职攻读专业学位研究生招生数 36.8%。

（二）招生培养协作单位

为便于在职攻读专业学位研究生招生与管理，根据专业学位研究生“进校不离岗”的方式学习，在全国部分省、市、自治区设立招生培养协作单位，主要负责协助招生、教学、培养等工作。2002—2016 年，先后在全国 20 个省、市、自治区建立 43 个招生培养协作单位（表 4-6 至表 4-8）。

2014 年，为促进南疆经济建设、社会稳定、科技发展，服务“三农”，研究生院与新疆塔里木大学签订合作协议，为新疆培养在职专业学位研究生。2014 年和 2015 年共招收 126 人，为新疆发展培养了一批复合型应用型高层次人才。

表 4-6　2003—2016 级在职攻读专业学位招生人数

年级	农业（推广）硕士	兽医硕士	年级	农业（推广）硕士	兽医硕士
2003 级	12	0	2010 级	426	4
2004 级	75	0	2011 级	420	23
2005 级	181	16	2012 级	258	25
2006 级	326	9	2013 级	259	16
2007 级	497	27	2014 级	303	31
2008 级	293	16	2015 级	247	8
2009 级	252	13	2016 级	247	14

表 4-7　2003—2016 级在职攻读农业（推广）硕士专业领域招生人数分布

领　域	人数	领　域	人数
种　植	141	养　殖	223
农村与区域发展	1 544	农业信息化	171
作　物	554	植物保护	239
农业资源利用	203	食品加工与安全	210
园　艺	341	农业机械化	62
草　业	10	种　业	19
设施农业	7	农业科技组织与服务	72

表 4-8　在职攻读专业学位招生培养协作单位汇总

序号	单位类型	单位名称	序号	单位类型	单位名称
1	中国农业科学院下属单位及相关研究所	农业信息所	23	各级党校	新乡县委党校
2		郑州果树所	24		沈阳导向学校
3		棉花所	25		潍坊市委党校
4		水稻所	26		徐州市委机关党校
5		茶叶所	27		辽宁刊授党校营口学区
6		烟草所	28		辽宁政研室
7		甜菜所	29		鸡西行政学院
8		兰州牧药所	30	各类院校	烟台大学海洋学院
9		草原所	31		天津师范大学
10		南京农机化所	32		塔里木大学
11		中国兽医药品监察所	33		周口师范学院
12	省市级农业科学院	福建省农业科学院	34		北京市农业职业学院
13		吉林农业科技学院	35		长治职业技术学院
14		西藏自治区农牧科学院	36	党政机关及事业单位	北京市农委
15		辽宁省农业科学院	37		北京市农业局
16		黑龙江省农业科学院	38		内蒙古自治区工商业联合会
17		湖北省农业科学院	39	公司企业	天津外企信息资源系统有限公司
18		云南省农业科学院	40		遵义烟草公司
19		浙江省农业科学院	41		四川科技服务中心
20		内蒙古自治区农牧业科学院	42		北京海通技术培训有限公司
21		呼伦贝尔农垦学院	43		北京挑战农业科技有限公司
22		河北邢台市农业科学研究院			

四、招生管理工作

为提高试题安全性和保密性，减少中间环节，降低泄密风险，2009 年起，在具有教育部保密资质的印刷厂进行硕士自命题科目和博士生初试试卷的审定、印制、封装和寄送等工作。

2011 年 11 月，经过积极争取，教育部港澳台事务办公室回函批复（教港澳台办〔2011〕1351 号），对中国农业学院面向港澳台地区招收研究生准予备案，可以从 2012 年开始招收港澳台研究生。但因种种原因，截至 2019 年没有录取港澳台研究生。

2012 年，为满足研究生入学考试需要，根据北京教育考试院统一要求，研究生院自筹经费 27 万余元建设研究生入学考试标准化考场，并于 2013 年全国硕士生入学考试起投入使用。

2013 年起，招生管理工作启用“研究生招生管理平台”，实现从报名到录取的全过程信息化管理。

2015年1月，招生微信公众号开通并投入运行，极大提高了招生宣传的针对性和时效性，提升了招生管理信息化水平。

2017年起，为实现招生与培养各环节的有效衔接，招生管理工作启用“研究生教育管理平台”，实现招生与其他业务环节的统一信息化管理。

2018年7月，中国农业科学院被北京教育考试院评为北京市全国硕士研究生招生考试工作“先进单位”，1人获评北京市全国硕士研究生招生考试工作“先进个人”。

2018年下半年，为进一步探索创新型人才选拔机制，根据《中国农业科学院关于印发“十三五”研究生教育发展规划（2016—2020）的通知》中关于“改革博士招生选拔制度，试点探索博士生招生‘申请—考核制’”的要求，制订《中国农业科学院研究生院兽医学院2019年博士研究生“申请—考核制”招生方案》（试点），并于2018年11月经中国农业科学院常务会议审议通过，兽医学科（基础兽医学、预防兽医学、临床兽医学、兽药学）从2019年开始实行博士招生“申请—考核制”。“申请—考核制”包括个人申请、学科考核、兽医学院审查、研究生院审批四个环节，兽医学院成立招生工作领导组、招生工作监督组、材料审核组和学科考核组，研究生院负责全程监督和统筹管理，保障实施方案执行。

第二节　学籍工作

一、学籍管理相关制度

2009年以来，按照教育部《普通高等学校学生管理规定》等相关文件的规定，结合自身特色，修制订出国（境）管理办法、注册管理办法、奖惩评优等一系列规章制度，建立学籍学历管理工作的长效机制，做到学籍学历管理工作有章可循、有据可依、规范运行。2012年1月，获教育部高校学生司颁发的“全国高等教育学籍学历管理工作先进集体”称号。

为进一步规范在校研究生出国（境）的管理，2009年9月，制订《在校研究生出国（境）管理办法（试行）》（农科研生〔2009〕96号），明确对在校研究生出国（境）人员实行分类管理。针对实际工作中出现的各类问题，先后于2013年和2017年对该管理办法进行部分修订。

为维护学校教育教学秩序，加强研究所对学生的管理，保障学生合法权益，2012年6月，研究制订《中国农业科学院研究生院研究生注册管理办法（试行）》，完成注册管理改革。研究生注册管理调整为两级管理。研究生院研究生工作处负责课程学习期间学生注册管理工作；研究所研究生主管部门负责回所后的学生注册管理工作。

2013年7月，修订《中国农业科学院研究生院学生管理规定》，设立总则，进一步明确规定的适用范围，增加变更指导教师和研究所的有关管理规定，调整硕士生和博士生的最长在学年限，明确学生参军保留学籍时限，并对附则和部分文字进行修订。2017年7月，根据教育部《普通高等学校学生管理规定》（中华人民共和国教育部令41号）及其他有关法律法规，在充分调研基础上，全面修订《中国农业科学院研究生院学生管理规定》，增加缴纳学费、开展诚信教育、创业休学等相关规定，对毕业、结业与肄业、奖励与处分等部分内容进行修订。

为规范学生证、火车票学生优惠卡的使用和管理，2014年1月，制订《中国农业科学院研究生院学生证管理办法》和《中国农业科学院研究生院火车票学生优惠卡使用管理规定》。

为进一步加强对在校学生的婚育管理，2016年7月，重新修订《研究生婚育管理办法（试行）》，将适用对象调整为中国籍全日制在校学生，明确在校要求生育的女学生办理《生育服务证》的有关规定。

为进一步加强公费医疗管理，保障学生基本医疗，促进医疗费的合理开支，2016年制订《中国农业科学院研究生院研究生公费医疗管理办法》，对就医办法、报销办法进行详细规定，原《中国农业科学院研究生院研究生医药费报销暂行规定》废止。2017年9月进行部分修订，调整报销对象为中国籍在校研究生。

二、学籍管理

（一）学籍学历电子注册和信息报送

每年按时完成新生学籍审核备案、在校研究生的学籍注册、春夏两季学历证书电子注册数据库的录入和报送工作。按照教育部《关于印发高等学校学生学籍学历电子注册办法》（教学〔2014〕11号）的通知要求，自2014年起，在新生入学资格复查、学籍注册完成后告知全体新生及时查询，严格做到学历证书发证日期与学生毕业日期保持一致，确保学生可以登录中国高等教育学生信息网（http：//www. chsi. com. cn）及时查询到学籍注册信息、学年注册信息和学历注册信息。

2009年博士研究生173人、硕士研究生431人毕业。春季毕业日期2009年1月5日，夏季毕业日期2009年7月1日。

2010年博士研究生159人、硕士研究生485人毕业。春季毕业日期2010年1月5日，夏季毕业日期2010年7月1日。

2011年博士研究生185人，硕士研究生501人毕业。春季毕业日期2011年1月13日，夏季毕业日期2011年7月6日。

2012年博士研究生198人，学术型学位硕士研究生490人，全日制专业学位硕士研究生46人毕业。春季毕业日期2012年1月5日，夏季毕业日期2012年7月4日。

2013 年春季，博士研究生 26 人，学术型学位硕士研究生 4 人毕业。毕业日期 2013 年 1 月 17 日。

2013 年夏季，博士研究生 163 人，学术型学位硕士研究生 508 人，全日制专业学位硕士研究生 95 人毕业。毕业日期 2013 年 7 月 4 日。

2014 年春季，博士研究生 24 人，学术型学位硕士研究生 2 人，全日制专业学位硕士研究生 1 人毕业。毕业日期 2014 年 1 月 10 日。

2014 年 6 月 13 日，研究生院院务会审议通过：博士毕业生 159 人，学术型学位硕士毕业生 479 人，全日制专业学位硕士毕业生 144 人，准予毕业。毕业日期 2014 年 6 月 25 日。

2015 年 2 月 2 日，研究生院院务会审议通过：20 名博士毕业生，准予毕业。毕业日期 2015 年 1 月 30 日。

2015 年 7 月 3 日，研究生院院务会审议通过：博士毕业生 174 人，学术型学位硕士毕业生 447 人，全日制专业学位硕士毕业生 190 人，准予毕业。毕业日期 2015 年 7 月 5 日。

2016 年 1 月 13 日，研究生院院务会审议通过：准予 30 名博士研究生毕业；准予 2 名硕士研究生毕业。毕业时间 2016 年 1 月 13 日。

2016 年 6 月 22 日，研究生院院务会审议通过：准予 179 名博士研究生毕业；准予 642 名硕士研究生毕业。毕业时间 2016 年 6 月 30 日。

2017 年 1 月 3 日，研究生院院务会审议通过：准予 28 名博士研究生毕业；准予 1 名硕士研究生毕业。毕业时间 2017 年 1 月 5 日。

2017 年 7 月 3 日，研究生院院务会审议通过：准予 195 名博士研究生毕业；准予 666 名硕士研究生毕业。毕业时间 2017 年 6 月 30 日。

2018 年 1 月 16 日，研究生院院务会审议通过：准予 30 名博士研究生毕业；准予 2 名硕士研究生毕业。毕业时间 2018 年 1 月 5 日（国内联合培养博士研究生毕业时间以联合培养高校为准）。

2018 年 6 月 13 日，研究生院院务会审议通过：准予 184 名博士研究生毕业；准予 659 名硕士研究生毕业。毕业时间 2018 年 6 月 27 日（国内联合培养博士研究生毕业时间以联合培养高校为准）。

2019 年 1 月 15 日，研究生院院务会审议通过：准予 32 名博士研究生毕业；准予 5 名硕士研究生毕业。非国内联合培养学生的毕业时间 2018 年 12 月 25 日或 2019 年 1 月 5 日，中国农业大学联合培养博士生毕业时间 2019 年 1 月 11 日，华中农业大学联合培养博士生毕业时间 2018 年 12 月 21 日，与联合培养高校学位证时间保持一致。

2019 年 6 月 28 日，研究生院党政联席会审议通过：准予 220 名博士研究生毕业；准予 648 名硕士研究生毕业。毕业时间为 2019 年 6 月 20 日（国内联合培养博士研究生毕业时间以联合培养高校为准）。

自 2001 年起，连续 19 年作为科研单位中关村组的组长单位，完成北京市教育委员会下达的研究生院和小组内其他 25 家科研单位的高等教育事业统计报表的报送工作。

（二）学籍变动和注销

对于转专业、休学、退学等学籍变动、记载和注销情况，严格按照《学生管理规定》中相关条例执行。做到从严控制，程序规范，保证教育教学工作顺利开展。2009—2019年，办理退学 74 人，取消学籍 34 人，为 97 人办理转专业、领域手续，23 人变更培养单位。

（三）出国（境）管理

2009—2019 年，严格按照《在校研究生出国（境）管理办法（试行）》为 600 余名在校生办理出国（境）手续。积极配合中国农业科学院国际合作局争取和申报每年国家留学基金资助项目，10 年间，共 280 人获得国家公派研究生项目留学人员资格，出国联合培养或攻读博士学位。自 2013 年起，按照国家留学基金资助项目有关要求，每年组织京内外研究所专家对当年申请联合培养项目的博士研究生进行校内评审。联合中国农业科学院国际合作局组织留学基金项目人员集训，讲解出国有关事项。

此外，2009—2019 年，共有 200 余名研究生获得其他资助赴国外进行项目交流、合作研究和参加学术会议等活动。

（四）学历学位证书样式变更

按照教育部办公厅《关于规范高等学校学历证书有关事项的通知》（教学厅函〔2014〕14 号）和《学位证书和学位授予信息管理办法》（学位〔2015〕18）精神“自 2016 年 1 月 1 日起，学位证书由各学位授予单位自主设计、印制，国务院学位委员会办公室印制的学位证书不再使用。学位授予单位印制的学位证书，不得使用国徽图案”的要求，经研究生院院长办公会研究和中国农业科学院第八届学位评定委员会第六次会议审议通过，更换学历和学位证书样式。

新版中国农业科学院学位证书包括证书（内芯）和封皮两部分，证书（内芯）采用横版国际标准 A4 尺寸，上方为中国农业科学院 LOGO 与中英文院名的标准字组合，并标注博士、硕士学位证书字样；中部为学位获得者的个人信息、学位信息、照片以及院长、院学位评定委员会主席签章；下方为学位证书编号和学位授予日期。博士学位证书（内芯）边框为淡粉色，硕士学位证书（内芯）边框为淡蓝色，边框样式与原国家印制的学位证书边框保持一致；证书（内芯）均带有中国农业科学院 LOGO 为水印的防伪标志。证书封皮上部为“中国农业科学院”郭沫若体，中部为中国农业科学院 LOGO，下部标注博士、硕士学位证书字样；内封为中国农业科学院研究生院院训“明德格物，博学笃行”；博士学位证书封皮颜色为深红色，硕士学位证书封皮颜色为深绿色。

新版毕业证书版式包括证书（内芯）和封皮两部分，证书（内芯）采用横版国际标准 A4 尺寸，上方为中国农业科学院研究生院 LOGO 与中英文院名的标准字组合，并标注博士、硕士研究生毕业证书字样；中部为学历获得者的个人信息、学历信息、照片以及院长签章；下方为毕业证书编号和毕业日期。博士毕业证书（内芯）边框为淡粉色，硕士毕业证书（内芯）边框为淡蓝色，边框样式与原国家印制的毕业证书边框保持一致；证书（内芯）均带有中国农业科学院研究生院 LOGO 为水印的防伪标志。证书封皮上部为“中国农业科学院研究生院”隶书体，中部为中国农业科学院研究生院 LOGO，下部标注博士、硕士毕业证书字样；内封和封皮颜色与学位证书制式相同。为便于日后使用，将研究生院院章彩色印刷在所有毕业证书（内芯）版式上。同步设计英文副本，整体风格和主要元素与中文正本保持一致。新版学位证书和毕业证书自 2016 年春季毕业生开始使用。

2017 年，根据新版毕业证书版式制定新版的毕业证明书和编码规则，并上报中国高等教育学生信息网。

三、奖助体系

2009 年以来，研究生院不断加强研究生奖助体系建设，完善全学程的激励制度，增设优秀推免生奖、推免生奖、高水平论文奖等奖项，保证一定的受奖面，并加大奖励力度。结合国家奖助政策的调整，增设研究生国家奖学金、学业奖学金。充分挖掘各方面资源，不断扩充企业奖学金规模，先后设立天邦、孟山都、拜耳作物科学、大北农、天根生化、金龙鱼、陶氏益农、默克生命等企业奖学金。不断提高研究生生活津贴和助研津贴标准，完善特困生补助政策，保证研究生安心完成学业。

（一）国家奖学金

2012 年 9 月 29 日，财政部、教育部联合印发《研究生国家奖学金管理暂行办法》（财教〔2012〕342 号），规定研究生国家奖学金每年奖励 4.5 万名在读全日制研究生，其中博士研究生 1 万名，硕士研究生 3.5 万名。奖励标准为博士研究生每生每年 3 万元，硕士研究生每生每年 2 万元。

2012 年度，中国农业科学院研究生国家奖学金奖励名额为 30 名博士研究生和 48 名硕士研究生。第一年的评奖工作由学位办负责组织实施，起草制订《中国农业科学院 2012 年研究生国家奖学金评选实施方案》，通过个人申报、导师推荐、研究所初评、全院复评、教育部批准等程序，确定最终获奖名单。

2013 年开始，研究生国家奖学金评审工作由研究生工作处负责。2013 年研究生国家奖学金名额与 2012 年相同。根据第一年的执行情况，进一步优化评审方案评审要求，根据各研究所学生规模，按照一定比例，确定名额分配方案。成立研究生国家奖学金评审领导小组。

2014 年 7 月，根据《普通高等学校研究生国家奖学金评审办法》（教财〔2014〕1 号）制订《中国农业科学院研究生院研究生国家奖学金评审办法（试行）》，评选出 30 名博士研究生和 48 名硕士研究生。2015 年评选出 31 名博士研究生、50 名硕士研究生。

2016 年 7 月，对《中国农业科学院研究生院研究生国家奖学金评审办法（试行）》进行部分修订，取消对延期毕业生和优博计划在读生的相关表述。评选出 28 名博士研究生和 47 名硕士研究生。2017 年评选出 27 名博士研究生和 46 名硕士研究生。2018 年评选出 29 名博士研究生和 46 名硕士研究生。

（二）学业奖学金

2014 年，根据《研究生学业奖学金管理暂行办法》（财教〔2013〕219 号）的有关规定，制订《中国农业科学院研究生院研究生学业奖学金评选办法（试行）》，从 2014 级研究生开始，设立研究生学业奖学金。对评审组织、原则、程序、违规处理等做明确规定。研究生学业奖学金覆盖面为 100%，分为一等、二等、三等奖，具体奖励比例和标准如表 4-9。

表 4-9　2014 年制订的学业奖学金比例及标准

类　别	一等奖	二等奖	三等奖
比　例	20%	50%	30%
博士生标准	15 000 元/人/年	10 000 元/人/年	6 000 元/人/年
硕士生标准	12 000 元/人/年	8 000 元/人/年	5 000 元/人/年

2015 年 4 月 21 日，研究生院院务会讨论通过实施《中国农业科学院研究生学业奖学金评审实施细则（试行）》和《中国农业科学院研究生学业奖学金综合测评量化考核细则（试行）》。

2016 年 7 月 7 日，研究生院院务会讨论通过《研究生学业奖学金评选办法（试行）》《研究生学业奖学金评审实施细则（试行）》修订版。重要修订内容说明：入学第一年不分等级，博士研究生获得10 000元/人、硕士研究生获得8 000元/人的奖学金。取消三等奖，一等奖和二等奖比例和奖励金额进行相应调整如表 4-10。

表 4-10　2016 年制订的学业奖学金比例及标准

类　别	一等奖	二等奖
比　例	20%	80%
博士生标准	11 000 元/人/年	10 000 元/人/年
硕士生标准	9 000 元/人/年	8 000 元/人/年

2017 年起，招收的非全日制研究生学业奖学金由导师负责发放，研究生院负责全日制研究生学业奖学金发放。

（三）助学金

2009—2019 年，先后 7 次提高助学金标准。目前，助学金制度主要包括国家助学金、研究生院助学金、导师助研津贴、“三助”津贴和特困生补助。

2009 年，因物价上涨，课程学习期间将研究生院助学金在原有基础上每人每月增加 50 元。调整后，在课程学习期间，博士研究生每月 540～580 元；硕士研究生由研究生院每月 450～490 元。另外每人每月有 5 元的水卡补助。回族等少数民族，另有每人每月 50 元餐补。

2010 年，根据《教育部财政部关于提高中央部委所属普通高等学校博士研究生奖学金标准的通知》（教财〔2009〕20 号）文件精神，研究决定对全日制非定向培养的研究生助学金及助理津贴进行调整（农科研生〔2010〕67 号），具体实施方案如下：课程学习期间，博士研究生基本生活津贴标准调整至1 000元/人/月（入学当年 9 月至次年 1 月，共计 5 个月）；回所后，研究生院发放的基本生活津贴为 600 元/人/月，研究所发放的助研津贴标准不低于1 000元/人/月（入学下年的 2 月至按期毕业年 6 月）。课程学习期间，硕士研究生基本生活津贴标准调整至 500 元/人/月（入学当年 9 月至翌年 6 月，共计 10 个月）；回所后，研究生院发放的基本生活津贴为 300 元/人/月，研究所发放的助研津贴标准不低于 600 元/人/月（入学下年的 7 月至按期毕业年 6 月）。

2011 年，因财政部对计划内招收的研究生给予全额拨款，经研究决定，提高全日制统招统分在读博士、硕士研究生的基本生活津贴（农科研生〔2011〕139 号），具体实施方案如下：博士研究生在课程学习期间，基本生活津贴标准调整至1 500元/人/月（入学当年 9 月至次年 1 月，共计 5 个月）；回到研究所后，研究生院发放的基本生活津贴为1 000元/人/月。此标准自 2011 年 1 月起执行。硕士研究生在课程学习期间，基本生活津贴标准调整至1 000元/人/月（入学当年 9 月至次年 6 月，共计 10 个月）；回到研究所后，研究生院发放的基本生活津贴为 300 元/人/月。此标准自 2011 年 9 月起执行。

为深化研究生培养机制改革，激励研究生勤奋学习、刻苦钻研，保证研究生在学期间基本生活，使广大研究生安心从事学习和科研工作，根据《关于调整中国农业科学院研究生基本生活津贴和助研津贴的通知》（农科院研生〔2012〕37 号）：“经中国农业科学院第七届学位评定委员会第七次会议研究决定，从 2012 年起，免收研究所、导师和研究生承担的培养费（委托培养、计划外研究生除外），同时，提高全日制非定向培养的在读博士、硕士研究生的基本生活津贴和助研津贴。”2012 年调整基本生活津贴和助研津贴具体如下：博士研究生课程学习期间，基本生活津贴标准调整至1 500元/人/月（入学当年 9 月至次年 1 月，共计 5 个月）；回所后，研究生院发放的基本生活津贴为1 000元/人/月，研究所发放的助研津贴标准不低于1 500元/人/月（入学下年的 2 月至按期毕业年 6 月）。硕士研究生课程学习期间，基本生活津贴标准调整至1 000元/人/月（入学当年 9 月至翌年 6 月，共计 10 个月）；回所后，研究生院发放的基本生活津贴为 300 元/人/月，研究所发放的助研津贴标准不低于1 000元/人/月（入学下年的 7 月至按期毕业年 6 月）。

为提升工作效率，2013 年起调整京外所研究生回所基本生活津贴发放形式，对京外所学生回所基本生活津贴发放实行实时管理，由统一拨款到各所的方式调整为每月定期将津贴发放到学生银行卡中的方式。

2013 年，经研究生院院长办公会议研究决定，提高全日制非定向培养在读博士、硕士研究生的基本生活津贴。具体方案如下：博士研究生课程学习期间，基本生活津贴标准调整至1 700元/人/月（入学当年9月至当年12月，共计4个月）；回所后，研究生院发放的基本生活津贴为1 000元/人/月不变。硕士研究生课程学习期间，基本生活津贴标准调整至1 200元/人/月（入学当年9月至翌年4月，共计8个月）；回所后，研究生院发放的基本生活津贴调整至500元/人/月。

2014年，为完善研究生奖助政策体系，提高研究生待遇水平，根据《教育部国家发展改革委财政部关于深化研究生教育改革的意见》（教研〔2013〕1号）、《财政部国家发展改革委教育部关于完善研究生教育投入机制的意见》（财教〔2013〕19号）、《研究生国家助学金管理暂行办法》（财教〔2013〕220号）等文件有关规定，经研究生院院务会研究决定，研究生助学金做如下调整：博士研究生课程学习期间，助学金标准为2 500元/人/月（入学当年9月至12月，共4个月）；回所后，标准为1 500/人/月（入学次年1月至按期毕业年6月）。硕士研究生课程学习期间，助学金标准为1 500元/人/月（入学当年9月至翌年4月，共8个月）；回所后，标准为800元/人/月（入学下年的5月至按期毕业年6月）。助研津贴标准：博士研究生每人每月不低于1 500元（入学下年1月至按期毕业年6月）；硕士研究生每人每月不低于1 000元（入学下年的5月至按期毕业6月）。

2017年，根据《财政部教育部关于进一步提高博士生国家助学金资助标准的通知》（财科教〔2017〕5号）文件精神，经2017年9月13日院长办公会研究决定，自2017年1月起，普通全日制非定向博士研究生助学金标准调整为：课程学期期间，每人每月2 750元（入学当年9月至12月，共4个月）；回所后，标准为每人每月1 750元（入学下年1月至按期毕业年的6月）。在职少数民族骨干计划博士生发放标准为每人每月1250元。回所后，研究所助研津贴参照研究生院标准执行，确保博士研究生每人每月回所后助学金总额不低于3 500元。

（四）特困生补助

落实国家有关政策，不断加大对家庭经济困难研究生的资助力度。2013年对《中国农业科学院研究生院特困生补助实施办法（试行）》进行修订，调整补助比例：补助名额控制在全日制非定向培养在校研究生的5%以内。提升补助标准：一等特困补助每人为2 000元；二等特困补助每人为1 500元；三等特困补助每人为1 000元。增加临时性困难补助，根据学生的实际困难程度一般给予1 000~10 000元的一次性临时困难补助。2017年9月对该办法中总则和申报条件等内容的文字进行部分修订。2009—2019年，资助各类困难学生450余人。

2010年4月，经研究生院党委会研究，对来自玉树地震灾区的在校生，减免其住宿费用，从4月开始，每月增加200元生活补助，暂执行一年。对来自玉树地震灾区的新生，一律免除学生负担的学费、住宿费等杂费，每月增加200元生活补助，暂定补助一年，据灾后重建情况再决定后续补助标准。对来自汶川地震灾区以及干旱地区且农业生产受到不同程度影响的学生，视受灾情况，给予适当补助。

(五) 企业奖学金

2009—2019 年，研究生院充分挖掘各方面资源，不断扩充企业奖学金规模，先后设立天邦、孟山都、拜耳作物科学、天根生化、大北农、金龙鱼、陶氏益农、默克生命等企业奖学金（表 4-11）。根据设奖企业要求，认真制订评选办法，每年组织颁奖仪式，积极推荐毕业生到设奖企业求职应聘，不断增强与设奖企业的交流，保持良好的合作关系。

表 4-11 各类企业奖学金

序号	奖学金名称	奖励金额及相关情况	起止时间
1	三　仪	1. 三仪最佳论文奖：10～15 名/年，一次性奖励 3 000元/人；2. 三仪优秀学生干部标兵奖：10～15 名/年，1 000元/人	2004 年至今
2	天　邦	10～20 名/年，奖金2 000元/人	2009—2014 年
3	先正达	2 名/年，5 000元/人	2007 年至今
4	孟山都	博士和硕士研究生共计 20 名/年，5 000元/人	2010—2015 年
5	拜耳作物科学	1. 12 名/年，其中硕士研究生 4 名，博士研究生 8 名；2. 硕士研究生 3 500元/人，博士研究生 5 000 元/人	2010—2014 年
6	天根生化	10 人/年，2 000 元/人	2011—2015 年
7	大北农	40 名全日制博士、硕士研究生/年，5 000 元/人	2011—2016 年
8	金龙鱼	1. 20 000 元/学生/年，最多 8 名博士研究生/年，实际奖励人数视评选结果而定；2. 学术交流活动经费：5 000元。	2013—2017 年
9	陶氏益农	1. 最佳论文奖：博士研究生 2 名、硕士研究生 5 名/年；2. 农业可持续奖：博士和硕士研究生共 7 名/年；3. 勤学奖：博士和硕士研究生共计 6 名/年。标准为5 000元/人	2015 年至今
10	默克生命科学	10 000元/人；3 名博士、2 名硕士研究生/年	2016 年至今

(六) 研究生院设立的单项奖励

1. 奖项设置调整情况

2009—2011 年，研究生院设立的单项奖励包括：新生入学成绩优异奖、课程学习优秀奖、中期考核优秀奖、优秀学生干部、社会活动优秀奖、优秀毕业生、先进班集体、志愿服务西部和基层单位奖。

2012 年，按照《关于进一步做好北京市普通高等学校优秀毕业生评选工作的意见》（京教学〔2012〕1 号）文件的通知要求，制订《中国农业科学院研究生院关于北京市普通高等学校优秀毕业生评选细则（试行）》，将北京市优秀毕业生和研究生院优秀毕业生合并评选，同时颁发北京市教委和研究生院荣誉证书，并给予1 000元奖励。

2012 年，为加大优秀生源选拔力度，进一步提高生源质量，经研究生院院务会议讨论通过，增设优秀推免生奖，每人一次性奖励人民币5 000元。

2013 年 7 月，部分修订《中国农业科学院研究生院学生奖励条例》，包括将 2012 年增设的优秀推免生奖写入条例，将中期考核优秀奖比例提高到二年级在校生的 35%，将优秀毕业生比例由原来的博士和硕士毕业生总人数各 5%，调整为毕业生总人数的 5% 等内容。

2014 年开始，调整优秀推免生奖励政策为免 3 年学费，增设普通推免生奖，免 1 年学费。

2015 年 4 月，修订《中国农业科学院研究生院学生奖励条例》，调整社会活动优秀奖、优秀毕业生、先进班集体等奖励金额；增设高水平论文奖。

2016 年 7 月，修订《中国农业科学院研究生院学生奖励条例》，取消部分奖项：新生入学成绩优异奖、北京市优秀博士学位论文奖、全国优秀博士学位论文提名奖、全国优秀博士学位论文奖。取消部分学生奖励的奖金仅保留奖项：中期考核优秀奖、社会活动优秀奖、优秀毕业生、先进班集体。

2. 新生入学成绩优异奖

2009—2013 年，新生入学成绩优异奖奖励标准为一次性奖励人民币3 000元。根据修订后的《中国农业科学院研究生院学生奖励条例》，2014 年调整为一次性奖励人民币10 000元（表 4-12）。

表 4-12　2009—2015 年新生入学成绩优异奖统计

入学年度	获奖人数	奖励标准	批准文号
2009	8	一次性奖励人民币3 000元	农科研生〔2009〕86 号
2010	6	一次性奖励人民币3 000元	农科研生〔2010〕77 号
2011	7	一次性奖励人民币3 000元	农科研生〔2011〕83 号
2012	9	一次性奖励人民币3 000元	农科研生〔2012〕68 号
2013	13	一次性奖励人民币3 000元	农科研生〔2013〕106 号
2014	16	一次性奖励人民币10 000元	农科研生〔2014〕115 号
2015	12	一次性奖励人民币10 000元	农科研生〔2015〕107 号

注：2015 年之后入学成绩优异奖评选取消

3. 优秀推免生奖

2012—2018 年，优秀推免生奖的奖励对象和条件为本科毕业于“211 工程”建设高校国家级重点学科、成绩排名在本科专业 5%以内的推免生（表 4-13）。2019 年，根据修订后的《中国农业科学院接收优秀应届本科毕业生免试攻读研究生（含直博生）工作管理办法》，优秀推免生的奖励对象和条件调整为：本科毕业学校为“双一流”建设高校且本科毕业专业所对应学科最近一轮全国学科评估结果为 A+、A 或 A-的推免生。奖励标准方面，根据修订后的《中国农业科学院研究生院学生奖励条例》，2014 年起优秀推免生的奖励标准由一次性奖励人民币 5 000 元改为免除 3 年学费。

表 4-13 2012—2019 年优秀推免生奖统计

入学年度	获奖人数	奖励标准	批准文号
2012	2	一次性奖励人民币 5 000 元	农科研生〔2012〕67 号
2013	3	一次性奖励人民币 5 000 元	农科研生〔2013〕107 号
2014	2	免除 3 年学费	农科研生〔2014〕112 号
2015	6	免除 3 年学费	农科研生〔2015〕106 号、农科研生〔2015〕131 号
2016	8	免除 3 年学费	农科研生〔2016〕117 号
2018	7	免除 3 年学费	农科研生〔2018〕80 号
2019	10	免除 3 年学费	农科研生〔2019〕96 号

注：2015 年增补一次奖励名单；2017 年优秀推免生奖空缺

4. 课程学习优秀奖和中期考核优秀奖

2009—2014 年，课程学习优秀奖的比例为一年级在校生的 10%～15%，其中，2009—2011 年，奖励金额 200 元/人，2012 年开始调整至 500 元/人。2015 年开始提高比例至一年级在校生的 20%，取消奖金（表 4-14）。

2009—2012 年，中期考核优秀奖比例为二年级在校生的 20%，至 2011 年奖励金额为 200 元/人。2013 年 7 月，提高中期考核优秀奖比例到二年级在校生的 35%，2012—2015 年，奖励金额为 1 000 元/人。2015 年调整中期考核优秀奖比例至 25%。2016 年开始保留奖项，取消奖金（表 4-15）。

表 4-14 2009—2019 年课程学习优秀生表彰统计

入学年度	硕士生数	表彰方式	批准文号
2007 *	10	通报表彰，颁发荣誉证书并奖励	农科研生〔2009〕91 号
2008	63	通报表彰，颁发荣誉证书并奖励	农科研生〔2009〕90 号
2009	80	通报表彰，颁发荣誉证书并奖励	农科研生〔2010〕78 号
2010	79	通报表彰，颁发荣誉证书并奖励	农科研生〔2011〕88 号
2011	95	通报表彰，颁发荣誉证书并奖励	农科研生〔2012〕70 号
2012	101	通报表彰，颁发荣誉证书并奖励	农科研生〔2013〕109 号
2013	101	通报表彰，颁发荣誉证书并奖励	农科研生〔2014〕119 号
2014	140	通报表彰并颁发荣誉证书	农科研生〔2015〕108 号
2015	134	通报表彰并颁发荣誉证书	农科研生〔2016〕123 号
2016	148	通报表彰并颁发荣誉证书	农科研生〔2017〕84 号
2017	195	通报表彰并颁发荣誉证书	农科研生〔2018〕81 号

注：* 2009 年增补 2007 级硕士研究生奖励名单 10 人

表 4-15　2009—2019 年中期考核优秀生表彰统计

入学年度	硕士生数	博士生数	表彰方式	批准文号
2007	75	30	通报表彰，颁发荣誉证书并奖励	农科研生〔2009〕92 号
2008	95	39	通报表彰，颁发荣誉证书并奖励	农科研生〔2010〕80 号
2009	103	41	通报表彰，颁发荣誉证书并奖励	农科研生〔2011〕87 号
2010	125	46	通报表彰，颁发荣誉证书并奖励	农科研生〔2012〕66 号
2011	138	54	通报表彰，颁发荣誉证书并奖励	农科研生〔2013〕110 号
2012	205	75	通报表彰，颁发荣誉证书并奖励	农科研生〔2014〕120 号
2013	224	83	通报表彰，颁发荣誉证书并奖励	农科研生〔2015〕109 号
2014	173	65	通报表彰并颁发荣誉证书	农科研生〔2016〕124 号
2015	160	71	通报表彰并颁发荣誉证书	农科研生〔2017〕85 号
2016	158	91	通报表彰并颁发荣誉证书	农科研生〔2018〕82 号

5. 优秀学生干部、社会活动优秀奖、优秀毕业生、先进班集体

自 2012 年开始优秀学生干部、社会活动积极优秀奖的奖励金额由 100 元/人调整至 200 元/人；先进班集体的奖励金额由 300 元/班调整至1 000元/班；优秀毕业生奖励金额由 500 元/人调整至1 000元/人。2015 年开始，优秀学生干部和社会活动优秀奖的奖励金额由 200 元/人元提高至1 000元/人；优秀毕业生的奖励金额由1 000元/人提高至2 000元/人；先进班集体的奖励金额由1 000元/班提高至2 000元/班。2016 年开始，取消社会活动优秀奖、优秀毕业生、先进班集体奖奖金，保留奖项（表 4-16）。

2009—2011 年，研究生院评选出本院优秀毕业生 56 人（表 4-17）。2012—2018 年评选出 281 名“北京市普通高等学校优秀毕业生”。

2009—2019 年，共评选出优秀学生干部1 454名、社会活动优秀奖1 843名、先进班集体 80 个。

表 4-16　2009—2019 年优秀学生干部、优秀社会活动奖、先进班集体获奖情况

评选学年	优秀学生干部数	优秀社会活动奖数	先进班集体数	批准文号
2008—2009	90	129	7	农科研生〔2009〕89 号
2009—2010	97	128	5	农科研生〔2010〕80 号
2010—2011	93	129	4	农科研生〔2011〕82 号
2011—2012	107	149	8	农科研生〔2012〕72 号、73 号、74 号
2012—2013	131	168	9	农科研生〔2013〕101 号、102 号、103 号
2013—2014	145	177	10	农科研生〔2014〕121 号、122 号、123 号

（续表）

评选学年	优秀学生干部数	优秀社会活动奖数	先进班集体数	批准文号
2014—2015	177	223	10	农科研生〔2015〕113 号、114 号、115 号
2015—2016	195	182	10	农科研生〔2016〕120 号、121 号、122 号
2016—2017	207	232	9	农科研生〔2017〕69 号、70 号、76 号
2017—2018	212	326	8	农科研生〔2018〕67 号、68 号、69 号

表 4-17　2009—2019 年优秀毕业生获奖情况

评选年度	获奖数	表彰方式	批准文号
2009	13	通报表彰，颁发荣誉证书并奖励	农科研生〔2009〕74 号
2010	23	通报表彰，颁发荣誉证书并奖励	农科研生〔2010〕66 号
2011	20	通报表彰，颁发荣誉证书并奖励	农科研生〔2011〕64 号
2012	36	通报表彰，颁发荣誉证书并奖励	农科研生〔2012〕59 号
2013	43	通报表彰，颁发荣誉证书并奖励	农科研生〔2013〕90 号
2014	44	通报表彰，颁发荣誉证书并奖励	农科研生〔2014〕87 号
2015	43	通报表彰，颁发荣誉证书并奖励	农科研生〔2015〕89 号
2016	45	通报表彰，颁发荣誉证书	农科研生〔2016〕79 号
2017	47	通报表彰，颁发荣誉证书	农科研生〔2017〕68 号
2018	48	通报表彰，颁发荣誉证书	农科研生〔2018〕54 号
2019	60	通报表彰，颁发荣誉证书	农科研生〔2019〕43 号

注：此表统计数据含留学生

6. 志愿服务西部地区、艰苦边远地区和基层单位奖

2009—2019 年，根据《中国农业科学院研究生院关于鼓励毕业生到西部地区就业的暂行办法》（农科研生〔2008〕31 号）及《中国农业科学院研究生院关于对西部地区和艰苦边远地区就业毕业生的奖励办法》（农科研生〔2011〕85 号），累计奖励志愿到西部地区、艰苦边远地区和基层单位就业的毕业生 227 人（博士 63 人，硕士 164 人），其中奖励西部地区就业毕业生 213 人（表 4-18）。

2011 年之前，奖励标准为对志愿到西部地区单位工作的西部省区生源毕业生，一次性奖励人民币 1 000 元，对志愿到西部地区单位工作的非西部省区生源毕业生，一次性奖励人民币 2 000 元。对志愿到西藏和非新疆单位工作的非西藏和新疆生源毕业生，一次性奖励人民币 3 000 元。

2011 年 8 月 1 日开始，对志愿到西部地区或艰苦边远地区就业的硕士毕业生，一次性奖励人民币 1 000 元；对志愿到西部地区或艰苦边远地区就业的博士毕业生，一次性奖励人民币 2 000 元；对志愿到西藏和新疆单位工作的非西藏和非新疆生源毕业生，一次性奖

励人民币 3 000 元。

2013 年开始对志愿到西部地区或艰苦边远地区就业的硕士毕业生，一次性奖励人民币 2 000 元，对志愿到西部地区或艰苦边远地区就业的博士毕业生，一次性奖励人民币 3 000 元。对志愿到直辖市（包括北京、上海、天津、重庆）基层单位就业的硕士毕业生，一次性奖励人民币 1 000 元，对志愿到直辖市基层单位就业的博士毕业生，一次性奖励人民币 2 000 元；对志愿到非直辖市基层单位就业的硕士毕业生，一次性奖励人民币 2 000 元，对志愿到非直辖市基层单位就业的博士毕业生，一次性奖励人民币 3 000 元。

表 4-18　2009—2019 年西部地区、艰苦边远地区和基层单位就业奖励统计

毕业年度	博士毕业生数	硕士毕业生数	批准文号
2009	6	9	农科研生〔2009〕72 号
2010	4	11	农科研生〔2010〕62 号
2011	1	13	农科研生〔2011〕67 号
2012	5	21	农科研生〔2012〕55 号
2013	2	24	农科研生〔2013〕88 号
2014	12	16	农科研生〔2014〕86 号
2015	11	15	农科研生〔2015〕91 号
2016	2	11	农科研生〔2016〕74 号
2017	6	11	农科研生〔2017〕64 号
2018	6	13	农科研生〔2018〕55 号
2019	8	20	农科研生〔2019〕44 号

注：根据奖励办法规定，奖励申请截至当年 6 月 15 日

7. 高水平论文奖

为促进创新性科研成果的产出和拔尖人才的培育，营造浓郁学术氛围、发挥引领示范作用，研究生院自 2014—2015 学年开始评选高水平论文奖，评选条件为以研究生为第一作者、所在培养单位为第一单位在《中国科学院文献情报中心期刊分区表》中各学科大类一区期刊上发表学术论文，奖励金额为人民币 10 000 元/篇（只奖励论文第一作者）（表 4-19）。

表 4-19　2014—2015 学年至 2018—2019 学年高水平论文奖表彰奖励统计

学年	评选篇数	奖励博士生数	奖励硕士生数	批准文号
2014—2015	23	12	10	农科研生〔2015〕117 号
2015—2016	14	9	4	农科研生〔2016〕114 号
2016—2017	35	21	12	农科研生〔2017〕86 号
2017—2018	38	27	11	农科研生〔2018〕79 号
2018—2019	65	52	11	农科研生〔2019〕99 号

注：此表统计数据含留学生

（七）评奖方式的调整

为提升奖学金评审工作效率和准确性，依托研究生院基本科研业务费的课题研发“农科院研究生奖助学金信息管理系统”，对奖助学金的评审工作流程进行优化。该系统2014年开始正式启用，将国家奖学金、学业奖学金、企业奖学金通过系统进行申报，实现奖助学金申报、评审环节信息化。2016年，研究生院新版研究生教育管理系统启用，评奖工作也相应调整至新系统实施。

2016年开始，将所有类型奖学金名额依据各单位学生人数、上年度研究所研究生教育考核结果、奖学金设置公司的有关要求等因素分配给各研究所，各研究所对奖学金进行集中评审。其中研究生国家奖学金和金龙鱼奖学金按照差额进行上报，其他奖项均实行等额上报。2017年起，所有奖学金名额严格按照在研究所学生规模及奖金额度等因素分配给研究所，由各研究所实行等额评选。

第三节　就业指导

2009—2019年，研究生院全面贯彻落实教育部、北京市教育委员会就业创业方针政策，坚持把毕业生就业创业工作作为提高办学水平、促进改革发展的大事来抓，以全心全意为毕业生服务为宗旨，坚持“转变观念，强化服务，加强指导，拓宽渠道”的指导方针，深入细致地开展就业创业工作，就业率稳居北京市科研单位前列。

一、就业指导与服务

2009年，按照中共北京市委办公厅《关于选聘高校毕业生到社区工作的实施办法（试行）》（京发办〔2009〕27号），对毕业生进行相关政策的宣讲，并组织报名等工作。制订《中国农业科学院研究生院研究生集体户口管理办法》（农科研生〔2009〕87号），进一步规范研究生户口迁入迁出以及外借等相关手续的办理流程。

2010年，按照教育部办公厅《关于做好大学生“村官”有序流动工作的意见的通知》（教学厅函〔2010〕14号）要求，保持与到村任职毕业生的联系，定期走访，为大学生村官提供就业岗位信息。

2011年，开始举办就业系列讲座，邀请职业规划师、知名企业高管等为研究生讲课。为解决长期以来京外所就业指导与服务难的问题，前往京外所为在所研究生开展就业宣讲。首次举办大型校内双选会，春秋季各一次。对《中国农业科学院研究生院毕业生就业工作实施细则》《中国农业科学院研究生院关于对西部地区、艰苦边远地区和基层单位就业毕业生的奖励办法》进行修订。

2012 年 12 月，根据国家及北京市教委有关要求，制订《中国农业科学院就业困难毕业生帮扶实施办法》，开展针对家庭经济困难毕业生、“零就业”家庭毕业生、残疾人毕业生等困难群体的就业帮扶工作。配合举办四大名家讲堂，开办企业精英讲堂。

2013 年，按照人力资源社会保障部办公厅、教育部办公厅《关于进一步做好离校未就业高校毕业生就业管理和服务工作的通知》（人社厅发〔2013〕112 号）要求，及时掌握未就业学生信息，采用多种方式向毕业生推荐用人单位信息和相关政策。根据北京市人力资源和社会保障局、北京市教委、北京市财政局《关于做好普通高等学校毕业生求职补贴发放工作的通知》（京人社毕发〔2013〕179 号），为低保家庭毕业生的顺利就业排忧解难。举办大学生村官座谈会和就业困难毕业生座谈会。参与北京市教委《北京高校家庭困难及就业困难大学生帮扶工程》。

2015 年，按照国务院《关于进一步做好新形势下就业创业工作的意见》（国发〔2015〕23 号）、北京市教育委员会《关于印发北京高校高质量就业创业计划的通知》（京教学〔2015〕1 号）的相关要求，邀请商业领军人物、企业家、创业成功人士、校友等兼任创业导师，摸索建立创业教育的长效机制。根据中共北京市委组织部、北京市教育委员会、北京市人力资源和社会保障局《关于协助做好推荐应届优秀高校毕业生到北京市基层培养锻炼工作的函》，组织开展报名工作。按照北京市人力资源和社会保障局《关于实现创业的毕业年度内高校在校生办理《就业创业证》有关问题的通知》（京人社就发〔2015〕220 号）要求，办理《高校毕业生自主创业证》申请相关手续。

2016 年，根据教育部办公厅《关于开展全国普通高校毕业生精准就业服务工作的通知》（教学厅函〔2016〕14 号）要求，加大就业信息化建设力度。开通中国农业科学院研究生院就业办公室微信公众号，建立毕业生 QQ 群，整合研究生院网站就业指导板块页面。首次利用视频会议系统为无法到会的京外所毕业生进行就业宣讲会及动员会视频直播。

2017 年，与中国科学院大学等北京地区 6 所科研院所举办联合双选会。按照教育部《关于贯彻落实中央文件精神进一步引导和鼓励高校毕业生到基层工作的通知》（教学〔2017〕3 号）要求，开展与西部涉农单位合作，鼓励学生到西部地区和基层单位就业。组织学生报名参加北京市大学生村官与选调生说明会，邀请往届大学生村官与选调生回母校进行座谈。按照北京市教育委员会《关于进一步加强定向生履约管理的通知》（京教学〔2017〕4 号）要求，严格按照规定完成定向毕业生的派遣工作。

2018 年，组织学生参加河北省高层次人才洽谈会。按照北京市教育委员会《关于规范普通高校毕业生就业手续办理工作的通知》（京教学〔2018〕3 号）、《关于进一步简化毕业生就业手续办理流程的通知》（京教学〔2018〕7 号）等文件要求，制订具体实施细则，规范就业手续办理。

2019 年，为适应就业创业形势要求以及国家有关文件精神，开办就业与创业师资能力提升培训班，邀请知名领域专家，对培养单位研究生管理人员、研究生院管理人员和兼职班主任定期进行培训，提升研究生创业技能及就业适应力与求职竞争力。

二、毕业生就业情况

2009届毕业生共计618名，其中，博士188人，硕士430人，毕业生总数较上年增加13.2%。就业去向如下：考取博士和继续做博士后研究57人，出国留学16人，签署三方协议335人，灵活就业152人，总体就业率为90.61%。共有15名毕业生到西部地区就业，其中博士6人，硕士9人。

2010届毕业生共计638名，其中博士生152人，硕士生486人，毕业生总数较上年增加3.2%。就业去向如下：考取博士和继续做博士后研究61人，出国留学4人，签署三方协议287人，灵活就业248人，总就业人数600人，总体就业率为95.08%，较上年同期有较大幅度提升。共有17名毕业生到西部地区就业，其中博士6人，硕士11人。

2011届毕业生共计683名，其中，博士182人，硕士501人，毕业生总数较上年增加7.1%。就业去向如下：考取博士和继续做博士后研究85人，出国留学6人，签署三方协议356人，灵活就业209人，总体就业率为95.77%，较上年同期略有上升。共有14名毕业生到西部地区就业，有18名毕业生顺利入选北京市大学生村官。

2012届毕业生共计734名，其中，博士生196人，硕士生538人，毕业生总数较上年增加7.5%。就业去向如下：考取博士和继续做博士后研究103人，出国留学16人，签署三方协议416人，灵活就业170人，总就业人数705人，其中博士就业率为96.94%，硕士就业率为95.72%，总体就业率为96.05%，较上年同期略有上升，共有26名毕业生到西部地区工作，其中博士5人，硕士21人。应聘北京村支部书记助理和村主任助理的毕业生共55人，19人签订三方协议并入职。有10名毕业生报考社区工作者。

2013届毕业生共计793名，其中，博士生186人，硕士生607人，毕业生总数比去年增加8.0%。就业去向如下：考取博士和继续做博士后研究88人，出国留学22人，签署三方协议288人，灵活就业335人，总就业人数690人，总体就业率为92.3%，较上年同期略有下降。共有26名毕业生到西部地区就业，其中博士2人，硕士24人。应聘北京村支部书记助理和村主任助理的毕业生共53人，18人签订三方协议。

2014届毕业生共计808名，其中，博士生182人，硕士生626人，毕业生总数比去年增加1.9%。就业去向如下：考取博士和继续做博士后研究124人，出国留学15人，签署三方协议335人，签劳动合同8人，灵活就业287人，总就业人数769人，总体就业率为95.17%，较上年同期有所上升。共有28名毕业生到西部地区就业，其中博士12人，硕士16人。应聘北京村支部书记助理和村主任助理的毕业生共53人，5人签订三方协议。

2015届毕业生830名，其中，博士生193人，硕士生637人，毕业生总数比去年增加2.7%。就业去向如下：考取博士和继续做博士后研究154人，出国留学20人，签署三方协议284人，签劳动合同6人，灵活就业329人，总就业人数793人，总体就业率为95.54%，较上年同期有所上升。共有26名毕业生到西部地区就业，其中博士11人，硕士15人。应聘北京村支部书记助理和村主任助理的毕业生共45人，8人签订三方协议。

2016届毕业生共计853名，其中，博士生209人，硕士生644人，毕业生总数比去年增加 2.8%。就业去向如下：考取博士和继续做博士后研究 177 人，出国留学 31 人，签署三方协议 287 人，签劳动合同 9 人，灵活就业 313 人，总就业人数 817 人，总体就业率为 95.78%。较上年同期有所上升。共有 13 名毕业生到西部地区就业，其中博士 2 人，硕士 11 人。应聘北京村支部书记助理和村主任助理的毕业生共 38 人，4 人签订三方协议。

2017 届毕业生共计 893 名，其中，博士生 226 人，硕士生 667 人，毕业生总数比去年增加 4.7%。总体就业率为 97.98%。较上年同期有所上升。就业去向如下：考取博士和继续做博士后研究 187 人，出国留学 20 人，签署三方协议 299 人，签劳动合同 3 人，灵活就业 363 人，总就业人数 872 人。共有 17 名毕业生到西部地区就业，其中博士 6 人，硕士 11 人。应聘北京市选调生的毕业生共 15 人，2 人签订三方协议。

2018 届毕业生共计 872 名，其中，博士生 211 人，硕士生 661 人。总体就业率为 97.13%。与上年同期基本持平。就业去向如下：考取博士和继续做博士后研究 205 人，出国留学 34 人，签署三方协议 270 人，签劳动合同 16 人，灵活就业 322 人，总就业人数 847 人。共有 19 名毕业生到西部地区就业，其中博士 6 人，硕士 13 人。应聘北京市选调生的毕业生共 35 人，10 人签订三方协议（表 4-20）。

2019 届毕业生共计 900 名，其中，博士生 247 人，硕士生 653 人。就业去向如下：考取博士 166 人，出国留学 31 人，签署三方协议 257 人（含做博士后研究），签劳动合同 8 人，灵活就业 201 人，总就业人数 663 人。共有 28 名毕业生到西部地区、艰苦边远地区和基层就业，其中博士 8 人，硕士 20 人（以上统计数据均截至 2019 年 6 月 30 日）。

表 4-20　2009—2018 年毕业生就业性质及就业去向统计

年份	单位性质											单位所在地				总数
	留院	党政机关	科研单位	高教单位	事业单位	企业单位	升学	出国	二分	灵活就业	其他	北京	京外（不含西部）	西部	出国	
2009	60	22	145	37	39	118	57	15	56	121	8	259	329	15	15	618
2010	61	29	153	26	40	128	64	8	32	157	1	268	345	17	8	638
2011	35	31	135	42	36	119	84	4	35	195	2	250	415	14	4	683
2012	32	38	144	36	45	132	108	13	31	183	4	336	359	26	13	734
2013	34	23	85	22	94	133	91	21	67	248	9	308	438	26	21	793
2014	54	9	100	39	63	138	124	13	39	272	11	338	429	28	13	808
2015	45	23	95	39	51	110	158	20	37	295	2	354	430	26	20	830
2016	36	26	102	42	41	100	177	30	37	296	2	356	454	13	30	853
2017	45	16	120	50	46	94	191	20	16	336	4	375	481	17	20	893
2018	22	27	62	61	54	63	203	34	25	336	7	359	469	10	34	872

三、校友工作

为配合建院40周年活动，2018年开始启动校友相关工作。走访调研南京农业大学、华中农业大学、西南大学和中国地质大学等高校，学习借鉴校友工作经验。

2019年1月，经研究生院2019年第1次院长办公会研究决定，成立校友办公室，挂靠招生就业处，同时配备专人负责校友工作。根据民政部《社会团体登记管理条例》规定，准备相关材料，积极向有关部门申请登记成立中国农业科学院校友会。信息化建设方面，申请开通中国农业科学院校友之家官方微信公众平台，开发校友之家微信小程序。开展校友信息库建设，汇总整理18 000余条毕业生信息，并逐步进行补充和完善。

第五章
教学、培养与学位管理

第一节　培养方案

一、学术学位研究生培养方案

2011—2013年，根据二级学科的增设、更名、撤销、归并等调整，分批次组织研究生培养方案的制定和修订工作，主要有以下变化：新增微生物学、生理学、生物信息学、设施农业与生态工程、农产品加工利用、作物土壤机械工程学、农业环境学、入侵生物学、转基因生物安全学、生物防治学、畜禽环境科学与工程、草地资源利用与保护、饲草遗传育种与种子科学、饲草生产加工及利用、农业信息分析学、信息技术与数字农业、区域发展等20个二级学科的博士生培养方案，以及粮食、油脂及植物蛋白工程和农产品加工装备2个二级学科的硕士生培养方案；修订农业生态学（原学科名为作物生态学）、农业气象与气候变化（原学科名为作物气象学）、杂草学（原学科名为杂草科学）、国际农产品贸易（原学科名为农产品贸易）、农业信息管理（原学科名为农业信息管理学）、产业经济（原学科名为农业经营管理）、农业水资源与环境、草地资源利用与保护、农业昆虫与害虫防治、微生物学等10个二级学科的博士生培养方案；撤销农业区域发展与规划、农业资源与环境经济学、国际农产品贸易、作物信息科学、动物信息科学、生物安全、病虫测报、农业微生物等8个二级学科的博士生培养方案。

2013年，根据教育部和院党组有关指示精神以及《中国农业科学院关于深化研究生教育改革的若干意见》（中国农业科学院研生〔2012〕103号），启动全面修订研究生培养方案的工作，此次修订的基本原则是，第一，遵循教育规律，跟踪国内外研究生教育发展趋势，突出研究生教育的特色和优势，强化研究生创新能力、实践能力、科学精神的培养；第二，坚持“院所结合，两段式培养”，实行科学研究主导下的导师负责制，强化研究所在课程组织和研究生培养中的职能；第三，科学规范培养环节管理，加大读书报告、学术活动等的比重，统筹协调课程学习和论文研究工作，增加研究生论文研究时间；第四，拓宽基础、精练课程，强化体现学科前沿的专题类课、研究方法类课程和实验实践类课程，完善公共课、学科基础课、专业课和科学素质课程体系；第五，分类制定硕士生和博士生的培养方案，体现硕士生和博士生教育的层次性和连续性。原则上按二级学科制定培养方案，鼓励有条件的学科按照一级学科或二级学科群制定培养方案。共修订中国农业科学院 53 个博士学位授权二级学科和 65 个硕士学位授权二级学科的培养方案，提交中国农业科学院研究生院第三届教学委员会第一次会议审议通过（表 5-1）。

修订后的培养方案主要包括学科简介、学科培养目标、学科研究方向、课程学习、学习年限与培养方式、培养环节、学位论文、毕业与学位授予几部分内容。修订后的培养方案明确规定博士生课程学分不低于 13 学分，硕士生课程学分不低于 28 学分，硕博连读生课程学分 41 学分。首次将培养环节计入研究生总学分，文献综述和开题报告计 2 学分，中期考核计 1 学分，学术活动计 2 学分，届时，博士生总学分不少于 18 学分，学术学位硕士生不少于 33 学分，硕博连读生总学分不少于 46 学分；进一步优化课程设置，用“博士生经典文献阅读”取代“博士生专业外语”。

2018 年，根据学科授权变动，组织制定农业机械化工程、农业生物环境与能源工程 2 个二级学科博士生培养方案。同时为充分发挥兽医学院的优势与特色，修订兽医学一级学科博士生培养方案，以及基础兽医学、预防兽医学、临床兽医学、中兽医学、兽药学 5 个二级学科的硕士生培养方案。2018 年 7 月提交中国农业科学院研究生院第四届教学委员会第一次会议审议通过。2019 年，根据学科和学位类别授权变动，组织制定水产一级学科硕士生培养方案。

表 5-1　学术学位研究生培养方案制（修）定情况

学科门类	一级学科名称及代码	二级学科名称及代码	制（修）订年份	备注
理学（07）	大气科学（0706）	气象学（070601）	2013	修订
	*生物学（0710）	*生理学（071003）	2013	制定
		*微生物学（071005）	2013	硕士修订 博士制定
		*生物化学与分子生物学（071010）	2013	修订
		*生物物理学（071011）	2013	修订
		*生物信息学（0710Z1）	2013	制定
	*生态学（0713）	*农业生态学（0713Z1）	2013	制定
		*农业气象与气候变化（0713Z3）	2013	制定
工学（08）	*农业工程（0828）	*农业机械化工程（082801）	硕士 2013	修订
		*农业水土工程（082802）	2013	修订
		*农业生物环境与能源工程（082803）	硕士 2013	修订
	环境科学与工程(0830)	环境科学（083001）	2013 年	修订
		环境工程（083002）	2013 年	修订
	食品科学与工程（0832）	食品科学（083201）	2013 年	修订
		粮食、油脂及植物蛋白工程（083202）	2013 年	制定
		农产品加工及贮藏工程（083203）	2013 年	修订
		农产品加工装备（0832Z1）	2013 年	制定

（续表）

学科门类	一级学科名称及代码	二级学科名称及代码	制（修）订年份	备注
农学（09）	*作物学（0901）	*作物栽培学与耕作学（090101）	2013 年	修订
		*作物遗传育种（090102）	2013 年	修订
		*作物种质资源学（0901Z1）	2013 年	修订
		*农产品质量与食物安全（0901Z2）	2013 年	修订
		*药用植物资源学（0901Z3）	2013 年	修订
		*农产品加工利用（0901Z4）	2013 年	制定
	*园艺学（0902）	*果树学（090201）	2013 年	修订
		*蔬菜学（090202）	2013 年	修订
		*茶学（090203）	2013 年	修订
		*观赏园艺（0902Z1）	2013 年	修订
	*农业资源与环境（0903）	*土壤学（090301）	2013 年	修订
		*植物营养学（090302）	2013 年	修订
		*农业水资源与环境（0903Z1）	2013 年	制定
		*农业遥感（0903Z2）	2013 年	修订
		*农业环境学（0903Z3）	2013 年	修订
	*植物保护（0904）	*植物病理学（090401）	2013 年	修订
		*农业昆虫与害虫防治（090402）	2013 年	修订
		*农药学（090403）	2013 年	修订
		*杂草学（0904Z1）	2013 年	制定
		*入侵生物学（0904Z2）	2013 年	制定
		*转基因生物安全学（0904Z3）	2013 年	制定
		*生物防治学（0904Z4）	2013 年	制定
	*畜牧学（0905）	*动物遗传育种与繁殖（090501）	2013 年	修订
		*动物营养与饲料科学（090502）	2013 年	修订
		*特种经济动物饲养（090504）	2013 年	修订
		*畜禽环境科学与工程（0905Z1）	2013 年	修订
	*兽医学（0906）	*基础兽医学（090601）	2018 年	修订
		*预防兽医学（090602）	2018 年	修订
		*临床兽医学（090603）	2018 年	修订
		*中兽医学（0906Z1）	2018 年	修订
		*兽药学（0906Z2）	2018 年	修订
	林学（0907）	野生动植物保护与利用（090705）	2013 年	修订
	水产（0908）		2019 年	制定
	*草学（0909）	*草地资源利用与保护（0909Z1）	2013 年	制定
		*饲草遗传育种与种子科学（0909Z2）	2013 年	制定
		*饲草生产加工及利用（0909Z3）	2013 年	制定

（续表）

学科门类	一级学科名称及代码	二级学科名称及代码	制（修）订年份	备注
管理学（12）	管理科学与工程（1201）		2013 年	修订
	*农林经济管理（1203）	*农业经济管理（120301）	2013 年	修订
		*农业技术经济（1203Z3）	2013 年	修订
		*农业信息管理（1203Z4）	2013 年	修订
		*产业经济（1203Z5）	2013 年	制定
		*农业信息分析学（1203Z6）	2013 年	制定
	图书情报与档案管理（1205）	情报学（120502）	2013 年	修订
	*信息技术与数字农业（99J1）		2013 年	制定
	*区域发展（99J2）		2013 年	制定

注：1. 带 * 为博士学位授权学科；

2. 学科代码中含“Z”为自主设置二级学科；

3. 学科代码中含“J”为自主设置交叉学科，授“管理学”学位

二、专业学位硕士培养方案

2009 年，教育部印发《关于做好全日制硕士专业学位研究生培养工作的若干意见》（教研〔2009〕1 号），决定自 2009 年起，扩大招收以应届本科毕业生为主的全日制硕士专业学位范围，开展全日制硕士专业学位研究生教育。

2011 年 10 月，制定中国农业科学院全日制专业学位硕士研究生培养方案。开启了中国农业科学院高素质、高层次、复合型专业应用型人才培养模式的新探索。

2018 年，根据全国农业专业学位教育指导委员会发布的《关于农业硕士专业学位领域设置调整的通知》（农业教指委〔2016〕3 号）和《关于公布农业硕士专业学位各领域指导性培养方案的通知》（农业教指委秘〔2017〕26 号）文件精神，制（修）订中国农业科学院农业硕士 7 个领域和兽医硕士专业学位研究生的培养方案。该培养方案培养目标强化研究生实践能力培养和职业素养培养；课程设置注重实际应用为导向，以职业需求为目标，以综合素养和应用知识与能力提高为教学目标；在培养过程中强化实践训练，增加了原则上累计不少于 6 个月的实践环节（计 6 学分），从培养方式、课程设置、培养环节、学位论文选题等各方面注重培养研究生实践研究和创新能力，增长其实际工作经验，缩短就业适应期限，提高专业素养及就业创业能力。2018 年 7 月，提交中国农业科学院研究生院第四届教学委员会第一次会议审议通过（表 5-2）。

2009—2018 年，在职攻读专业学位硕士培养方案按 2005 年修订版执行。

2019 年，根据专业学位授予类别的增加，制定图书情报硕士、工程硕士食品工程领域专业学位研究生培养方案。

表 5-2　专业学位研究生培养方案制（修）定情况

专业学位类别	领域名称	制（修）订年份	备注
农业硕士（0951）	农艺与种业（095131）	2018	制定
	资源利用与植物保护（095132）	2018	制定
	畜牧（095133）	2018	修订
	食品加工与安全（095135）	2018	修订
	农业工程与信息技术（095136）	2018	制定
	农业管理（095137）	2018	制定
	农村发展（095138）	2018	制定
兽医硕士（0952）		2018	修订
图书情报硕士（1250）		2019	制定
工程硕士（0852）	食品工程（085231）	2019	制定

第二节　培养模式

结合中国农业科学院科研机构的特色和布局，研究生教育形成了“院所结合、两段式培养”的培养模式和教育特色。为全面提高研究生培养质量，培养更多高素质的农业科技创新人才和实现中国农业科学院研究生教育的健康持续发展，在研究生培养模式方面开展大胆的探索和尝试。

一、“大小学期制”的探索与实践

为充分发挥“院所结合，两段式培养”的优势，强化研究生教育特色，构建符合现代农业科研院所发展需求的研究生培养模式，根据《中国农业科学院关于深化研究生教育改革的若干意见》（农科院研生〔2012〕103 号）文件精神，研究生院修（制）订研究生培养方案，为保证培养方案的顺利实施，决定从 2013 年秋季学期开始试行“大小学期制”（农科研生〔2013〕96 号）。

“大小学期制”主要明确了研究生课程集中教学阶段，秋季学期为大学期（4.5 个月），春季学期为小学期（2 个月），目的是根据新培养方案适当缩短课程集中教学时间，增加研究生开展论文研究的时间，进一步加强科教融合和协同创新，提高研究生培养质量。硕士生集中教学时间按 1 学年安排，在春季学期的 5 月初完成集中课程学习后进入研究所开展后续课程学习和论文研究工作；博士生在秋季学期集中进行课程学习，在 12 月初完成集中课程学习后进入研究所开展后续课程学习和论文研究工作。秋季学期课程约占全学年课程的60%，重点安排公共学位课、公共选修课、基础理论课和部分专业课程；春季学期课程约占全学年课程的40%，重点安排专业课、专题课和部分公共选修课。各研究生培养单位根据培养方案要求和研究生院教学管理相关规定，在研究生院指导下，组织开设部分专业课程。

2018 年 10 月，研究生院针对试行效果对实施了近五年的“大小学期制”在全院范围内展开调研，调研结果显示，近 90%的导师和 85%的研究生对“大小学期制”的探索和试行给予肯定和赞成，在培养方案拓宽基础、精炼课程总体思路的指导下，适当缩短研究生集中课程学习时间，并未影响到中国农业科学院研究生培养质量，研究生“大小学期制”更适合农学学科和行业特色，大部分师生认为应该将“大小学期制”延续执行下去。

二、学院制探索

中国农业科学院研究生院兽医学院于 2015 年批准成立，2016 年 9 月开始，承担院属 7 个研究所和中国兽医药品监察所共 8 个单位兽医学科研究生的教学培养和学生管理工作，2017 年开始承担兽医学科来华留学生教学管理工作。

2016 年，组建兽医学院领导班子，设置管理机构，配备专职人员。6 月，成立中国农业科学院研究生院兽医学院管理委员会（以下简称“管委会”）并在哈尔滨召开管委会第一次会议，审议通过《中国农业科学院研究生院兽医学院管理委员会章程》《兽医学研究生培养方案（2016 版）》，讨论同意与密西西比州立大学等国外一流大学开展进一步合作，积极聘请优秀外籍教师教授来院开设专业课程。

2017 年 3 月，管委会一届二次会议在京召开。会议主要议题包括优化课程设置、引进国际优质教育资源、探索实行专业课模块化教学，不断提高研究生培养质量；加强青年业务骨干的培养，利用兽医学院的平台，逐步建立以青年骨干为主的兽医学院研究生教师队伍，培养壮大专职教师队伍，营造立德树人、特色发展的办学氛围。

2018 年 5 月，管委会一届三次会议在京召开。会议补选兽医学院第一届管委会成员，并研究讨论管委会副主任人选。会议研究并同意在兽医学院率先试行博士研究生“申请—考核制”，积极推进兽医博士专业学位授权点的申报工作。

2019 年 1 月，管委会一届四次会议在京召开。会议调整管委会成员名单，同意兽医学院博士研究生“申请—考核制”招生实施方案，成立申请—考核招生领导机构。

2019 年，为满足兽医学院研究生实验课程教学需求，正式启动兽医学科公共教学实验室建设，通过研究生院修购项目资金 80 万元，申报购置教学设施 6 台（套），逐步满足教学需求。

自 2015 年批准成立以来，兽医学院在研究生院的正确指导和依托单位哈尔滨兽医所的全力支持下，完善办学条件，修订培养方案，制订管理制度，开展学科建设，试行招生改革，加强思想政治工作，建设教学实验室，充分发挥依托单位和相关单位的综合实力。在课程教学方面开设符合学科发展前沿的实验课程、学科前沿讲座和国际课程，提升研究生实践动手能力，掌握学科前沿动态，开阔国际视野，充分体现“科教融合”的特色与优势，整合中国农业科学院兽医学科的优势资源，提升兽医学院的综合办学能力。

兽医学院的成功运行，推动了中国农业科学院研究生教育内部管理体制的改革创新，开启了“学院制”改革的历程，为建设其他学院、探索各具特色的内部管理模式积累了丰富的经验。

三、研究所教研室建设

为构建符合现代农业科研院所发展需求的研究生教学组织管理模式，坚持“院所结合，两段式培养”，实行科学研究主导下的导师负责制，强化研究生培养单位在课程组织和研究生培养中的职能，根据《中国农业科学院关于深化研究生教育改革的若干意见》有关精神和研究生院教学委员会的决定，2014 年 1 月，在与相关研究所共同研究的基础上，研究生院制定《教研室设置和管理暂行办法》，与京区研究所共建第一批 10 个教研室，实行共建共管。2015 年 7 月，32 个院属研究所均成立了教研室（表 5-3）。

教研室是依托研究所成立的从事教学组织、实施和教学研究的基本单位，教研室实行研究生院和研究所双重领导，在业务上接受研究生院的领导、管理和监督。研究生院负责制订研究生教学管理规章制度，统筹协调教研室教学管理工作，指导下教研室开展组织课程教学、课程建设、教学研究等工作。研究所教研室主要承担研究生回所课程的教学组织、管理和评估，以及专业课程任课教师的选聘、课程优化和建设、教学组织和实施，负责专业课程体系建设、教学研究和教学改革等工作。

通过“研究所教研室”教学管理模式的探索，专业课课程设置与教学实施由研究生院集中管理逐步过渡到研究生培养单位参与管理。

表 5-3　2014—2015 年研究所教研室设置情况

序号	教研室名称	依托研究所	主　任	副主任	教学秘书
1	作物学教研室 *	作物科学所	王述民	刘录祥、李立会、赵明	邢丽丽
2	农业资源与环境教研室（北京）*	资源区划所	徐明岗	白由路、陈仲新	杨　鹏
3	环境科学与工程教研室 *	环发所	董红敏	杨其长、曾希柏	姬军红
4	园艺学教研室 *	蔬菜花卉所	王晓武	明军、贺超兴	徐东辉
5	饲料科学教研室	饲料所	齐广海	石波、罗会颖	滕　达
6	生命科学与技术教研室 *	生物所	路铁刚	孙国庆	王友华
7	农业经济管理教研室 *	农经所	王济民	李先德、毛世平	王　艳
8	农业信息教研室 *	农业信息所	许世卫	孟宪学、王文生	王　川
9	农产品质量与食物安全教研室	质量标准所	钱永忠	王　静	吴　伟
10	植物保护教研室 *	植保所	邱德文	郑永权、王振营、王锡锋	陈巨莲

（续表）

序号	教研室名称	依托研究所	主　任	副主任	教学秘书
11	畜牧学教研室 *	畜牧兽医所	文　杰	齐广海、杜立新、高洪文	郑彦、王皓宇
12	食品科学与工程教研室 *	农产品加工所	戴小枫	王　强	张德权
13	蜂学教研室	蜜蜂所	彭文君	李建科、徐书法	杨　磊
14	农业资源与环境教研室（天津）	天津环保所	周其文	漆新华、孙约兵	周　莉
15	农业水土工程教研室	灌溉所	齐学斌	沈菊艳	李东伟
16	果树学教研室（郑州）	郑州果树所	王志强	王力荣、古勤生	徐倩倩
17	棉花生物学教研室	棉花所	宋国立	杜雄明、袁有禄	冯　璐
18	油料作物生物学教研室	油料所	廖伯寿	黄　毅	夏　婧
19	南方特色经济作物教研室	麻类所	李德芳	唐守伟	黄思齐
20	水稻科学教研室	水稻所	胡培松	曹立勇	孙佳音
21	茶学教研室	茶叶所	阮建云	林　智	孙逸钊
22	沼气科学与工程教研室	沼气所	邓　宇	张敏、梅自力	邱　坤
23	烟草科学教研室	烟草所	张忠锋	李义强	孟　鹤
24	特种经济动植物教研室	特产所	李光玉	王英平、闫喜军	范琳琳
25	果树学教研室（兴城）	果树所	丛佩华	仇贵生	程少丽
26	兽医学教研室（上海）	上海兽医所	童光志	马志永、陈鸿军	顾惠明
27	兽医学教研室（哈尔滨）	哈尔滨兽医所	王笑梅	刘益民	高友兰
28	兽医学教研室（兰州）	兰州兽医所	罗建勋	鲁炳义、刘志杰	李潇萍
29	基础兽医学与临床兽医学教研室	兰州牧药所	杨志强	张继瑜、王学智	周　磊
30	草学教研室	草原所	侯向阳	任卫波	张文静
31	农业机械化工程教研室	南京农机化所	胡志超	曹光乔	张　萌
32	食物与营养教研室	食物营养所	秦玉昌	孙君茂	黄家章

注：* 2014 年研究生院与京区研究所共建第一批 10 个教研室

四、人才分类培养

2009—2016 年，在职攻读专业学位教育延续之前的培养方式，根据在职人员工作与学习的特征和需求，不断优化课程体系及教学组织方式，逐渐形成增补知识、提升能力、注重实践的特色课程、能力提升课程和实践类专业知识课程。课程学习采取非全日制方式，合理利用法定节假日时间，由研究生院集中组织开设学位课、领域主干课和选修课，学位论文研究结合学生工作岗位实践，在导师的具体指导下进行科学选题，开展研究，完成学位论文，培养环节及学位授予工作由研究生院统一组织和管理。在职攻读专业学位教育工作为研究生院的人才分类培养打下坚实的基础。

2009—2017 年，研究生院按照教育部相关政策招收全日制专业学位研究生，培养模式与学术学位研究生“院所结合，两段式培养”模式保持相同，但在论文选题、课程设置、实践训练等方面加强研究生的实践能力培养，增长其实际工作经验，缩短就业适应期限，提高专业素养及就业创业能力，基本满足专业学位研究生培养目标要求。

2018 年，随着教育部对农业硕士领域的调整，结合硕士研究生招生结构的大幅度调整，研究生院启动制（修）定农业硕士 7 个领域新的培养方案、修订兽医硕士培养方案。从培养目标、课程设置、学习方式、论文选题、实践训练等全培养过程提出人才分类培养的要求和实施方案。

第三节　课程教学

一、教学管理

（一）课程设置

中国农业科学院研究生教育按学位层次、类别以及学习方式分别进行课程设置，课程学习实行学分制。

按照 2009 年培养方案要求，博士研究生课程学习要求总学分不少于 21 学分（第一外国语非英语的博士生总学分不少于 23 学分）；学术学位硕士研究生（含同等学力）课程学习要求总学分不少于 33 学分；全日制专业学位硕士研究生课程学习要求总学分不少于 39 学分。研究生课程设置包括学位课和选修课，课程学习需在中期考核前完成，其中学位课程 70 分及格，选修课程 60 分及格，考试成绩合格方可获得学分。在职攻读专业学位硕士学位人员课程学习要求总学分不少于 30 学分，课程设置包括公共课、领域主干课和选修课，课程学习需在学位论文答辩前完成，课程成绩 60 分及格，考试成绩合格方可获得学分。

按照 2013 年培养方案要求，博士研究生课程学习要求总学分不少于 13 学分；学术学位硕士研究生（含同等学力）课程学习要求总学分不少于 28 学分；全日制专业学位硕士研究生课程学习要求总学分不少于 34 学分。研究生课程设置包括学位课和选修课，课程学习需在中期考核前完成，其中课程成绩 60 分及格，考试成绩合格方可获得学分。在职攻读专业学位硕士学位人员课程学习要求和课程设置与 2009 年相同。

按照 2018 年农业硕士专业学位研究生培养方案要求，全日制与非全日制农业硕士研究生课程学习要求总学分不低于28学分，课程设置包括公共学位课、领域主干课和选修课，课程学习需在中期考核前完成，其中课程成绩60分及格，考试成绩合格方可获得学分（表5-4）。

表5-4 研究生课程设置情况

培养方案修订年度	课程名称	学分	课程属性	研究生层次	学位类别
2009	第一外国语（博士）	4	学位课	博士生	学术学位
	现代科技革命与马克思主义	3	学位课	博士生	学术学位
	农业科技进展专题	3	学位课	博士生	学术学位
	专业基础理论课	3	学位课	博士生	学术学位
	学科综合考试	2	学位课	博士生	学术学位
	专业 Seminar	2	学位课	博士生	学术学位
	专业外语	1	学位课	博士生	学术学位
	任意选修课	3	选修课	博士生	学术学位
	第一外国语（硕士）	4	学位课	硕士生	学术学位、全日制专业学位
	科学社会主义理论与实践	1	学位课	硕士生	学术学位、全日制专业学位
	自然辩证法	2	学位课	硕士生	学术学位、全日制专业学位
	专业 Seminar	1	学位课	硕士生	学术学位、全日制专业学位
	专业外语	1	学位课	硕士生	学术学位、全日制专业学位
	专业学位课	8~12	学位课	硕士生	学术学位、全日制专业学位
	任意选修课	12~19	选修课	硕士生	学术学位、全日制专业学位
	技术推广理论与方法	2	公共课	硕士生、在职攻读农业硕士专业学位	农业硕士专业学位（全日制和在职）
	农业科技与“三农”政策	2	公共课	硕士生、在职攻读农业硕士专业学位	农业硕士专业学位（全日制和在职）
	农业传播技术与应用	2	公共课	硕士生、在职攻读农业硕士专业学位	农业硕士专业学位（全日制和在职）
	政治理论课	2	公共课	在职攻读专业学位	专业学位（在职）
	外国语	3	公共课	在职攻读专业学位	专业学位（在职）
	领域主干课	12	学位课	在职攻读专业学位	专业学位（在职）
	论文设计与写作	2	必修选修课	在职攻读专业学位	专业学位（在职）
	信息资源检索与利用	1	必修选修课	在职攻读专业学位	专业学位（在职）
	任意选修课	7	选修课	在职攻读专业学位	专业学位（在职）

（续表）

培养方案修订年度	课程名称	学分	课程属性	研究生层次	学位类别
2013	第一外国语（博士）	3	学位课	博士生	学术学位
	中国马克思主义与当代	2	学位课	博士生	学术学位
	农业科技进展专题	2	学位课	博士生	学术学位
	生物化学与分子生物学进展	1	学位课	博士生	学术学位
	学科综合考试	2	学位课	博士生	学术学位
	专业 Seminar	2	学位课	博士生	学术学位
	经典文献阅读	1	学位课	博士生	学术学位
	第一外国语（硕士）	3	学位课	硕士生	学术学位、全日制专业学位
	中国特色社会主义理论与实践研究	2	学位课	硕士生	学术学位、全日制专业学位
	自然辩证法概论	1	学位课	硕士生	学术学位、全日制专业学位
	专业 Seminar	1	学位课	硕士生	学术学位、全日制专业学位
	专业外语	1	学位课	硕士生	学术学位、全日制专业学位
	专业学位课（二级学科选课）	6~8	学位课	硕士生	学术学位、全日制专业学位
	任意选修课	12~14	选修课	硕士生	学术学位、全日制专业学位
2018	第一外国语（博士）	3	学位课	博士生	学术学位（兽医学科）
	中国马克思主义与当代	2	学位课	博士生	学术学位（兽医学科）
	兽医学研究进展	2	学位课	博士生	学术学位（兽医学科）
	学科综合考试	2	学位课	博士生	学术学位（兽医学科）
	专业 Seminar	2	学位课	博士生	学术学位（兽医学科）
	经典文献阅读	1	学位课	博士生	学术学位（兽医学科）
	任意选修课	1	学位课	博士生	学术学位（兽医学科）
	第一外国语（硕士）	3	公共学位课	硕士生	学术学位（兽医学科）
	中国特色社会主义理论与实践研究	2	公共学位课	硕士生	学术学位（兽医学科）

（续表）

培养方案修订年度	课程名称	学分	课程属性	研究生层次	学位类别
2018	自然辩证法概论	1	公共学位课	硕士生	学术学位（兽医学科）
	兽医研究专题	2	公共学位课	硕士生	学术学位（兽医学科）
	专业学位课（二级学科选课）	4	公共学位课	硕士生	学术学位（兽医学科）
	专业 Seminar	1	公共学位课	硕士生	学术学位（兽医学科）
	专业外语	1	公共学位课	硕士生	学术学位（兽医学科）
	任意选修课	14	选修课	硕士生	学术学位（兽医学科）
	第一外国语（硕士）	3	必修课	硕士生	兽医硕士专业学位
	中国特色社会主义理论与实践研究	2	必修课	硕士生	兽医硕士专业学位
	自然辩证法概论	1	必修课	硕士生	兽医硕士专业学位
	专业学位课	12	必修课	硕士生	兽医硕士专业学位
	任意选修课	10	选修课	硕士生	兽医硕士专业学位
	第一外国语	3	公共学位课	硕士生	农业硕士专业学位
	中国特色社会主义理论与实践研究	2	公共学位课	硕士生	农业硕士专业学位
	自然辩证法概论	1	公共学位课	硕士生	农业硕士专业学位
	现代农业创新与乡村振兴战略	2	公共学位课	硕士生	农业硕士专业学位
	领域主干课	6~12	领域主干课	硕士生	农业硕士专业学位
	任意选修课	8~14	选修课	硕士生	农业硕士专业学位

（二）组织管理

2012年，研究生院自行筹备组织所有专业的课程教学，负责课程设置、教师选聘、课表安排、课程组织、考勤考务等工作。除个别课程因选课人数少未开课（研究生到校外选课）外，绝大部分课程由研究生院自行组织开课。

2014 年，为充分发挥研究所的教学资源和科技资源优势，加强研究所教学管理，提供丰富、优质的课程资源，并提高教学质量，研究生院制定《研究生回所课程教学管理办法（试行）》，并将回所课程教学与管理工作纳入“中国农业科学院研究生院研究所研究生教育考核指标体系”。回所课程由研究生培养单位科研人员承担，以提高专业课程的前沿性、实践性和针对性。2015 年 6 个研究所教研室开设了 16 门回所课程。

2016—2017 学年，随着兽医学院正式运行，2016 级研究生的课程集中教学分在中关村院区（北京）和兽医学院（哈尔滨）两个校区开展。中关村院区承担非兽医学科博士和硕士生的课程教学任务，兽医学科以及兽医硕士专业学位研究生全部在兽医学院完成课程集中学习。当年中关村院区共开设课程 120 门（136 门次），当年新增课程 4 门，其中有 1 门国际课程，聘请美国专家全英文授课；兽医学院开设 32 门课程，其中有 1 门国际化课程，聘请美国著名高校教授全英文授课。专题类课程占 22%，模块化课程占 27%，有研讨的课程占 25%，有实习实践的课程占 15%，有实验的课程占 6%。回所课程开课单位由 2016 年的 6 个增加到 11 个、开课数量由 16 门增加到 34 门。

同年，启动硕（博）士生公共英语课 30 人以内的小班教学工作。春季学期为硕士生开设口语交流沟通课，平均每班 18~22 人；秋季学期为硕士生开设 5 门课程（听说课、写作课、写译课、阅读课、阅读与讨论课），平均每班 28 人；秋季学期为博士生开设 3 门课程（口语交流沟通课、听说课、科技论文写作课），平均每班 28 人。全年公共英语课程授课共计 3720 学时。

2017—2018 学年，中关村院区集中教学阶段共开设课程 142 门（219 门次），通过优化课程，当年新开设生物信息类和通识教育类课程 5 门；兽医学院开设课程 34 门（57 门，次），聘请 88 位教师。该学年集中教学课程专题类课程占 19%，模块化课程占 18%，有研讨的课程占 16%，有实习实践的课程占 13%，有实验的课程占 6%。课程开课单位以研究所教研室居多，占 57%，这类课程的组织主要由研究所负责，大多日常的课程管理由研究生院负责；其次是由研究生院组织管理的院外教师开设课程，占 33%，包括基础理论课和公共选修课；研究生院外语教研室、生物教研室、统计教研组等负责基础教学的专职教师负责 10%的课程。2017 年回所课程进一步增加到 12 个研究所、开课数量增加到 44 门。部分课程引入“雨课堂”信息化教学手段，积极进行新时代教学教法的改革与探索。

2018 年 7 月，研究生院制订并印发《中国农业科学院研究生第一外国语（英语）课程免修管理办法（试行）》，满足研究生因材施教、个性化学习的要求，提高英语课程教学水平和效果，增强研究生创新能力。同时，针对英语免修的研究生筹备开设“高级英语听说与写作”选修课程（当年因选课人数偏少未开课）。2018—2019 学年，共有 20 位硕士生、13 位博士生获得第一外国语（英语）课程免修资格。

2018—2019 学年，随着招生规模的扩大，课程集中教学分为中关村院区、兽医学院和河北农业大学（保定）三个地点，中关村院区承担非兽医学科博士生以及 379 名京外所硕士研究生的课程教学任务，兽医学院依然承担兽医学科博、硕士以及兽医硕士专业学位研究生的课程教学任务，河北农业大学承担京内研究所 534 名硕士研究生的集中教学任务。中关村院区全年开设课程总共 125 门（201 门次），当年新开设课程 11 门，主要为农业硕士专业学位研究生的领域主干课程，兽医学院共开设 33 门课（52 门次），聘请 74 位教师，中国农业科学院研究生在河北农业大学参与选读 336 门课程，为确保课程教学质量，根据课程教学大纲对接情况以及同学们的课程学习反馈，增加聘请 18 位中国农业科学院专家前往河北农业大学参与 12 门课程的教学讲授。同时，研究生院在河北农业大学组织开展“学术名家”讲堂活动，分学科邀请包括刘旭院士在内的 7 位全国知名专家开展学术讲座。2018 年，回所课程开课单位进一步增加到 15 个研究所、开课数量增加到 57 门（表 5-5）。

表 5-5　研究所统一组织开设回所课程情况

年度	开课单位数	开设课程数
2015	6	16
2016	11	34
2017	12	44
2018	15	57

2009—2016 年，根据在职非全日制专业学位研究生的特点，在课程集中教学组织与管理中始终坚持“增补知识、拓宽视野、训练思维、提高能力”。考虑在职工作人员的特点，集中上课时间相对比较固定，即每学年一般是春、夏、秋三次上课，春天在北京集中上课，主要讲授“农业科技与‘三农’政策”、领域主干课程、论文设计与写作、信息检索利用及统计分析与应用等课程；夏天、秋天各一次集中在招生教学协作单位上课，主要讲授政治理论课、外国语、技术推广理论与方法、农业传播技术与应用及部分选修课，例如农村社会学、区域农业科技进展、经济法、人力资源管理等。10 年间也会根据学生的领域特点或教学工作实际情况进行适当调整，如根据学生要求，统计分析与应用（选修课）从 2011 年开始，调整到只在北京中关村院区集中授课。在职兽医硕士专业学位的全部课程均在北京开设。2017—2018 学年，制定《2014—2016 级在职攻读专业学位研究生课程学习建议方案》，顺利完成 2013—2016 级在培养期内所有在职专业学位学生的集中课程教学工作，做好该类学生课程教学收尾工作。

（三）大学外语四、六级考试（CET）

2010 年，研究生院向北京市教委高等教育处就科研单位研究生多年无法通过正常途径报考大学英语四、六级考试问题提交《关于申请解决中国农业科学院研究生报考英语四、六级问题的请示》（农科研生〔2010〕96 号）。在北京市教委的支持与协调下，批准研究生从 2011 年 6 月开始在中央民族大学借考外语四、六级，暂时解决了中国农业科学院研究生在校期间报考大学英语四、六级考试的困难（表 5-6）。

表 5-6　赴中央民族大学参加 CET 考试报名人数

考试时间	英语四级笔试人数	英语六级笔试人数	法语四级笔试人数	笔试人数合计
2011. 6	17	294	1	312
2011. 12	26	379	–	405

（续表）

考试时间	英语四级笔试人数	英语六级笔试人数	法语四级笔试人数	笔试人数合计
2012.6	15	342	–	357
2012.12	18	316	–	334
2013.6	17	296	–	313
2013.12	27	348	–	375
2014.6	10	219	–	229
2014.12	30	492	–	522
2015.6	16	308	1	325
2015.12	28	575	–	603
2016.6	17	389	1	407
2016.12	41	603	–	644
2017.6	25	473	1	499
2017.12	78	752	–	830
2018.6	53	568	–	621
2018.12	83	757	–	840
2019.6	57	543	–	600
总　计	558	7 654	4	8 216

二、课程建设

2007 年，研究生院制定《中国农业科学院研究生院院级主干课程建设规划》和《中国农业科学院研究生院院级主干课程建设实施暂行办法》，自筹经费启动院级主干课程建设，提高整体教学水平。至 2009 年，已立项 41 门课程，验收第一批和第二批立项课程 14 门。

2010 年，立项建设第三批 16 门课程；验收第二批立项课程 4 门。

2011—2013 年，未再做新的课程建设项目立项工作，但相继验收了第一批立项课程 3 门、第二批立项课程 6 门、第三批立项课程 14 门。

2014 年，在总结前几批研究生课程建设经验的基础上，研究生院修订课程建设办法并印发《中国农业科学院研究生院课程建设实施办法》（农科研生〔2014〕151 号），继续开展以“三有（讲义、课件和教师队伍）”为目标的研究生课程建设。当年批准立项建设第四批 18 门课程，同时验收了第一批和第三批立项课程各 1 门。

2015 年，立项建设第五批 8 门课程。

2018 年，验收了第四批立项课程 13 门、第五批立项课程 7 门（表 5-7）。

表 5-7 2009—2018 年课程建设情况

序号	课程名称	学分	课程负责人	立项年份	验收年份
1	同位素示踪技术	3	齐孟文	2010	2011
2	细胞遗传学	3	胡英考	2010	2011
3	应用微生物学	2	江 宁	2010	2011
4	微生物代谢与调控	2	冯永君	2010	2011
5	分子遗传学	2	路铁刚	2010	2011
6	数量遗传学（植物）	3	王建康	2010	2011
7	高级微生物遗传学	3	徐吉臣	2010	2013
8	电子显微镜技术	1.5	郝宏京	2010	2011
9	设施农业工程学	2	杨其长	2010	2011
10	管理学	2	胡 迟	2010	2013
11	高级动物生理学	3	乔惠理	2010	—
12	发展经济学	2	刘瀛弢	2010	2013
13	作物模拟模型	1	潘学标	2010	2011
14	植物病原线虫学	1	彭德良	2010	2011
15	蔬菜栽培生理学	2	贺超兴	2010	2013
16	食品微生物学	2	吕加平	2010	2014
17	分子细胞生物学	3	桑建立	2014	2019
18	放牧管理学	2	李向林	2014	2018
19	牧草、草坪草育种学	2	李 聪	2014	2019
20	农业遥感原理与应用	3	姚艳敏	2014	2019
21	土壤化学	3	徐明岗	2014	2018
22	农村金融学	2	吕开宇	2014	2018
23	植物病原细菌学	1	赵廷昌	2014	2018
24	昆虫生态学	2	陆宴辉	2014	2018
25	农药学	2.5	曹坳程	2014	2018
26	农药制剂学	2	黄啟良	2014	2018
27	农药残留与毒理学	2	董丰收	2014	2018
28	高级生物安全	2	彭于发	2014	2018
29	生物防治原理与实践	2	邱德文	2014	2019
30	波普学与色谱学	2.5	刘新刚	2014	2018
31	高级观赏植物育种学	2	明 军	2014	2018

（续表）

序号	课程名称	学分	课程负责人	立项年份	验收年份
32	高级蔬菜育种学	2	方智远	2014	2018
33	农业信息分析学	2	许世卫	2014	2018
34	高级食品化学	2	张德权	2014	2019
35	分子遗传学	2	路铁刚	2015	2018
36	烟草质量安全	1	邱　军	2015	2018
37	蜜蜂生物学	2	李建科	2015	2018
38	产业经济学	2	吴敬学	2015	2018
39	农业技术经济学	2	赵芝俊	2015	2018
40	外国农业经济	2	钟　钰	2015	2018
41	多媒体与虚拟农业技术	1	周国民	2015	2018
42	食品检测技术	2	王　静	2015	2019

三、任课教师

2010 年，选聘任课教师 401 人次，新聘任教师 38 人。与外聘教师签订《外聘兼职教师聘用协议书》，加强和规范了外聘教师的管理。按照《优秀教师评选办法》，评选表彰优秀教师 111 名，其中本院专兼职教师 8 人。

2011 年，选聘任课教师 450 人，新聘任教师 37 人。中国农业科学院教师主讲课程占总课程数的 60.0%，占教师总数 60.7%。教师教学评估 90 分以上的教师占 92.4%，95 分以上占 41.7%。加强师德师风建设，规范教师管理与考核。表彰吴乃虎等 117 名 2010—2011 年度优秀教师，并对董秀媛等教学质量综合排名前 10 名的优秀教师进行教学津贴奖励。

2012 年，选聘任课教师 453 人，其中新聘教师 35 人。课程主讲教师来自中国农业科学院、中国科学院、中国农业大学、北京大学、中国人民大学、北京师范大学等 28 个单位，中国农业科学院教师 269 人，占 59.4%。教师正高级职称占 68.7%，副高级职称占 23.5%，中级职称占 3.6%，其他 4.2%（外教等）。表彰了吴乃虎等 110 名 2011—2012 学年优秀教师，设立“教学名师”奖，评选出郑世军等 12 名教学名师并进行津贴奖励。

2012 年，正式启动“学术名家”讲堂，聘请刘旭、秦大河、李宁、魏江春、郝伯林、吴孔明 6 位院士、北京大学长江讲座教授龙漫远教授、中国农业大学校长柯炳生教授、中国社会科学院研究生院院长刘迎秋做客学术名家讲坛。

2013 年，选聘任课教师总计 384 人，来自中国农业科学院、中国农业大学、中国科学院、北京大学、北京师范大学等 27 个单位，其中新聘教师 36 人，中国农业科学院教师

225 人，占 58.6%。主讲教师正高级职称占 75.0%，副高级职称占 18.4%，中级职称占 3.7%，其他 2.9%。规范教师管理与考核，加强师德师风建设，发挥优秀教师的引领示范作用，表彰了张象枢等 12 名教学名师和宋立荣等 107 名 2012—2013 学年优秀教师。2013 年以后，“学术讲堂”与博士生学位课程“农业科技进展专题”有部分专题讲座交叉。

2014 年，选聘任课教师总计 425 人，来自中国农业科学院、中国农业大学、中国科学院、北京大学、清华大学、北京理工大学、北京师范大学等单位，其中新教师 84 人，中国农业科学院教师 255 人，占 60.0%。主讲教师正高级职称占 76.5%，副高级职称占 17.2%，其他 6.3%。发挥优秀教师的引领示范作用，表彰 2013—2014 学年罗静初等 12 位教学名师，郑大玮等 113 位优秀教师。

2015 年，选聘任课教师总计 438 人，来自中国农业科学院、中国农业大学、中国科学院大学、北京大学、北京师范大学等 49 个单位，其中新聘教师 73 人（部分专题课聘请新教师较多），中国农业科学院教师 253 人，占 57.8%。主讲教师正高级职称占 79.2%，副高级职称占 16.2%，中级职称占 3.4%，其他占 1.2%。表彰 2014—2015 学年郑行等 13 位教学名师，郑大玮等 124 位优秀教师。

2016 年，选聘任课教师总共 471 人，来自中国农业科学院、中国农业大学、中国科学院大学、北京大学、北京师范大学等多个单位，其中中国农业科学院教师 261 人，占 55.4%。主讲教师正高级职称占 71.6%，副高级职称占 23.8%，中级职称及其他占 4.6%。表彰 2015—2016 学年杨正礼等 13 位教学名师，鲁显生等 125 位优秀教师。

2017 年，选聘任课教师 405 人，其中中国农业科学院教师 229 人，占 56%。主讲教师正高级职称占 66.9%，副高级职称占 25.9%，中级职称占 4.8%，其他占 2.4%。表彰了 2016—2017 学年鲁显生等 12 位教学名师、赵明等 122 位优秀教师。

2018 年，选聘任课教师 465 人，其中中国农业科学院教师 262 人，占 56.3%。主讲教师院士 3 人，超过 90%具有高级职称（正高级职称 334 人，占 71.8%；副高级职称 93 人，占 20.0%）。表彰 2017—2018 学年罗静初等 12 位教学名师，邱德文等 134 位优秀教师。

四、教学评价

2009—2015 年，继续通过研究生管理系统进行研究生课程的教学质量评价，重点评价任课教师教学态度、教学方法与手段，以及课程教学内容等，以期加强对课程教学质量的监控。

2016 年，研究生教育管理信息系统升级更换后，进一步细化课程教学评价指标，将课程分为专题课和非专题课，分类设置评价指标，形成较为完善的课程教学评价体系。

2018 年，建立课程教学执行情况记录制度，由课代表协助课程管理老师逐次记录课程教学实际讲授教师、讲课内容及讲课时间等，采用多种方式加强对课程教学质量的监控。

2019 年，进一步修改完善课程教学评价指标，针对公共英语课、实验课分类设置评价指标体系，确保评价结果更为真实可信。

第四节　学位管理

一、培养过程管理

2011—2019 年，根据教育部文件精神、研究生培养方案的修订、研究生手册的修订，结合中国农业科学院研究生培养管理实际，对研究生培养过程管理相关规定逐年进行修订和完善，包括《博士研究生培养工作暂行规定》《硕士研究生培养工作暂行规定》《研究生开题报告暂行规定》《研究生中期考核规定》《关于硕博连读的暂行规定》《研究生课程管理暂行规定》《研究生课程考试纪律及违纪处理办法》等多项规定。

2013 年，制订《研究生科研实验记录管理暂行办法》（农科研生〔2013〕87 号），明确要求各研究生培养单位根据本暂行办法和单位特点，制定具体的实施办法，加强研究生学术规范，提高研究生培养质量。2014—2016 年，对院属 36 个研究生培养单位的研究生科研记录进行逐一检查。

2014 年，制订《中国农业科学院研究生院研究生学术活动管理办法》（农科研生〔2014〕9 号），旨在培养研究生科学素养和创新意识，拓宽研究生学术视野和社会视野，规范研究生学术活动组织与管理。

2018 年，根据新修订的农业硕士与兽医硕士培养方案，专业学位硕士研究生不再要求完成学术活动，强化实践训练。研究生院在原《硕士研究生培养工作暂行规定》的基础上，重新分类制订《学术学位硕士研究生培养工作暂行规定》与《专业学位硕士研究生培养工作指南》，为下一步深化学术学位研究生与专业学位研究生的分类培养打下基础。为进一步提高为研究生服务的能力与水平、加强和规范研究生教育过程管理、强化导师的指导和培养单位的管理职责，对“研究生培养和教学办事指南”“研究生培养环节审核重点及工作指南”等进行了梳理。

二、学位管理制度建设

2011 年 1 月 13 日，经中国农业科学院第七届学位评定委员会第五次会议审议通过，对《关于涉密研究生学位论文管理的暂行规定》进行修订，增加了对于涉密学位论文评阅方面的规定：涉密学位论文不参加双盲制评阅、不得通过网络进行传递和提交，必须按照符合保密要求的方式进行传递。涉密学位论文的评阅由导师指导小组提出 2 倍于规定人数的候选评阅专家名单，经研究所同意后报学位办公室审核备案；送审的涉密学位论文由学位办公室进行编号、登记后连同与评审专家需签订的保密协议一同送出评阅，评审后一并及时收回。

根据国务院学位委员会《关于进一步完善授予具有研究生毕业同等学力人员硕士学位有关规定的通知》（学位办〔2011〕57号）文件精神，经2012年1月13日中国农业科学院第七届学位评定委员会第七次会议审议通过，对《中国农业科学院关于向具有研究生毕业同等学力的在职人员授予硕士学位工作实施细则》进行修订，一是申请人条件增加了无学士学位但已获得硕士或博士学位者；二是将课程学习和通过国家组织的外国语和学科综合水平统一考试的最长年限由四年延长为六年。

2012年7月3日，经中国农业科学院第七届学位评定委员会第八次会议审议通过，修订1项、制订1项规章制度如下。

鉴于2012年中国农业科学院学位管理体系调整，成立了九个学科评议组，各研究所成立学位评定委员会，因此对《中国农业科学院学位授予实施细则》进行修订，增加了学科评议组和研究所学位评定委员会的组成、职责等内容。

制订《中国农业科学院关于研究生攻读学位期间发表学术论文要求的暂行规定》，对博士、硕士研究生攻读学位期间发表学术论文的类型、篇数、影响因子以及提交录用证明等要求做出详细规定。

2013年1月25日，经中国农业科学院第七届学位评定委员会第九次会议审议通过，提高学位论文双盲评阅比例，博士学位论文双盲评阅比例由2009年的40%提高至100%，硕士学位论文双盲评阅比例由2005年的10%提高至30%。

根据《国务院学位委员会教育部关于加强学位与研究生教育质量保证和监督体系建设的意见》（学位〔2014〕3号）文件要求，为发挥学位授予单位保证研究生教育质量的主体作用，健全内部质量保证体系，经2015年1月30日中国农业科学院第八届学位评定委员会第四次会议审议通过，制订《中国农业科学院博士硕士学位论文审查办法》，明确中国农业科学院博士硕士学位论文的审查程序、要求以及对“存在问题”或“不合格”学位论文的责任追究机制。

2016年1月17日，经中国农业科学院第八届学位评定委员会第六次会议审议通过，修订《中国农业科学院博士硕士学位论文审查办法》，完善了对“存在问题”或“不合格”学位论文的责任追究机制，并与同时修订的《中国农业科学院研究生指导教师工作条例》的相关内容保持一致。分学科专业制订《中国农业科学院学位授予标准》，包括植物保护1个一级学科、49个二级学科、2个交叉学科学位授予标准，自2016级研究生开始实施。

2017年7月6日，经中国农业科学院第九届学位评定委员会第一次会议审议通过，修订《中国农业科学院学位论文双盲制评阅实施办法》，进一步明确对论文评阅人职称和指导教师资格的要求以及对评阅结果的处理办法。

2018年1月25日，经中国农业科学院第九届学位评定委员会第二次会议审议通过，修订《中国农业科学院学位授予工作实施细则》，将公示期由45天改为90天。

根据国务院学位委员会2017年博士、硕士学位授权点审批结果，经2018年6月27日中国农业科学院第九届学位评定委员会第三次会议审议通过，修订《中国农业科学院学位授予标准》，增加农业机械化工程、农业生物环境与能源工程 2 个博士学位授权二级学科博士学位授予标准内容；将原气象学硕士学位授权二级学科学位授予标准修改为大气科学硕士学位授权一级学科学位授予标准；增加水产、管理科学与工程 2 个硕士学位授权一级学科学位授予标准。上述 5 个学科制订或修订后的学位授予标准自 2019 级研究生开始实施。其中，大气科学、水产、管理科学与工程 3 个学科按一级学科招生、培养。

2019 年 1 月 18 日，经中国农业科学院第九届学位评定委员会第四次会议审议通过，自 2019 年起将每年下半年学位授予时间由次年 1 月提前至当年 12 月，为学生就业创造便利条件。

2019 年 6 月 25 日，经中国农业科学院第九届学位评定委员会第五次会议审议通过，制订图书情报、兽医 2 个硕士专业学位授权类别学位授予标准，自 2019 级研究生开始实施；修订《中国农业科学院学位授予工作实施细则》（下简称实施细则），一方面，因 2019 年 1 月制订《中国农业科学院学位评定委员会章程》，因此对实施细则中有关学位评定委员会的内容进行相应调整，避免重复并保证有效衔接；另一方面，因制订图书情报、兽医 2 个硕士专业学位授权类别学位授予标准，因此在实施细则中增加了相应内容。

三、国家及北京市学位论文抽检

2012 年 4 月 23 日，国务院学位委员会办公室印发《关于反馈 2011 年博士学位论文抽检通讯评议结果的通知》（学位办〔2012〕20 号），根据国务院学位委员会的有关意见，为保证博士生培养质量，2011 年 4 月，国务院学位委员会办公室对 2009—2010 学年度全国授予博士学位的学位论文进行随机抽检。抽检论文从国家图书馆调取，每篇论文送请 3 位专家进行通讯评议，评审意见分为“合格”或“不合格”。中国农业科学院被抽检博士学位论文 9 篇，其中 8 篇博士学位论文评审意见均为“合格”，1 篇博士学位论文有 1 位评审专家意见为“不合格”。

2013 年 9 月 11 日，国务院学位委员会办公室印发《关于反馈 2012 年博士学位论文抽检通讯评议结果的通知》（学位办〔2013〕32 号），公布了 2010—2011 学年度全国授予博士学位的学位论文随机抽检结果。中国农业科学院被抽检博士学位论文 17 篇，其中 16 篇博士学位论文评审意见均为“合格”，1 篇博士学位论文有 1 位评审专家意见为“不合格”。

2014 年 1 月 29 日，国务院学位委员会、教育部印发《关于印发〈博士硕士学位论文抽检办法〉的通知》（学位〔2014〕5 号），进一步加强学位论文抽检工作。博士学位论文抽检由国务院学位委员会办公室组织实施，硕士学位论文抽检由各省级学位委员会组织实施（其中，军队系统学位论文抽检由中国人民解放军学位委员会组织实施）。学位论文抽检每年进行一次，抽检范围为上一学年度授予博士、硕士学位的论文，博士学位论文的抽检比例为 10%左右，硕士学位论文的抽检比例为 5%左右。博士学位论文抽检从国家图书馆直接调取学位论文；硕士学位论文的抽取方式，由各省级学位委员会和中国人民解放军学位委员会自行确定。每篇抽检的学位论文送 3 位同行专家进行评议，专家按照不同学位类型的要求对论文提出评议意见。3 位专家中有 2 位以上（含 2 位）专家评议意见为“不合格”的学位论文，将认定为“存在问题学位论文”；3 位专家中有 1 位专家评议意见为“不合格”的学位论文，将再送 2 位同行专家进行复评。2 位复评专家中有 1 位以上（含 1 位）专家评议意见为“不合格”的学位论文，将认定为“存在问题学位论文”。

2014 年 7 月 14 日，国务院学位委员会办公室印发《关于反馈 2013 年博士学位论文抽检通讯评议结果的通知》（学位办〔2014〕25 号），公布了 2011—2012 学年度全国授予博士学位的学位论文随机抽检结果。中国农业科学院被抽检博士学位论文 21 篇，其中 20 篇博士学位论文为非“存在问题博士学位论文”，1 篇博士学位论文被认定为“存在问题博士学位论文”。

2015 年 9 月 18 日，国务院学位委员会办公室印发《关于反馈 2014 年博士学位论文抽检通讯评议结果的通知》（学位办〔2015〕32 号），公布了 2012—2013 学年度全国授予博士学位的学位论文随机抽检结果。中国农业科学院被抽检博士学位论文 22 篇，其中 21 篇博士学位论文为非“存在问题博士学位论文”，1 篇博士学位论文被认定为“存在问题博士学位论文”。

2016 年 11 月 30 日，国务院教育督导委员会办公室印发《关于反馈博士学位论文抽检专家评议结果的通知》（国教督办函〔2016〕82 号），公布了 2013—2014 学年度全国授予博士学位的学位论文随机抽检结果。中国农业科学院被抽检博士学位论文 20 篇，无“存在问题博士学位论文”。

2017 年 11 月 3 日，国务院教育督导委员会办公室印发《关于反馈博士学位论文抽检专家评议结果的通知》（国教督办函〔2017〕83 号），公布了 2014—2015 学年度全国授予博士学位的学位论文随机抽检结果。中国农业科学院被抽检博士学位论文 19 篇，其中 18 篇博士学位论文为非“存在问题博士学位论文”，1 篇博士学位论文被认定为“存在问题博士学位论文”。

2018 年 8 月 27 日，国务院教育督导委员会办公室印发《关于反馈博士学位论文抽检专家评议结果的通知》（国教督办函〔2018〕63 号），公布了 2015—2016 学年度全国授予博士学位的学位论文随机抽检结果。中国农业科学院被抽检博士学位论文 17 篇，无“存在问题博士学位论文”。

2015 年 5 月 18 日，北京市学位委员会办公室印发《关于反馈 2013—2014 学年度硕士学位论文抽检通讯评议结果的函》（京学位办便字〔2015〕1 号），公布了 2013—2014 学年度北京地区硕士学位论文（军队系统除外）随机抽检结果。中国农业科学院被抽检硕士学位论文 27 篇，无“存在问题硕士学位论文”。

2016 年 12 月 26 日，北京市人民政府教育督导室印发《北京市人民政府教育督导室关于反馈 2014—2015 学年度硕士学位论文抽检通讯评议结果的通知》（京督导〔2016〕38 号），公布了 2014—2015 学年度北京地区硕士学位论文（军队系统除外）随机抽检结果。中国农业科学院被抽检硕士学位论文 27 篇，无“存在问题硕士学位论文”。

2018 年 1 月 18 日，北京市人民政府教育督导室印发《北京市人民政府教育督导室关于反馈 2016 年硕士学位论文抽检通讯评议结果的通知》（京督导〔2018〕2 号），公布了 2016 年北京地区硕士学位论文（军队系统除外）随机抽检结果。中国农业科学院被抽检硕士学位论文 28 篇，无“存在问题硕士学位论文”。

2019 年 1 月 9 日，北京市人民政府教育督导室印发《北京市人民政府教育督导室关于反馈 2017 年硕士学位论文抽检通讯评议结果的通知》，公布了 2017 年北京地区硕士学位论文（军队系统除外）随机抽检结果。中国农业科学院被抽检硕士学位论文 28 篇，无“存在问题硕士学位论文”。

四、全国及北京市优秀学位论文

2009—2013 年，中国农业科学院共获得全国百篇优秀博士学位论文 1 篇、提名 5 篇，获得北京市优秀博士学位论文 2 篇（表 5-8）。自 2014 年起，教育部停止了全国百篇优秀博士学位论文评选、北京市停止了北京市优秀博士学位论文评选。

表 5-8　2009—2013 年全国百篇优秀博士学位论文及北京市优秀博士学位论文名单

论文作者	学科专业	论文题目	授予学位时间	培养单位	指导教师	获奖情况
徐重益	生物化学与分子生物学	小麦抗旱相关基因 *TaPP2Ac/a* 的分离、定位与功能验证	2007. 7	作物科学所	景蕊莲	2009 年全国百篇优秀博士学位论文提名
周庆祥	特种经济动物饲养	家蚕无鳞片翅突变体 *scaleless* 产生机理的研究	2007. 7	蚕业所	张志芳	2009 年全国百篇优秀博士学位论文提名
于　海	预防兽医学	中国部分地区猪流感病毒的分子流行病学研究	2008. 7	哈尔滨兽医所	童光志	2010 年全国百篇优秀博士学位论文
何心尧	作物遗传育种	普通小麦及其近缘种籽粒多酚氧化酶活性与黄色素含量相关基因的克隆与功能标记开发	2008. 7	作物科学所	何中虎	2010 年全国百篇优秀博士学位论文提名
周国安	生物化学与分子生物学	大豆抗逆基因 *GmUBC2*、*GmPK* 和 *GmNHX2* 的克隆与功能研究	2009. 6	作物科学所	邱丽娟	2010 年北京市优秀博士学位论文
崔焕先	动物营养与饲料科学	肉鸡肌内脂肪形成的分子调控网络及相关基因研究	2011. 7	畜牧兽医所	文　杰	2013 年全国百篇优秀博士学位论文提名
张道宏	农产品质量与食物安全	黄曲霉毒素杂交瘤细胞株的选育及免疫层析检测技术研究	2011. 7	油料所	李培武	2013 年全国百篇优秀博士学位论文提名
李　晶	农药学	三唑类手性杀菌剂苯醚甲环唑的立体选择性生物活性与环境行为研究	2012. 7	植保所	郑永权	2013 年北京市优秀博士学位论文

在 2009 年、2011 年进行的全国第二届、第三届全国农业推广硕士优秀论文评选中，中国农业科学院共有 4 篇论文获奖，占全国优秀农业（推广）硕士学位论文总数的 12. 5%。在 2018 年进行的第七届全国兽医专业学位优秀硕士学位论文评选中，中国农业

科学院 1 篇论文获奖（表 5-9）。

表 5-9　2009—2018 年全国农业推广及兽医硕士专业学位优秀论文名单

论文作者	领域	论文题目	授予学位时间	培养单位	指导教师	获奖情况
张淑华	农业资源利用	东北三江平原耐低磷胁迫水稻品种特性研究	2007.1	甜菜所	周建朝	2009
郑麦青	养　殖	鸡肌内脂肪和肌苷酸性状选择及其与繁殖性状的遗传相关分析	2008.1	畜牧兽医所	文　杰	2009
张树发	植物保护	张家口坝上地区小菜蛾发生规律及其综合治理研究	2009.1	蔬菜花卉所	吴青君	2011
袁卫东	园　艺	桑枝屑栽培黑木耳技术研究	2010.1	茶叶所	陈再鸣	2011
许　瑞	兽　医	诊断家畜日本血吸虫病胶体金免疫层析试纸条的研制	2016.7	上海兽医所	朱传刚	2018

五、中国农业科学院优秀学位论文

2011 年 1 月 13 日，经中国农业科学院第七届学位评定委员会第五次会议审议通过，修订《中国农业科学院研究生院优秀博士学位论文评选及奖励办法》。主要修订内容有两个方面：一是对于未进入优秀博士论文候选名单的博士学位获得者，若在学位评定委员会休会期间发表了高水平的学术论文，由本人提出申请，导师和研究所审核后报送到研究生院，可以参加当年候选论文的通讯评议；二是增加了对于北京市优秀博士学位论文的奖励标准，奖励作者和指导教师（限第一导师 1 名）各20 000元。并规定同时获得北京市优秀博士学位论文和全国优秀博士学位论文，按高限进行奖励，不重复奖励。

2012 年 7 月 3 日，经中国农业科学院第七届学位评定委员会第八次会议审议通过，修订《中国农业科学院优秀博士学位论文评选及奖励办法》，更名为《中国农业科学院优秀学位论文评选及奖励办法》，增加了评选优秀硕士学位论文的内容，确定每年评选优秀博士学位论文不超过 10 篇，奖励作者和指导教师各10 000元；评选优秀硕士学位论文不超过 20 篇，奖励作者和指导教师各5 000元。自 2015 年开始，提高奖励额度，优秀博士学位论文作者和指导教师各20 000元，优秀硕士学位论文作者和指导教师各10 000元。

2019 年 1 月 18 日，经中国农业科学院第九届学位评定委员会第四次会议审议通过，修订《中国农业科学院优秀学位论文评选及奖励办法》，允许外国留学生在参评优秀学位论文时，其学位论文可以用英文撰写，但须有中文题目和中文摘要。

2009—2018 年，共评选中国农业科学院优秀博士学位论文 75 篇（表 5-10）、提名 7 篇；2012—2018 年，共评选中国农业科学院优秀硕士学位论文 132 篇（表 5-11）。

表 5-10　2009—2018 年中国农业科学院优秀博士学位论文名单

论文作者	学科专业	论文题目	授予学位时间	培养单位	指导教师	获奖年份
周国安	生物化学与分子生物学	大豆抗逆基因 *GmUBC2*、*GmPK* 和 *GmNHX2* 的克隆与功能研究	2009.6	作物科学所	邱丽娟	2009
黄火清	生物化学与分子生物学	不同环境中植酸酶基因多样性分析及新基因的克隆与表达	2009.6	饲料所	姚　斌	2009
樊树芳	预防兽医学	H5N1 亚型禽流感病毒弱毒毒活疫苗株的构建及在不同动物模型上免疫效力的评价	2008.7	哈尔滨兽医所	陈化兰	2009
高玉林	农业昆虫与害虫防治	田间棉铃虫对 Bt 棉花的耐性演化分析	2009.6	植保所	吴孔明	2009（提名）
高　阳	农业水土工程	玉米/大豆条带间作群体 PAR 和水分的传输与利用	2009.6	灌溉所	段爱旺	2009（提名）
赵占中	基础兽医学	硝唑尼特在山羊体内的药物代谢动力学及毒理学研究	2009.6	上海兽医所	薛飞群	2009（提名）
兰彩霞	作物遗传育种	普通小麦条锈病和白粉病成株抗性 QTL 定位	2010.7	作物科学所	夏先春	2010
陶丽红	预防兽医学	狂犬病 Flury 病毒致弱分子机制及新型疫苗的研究	2010.7	哈尔滨兽医所	步志高	2010
钟功勋	预防兽医学	PB1 和 PA 基因与 H5N1 亚型流感病毒对哺乳动物的致病性有关	2010.7	哈尔滨兽医所	陈化兰	2010
马洪菊	农药学	利用簇合效应与类同法合成新农药活性化合物的研究	2010.7	植保所	宁　君	2010（提名）
陈锋亮	农产品质量与食物安全	植物蛋白挤压组织化过程中水分的作用	2010.7	哈尔滨兽医所	魏益民	2010（提名）
李卓夫	生物化学与分子生物学	转录因子 HY5 在拟南芥乙烯生物合成及信号转导中的功能研究	2011.7	生物所	黄荣峰	2011
张道宏	农产品质量与食物安全	黄曲霉毒素杂交瘤细胞株的选育及免疫层析检测技术研究	2011.7	油料所	李培武	2011
宋家升	预防兽医学	H5N1 亚型禽流感病毒对家鸭致病力分子机制的研究	2011.1	哈尔滨兽医所	陈化兰	2011

（续表）

论文作者	学科专业	论文题目	授予学位时间	培养单位	指导教师	获奖年份
田 健	生物化学与分子生物学	利用计算机辅助分子设计提高蛋白质热稳定性的研究	2011.7	生物所	范云六	2011（提名）
鲁玉清	草业科学	*AtPPR2* 基因在拟南芥配子体和胚胎发育中的功能分析	2011.7	畜牧兽医所	李 聪	2011（提名）
王 丹	生物化学与分子生物学	水稻分蘖调控基因 *TE* 的功能分析和类病变突变体 *lms*1 的图位克隆	2012.7	作物科学所	万建民	2012
丛日环	土壤学	小麦—玉米轮作体系长期施肥下农田土壤碳氮相互作用关系研究	2012.7	资源区划所	徐明岗	2012
王国增	生物化学与分子生物学	不同环境中木聚糖酶基因多样性分析及宏基因组来源的新基因克隆与表达	2011.7	饲料所	姚 斌	2012
邹良平	生物化学与分子生物学	水稻卷叶突变体的细胞形成机制以及 OUL1 基因的克隆和功能研究	2012.7	生物所	路铁刚	2012
李 晶	农药学	三唑类手性杀菌剂苯醚甲环唑的立体选择性生物活性与环境行为研究	2012.7	植保所	郑永权	2012
崔焕先	动物营养与饲料科学	肉鸡肌内脂肪形成的分子调控网络及相关基因研究	2011.7	畜牧兽医所	文 杰	2012
李 鑫	农产品质量与食物安全	黄曲霉毒素单链抗体的制备与超高灵敏度识别机制研究	2012.7	油料所	李培武	2012
郭龙军	预防兽医学	猪圆环病毒 2 型不同基因型毒株的遗传变异、抗原表位及其致病性研究	2012.7	哈尔滨兽医所	刘长明	2012
孙恩成	预防兽医学	西尼罗病毒 NS1 蛋白对乙型脑炎病毒交叉保护作用研究	2012.7	哈尔滨兽医所	吴东来	2012
张 莹	预防兽医学	“甲流”病毒水平传播分子机制及其与 H5N1 流感病毒基因相容性研究	2012.7	哈尔滨兽医所	夏咸柱	2012
张立超	生物化学与分子生物学	小麦 MYB 转录因子的功能研究	2013.7	作物科学所	刘 旭	2013
郑 旭	生物化学与分子生物学	远红光下拟南芥光敏色素 B 通过促进 COP1 和 SPA1 的核聚集来抑制光形态建成	2013.1	作物科学所	杨建平	2013
串丽敏	植物营养学	基于产量反应和农学效率的小麦推荐施肥方法研究	2013.7	资源区划所	何 萍	2013

（续表）

论文作者	学科专业	论文题目	授予学位时间	培养单位	指导教师	获奖年份
王　娟	生物化学与分子生物学	泛素—蛋白酶体相关调节因子 *CSN5B* 和 *OsEIP*1 的功能分析	2013.7	生物所	黄荣峰	2013
谷少华	农业昆虫与害虫防治	小地老虎性信息素通讯的分子和细胞机制	2013.7	植保所	郭予元	2013
李远播	农药学	几种典型手性三唑类杀菌剂对映体的分析、环境行为及其生物毒性研究	2013.7	植保所	郑永权	2013
赵海燕	农产品质量与食物安全	小麦产地矿物元素指纹信息特征研究	2013.7	农产品加工所	魏益民	2013
翟荣荣	作物遗传育种	超级稻协优 9308 根系杂种优势的转录组分析	2013.7	水稻所	程式华	2013
张　荣	预防兽医学	基于反向遗传平台的套式病毒蛋白结构与功能研究	2013.7	上海兽医所	童光志	2013
李丹	预防兽医学	血红蛋白 β 亚基对猪瘟病毒增殖的调控作用及其调节机制	2013.7	哈尔滨兽医所	仇华吉	2013
姜桂英	土壤学	中国农田长期不同施肥下的土壤固碳潜力及预测	2013.7	资源区划所	徐明岗	2014
齐建建	蔬菜学	黄瓜遗传多样性和人工驯化的分子基础	2014.6	蔬菜花卉所	黄三文	2014
陈　晨	农产品质量与食物安全	农药残留混合污染联合毒性效应研究	2014.6	质量标准所	钱永忠	2014
邓　超	生物化学与分子生物学	苏云金芽孢杆菌 LM1212 菌株芽孢和晶体形成的分化研究	2014.6	植保所	张　杰	2014
吴小虎	农药学	氟磺胺草醚对土壤微生物多样性的影响	2014.6	植保所	郑永权	2014
杨作仁	生物化学与分子生物学	棉花 T-DNA 激活标签突变体 *pag*1 分子机制的研究与应用	2014.6	棉花所	李付广	2014
王妍入	农产品质量与食物安全	黄曲霉毒素替代物绿色免疫分析研究	2014.6	油料所	李培武	2014
郭　晶	预防兽医学	H5N1 禽流感病毒的 M1 蛋白对哺乳动物致病力的分子机制研究	2014.6	哈尔滨兽医所	陈化兰	2014
李旭勇	预防兽医学	H5N1 亚型禽流感病毒对哺乳动物致病机制及 H9N2 亚型禽流感病毒生物学特性研究	2014.6	哈尔滨兽医所	陈化兰	2014

（续表）

论文作者	学科专业	论文题目	授予学位时间	培养单位	指导教师	获奖年份
王　琦	预防兽医学	J亚群禽白血病病毒致病性增强的分子机制	2014.6	哈尔滨兽医所	王笑梅	2014
陈　隽	生物化学与分子生物学	水稻穗型与粒型调控基因 *FUWA* 的图位克隆与功能分析	2015.7	作物科学所	万建民	2015
金名捺	作物遗传育种	水稻产量抽穗期基因 *DTH7* 的图位克隆与功能分析	2015.1	作物科学所	万建民	2015
艾　超	植物营养学	长期施肥下根际碳氮转化与微生物多样性研究	2015.7	资源区划所	周　卫	2015
祝光涛	蔬菜学	番茄重要农艺性状的全基因组关联分析及野生种质在栽培种的渐渗分析	2015.7	蔬菜花卉所	杜永臣	2015
毛雪飞	农产品质量与食物安全	固体进样电热蒸发原子阱捕获光谱技术快速测定农产品中镉和汞的研究	2015.7	质量标准所	钱永忠	2015
毛连纲	农药学	新型熏蒸剂的毒理学评价及应用技术研究	2015.7	植保所	曹坳程	2015
唐湘方	动物营养与饲料科学	基于蛋白质组与代谢组的肉鸡热应激分子机制研究	2015.7	畜牧兽医所	张敏红	2015
曾健雄	预防兽医学	口蹄疫病毒感染细胞中PI4KB招募以及 $3A-3D^{pol}$-PI4KB复制复合物的形成	2015.7	哈尔滨兽医所	于　力	2015
王　帅	预防兽医学	牛带绦虫和亚洲带绦虫全基因组测序、比较基因组及胰岛素信号通路研究	2015.7	兰州兽医所	才学鹏	2015
张旭博	土壤学	中国农田土壤有机碳演变及其增产协同效应	2016.7	资源区划所	徐明岗	2016
王深浩	蔬菜学	稀有变异揭示TCP基因调控黄瓜卷须发育	2016.7	蔬菜花卉所	黄三文	2016
郭兆将	农业昆虫与害虫防治	小菜蛾对Bt Cry1Ac毒素抗性的分子机制研究	2016.7	蔬菜花卉所	张友军	2016
李腾飞	农产品质量与食物安全	新型分子印迹材料制备及其在化学污染物检测中的应用研究	2016.7	质量标准所	王　静	2016
黄华云	动物营养与饲料科学	鸡腹脂沉积相关基因和miRNA筛选及BNP基因的功能鉴定	2016.1	畜牧兽医所	文　杰	2016

（续表）

论文作者	学科专业	论文题目	授予学位时间	培养单位	指导教师	获奖年份
马梦梅	农产品加工利用	孜然膳食纤维改性及降血糖活性研究	2016.7	农产品加工所	木泰华	2016
王跃星	生物化学与分子生物学	水稻粒形基因 *GL7* 的克隆、功能研究及育种利用	2016.1	水稻所	钱　前	2016
吴立文	作物种质资源学	水稻 *OsNaPRT*1 基因的突变抑制 NAD 补偿途径和导致叶尖枯萎的分子机理研究	2016.7	水稻所	郭龙彪	2016
曹晓丹	预防兽医学	日本血吸虫排泄分泌蛋白的研究	2016.7	上海兽医所	林矫矫	2016
贠炳岭	预防兽医学	禽偏肺病毒 F 蛋白介导膜融合及抑制 β-干扰素机制研究	2016.7	哈尔滨兽医所	王笑梅	2016
张　倩	植物营养学	长期施肥下稻麦轮作体系土壤团聚体碳氮转化特征	2017.7	资源区划所	周　卫	2017
秦　华	生物化学与分子生物学	OsEIL1 调控水稻生长素生物合成和初生根的生长	2017.7	生物所	黄荣峰	2017
黄泽颖	产业经济	我国肉鸡产业高致病性禽流感影响与防控的经济研究	2017.1	农经所	王济民	2017
杜鹏飞	农产品质量与食物安全	三唑磷农药生物条形码免疫分析方法研究	2017.7	质量标准所	王　静	2017
王如意	植物病理学	水稻转录因子 APIP5 调控程序性细胞死亡和免疫机制研究	2017.1	植保所	王国梁	2017
汤超华	动物营养与饲料科学	棉酚旋光异构体在泌乳奶牛体内转移规律及其代谢组研究	2017.7	畜牧兽医所	张军民	2017
房　宇	特种经济动物饲养	蜜蜂工蜂和雄蜂胚胎期发育蛋白质组及磷酸化蛋白质组研究	2017.7	蜜蜂所	李建科	2017
于景印	作物遗传育种	植物基因组串联重复序列的数据挖掘及在线服务平台的构建	2017.7	油料所	廖伯寿	2017
郭　肖	基础兽医学	两种西藏杜鹃挥发油和多糖成分及其生物活性的分析	2017.7	兰州牧药所	张继瑜	2017
衡月芹	作物遗传育种	水稻穗顶部颖花退化基因 *PAA*1 的图位克隆与功能分析	2018.6	作物科学所	程治军	2018
胡　琼	农业遥感	基于时序 MODIS 影像的农作物遥感识别方法研究	2018.6	资源区划所	唐华俊	2018

（续表）

论文作者	学科专业	论文题目	授予学位时间	培养单位	指导教师	获奖年份
汪精磊	蔬菜学	萝卜抽薹开花相关基因鉴定及抽薹时间的 QTL 定位分析	2018. 6	蔬菜花卉所	李锡香	2018
游　帅	动物营养与饲料科学	高比活嗜热木聚糖酶 XYL10C-ΔN 结构与功能关系的研究	2018. 6	饲料所	蔡辉益	2018
崔学安	生物化学与分子生物学	控制水稻维管束发育基因 *TWI*1 的图位克隆和功能研究	2018. 6	生物所	路铁刚	2018
潘兴鲁	农药学	手性杀菌剂啶菌噁唑和苯酰菌胺对映体生物活性、生态毒性及环境行为研究	2018. 6	植保所	郑永权	2018
孙航军	植物病理学	马铃薯 Y 病毒侵染过程中烟草 CLC-Nt1 蛋白的功能研究	2018. 6	烟草所	王凤龙	2018
王　增	预防兽医学	EAH1N1 亚型猪流感病毒在豚鼠间飞沫传播的分子机制及其抗原变异的研究	2018. 1	哈尔滨兽医所	陈化兰	2018

表 5-11　2012—2018 年中国农业科学院优秀硕士学位论文名单

论文作者	学科专业/领域	论文题目	授予学位时间	培养单位	指导教师	获奖年份
金　慧	作物遗传育种	高低分子量麦谷蛋白亚基的分子标记检测及其对小麦加工品质的影响	2012. 7	作物科学所	何中虎	2012
马　钰	作物种质资源学	蚕豆 SSR 标记的开发及遗传连锁图谱的构建	2012. 7	作物科学所	宗绪晓	2012
王　萌	农业资源利用	纳米修复剂对溶液中重金属的吸附机制及镉污染土壤修复效果	2012. 7	资源区划所	陈世宝	2012
陈小燕	生物化学与分子生物学	双功能木聚糖酶 XynBE18 分子催化机理的初步研究及其与阿拉伯呋喃糖苷酶的协同作用	2012. 7	饲料所	孟　昆	2012
张　超	生物化学与分子生物学	水稻条纹病毒 pc4 蛋白的功能鉴定	2012. 7	生物所	张永强	2012
孙秀焕	情报学	中国农业科研机构科研竞争力研究——以中国农业科学院 34 个研究所为例	2012. 7	农业信息所	路文如	2012

（续表）

论文作者	学科专业/领域	论文题目	授予学位时间	培养单位	指导教师	获奖年份
史晓梅	食品科学	多效唑等5种植物生长调节剂检测技术及多效唑在桃上的残留研究	2012.7	质量标准所	王　静	2012
陈铭佳	微生物学	稻瘟菌蛋白激发子MoHrip1的分离纯化、基因克隆及功能研究	2012.7	植保所	曾洪梅	2012
孟繁露	微生物学	真菌蛋白激发子PeaT1与烟草膜蛋白互作特性研究	2012.7	植保所	杨秀芬	2012
赵景青	植物病理学	低温诱发轮纹斑病并导致棉花叶片衰老的研究	2012.7	植保所	齐放军	2012
孔志强	农药学	农产品加工及储存过程中农药残留变化规律研究	2012.7	植保所	郑永权	2012
郑丹	环境工程	基于生物砂滤池的Sharon-Anammox工艺处理猪场废水厌氧消化液的研究	2012.7	沼气所	邓良伟	2012
沈晓炯	生物化学与分子生物学	地克珠利对柔嫩艾美耳球虫第二代裂殖子药物靶标的初步研究	2012.7	上海兽医所	薛飞群	2012
颜丕熙	预防兽医学	鸭坦布苏病毒分离鉴定及其生物学特性的研究	2012.7	上海兽医所	李泽君	2012
周春景	预防兽医学	日本血吸虫*miR-2a*靶基因的鉴定及信号分子*Akt*和*GSK3*的初步研究	2012.7	上海兽医所	程国锋	2012
蔺文成	预防兽医学	猪细小病毒感染ST细胞对I型干扰素产生的影响	2012.7	哈尔滨兽医所	崔尚金	2012
潘　伟	预防兽医学	蛋鸡J亚群禽白血病分子流行病学调查及致病性研究	2011.7	哈尔滨兽医所	王笑梅	2012
田大勇	预防兽医学	通过电穿孔和与猪IL-2表达质粒同时施用对甲病毒复制子载体猪瘟DNA疫苗免疫原性的增强作用	2012.7	哈尔滨兽医所	仇华吉	2012
宋志强	兽　医	牛支原体粘附相关因子-α-烯醇化酶的研究	2012.7	哈尔滨兽医所	辛九庆	2012
汪月凤	预防兽医学	尤氏泰勒虫*Tu*88基因的特性分析及初步应用	2012.7	兰州兽医所	殷　宏	2012
祝秀亮	作物遗传育种	小麦抗纹枯病相关基因*RS*33的克隆及功能鉴定与*TaPIE*1基因的耐寒性分析	2013.7	作物科学所	张增艳	2013
林　蕾	环境科学	基于不同终点测定土壤中锌的毒性阈值、预测模型及田间验证	2013.7	资源区划所	陈世宝	2013

（续表）

论文作者	学科专业/领域	论文题目	授予学位时间	培养单位	指导教师	获奖年份
邱志平	农业生物环境与能源工程	TiO2 光催化去除营养液中自毒物质的效果研究	2013.7	环发所	刘文科	2013
李　亮	蔬菜学	水杨酸在黄瓜（*Cucumis sativus* L.）幼苗应答低温胁迫中的作用机制	2013.7	蔬菜花卉所	尚庆茂	2013
徐晓露	生物化学与分子生物学	嗜酸真菌 *Bispora* sp. MEY-1 来源甘露聚糖酶和葡聚糖酶转基因玉米的培育	2013.7	饲料所	杨培龙	2013
张　勇	生物化学与分子生物学	NZ2114 及其衍生抗菌肽 MP1102 的异源表达、抗菌特性及部分体外药效试验研究	2013.7	饲料所	王建华	2013
王双超	生物化学与分子生物学	禾谷镰刀菌低毒病毒（FgHV1）的序列分析及生物学功能研究	2013.7	植保所	邱德文	2013
张　鹏	植物病理学	RBSDV 和 SRBSDV 双重荧光定量 PCR 体系的建立与应用	2013.7	植保所	王锡锋	2013
孙梦婧	农业昆虫与害虫防治	小菜蛾性信息素受体和结合蛋白的功能及相互作用	2013.7	植保所	王桂荣	2013
陈　秀	农药学	呋虫胺对映体对蜜蜂选择毒性及其在黄瓜和土壤中降解行为	2013.7	植保所	王运浩	2013
徐　丽	动物遗传育种与繁殖	牛 *SREBP*1 基因与牛肉肌内脂肪沉积的研究及其功能分析	2013.7	畜牧兽医所	许尚忠	2013
刘兴丽	食品科学	紫甘薯花青素双水相提取工艺及酒精性肝损伤预防效果研究	2013.7	农产品加工所	木泰华	2013
周　玲	农产品质量与食物安全	蜂巢及蜂产品中红霉素和林可霉素残留的 HPLC-MS/MS 分析方法及其变化规律研究	2013.7	蜜蜂所	吴黎明	2013
王倩华	作　物	棉花 JAZ 家族 *Gh*01399 和 *GhJA*21 基因的克隆及功能验证	2013.7	棉花所	李付广	2013
李志鹏	野生动植物保护与利用	梅花鹿瘤胃微生物多样性与优势菌群分析	2013.7	特产所	李光玉	2013
熊雅念	预防兽医学	日本血吸虫质膜修复相关蛋白 dysferlin 和 myoferlin 的初步研究	2013.7	上海兽医所	林矫矫	2013
李胜斌	预防兽医学	猪圆环病毒 2a/2b 亚型毒株与猪细小病毒共感染的协同致病性研究	2013.7	哈尔滨兽医所	刘长明	2013

（续表）

论文作者	学科专业/领域	论文题目	授予学位时间	培养单位	指导教师	获奖年份
王文世	预防兽医学	蓝舌病病毒16型VP2、VP5蛋白单克隆抗体制备及其抗原表位鉴定	2013.7	哈尔滨兽医所	吴东来	2013
王一平	兽　医	细胞因子对PCV2-Cap蛋白免疫增强作用及Cap与FMDV-Vp1共表达产物免疫原性鉴定	2013.7	哈尔滨兽医所	刘长明	2013
江安龙	作物遗传育种	抗旱相关转录因子大豆*GmNF-YA20*和粗山羊草*AetTZF1*的克隆及其功能解析	2014.6	作物科学所	马有志	2014
刘　丹	作物种质资源学	小麦抗逆相关基因*TaPP2AbB″-α/γ*的克隆及功能分析	2014.6	作物科学所	景蕊莲	2014
张　伟	农业遥感	川东丘陵区耕地复种指数遥感反演研究	2014.1	资源区划所	覃志豪	2014
路洪凤	蔬菜学	黄瓜早花基因的QTL定位	2014.6	蔬菜花卉所	黄三文	2014
王慧敏	生物化学与分子生物学	嗜热微生物来源的α-半乳糖苷酶的基因克隆和性质研究	2014.6	饲料所	姚　斌	2014
王　坤	生物化学与分子生物学	嗜热纤维素酶基因的克隆表达及链霉菌S9来源的木聚糖酶XynAS9热稳定性改良研究	2014.6	饲料所	罗会颖	2014
王　平	生物化学与分子生物学	嗜热耐酸a-淀粉酶PFA在芽孢杆菌中分泌表达的研究	2014.6	生物所	伍宁丰	2014
米晓霞	食品加工与安全	禽蛋及猪血浆中类固醇激素含量的检测—液相色谱串联质谱法	2014.6	质量标准所	陈　刚	2014
高贝贝	农药学	农药职业暴露风险评估之背负式喷雾场景	2014.6	植保所	折冬梅	2014
朱玉龙	农药学	土壤中噻虫啉生物有效性的评价及生物炭对其影响规律	2014.6	植保所	郑永权	2014
赵丽丽	食品科学	羊乳的热稳定性与凝胶特性的研究	2014.6	农产品加工所	吕加平	2014
李　银	农产品加工及贮藏工程	蛋白氧化对肌肉保水性的影响机制研究	2014.6	农产品加工所	张春晖	2014
吴清章	作物遗传育种	一个烟草白茎突变体的鉴定与遗传分析	2014.6	烟草所	刘贯山	2014
高　奇	预防兽医学	ALV多重PCR检测方法建立及ALV-J U3区嵌合病毒体外复制研究	2014.6	哈尔滨兽医所	高玉龙	2014

（续表）

论文作者	学科专业/领域	论文题目	授予学位时间	培养单位	指导教师	获奖年份
纪晓琳	预防兽医学	5’非编码区自然插入 19nt 对 J 亚群禽白血病病毒复制和致病力的影响	2014.6	哈尔滨兽医所	王笑梅	2014
孙　亮	预防兽医学	蓝舌病病毒 4 型 VP5 蛋白单克隆抗体的制备及抗原表位的鉴定	2014.6	哈尔滨兽医所	吴东来	2014
尹春红	预防兽医学	两株禽呼肠孤病毒分离株生物学特性分析及间接 ELISA 方法的建立	2014.6	哈尔滨兽医所	王笑梅	2014
江海海	预防兽医学	江西猪弓形虫病和衣原体病血清学调查及我国部分地区猪弓形虫基因型研究	2014.6	兰州兽医所	朱兴全	2014
沈一茹	养　殖	基于 UPLC Q-TOF/MS 代谢组学技术对低温诱导腹水综合征肉鸡肝脏代谢组变化的研究	2014.6	家禽所	邹剑敏	2014
高　伟	生物化学与分子生物学	miRNA/miRNA* 二级结构影响 miRNA169 调控靶基因 *NFYA5* 方式的研究	2015.7	作物科学所	李文学	2015
魏景欣	作物遗传育种	麦籽粒过氧化物酶活性 QTL 分析及相关基因克隆和功能标记开发	2015.7	作物科学所	陈新民	2015
盖霞普	植物营养学	生物炭对土壤氮素固持转化影响的模拟研究	2015.7	资源区划所	刘宏斌	2015
赵　芬	农业遥感	基于 CASA 模型的锡林郭勒盟草地净初级生产力遥感估算与验证	2015.7	资源区划所	徐　斌	2015
夏　浪	农村与区域发展	多途径的干旱监测方法研究	2015.7	资源区划所	毛克彪	2015
田桂丽	蔬菜学	黄瓜抗西瓜花叶病毒 WMV 和番木瓜环斑病毒 PRSV 基因的定位	2015.7	蔬菜花卉所	顾兴芳	2015
周　倩	蔬菜学	基于基因组测序的黄瓜高密度遗传图谱构建和浅绿果皮突变体基因定位	2015.7	蔬菜花卉所	张忠华	2015
王彩虹	食品加工与安全	真菌甘露聚糖酶的基因克隆表达及热稳定性机制初步研究	2015.7	饲料所	罗会颖	2015
刘金钏	食品加工与安全	适配体纳米金比色法灵敏度影响因素研究及其在食品安全检测中的应用	2015.7	质量标准所	陈爱亮	2015
李莎莎	农药学	活性炭和生物炭对自由溶解态氟虫腈和乙虫腈的影响及作用机制的初步研究	2015.7	植保所	刘新刚	2015
陶　燕	农药学	粉唑醇的立体降解行为及其对映体毒性、活性差异研究	2015.7	植保所	董丰收	2015

（续表）

论文作者	学科专业/领域	论文题目	授予学位时间	培养单位	指导教师	获奖年份
樊惠中	动物遗传育种与繁殖	基于通路的全基因组关联分析策略应用于西门塔尔牛的初步研究	2015.7	畜牧兽医所	高会江	2015
孙尉峻	动物遗传育种与繁殖	外源谷胱甘肽对牛体外受精胚胎发育的影响	2015.7	畜牧兽医所	杜卫华	2015
吴招斌	食品加工与安全	基于稳定同位素及矿质元素的蜂蜜品种鉴别研究	2015.7	蜜蜂所	赵　静	2015
支晓宇	作物栽培学与耕作学	密度对棉花产量及种子和纤维品质的影响	2015.7	棉花所	毛树春	2015
潘　蓉	茶　学	三种农药在茶叶种植—加工过程中的消解动态及其在茶汤中的浸出规律	2015.7	茶叶所	刘　新	2015
税宗霞	生物化学与分子生物学	运动发酵单胞菌丁二酸合成代谢途径构建及应用研究	2015.7	沼气所	何明雄	2015
邹洁驰	预防兽医学	鸭疫里默氏杆菌脂多糖单克隆抗体制备、突变株筛选及生物学特性研究	2015.7	上海兽医所	于圣青	2015
高雁怩	预防兽医学	ALV-J 感染后细胞因子变化规律及其促进 IL-6 产生的机制与效应研究	2015.7	哈尔滨兽医所	高玉龙	2015
高泽乾	兽　医	山羊痘病毒感染细胞 microRNAs 的筛选、鉴定及其在早期诊断中的应用初探	2015.7	兰州兽医所	高泽乾	2015
董　艳	作物遗传育种	小麦茎秆水溶性碳水化合物合成基因 *TaSST* 的克隆、功能标记开发和关联分析	2016.7	作物科学所	张　艳	2016
单天雷	作　物	小麦 MYB 转录因子 TaMYB86 和 TaRIM1 的的分子特征与防御功能分析	2016.7	作物科学所	张增艳	2016
冯　瑶	环境科学	鸡粪堆肥过程中诺氟沙星削减规律及微生物分子生态学机制	2016.7	资源区划所	李兆君	2016
蔡岸冬	土壤学	我国典型农田土壤固碳效率特征及影响因素	2016.7	资源区划所	张文菊	2016
崔金莹	蔬菜学	黄瓜商品瓜果实生长速率 QTL 定位	2016.7	蔬菜花卉所	顾兴芳	2016
韩风庆	蔬菜学	甘蓝花瓣黄色基因 *BolC. cpc* - 1 的定位及克隆	2016.7	蔬菜花卉所	方智远	2016
赵璐瑶	食品加工与安全	基于转录水平生物标志物监测肉羊肌肉中 β2 受体激动剂的研究	2016.7	质量标准所	杨曙明	2016

（续表）

论文作者	学科专业/领域	论文题目	授予学位时间	培养单位	指导教师	获奖年份
李鹏飞	生物化学与分子生物学	禾谷镰刀菌病毒 FgHV2/JS16 和 FgMTV1/SX64 的功能鉴定	2016.7	植保所	郭立华	2016
刘贝贝	植物病理学	RSV 对灰飞虱卵细胞蛋白组和若虫生长发育基因转录的影响	2016.7	植保所	王锡锋	2016
鞠　超	农药学	腈菌唑对土壤微生物活性、种群数量及氮转化的影响	2016.7	植保所	徐　军	2016
王　巧	动物遗传育种与繁殖	利用蛋白互作组技术鉴定鸡细胞中 H5N1 禽流感病毒宿主互作因子	2016.7	畜牧兽医所	赵桂苹	2016
赵　谦	动物遗传育种与繁殖	MiR-192 在绵羊骨骼肌卫星细胞增殖和成肌分化中的功能研究	2016.7	畜牧兽医所	赵倩君	2016
朱　珍	食品加工与安全	赤霉素调控采后番茄果实抗冷机制研究	2016.7	农产品加工所	唐选明	2016
亓玉萍	特种经济动物饲养	蜂王浆高产蜜蜂和意大利蜜蜂血淋巴蛋白质组和磷酸化蛋白质组分析	2016.7	蜜蜂所	李建科	2016
王　湘	食品科学	基于衍生化技术的磷脂高效分析新方法及其应用研究	2016.7	油料所	陈　洪	2016
杨红男	环境工程	猪场粪污沼气发酵产气动力学研究	2016.7	沼气所	邓良伟	2016
王　晓	预防兽医学	猪瘟病毒强弱毒株 NS5A 蛋白对病毒复制效率影响的差异分析	2016.7	哈尔滨兽医所	仇华吉	2016
赵　款	兽　医	PRRSV HuN4 株和 CH-1a 株感染性克隆及其嵌合病毒的构建及其初步应用	2016.7	哈尔滨兽医所	安同庆	2016
刘聪暖	预防兽医学	白细胞介素-17A 对多房棘球蚴侵染小鼠的免疫调节作用研究	2016.7	兰州兽医所	贾万忠	2016
张闪闪	生物化学与分子生物学	嗜盐细菌的分离鉴定与 *Natranaerobius thermophiles* 盐适应机制的蛋白质组学分析	2016.7	研究生院	赵百锁	2016
杜庆国	生物化学与分子生物学	通过转录组测序分析玉米耐受低磷胁迫的分子机制	2017.7	作物科学所	邹　枨	2017
刘会云	作　物	小麦无标记转基因体系建立和 *HMW-GS* 基因的转化	2017.7	作物科学所	叶兴国	2017

（续表）

论文作者	学科专业/领域	论文题目	授予学位时间	培养单位	指导教师	获奖年份
刘元望	环境科学	庆大霉素降解菌筛选及其促进药渣堆肥残留降解机制研究	2017.7	资源区划所	李兆君	2017
蔡成成	蔬菜学	白菜参考基因组组装升级和进化分析	2017.7	蔬菜花卉所	王晓武	2017
仲　阳	蔬菜学	UDP-葡萄糖转移酶 UGT73AM3 基因调节黄瓜苦味三萜的糖基化	2017.7	蔬菜花卉所	黄三文	2017
辛　敏	植物病理学	高通量测序鉴定西瓜新病毒	2017.7	植保所	王锡锋	2017
程志鹏	农药学	大气压气相色谱四级杆飞行时间质谱在农药残留分析中的应用研究	2017.7	植保所	董丰收	2017
夏江威	动物遗传育种与繁殖	西门塔尔肉牛全基因组关联分析中的经验贝叶斯方法及其应用研究	2017.7	畜牧兽医所	高会江	2017
张文刚	动物遗传育种与繁殖	肉牛生长发育与胴体性状全基因组关联分析及目标区域测序捕获功能基因的研究	2017.7	畜牧兽医所	李俊雅	2017
李　蒙	食品科学	蛋白质磷酸化调控肉色稳定性的作用机制	2017.7	农产品加工所	张德权	2017
张文琦	植物病理学	大丽轮枝菌 Fungal_ trans 转录因子 VdFTF1 调控致病性功能研究	2017.7	农产品加工所	戴小枫	2017
龚　骞	生物化学与分子生物学	基于自然群体定位亚洲棉抗黄萎病关键基因及功能分析	2017.7	棉花所	李付广	2017
王　伸	环境工程	猪场废水厌氧消化液好氧处理过程酸化及其应对策略	2017.7	沼气所	邓良伟	2017
游　洋	农业资源利用	牛粪及沼液在运动发酵单胞菌燃料乙醇转化中的应用潜力研究	2017.7	沼气所	何明雄	2017
李　麟	预防兽医学	猪源性抗 PEDV 中和抗体 PC10 的原核表达及噬菌体猪源抗 PEDV 抗体文库的构建	2017.7	哈尔滨兽医所	刘平黄	2017
于佳慧	兽　医	干扰素诱导蛋白 2’-5’寡腺苷酸合成酶样蛋白的抗猪瘟病毒活性研究	2017.7	哈尔滨兽医所	仇华吉	2017
张芙恺	预防兽医学	大片吸虫感染对水牛肝脏、外周血淋巴细胞基因表达及血清细胞因子水平的影响	2017.7	兰州兽医所	朱兴全	2017
董　乐	作物遗传育种	基因编辑创制玉米母体孤雌生殖单倍体诱导系与高效双荧光蛋白单倍体鉴定体系构建	2018.6	作物科学所	谢传晓	2018

（续表）

论文作者	学科专业/领域	论文题目	授予学位时间	培养单位	指导教师	获奖年份
冯　禹	农业水土工程	黄土高原东部旱作玉米田耗水过程与模拟	2018.6	环发所	龚道枝	2018
李占占	生物化学与分子生物学	新型穿膜嵌合肽的分子设计及其对胞内沙门氏菌的杀灭作用研究	2018.6	饲料所	王建华	2018
周召路	农药学	农药助剂调控雾滴在典型作物上的蒸发、沉积及弹跳行为研究	2018.6	植保所	黄啟良	2018
李　媛	动物遗传育种与繁殖	两品种猪不同脂肪组织中环状RNA的鉴定及其功能分析	2018.6	畜牧兽医所	苗向阳	2018
李　凤	养　殖	外源谷胱甘肽通过γ-谷氨酰循环促进牛早期胚胎内GSH的合成	2018.6	畜牧兽医所	杜卫华	2018
杨　莹	食品科学	柑橘油纳米乳液体系的构建及其表征	2018.6	农产品加工所	郑金铠	2018
王　杰	植物病理学	大丽轮枝菌*VdDfs*基因簇调控寄主落叶性状的分子机制研究	2018.6	农产品加工所	戴小枫	2018
胡熙璠	作　物	水稻CRISPR基因组编辑系统的拓展及优化	2018.6	水稻所	王克剑	2018
穆　兵	茶　学	茶叶中挥发性成分对映异构体研究	2018.6	茶叶所	林　智	2018
姜奕圻	环境科学	藻菌协同净化沼液系统的构建与优化	2018.6	沼气所	王文国	2018
王　霜	环境工程	PN-Anammox同步脱氮工艺处理猪场废水厌氧消化液调控策略研究	2018.6	沼气所	邓良伟	2018
田雪莹	植物病理学	砂引草内生菌多样性及一株内生菌*Alternaria* sp. P8次级代谢产物研究	2018.6	烟草所	张成省	2018
王玉娇	果树学	坚果和干果真菌毒素污染及风险评估研究	2018.6	果树所	聂继云	2018
马　乐	预防兽医学	SPCS1影响乙型脑炎病毒复制的分子机制研究	2018.6	哈尔滨兽医所	华荣虹	2018
时　静	预防兽医学	HIV-1 Nef拮抗新型宿主限制性因子SERINC5分子机理的研究	2018.6	哈尔滨兽医所	郑永辉	2018
杨丽君	预防兽医学	表皮生长因子受体EGFR在PEDV感染中的调控作用及机制研究	2018.6	哈尔滨兽医所	王玉娥	2018

六、优秀博士学位论文培育计划

为加强博士研究生创新能力的培养，从源头上培育优秀博士学位论文，研究生院自2009年开始实施“优秀博士学位论文培育计划”。2009年6月9日，制订《中国农业科学院研究生院“优秀博士论文培育计划”实施办法（试行）》（农科研生〔2009〕60号），2012年4月24日修订（农科研生〔2012〕32号）。根据实施办法，入选“优秀博士学位论文培育计划”的博士生，由研究生院每月发放1500元的基本生活津贴，导师每月发放助研津贴不低于2 000元。对于根据科研需要推迟毕业继续从事博士学位论文研究的入选者，在延期毕业期间，研究生院保留其基本生活津贴1 500元/月的标准，导师每月再增加1 000元助研津贴，助研津贴不低于3 000元/月。

2012年7月3日，经中国农业科学院第七届学位评定委员会第八次会议审议通过，研究生院于2012年11月26日印发《〈中国农业科学院研究生院优秀博士论文培育计划实施办法〉补充意见》（农科研生〔2012〕96号），根据学科差异、期刊水平等因素，对验收标准中的“高水平论文”做了明确界定：以研究生为第一作者、导师所在单位为第一单位在《中国科学院文献情报中心期刊分区表》中各学科大类一区期刊上至少发表1篇学术论文，或在二区期刊上至少发表3篇学术论文，或在《中国农业科学院院选核心期刊目录》中的核心期刊上至少发表3篇学术论文。

2009—2015年，共有109名博士研究生入选“优秀博士学位论文培育计划”，退出18人。1人获2013年全国百篇优秀博士学位论文提名，28人获中国农业科学院优秀博士学位论文、2人获提名。

自2016年开始，不再开展“优秀博士学位论文培育计划”申报工作。

七、学位授予

2009年6月30日，中国农业科学院第七届学位评定委员会第一次会议决定：授予陈锐等150人博士学位；授予石锋等486人硕士学位，其中全日制学术学位硕士397人，同等学力硕士12人，非全日制专业学位硕士77人。授予学位日期为2009年6月30日（农科学位〔2009〕6号、7号）。

2009年8月4日，中国农业科学院第七届学位评定委员会第二次会议决定：授予彭仁海等3人博士学位；授予张茜茜等27人硕士学位，其中全日制学术学位硕士27人。授予学位日期为2009年8月4日（农科学位〔2009〕9号）。

2010年1月13日，中国农业科学院第七届学位评定委员会第三次会议决定：授予柴国华等15人博士学位；授予黄娟等219人硕士学位，其中全日制学术学位硕士3人，同等学力硕士2人，非全日制专业学位硕士214人。授予学位日期为2010年1月13日（农科学位〔2010〕1号）。

2010年7月5日，中国农业科学院第七届学位评定委员会第四次会议决定：授予白雪晶等127人博士学位；授予宋清晓等582人硕士学位，其中全日制学术学位硕士473人，同等学力硕士13人，非全日制专业学位硕士96人。授予学位日期为2010年7月5日（农科学位〔2010〕6号、7号）。

2010年8月31日，中国农业科学院第七届学位评定委员会决定：授予高文永等9人博士学位；授予冯学环等5人硕士学位，其中全日制学术学位硕士5人。授予学位日期为2010年8月31日（农科学位〔2010〕11号）。

2011年1月13日，中国农业科学院第七届学位评定委员会第五次会议决定：授予王圣惠等19人博士学位；授予王杰等146人硕士学位，其中全日制学术学位硕士5人，同等学力硕士3人，非全日制专业学位硕士138人。授予学位日期为2011年1月13日（农科学位〔2011〕1号）。

2011年7月5日，中国农业科学院第七届学位评定委员会第六次会议决定：授予王凤忠等153人博士学位（含留学生2人）；授予刘宇航等617人硕士学位，其中全日制学术学位硕士496人，同等学力硕士8人，非全日制专业学位硕士113人。授予学位日期为2011年7月5日（农科学位〔2011〕5号、6号）。

2012年1月13日，中国农业科学院第七届学位评定委员会第七次会议决定：授予吴发强等27人博士学位（含留学生2人）；授予陈果等147人硕士学位，其中全日制学术学位硕士3人，同等学力硕士3人，非全日制专业学位硕士141人。授予学位日期为2012年1月13日（农科学位〔2012〕1号）。

2012年7月3日，中国农业科学院第七届学位评定委员会第八次会议决定：授予邹国兴等177人博士学位（含留学生6人）；授予贾丽娥等698名硕士学位，其中全日制学术学位硕士490人（含留学生3人），同等学力硕士6人，全日制专业学位硕士45人，非全日制专业学位硕士157人。授予学位日期为2012年7月3日（农科学位〔2012〕8号）。

2013年1月25日，中国农业科学院第七届学位评定委员会第九次会议决定：授予唐平等31人博士学位（含留学生1人）；授予齐妍等128人硕士学位，其中全日制学术学位硕士7人（含留学生1人），同等学力硕士3人，非全日制专业学位硕士118人。授予学位日期为2013年1月25日（农科学位〔2013〕6号）。

2013年7月3日，中国农业科学院第八届学位评定委员会第一次会议决定：授予张晓平等174人博士学位（含留学生17人）；授予黄焕平等762人硕士学位，其中全日制学术学位硕士513人（含留学生9人），同等学力硕士4人，全日制专业学位硕士96人，非全日制专业学位硕士149人。授予学位日期为2013年7月3日（农科学位〔2013〕11号）。

2014年1月16日，中国农业科学院第八届学位评定委员会第二次会议决定：授予付睿琦等36人博士学位（含留学生6人）；授予邹勇等140人硕士学位，其中全日制学术学位硕士9人（含留学生2人），同等学力硕士4人，全日制专业学位硕士1人，非全日制专业学位硕士126人。授予学位日期为2014年1月16日（农科学位〔2014〕3号）。

2014年6月25日，中国农业科学院第八届学位评定委员会第三次会议决定：授予姜成钢等165人博士学位（含留学生27人）；授予胡祥发等750人硕士学位，其中全日制学术学位硕士482人（含留学生4人），同等学力硕士5人，全日制专业学位硕士144人，非全日制专业学位硕士 119 人。授予学位日期为 2014 年 6 月 25 日（农科学位〔2014〕5 号）。

2015 年 1 月 30 日，中国农业科学院第八届学位评定委员会第四次会议决定：授予陈碧云等 30 人博士学位（含留学生 4 人）；授予李聪等 93 人硕士学位，其中全日制学术学位硕士 1 人，同等学力硕士 3 人，非全日制专业学位硕士 89 人。授予学位日期为 2015 年 1 月 30 日（农科学位〔2015〕4 号）。

2015 年 7 月 3 日，中国农业科学院第八届学位评定委员会第五次会议决定：授予胡静等 170 人博士学位（含留学生 22 人）；授予方珊珊等 815 人硕士学位，其中全日制学术学位硕士 450 人（含留学生 7 人），同等学力硕士 2 人，全日制专业学位硕士 192 人，非全日制专业学位硕士 171 人，授予学位日期为 2015 年 7 月 5 日（农科学位〔2015〕9 号）。

2016 年 1 月 17 日，中国农业科学院第八届学位评定委员会第六次会议决定：授予王加亭等 34 人博士学位（含留学生 2 人）；授予赵效杨等 87 人硕士学位，其中全日制学术学位硕士 3 人，非全日制专业学位硕士 84 人。授予学位日期为 2016 年 1 月 17 日（农科学位〔2016〕4 号）。

2016 年 7 月 5 日，中国农业科学院第八届学位评定委员会第七次会议决定：授予侯海鹏等 177 人博士学位（含留学生 27 人）；授予蒲妍君等 787 人硕士学位，其中全日制学术学位硕士 461 人（含留学生 11 人），同等学力硕士 3 人，全日制专业学位硕士 185 人，非全日制专业学位硕士 138 人，授予学位日期为 2016 年 7 月 5 日（农科学位〔2016〕9 号）。

2017 年 1 月 11 日，中国农业科学院第八届学位评定委员会第八次会议决定：授予雷平等 39 人博士学位（含留学生 6 人）；授予赵建坤等 91 人硕士学位，其中全日制学术学位硕士 3 人（含留学生 1 人），同等学力硕士 2 人，全日制专业学位硕士 2 人，非全日制专业学位硕士 84 人，授予学位日期为 2017 年 1 月 11 日（农科学位〔2017〕1 号）。

2017 年 7 月 6 日，中国农业科学院第九届学位评定委员会第一次会议决定：授予刘家范等 192 人博士学位（含留学生 33 人）；授予崔艺凡等 761 人硕士学位，其中全日制学术学位硕士 462 人（含留学生 6 人），同等学力硕士 2 人，全日制专业学位硕士 211 人，非全日制专业学位硕士 86 人，授予学位日期为 2017 年 7 月 6 日（农科学位〔2017〕10 号）。

2018 年 1 月 25 日，中国农业科学院第九届学位评定委员会第二次会议决定：授予段绍光等 44 人博士学位（含留学生 7 人）；授予汪玉琼等 89 人硕士学位，其中全日制学术学位硕士 3 人（含留学生 1 人），全日制专业学位硕士 3 人，非全日制专业学位硕士 83 人，授予学位日期为 2018 年 1 月 25 日（农科学位〔2018〕2 号）。

2018 年 6 月 27 日，中国农业科学院第九届学位评定委员会第三次会议决定：授予邹亚飞等 179 人博士学位（含留学生 30 人）；授予赵俊敏等 783 人硕士学位，其中全日制学术学位硕士 449 人（含留学生 5 人），同等学力硕士 2 人，全日制专业学位硕士 215 人，非全日制专业学位硕士 117 人，授予学位日期为 2018 年 6 月 27 日（农科学位〔2018〕10 号）。

2019 年 1 月 18 日，中国农业科学院第九届学位评定委员会第四次会议决定：授予梁云涛等 38 人博士学位（含留学生 7 人）；授予孙兆凯等 99 人硕士学位，其中全日制学术学位硕士 3 人（含留学生 1 人），同等学力硕士 2 人，全日制专业学位硕士 3 人，非全日制专业学位硕士 91 人，授予学位日期为 2019 年 1 月 18 日（农科学位〔2019〕2 号）。

2019 年 6 月 25 日，中国农业科学院第九届学位评定委员会第五次会议决定：授予陈强等 244 人博士学位（含留学生 84 人）；授予侯含等 742 人硕士学位，其中全日制学术学位硕士 439 人（含留学生 7 人），同等学力硕士 1 人，全日制专业学位硕士 215 人，非全日制专业学位硕士 87 人，授予学位日期为 2019 年 6 月 25 日（农科学位〔2019〕9 号）。

2009 年 7 月—2019 年 6 月，共授予 2 253 人博士学位（含留学生 284 人）；共授予 9 151 人硕士学位，其中全日制学术学位硕士5 191人（含留学生 58 人），同等学力硕士 83 人，全日制专业学位硕士1 312人，非全日制专业学位硕士2 565 人（表 5-12）。

表 5-12 2009—2019 年中国农业科学院硕士、博士学位授予情况

授予学位年份	硕士学位					博士学位	
	全日制学术学位硕士	同等学力硕士	全日制专业学位硕士	非全日制专业学位硕士	留学生硕士	全日制学术学位博士	留学生博士
2009	431	18	0	164	0	173	0
2010	481	15	0	310	0	151	0
2011	501	8	0	251	0	170	2
2012	490	9	45	298	3	196	8
2013	510	7	96	267	10	187	18
2014	485	9	145	245	6	168	33
2015	444	5	192	260	7	173	27
2016	453	3	185	222	11	182	29
2017	458	4	213	170	7	192	39
2018	446	2	218	200	6	186	37
2019	434	3	218	178	8	191	91

第六章
国际合作与交流

国际合作与交流包括来华留学生、中外合作办学和外事管理工作，2009 年 9 月—2011 年 6 月由学位办公室负责，2011 年 7 月开始由国际教育处负责。2017 年 10 月成立国际教育学院，负责教学、培养、学籍和学生事务管理，与国际教育处合署办公。国际合作与交流经过 10 年的发展，建立完善了留学生管理和质量保证体系，实现了国际教育规模、质量和管理水平全面提升，促进了农业科技创新能力和教育国际化水平的持续提高，打造了“留学农科”教育品牌。

第一节　来华留学生教育

一、招生工作

2007 年 4 月 19 日，经教育部批准获得接受中国政府奖学金外国留学生资格（教外司来〔2007〕490 号）。2007 年 11 月 13 日，北京市教育委员会正式批准启动招收外国留学生工作（京教函〔2007〕723 号）。2008 年，首次招收外国博士留学生。2009 招收 12 名外国留学生，获中国政府奖学金、北京市外国留学生奖学金等各类外国留学奖学金总额达 75 万元，生源来自 10 个国家，分布在 10 个研究所，涉及 12 个专业。

2010 年设立“中国农业科学院研究生院奖学金”，2016 年首次获得北京市外国留学生“一带一路”奖学金，2017 年首次获得教育部中国政府“丝绸之路”奖学金，2019 年首次获得中国政府“中非友谊奖学金”。来华留学生招生实行“申请—审核制”，充分发挥研究所和导师的积极性，导师、研究所和研究生院层层把关，院所协同做好招生工作。招收对象主要为国外大学教师、研究机构研究人员、政府部门技术管理人员及优秀应届毕业生。招生工作综合考虑申请人的年龄、国别、学历、英文水平、教育背景、学术水平和申报专业等情况择优录取。2016 年首次实行“全年接受申请，春秋季入学”的招生方式。2018 年春季学期首次试用留学生招生管理信息系统，实行留学生导师、研究所和研究生院三级在线审核，提高来华留学生招生工作效率和管理信息化水平。

自 2009 年以来，来华留学申请人数持续增加，生源主要以亚洲、非洲和南美洲国家的生源为主，同时也吸引了一批在北美洲、欧洲、大洋洲和亚洲的知名高校和在北京大学、同济大学、中国农业大学、西北农林科技大学、江南大学等国内“双一流”高校获得硕士学位的生源。从来华留学生招生情况看，申请者大多是本国高等院校、科研机构和农业部门的骨干，来华学习意愿强烈，职业导向和目标定位明确，招生录取比例约为 10 : 1，生源国别进一步多元化，生源质量有基本保障，总体质量稳步提高（表 6-1）。

表 6-1 2009—2019 年来华留学生教育发展情况（截至 2019 年 6 月）

项目	2009	2010	2011	2012	2013	2014	2015	2016	2017	2018	2019
招生人数	21	50	56	61	66	56	67	154	231	227	56
报到人数	12	36	45	38	46	53	46	132	203	191	36
在校生数	16	50	94	117	137	150	155	245	395	523	536
国别数	10	18	28	34	42	43	46	47	53	57	57

2009—2019 年，来华留学生奖学金类型不断丰富，留学生规模有了长足的发展。2018 年招收来华留学生 218 人，实际报到新生 191 人，其中博士生 158 人、中国政府奖学金生 108 人，来自“一带一路”沿线国家的生源占 61.3%。新生学习专业涵盖 33 个学位授予专业，生源来自 43 个国家。截至 2019 年 6 月（含春季入学学生），在校生规模达 536 人，其中来自“一带一路”沿线国家的生源占 71.7%，中国政府奖学金生占 54.5%，在校博士留学生 485 人，位于全国农林高校首位、全国高校第十位；留学生来自亚洲、非洲、欧洲、美洲和大洋洲的 57 个国家，其中“一带一路”沿线国家 19 个，分布在全院 32 个研究所、41 个学科专业；在校留学生导师 274 人，其中博士生导师 258 人（含中国工程院院士 3 人）、硕士生导师 16 人。留学生招生规模、生源质量和国别多样性实现跨越式发展。

二、教学培养

来华留学生教学培养实行与中国学生“趋同培养”模式。2009 年首次制定《外国留学生手册》，明确留学生课程学习、培养环节和学位授予的具体规定。实行“院所结合，两段式培养”的留学生管理模式，研究生院负责统筹留学生培养教学管理，研究所负责留学生回研究所后的论文研究和部分专业课的管理工作。研究生院国际教育处负责制定教学计划，发布开课目录和要求，负责集中教学组织、教学监督、教学评估和课程成绩管理等工作。

2009 年研究生院首次开设“初级综合汉语”“汉语会话”“中国概况”和“农业科技进展专题”4 门英文授课课程。2011 年新开设“实验设计与生物统计”课程。2014 年新开设“中国文化”课程。从 2016 年开始，根据留学生春季、秋季入学的实际需要，组织春季和秋季学期课程教学工作。2016 年开设英文课程 15 门次，2017 年开设英文课程 18 门次，2018 年开设英文课程 25 门次。2017 年兽医学院首次组织开设留学生课程 6 门，2018 年组织开设留学生课程 10 门。2018 年共有留学生课程任课教师 93 人，其中高级职称任课教师 85 人（正高级职称 67 人、副高级职称 18 人）、中级职称 8 人。通过“建、聘、引”的方式，实现留学生课程建设的快速发展和教学质量的持续提升（表 6-2）。

表 6-2　留学生英文课程开设情况

序号	课程名称	学时	学分	一级学科	教师单位	开课单位	首次开课时间
1	初级综合汉语	90	3	公共课	研究生院	研究生院	2009.9
2	汉语会话	72	2	公共课	研究生院	研究生院	2009.9
3	中国概况	34	2	公共课	研究生院	研究生院	2009.9
4	农业科技进展专题	32	2	公共课	研究生院	研究生院	2009.9
5	实验设计与统计分析	40	2	公共课	作物科学所	研究生院	2011.9
6	中国文化	17	1	公共课	研究生院	研究生院	2014.9
7	学术写作	32	2	公共课	研究生院	研究生院	2015.9
8	生物统计学与试验设计	32	2	公共课	国际应用生物中心	植保所	2017.9
9	SPSS 统计分析	45	2	公共课	环发所	研究生院	2018.3
10	植物分子育种	36	2	作物学	作物科学所	研究生院	2016.9
11	植物发育生物学专题	36	2	生物学	作物科学所	研究生院	2017.7
12	植物生物技术	32	2	生物学	中国农业大学	研究生院	2018.9
13	高级分子遗传学专题	32	2	生物学	生物所	研究生院	2018.9
14	害虫综合防治	40	2	植物保护	国际应用生物中心	植保所	2017.3
15	植物保护前沿	36	2	植物保护	植保所	研究生院	2018.9
16	分子环境土壤学	18	1.5	农业资源与环境	环发所	研究生院	2018.9
17	农业生态系统中生物多样性管理	36	2	农业资源与环境	资源区划所	研究生院	2019.9
18	农业遥感导论	33	2	农业资源与环境	资源区划所	研究生院	2019.9
19	微观经济学	32	2	农林经济管理	农业信息所	研究生院	2017.9
20	计量经济学	32	2	农林经济管理	农业信息所	研究生院	2018.3
21	食品科学技术研究进展	32	2	食品科学与工程	农产品加工所	研究生院	2018.9
22	食品营养科学专题	32	2	食品科学与工程	中国农业大学	研究生院	2018.9
23	动物基因组与育种	72	3	畜牧学	畜牧兽医所	研究生院	2019.9
24	动物营养与饲料科学专题	36	2	畜牧学	饲料所	研究生院	2019.9
25	综合汉语	90	3	公共课	哈尔滨工业大学	兽医学院	2017.9
26	汉语会话	72	2	公共课	哈尔滨工业大学	兽医学院	2017.9
27	中国文化概况	54	3	公共课	哈尔滨工业大学	兽医学院	2017.9
28	学术写作	36	2	公共课	哈尔滨工业大学	兽医学院	2017.9
29	生物统计	36	2	公共课	哈尔滨医科大学	兽医学院	2018.9
30	兽医流行病学	30	2	兽医学	密西西比州立大学	兽医学院	2017.9
31	兽医科学技术研究进展	54	3	兽医学	兽医学院	兽医学院	2017.9
32	生物化学	36	2	生物学	哈尔滨医科大学	兽医学院	2018.9
33	微生物学	33	2	生物学	哈尔滨医科大学	兽医学院	2018.9
34	免疫学	36	2	生物学	哈尔滨医科大学	兽医学院	2018.9

坚持以培养质量为核心，发挥“院所结合、两段式培养”的特色和优势，在借鉴国内外高校留学生培养管理经验的基础上，建立留学生培养和质量保证体系。2013 年修订《留学生手册》并提供中英文版本。按照中外学生“趋同培养”原则，2017 年全面修订《外国留学生手册》，2018 年制定《中国农业科学院研究生院硕士留学生培养暂行规定》和《中国农业科学院研究生院博士留学生培养暂行规定》等一系列教学培养管理规定，研究制定留学生培养方案。留学生培养方案包括培养目标、学科研究方向、培养年限、培养方式、培养环节（课程学习、论文研究计划、开题报告、中期考核、学术活动、汉语水平、发表论文）、学位论文、毕业与学位授予的要求。基于中外学生“趋同管理”模式，2017 年来华留学生管理信息系统试运行，2018 年秋季学期开始全面实行留学生教学、培养和学籍信息化管理。留学生基本学制 3 年，硕士生最长学习年限 4 年，博士生最长学习期限不超过 6 年。培养语言为英语或中英双语教学。实行导师负责制和研究生指导小组相结合的培养方式。留学生按规定要求注册和获得学籍，完成课程学习、培养环节和论文答辩，达到中国农业科学院学位授予条件者，授予中国农业科学院中文毕业证和学位证书，并提供相应的英文翻译证明。

中国农业科学院为留学生开展论文科研提供了高水平的研究平台。依托中国农业科学院充足的科研经费、高水平的导师队伍、先进的科研设施和国际合作平台，支撑留学生开展高水平创新研究。留学生完成课程学习后，回研究所在导师指导下完成论文研究计划、开题报告、中期考核、学术活动、发表论文、学位论文答辩等工作。留学生培养采用“寓教于研”的培养模式，在导师所在创新团队开展论文研究，在科研实践中培养留学生的科研素养、创新能力和团队合作精神。2016 年坦桑尼亚籍博士毕业生 Lyatuu Eliamoni Titus 等 3 人首次获中国政府优秀来华留学生奖学金，并应邀参加由国家留学基金管理委员会主办的“感知中国—中国科技创新与传统文化体验”系列活动。2017 年 Siek Darith 等 3 名博士留学生获 2017 年中国政府优秀来华留学生奖学金。2018 年博士留学生 Zaib Ur Rehman 获 2018 年中国政府优秀来华留学生奖学金（表 6-3）。经过多年的教学培养实践，研究生院已形成一套科学适用的来华留学生教学培养计划，中外研究生按相同的时间节点和标准进行考核和评优，建立了以培养质量为导向的奖励激励机制，保证了来华留学生的培养质量。

表 6-3 中国政府优秀来华留学生奖学金获奖学生名单

姓　名	国　籍	专　业	研究所	导　师	层　次	获奖年份
Shahat Sabet Mohanmed	埃　及	农业经济管理	农经所	王济民	博士研究生	2016
Lyatuu Eliamoni Titus	坦桑尼亚	农业经济管理	农业信息所	聂凤英	博士研究生	2016
Prince Marowa	津巴布韦	作物遗传育种	烟草所	郭永峰	博士研究生	2016
Siek Darith	柬埔寨	农业经济管	农业信息所	许世卫	博士研究生	2017
Md. Habibur Rahman	孟加拉国	作物遗传育种	水稻所	程式华	博士研究生	2017
Ahmed Elsayed Ibrahim Gomaa Mohammed	埃　及	微生物学	生物所	林　敏	博士研究生	2017
Zaib Ur Rehman	巴基斯坦	预防兽医学	上海兽医所	丁　铲	博士研究生	2018

研究生院和研究所组织留学生社会实践和中国文化体验活动，常年组织留学生参观国

家农业图书馆、中国农业博物馆、民族博物馆、现代农业示范园和北京园博园等。2016 年首次组织“感知中国”农业与生命科学留学生博士论坛和中外学生“友好班级”交流活动，组织 2 名留学生参加北京市外办举办的“未来领袖青春使者”国际夏令营活动。2018 年组织留学生参加北京市“我与北京”征文比赛，泰国籍硕士留学生庄秋红（Sasivimol Jitbanterngpan）获得征文比赛二等奖，研究生院被评为“优秀组织单位”。通过组织留学生参加中国文化体验活动和留学生社会实践活动，展现中国改革发展、科技创新和文化软实力，增强留学生对中国历史文化的了解，培养知华友华的高层次农业专门人才。

三、学生管理

根据教育部、国家留学基金委、北京市教委和北京市公安局出入境管理局的有关规定，研究生院建立了奖学金评审、教学培养、学籍管理、签证办理、住宿管理、健康保险、校园安全、服务管理等有关规章制度。2010 年制定《外国来华留学生工作手册》。2013 年汇编《外国来华留学生工作手册》《外国来华留学生手册》和《外国来华留学生工作材料》。2016 年制定《留学生公寓管理暂行规定》。2018 年制定《留学生公共厨房管理暂行规定》。研究生院建立了留学生入学教育、宿舍定期检查、禁毒宣传、专项安全排查等管理机制。新生入学报到后，及时发放防电信诈骗宣传页、禁毒宣传材料、教学管理、宿舍管理等规定。协助留学生在入境 24 小时内到属地派出所办理住宿登记和居留许可。组织留学生入学教育宣讲会和中国政府奖学金生见面会，介绍中国农业科学院研究生教育、留学生教育和留学生管理的基本情况以及法规校纪、奖学金评审、教学培养、学籍管理、签证办理、住宿管理、健康保险、校园安全、服务管理等有关事项和要求，并详细解答留学生家属来华申请、校园网络、毕业要求和社会实践活动等问题。2018 年建立了“留学农科（Study in CAAS）”微信公众号，发布留学生招生、通知、新闻、校园生活等信息。组织成立留学生班委会，选派具有多年留学生管理经验的教师担任留学生班主任（留学生辅导员），做好留学生的指导、咨询和服务工作。研究生院重视校园安全管理，积极配合上级安全主管部门进行安全核查，与留学生签订校园安全协议书，加强禁毒宣传，未出现过留学生违法违规、投诉举报、不良舆情等负面问题。

四、毕业、学位和校友

研究生院留学生毕业与学位授予按照国内学生的规定和程序实现趋同管理。留学生学位论文可使用中文或英文撰写，但须有中文题目和中文摘要，论文格式与国内学生相同。留学生答辩时须用汉语进行自我介绍并报告论文摘要，通过论文答辩后准予其毕业，颁发毕业证书；通过院学位评定委员会审定后，授予相应学位，颁发学位证书。2011 年首届 2 名博士留学生毕业，至 2019 年 6 月共毕业留学生 343 人，来自 54 个国家，其中博士 285 人、硕士 58 人（表 6-4）。

表 6-4 2011—2019 年来华留学生毕业情况（截至 2019 年 6 月）

项目	2011	2012	2013	2014	2015	2016	2017	2018	2019
博士	2	8	18	33	27	29	39	37	92
硕士	0	3	10	6	7	11	7	6	8
合计	2	11	28	39	34	40	46	43	100

组织开展优秀来华留学毕业生评选工作。2011 年 1 名博士生获优秀毕业生，2012 年 1 名博士生获优秀毕业生，2013 年 3 名博士生和 1 名硕士生获优秀毕业生，2014 年 4 名博士生获优秀毕业生，2015 人 2 名博士生获优秀毕业生，2016 年 4 名博士生获优秀毕业生，2017 年 4 名博士生和 1 名硕士生优秀毕业生，2018 年 4 名博士生和 1 名硕士生优秀毕业生，2019 年 9 名博士生和 1 名硕士生优秀毕业生。

留学生毕业后能够学以致用，就业总体质量高，出现了一批表现突出的校友，如埃塞俄比亚养蜂协会主席 Desalegn Begna Rundassa 博士（2012 年获特种经济动物饲养专业博士学位）、巴基斯坦核农业与生物研究所（NIAB）首席科学家 Khan Muhammad Kashif Riza 博士（2014 年获作物遗传育种专业博士学位）和联合国粮食及农业组织（FAO）驻坦桑尼亚高级项目协调员 Eiamoni Titus Lyatuu 博士（2016 年获农业经济管理专业博士学位）。据不完全统计，毕业留学生在高校和科研机构就职的占 70. 9%，在政府部门和国际组织就职的占 20. 2%，继续深造的占 5. 1%，在企业就职的占 3. 8%。毕业留学生在促进该国与中国农业科学院及国内相关单位的科教合作、推进联合实验室建设及资源引进、人员交流和产品“走出去”方面发挥了“科技大使”和“文化大使”的作用。

五、世界粮食基金会实习生项目

自 2002 年起研究生院与总部设在美国依阿华州的世界粮食奖励基金会（World Food Prize，WFP）进行合作，每年接待对方派出的 1 名实习学生。自 2009 年至 2019 年 6 月，共接待 10 名美国实习生来中国农业科学院作物科学所、饲料所、蔬菜花卉所、生物所和环发所等相关研究所进修。根据项目实习生的研究方向和科研兴趣，遴选知名导师对其进行指导培养。项目实习生在导师的指导下，参加专业基础知识学习、实验研究、田间实践、数据收集、中国传统文化体验等教学培训活动。从多年来的项目执行情况看，项目执行效果好，扩大了中国农业科技的影响力，增加了中外学生的交流。

2018 年 10 月 16—20 日，李哲敏副院长率团参加在美国爱荷华州得梅因市举办的世界粮食基金会博劳格—劳恩（Blauge-Ruan）国际实习生计划项目 20 周年庆典活动。在庆典会上，世界粮食奖基金会主席 Kenneth M. Quinn 大使向中国农业科学院颁发了“突出贡献奖”，以表彰中国农业科学院在世界粮食基金会博劳格—劳恩国际实习生计划项目所做的突出成绩。作物科学所李学勇研究员指导的实习生 Hans Riensche，获得 2018 年度世界粮食基金会博劳格—劳恩国际实习生计划项目唯一的“约翰·克里斯托奖（John Crystal Award）”。

第二节 中外合作办学

为拓展博士生招生渠道，创新研究生培养模式，提升国际教育水平，先后与比利时列日大学和荷兰瓦赫宁根大学合作举办博士学位教育项目，基于高水平科研培养高端农业科技人才。项目合作具有学科优势明显、办学层次高和创新性强的特点，旨在扩大博士生规模，强化中外导师交流和务实合作，推进博士生培养模式改革，培养具有国际视野和全球竞争力的高层次农业科技人才。

一、中比博士学位教育项目

2013 年，教育部批准研究生院与比利时列日大学合作举办农学和生物工程博士学位教育项目（批准号 MOE11BE1A20131371N，简称“中比项目”）。该项目是研究生院首个中外合作博士学位教育项目，也是国内农业领域首个中外合作办学博士学位教育项目。项目学制 4 年，实行“3（国内学习）+1（国外学习）”的培养模式。项目招生按照教育部批准的学位类别和招生规模（20 人/年）执行。招生标准符合中国农业科学院研究生院和比利时列日大学博士生的入学要求。2013 年招生 19 人，2014 年招生 19 人，2015 年招生 18 人，2016 年招生 17 人，2017 年招生 20 人，2018 年招生 20 人，2019 年招生 20 人。

截至 2019 年 6 月中比项目在校生 102 人。2017 年首届毕业生 12 人，共发表论文 51 篇，其中博士生孙永伟以第一作者发表 SCI 论文 4 篇，累计影响因子 23.27。2018 年中比项目 9 名毕业生顺利毕业，共发表论文 29 篇，其中第一作者论文 22 篇、第一作者 SCI 论文 20 篇，其中胡博文以第一作者发表 SCI 论文 2 篇，单篇最高影响因子为 9.236。2019 年中比项目 8 名毕业生顺利毕业，共发表论文 43 篇，其中第一作者论文 33 篇、第一作者 SCI 论文 28 篇。孙永伟（2017 年）、张勇（2018 年）、胡博文（2019 年）、杨晓梅（2019 年）等 4 人先后获中国农业科学院研究生院高水平论文奖。项目毕业生就业良好，大多被科研院所和高校以留学回国高层次人才的身份录用，培养质量得到用人单位和社会的高度认可。

2013 年中比双方共同组建项目管理委员会，并定期召开工作年会。2013 年 11 月 21 日在北京召开第一次项目工作年会。2014 年 5 月 26—27 日在比利时列日大学召开第二次项目工作年会。2015 年 9 月 24—26 日在北京召开第三次项目工作年会。2016 年 6 月 2—3 日在比利时列日大学召开第四次项目工作年会。2017 年 5 月 22—25 日在北京召开第五次项目工作年会。2018 年 5 月 24—26 日在比利时列日大学召开第六次项目工作年会。2019 年 5 月 21—23 日在北京召开第七次项目工作年会。项目管委会在中比双方分设项目办公室，具体负责项目的执行和日常管理，中方办公室挂靠在中国农业科学院研究生院国际教育处，比方办公室设在列日大学让布卢农业生物技术学院。2016—2019 年，每年引进比利时列日大学“应用多变量分析”和“科学论文写作指南”2 门英文授课课程。

按照教育部和北京市教委有关中外合作办学项目的要求，及时报送项目招生简章备案、新生学籍信息网络系统备案、项目年度报告和项目评估报告等材料。在校生信息按照教育部的要求上报教育部教育涉外监管信息网（www. jsj. edu. cn）审核备案。2016 年 9 月起项目博士生助研津贴标准由2 500元/月提高到3 000元/月。2018 年 9 月起博士生助研津贴标准由 3 000 元/月提高到 3 750 元/月。项目博士生导师、比利时列日大学 Frederic Francis 教授获 2015 年度“中国政府友谊奖”。2015 年 6 月 24 日，时任中国农业科学院副院长唐华俊与比利时列日大学校长 Albert Corhay 共同签署《中国农业科学院与比利时列日大学合作备忘录》。2017 年 6 月研究生院与列日大学续签了合作协议。

2017 年 12 月 6 日，教育部发布《关于通报 2017 年本科以上中外合作办学机构和项目评估结果及后续工作的通知》（教外司办学〔2017〕2340 号），研究生院参加评估的“中国农业科学院研究生院与比利时列日大学合作举办农学和生物工程博士学位教育项目”顺利通过教育部主管部门的评估并获批准延期（2018—2026）。项目合作双方对项目合作成果高度认可，社会影响力不断扩大，培养质量持续提升。

二、中荷博士学位教育项目

2015 年 8 月，教育部批准研究生院与荷兰瓦赫宁根大学合作举办农业和生命科学博士学位教育项目（批准号：MOE11NL1A20151701N，简称“中荷项目”）。项目学制 4 年，实行“2.5（国内学习）+1.5（国外学习）”的培养模式。该项目招生按照教育部批准的学位类别和招生规模（20 人/年）执行。招生标准符合中国农业科学院研究生院和荷兰瓦赫宁根大学博士生的入学要求。2016 年首次招生 19 人，2017 年招生 18 人，2018 年招生 20 人，2019 年招生 20 人。截至 2019 年 6 月中荷项目在校生共 72 人。2016 年 9 月起项目博士生助研津贴标准由2 500元/月提高到3 000元/月。2018 年 9 月起博士生助研津贴标准由3 000元/月提高到3 750元/月。2016 年成立项目管委会，在中荷双方分设项目办公室，具体负责项目的执行和日常管理。中方办公室挂靠在中国农业科学院研究生院国际教育处，荷方办公室设在瓦赫宁根大学研究生院。按照教育部和北京市教委有关中外合作办学项目的要求，研究生院及时报送项目招生简章备案、新生学籍信息备案、项目年度报告等材料。在校生信息按照教育部的要求上报教育部教育涉外监管信息网（www. jsj. edu. cn）审核备案。

2017 年 6 月 22—25 日，罗长富副院长率团参加在瓦赫宁根大学召开的首次项目工作年会，我方管委会成员和导师代表 8 人参会，双方共同研究确定项目 2017—2018 年度工作计划、具体招生工作安排、课程和师资引进及专家学术交流等相关事宜。2017 年 12 月，研究生院邀请荷方项目协调员 Claudius van de Vijver 进行专题宣讲活动，宣传项目特色优势、招生方式、培养模式和管理要求等，进一步扩大项目影响。2018 年 5 月 12—17 日在北京召开中荷项目第二次项目工作年会，会议评估了 2017 年工作进展，讨论通过了 2018

招生预录取名单和2019年工作计划。2019年6月5日，刘瀛弢常务副院长率团参加在瓦赫宁根大学召开的第三次项目工作年会，总结交流项目工作进展，双方就2019年招生后续工作、合作协议续签及第二期项目合作、邀请荷方校领导出席研究生院40周年院庆进行广泛讨论并形成共识。2016—2019年，每年引进荷兰瓦赫宁根大学“高效开展学术研究”和“学术写作及英语演讲”2门英语授课课程。项目合作具有广泛合作基础，合作机制不断完善，生源质量和培养质量持续提升。

第三节　国际交流

一、人员派出

积极开展国际教育交流，大力拓展国际合作伙伴，人员交流规模不断扩大，合作层次持续提高，国际教育交流迈上新台阶。2009年9月—2019年6月累计出访团组50个，出访国别（次）88个，出访人数114人次，其中2018年出国团组9个（含2个参团团组），出访国别14个，出访人员25人次，出访期间签订合作协议/备忘录8个（表6–5，表6–6）。

表6–5　2009—2019年出国组团情况统计（截至2019年6月）

来访情况	2009	2010	2011	2012	2013	2014	2015	2016	2017	2018	2019
出国团组	0	3	5	5	6	2	6	4	7	9	3
出访国别数	0	6	9	10	11	5	9	6	11	14	7
出访人次	0	5	9	11	10	8	8	12	14	25	12

表6–6　2010—2019年主要出国组团情况（截至2019年6月）

序号	出访人员	团长级别	出国（境）时间	国家（地区）	出国（境）任务
1	韩惠鹏 罗长富	常务副院长	2010. 10. 22—2010. 10. 26	巴西、南非	参加留学中国教育展活动
2	刘荣乐 李志平	副院长	2010. 12. 31—2011. 1. 10	尼泊尔、印度	留学生教育及师生交流
3	韩惠鹏 潘东芳	常务副院长	2011. 3. 7—2011. 3. 19	希腊、土耳其	参加留学中国教育展活动
4	王秀玲 王春霞	副院长	2011. 6. 5—2011. 6. 16	奥地利、法国	参加留学中国教育展活动

（续表）

序号	出访人员	团长级别	出国（境）时间	国家（地区）	出国（境）任务
5	孙　红	副院长	2011. 11. 2—2011. 11. 17	美　国	参加留学中国教育展活动
6	韩惠鹏 潘东芳 高　雷	常务副院长	2012. 5. 28—2012. 6. 8	肯尼亚、坦桑尼亚	参加留学中国教育展活动
7	闫艳春	教　授	2012. 9. 14—2012. 10. 5	英　国	参加环境生物修复技术培训
8	韩惠鹏 潘东芳	常务副院长	2013. 6. 18—2013. 6. 27	意大利、比利时	研究生教育合作交流
9	闫艳春	教　授	2013. 7. 15—2013. 7. 20	泰　国	学术交流
10	孙　红 于子荣 翟研宁	副院长	2013. 9. 30—2013. 10. 8	爱沙尼亚、拉脱维亚、立陶宛	参加中国高等教育展活动
11	李思经 王春霞	副院长	2013. 10. 15—2013. 11. 3	白罗斯、哈萨克斯坦	北京国际教育推介会
12	李思经 翟研宁	副院长	2013. 6. 8—2013. 6. 27	美国、加拿大	商谈国际联合培养博士项目
13	刘荣乐 潘东芳	副院长	2014. 5. 21—2014. 5. 30	比利时、荷兰、德国	参加中比项目年会，推进中荷项目合作
14	韩惠鹏 汪勋清	常务副院长	2015. 6. 16—2015. 6. 24	澳大利亚、新西兰	博士生联合培养项目、国际教育国际合作交流
15	刘荣乐	副院长	2015. 6. 25—2015. 7. 2	捷克、比利时	参加中比联合实验室学术委员会会议，拓展博士生联合培养事宜
16	罗长富 潘东芳 王春霞	副院长	2015. 7. 8—2015. 7. 17	荷兰、罗马尼亚、德国	中外合作办学、联合培养博士项目和师生交流
17	刘荣乐 汪勋清 翟研宁	副院长	2016. 5. 1—2016. 5. 8	美国、加拿大	中外合作博士教育项目、师生交流和教学资源引进等
18	罗长富 汪勋清 张　纯	副院长	2016. 6. 1—2016. 6. 8	比利时、荷兰	参加与比利时列日大学和荷兰瓦赫宁根大学的项目工作年会及合作交流活动
19	刘荣乐 张明军 李文才	副院长	2016. 12. 5—2016. 12. 9	澳大利亚	中外合作办学项目和师生交流

（续表）

序号	出访人员	团长级别	出国（境）时间	国家（地区）	出国（境）任务
20	罗长富 王春霞 张明军	副院长	2017.4.19—2017.4.26	美国、加拿大	研究生培养、中外合作办学及师生交流
21	罗长富 张明军 卓　炯	副院长	2017.6.22—2017.7.1	荷兰、比利时	参加中荷项目年会、中比项目首届毕业生论文答辩和毕业典礼
22	刘荣乐	副院长	2017.7.4—2017.7.13	保加利亚、捷克、德国	出席中保农业科技合作研讨会，开展研究生教育交流
23	罗长富 王恩涛 董一威	副院长	2017.9.24—2017.10.1	德国、罗马尼亚	中外合作办学项目、师生交流和优质课程/师资的引进等
24	汪勋清 张艳华	处　长	2017.12.17—2017.12.24	孟加拉国、缅甸	留学生招生宣讲、签订合作备忘录和研究生教育交流
25	罗长富 张明军 陈黎明 张　纯	副院长	2018.3.1—2018.3.10	爱尔兰、瑞士和奥地利	中外合作办学、研究生联合培养以及师生交流
26	李哲敏 刘兰芝 温　洋 张明军	副院长	2018.5.24—2018.5.31	比利时、荷兰	参加中比项目工作年会、中比项目学生毕业答辩，推进与瓦赫宁根大学合作交流
27	刘大群 张明军	院　长	2018.6.14—2018.6.21	澳大利亚、新西兰	研究生教育合作、中外合作办学项目
28	刘瀛弢 毛晓霞 汪勋清 翟研宁	常务副院长	2018.6.6—2018.6.13	捷克、匈牙利	国际教育合作项目、师生交流和教学资源的合作交流
29	罗长富 杨建玲 田松杰 董一威	副院长	2018.9.23—2018.9.30	美国、加拿大	中外合作培养博士生项目和师生交流与合作
30	李哲敏	副院长	2018.10.15—2018.10.21	美　国	参加世界粮食基金会国际研讨会暨国际实习生计划项目20周年庆典活动
31	王春霞 汪勋清 张艳华	副院长	2018.11.19—2018.11.26	肯尼亚、埃塞俄比亚	留学生招生宣讲、签订合作备忘录和研究生教育交流

（续表）

序号	出访人员	团长级别	出国（境）时间	国家（地区）	出国（境）任务
32	李哲敏 张明军 王恩涛 张　纯	副院长	2019. 4. 10—2019. 4. 17	新西兰、澳大利亚	拓展中外合作办学项目、研究生联合培养及师生交流
33	罗长富 张明军 张蓉斌 张　纯	党委副书记	2019. 5. 12—2019. 5. 19	英国、爱尔兰	拓展中外合作办学项目、研究生联合培养和教学资源的合作交流
34	刘瀛弢 汪勋清 陈黎明 卢　鹿	常务副院长	2019. 6. 4—2019. 6. 13	比利时、荷兰、德国	参加中荷博士教育项目年会，拓展中外合作办学项目、师生交流和教学资源的合作交流

二、人员来访

围绕中外合作办学、来华留学生教育和师生交流及教学资源引进工作，积极开展国际教育交流，合作层次持续推高，研究生教育合作伙伴和全球布局迈上新台阶。2009 年 9 月—2019 年 6 月累计接待来访团组 76 个，来访国别（次）112 个，来访人数 529 人次。其中，2018 年来访团组 10 个、国别 14 个，来访人员 31 人次（表 6-7，表 6-8）。

表 6-7　2009—2019 年外宾来访情况统计（截至 2019 年 6 月）

来访情况	2009	2010	2011	2012	2013	2014	2015	2016	2017	2018	2019
国别/国际组织数	1	6	9	10	8	8	7	6	9	10	2
接待代表团数	3	7	10	16	16	12	8	11	13	14	2
接待外宾人次	13	67	78	42	120	33	31	50	49	31	15

表 6-8　2009—2019 年外宾来访主要组团情况（截至 2019 年 6 月）

序号	来访外宾	时间	国别	机构名称	来访活动
1	Bobby Moser 副校长	2009. 11. 10	美　国	俄亥俄州立大学	国际教育合作交流
2	Rodney D. Cooke 博士	2011. 10. 19	联合国分支机构（总部在意大利）	国际农业发展基金会（IFAD）政策和技术咨询部	做学术报告

（续表）

序号	来访外宾	时间	国别	机构名称	来访活动
3	Md Khairul Bashar 等 5 人	2012. 4. 18—2012. 4. 27	孟加拉国	孟加拉国甘蔗研究所	参加分子遗传学培训班
4	Aalt Dijkhuizen 校长	2012. 5. 15	荷　兰	瓦赫宁根大学及研究中心	做“高科技农业：经济和环境的最佳选择”的学术讲座
5	Tom Payne 副校长等 4 人	2012. 5. 17	美　国	密苏里大学	商谈国际教育合作交流并做“密苏里大学的教学和研究”的学术讲座
6	Golam Jalal Ahammed 等 20 名外国学员	2012. 11. 10—2012. 11. 30	巴基斯坦、伊朗、朝鲜、蒙古国、尼日利亚、坦桑尼亚、泰国	学员所在大学、科研机构和政府管理部门等	参加科技部发展中国家技术培训班
7	Susan Carvalho 副校长等 3 人	2013. 7. 18	美　国	肯塔基大学	商谈研究生联合培养和师生交流等合作交流
8	Golam Jalal Ahammed 等 14 名外国学员	2013. 10. 9—2013. 10. 29	巴基斯坦、伊朗、朝鲜、埃及、坦桑尼亚、苏丹、泰国	学员所在大学、科研机构和政府管理部门等	参加科技部发展中国家技术培训班
9	Chailerd Pichitpornchai 等 5 人	2013. 10. 15	泰　国	泰国开放大学	签署合作协议，商谈留学生和教师交流
10	Eric Haubruge 等 10 人	2013. 11. 20—2013. 11. 23	比利时	列日大学	出席首届中比项目年会
11	Dil Bahadur Gurung 等 5 人	2014. 1. 14	尼泊尔	尼泊尔农业研究理事会	商谈派送留学生和人力资源短期培训事宜
12	Stephan Von Cramon - Taubadel 等 4 人	2015. 5. 16	德　国	哥廷根大学	商谈合作办学项目及师生交流
13	Michael Stuckey 等 5 人	2015. 5. 22	澳大利亚	新英格兰大学	商谈合作办学项目及师生交流
14	Mujjeb - U - Ddin Memon 副校长等 4 人	2015. 7. 14	巴基斯坦	巴基斯坦 Sindh 农大	商谈留学生教育合作事宜
15	Frederic Francis 院长等 4 人	2015. 9. 23—2015. 9. 27	比利时	列日大学农学院	参加中比项目年会并与相关研究所进行合作交流
16	Serge Desmarais 副校长等 2 人	2015. 10. 22	加拿大	圭尔夫大学	商谈研究生教育合作事宜

（续表）

序号	来访外宾	时间	国别	机构名称	来访活动
17	Rosanne Taylor 院长等5人	2015. 12. 1	澳大利亚	悉尼大学兽医学院	商谈中外合作办学项目和师生交流
18	Sanit Sawatdikarn 等5人	2016. 1. 19	泰　国	泰国大城府皇家大学	签署 MOU，商谈校际合作交流
19	Paul Geurts 等2人	2016. 5. 30	荷　兰	瓦赫宁根大学	商谈中荷项目招生和项目管理事宜
20	Susan Seal 等24名外国学生	2016. 6. 24	美　国	密西西比州立大学学生代表团	参观农业科技展示园区以及种质库
21	Gregory Bohach 副校长等3人	2016. 6. 27	美　国	密西西比州立大学	商谈博士生联合培养和师生交流
22	Claudius van de Vijver 等3人	2016. 9. 6—2016. 9. 21	荷　兰	瓦赫宁根大学	来华授课
23	Helene Soyeurt 等3人	2016. 12. 5—2016. 12. 16	比利时	列日大学	来华授课
24	Paul Geurts 等3人	2017. 1. 11	荷　兰	瓦赫宁根大学	商谈中荷项目招生和项目管理
25	Ulrich Kuhlmann 等4人	2017. 2. 24	瑞　士	国际应用生物科学中心（CABI）	商谈留学生教育和课程引进事宜
26	Vic Adamowicz 等3人	2017. 3. 30	加拿大	阿尔伯塔大学	商谈中外合作办学项目和师生交流事宜
27	Frederic Francis 等7人	2017. 5. 22—2017. 5. 26	比利时	列日大学	参加中比项目年会并与相关研究所进行合作交流
28	Omer Eisa Ahmed 大使	2017. 7. 7	坦桑尼亚	坦桑尼亚驻华使馆	商谈留学生教育合作并参加毕业典礼
29	Anuchita Moongmgarm 等5人	2017. 9. 7	泰　国	泰国哈萨拉堪大学科技学院	讨论留学生招生和师生交流
30	Claudiusvan de Vijver 等2人	2017. 9. 13—2017. 9. 23	荷　兰	瓦赫宁根大学	来华授课
31	Stan Blade 院长	2017. 9. 26	加拿大	阿尔伯塔大学农学院	商谈博士学位合作办学项目
32	Felix Dapare Dakora 等3人	2017. 9. 30	南非、肯尼亚	非洲科学院	商谈留学生教育合作事宜

（续表）

序号	来访外宾	时间	国别	机构名称	来访活动
33	Kamal Uddin Ahamed 校长等4人	2017.10.11	孟加拉国	Sher－e－Bangla 农业大学	商谈留学生教育合作和师生交流
34	David Morrison 副校长等4人	2017.11.7	澳大利亚	默多克大学	签署博士学位合作办学项目协议
35	Helene Soyeurt 等3人	2017.12.3—2017.12.13	比利时	列日大学	来华授课
36	Kiros Meles Hadgu 等4人	2017.12.5	埃塞俄比亚	世界农用林业中心、亚的斯亚贝巴大学	商谈留学生教育合作事宜
37	Claudiusvan de Vijver	2017.12.20—2017.12.28	荷　兰	瓦赫宁根大学	来华进行招生宣讲
38	Matthias Krön	2017.12.29	奥地利	欧洲大豆协会	商谈于维也纳大学合作培养博士项目
39	Vic Adamowicz 等2人	2018.2.1	加拿大	阿尔伯塔大学	推进合作办学事宜
40	Mbelwa Kairuki 大使等2人	2018.3.14	坦桑尼亚	坦桑尼亚驻华使馆	商谈留学生奖学金事宜
41	Anthierens Katleen Auguste	2018.4.12	比利时	比利时根特大学	商谈中外合作办学和校际交流
42	Stan Blade 院长等2人	2018.6.21	加拿大	阿尔伯塔大学农学院	推进博士学位合作办学项目
43	David Dixon	2018.7.22	美　国	北卡州立大学	推进联合培养学生项目事宜
44	Szenci Otto	2018.7.12	匈牙利	布达佩斯兽医大学	商谈留学生和校际交流事宜
45	Potjamarn Suraninpong 等3人	2018.7.17	泰　国	泰国 walakia 大学	探讨留学生招生事宜，续签合作协议
46	Darren Ryder 等2人	2018.10.22	澳大利亚	新英格兰大学	签署 MOU 和推进师生交流
47	Dolores O'Riordan 等4人	2018.10.23	爱尔兰	都柏林大学	推进合作办学项目申报及与中国农业科学院科研合作
48	Vic Adamowicz	2018.11.6	加拿大	阿尔伯塔大学	推进合作办学项目申报事宜
49	Monticha Putsakum（农学院院长）等13人	2019.3.7	泰　国	泰国开放大学	讨论研究生教育合作和签订合作协议
50	Ghulam Muhammad Ali（农业研究中心主任）等2人	2019.4.3	巴基斯坦	巴基斯坦农业研究中心	讨论研究生教育合作

三、外国专家聘用

1985年开始，研究生院聘请外籍教师担任外语教学任务。按照北京市外专局关于外国人来华工作管理的规定，建立外国专家聘任管理工作机制，国际教育处负责外教的聘请手续和来华工作相关证件的办理，培养处外语教研室负责外教的教学安排和工作评估，院长办公室及财务处负责工资发放，培训服务中心负责后勤保障工作。2009年9月—2019年6月，共聘请来自6个国家的11位外籍教师（表6-9）。

表6-9 2009—2019年聘任外籍教师情况

时间	姓名	性别	国籍	工作内容/教授课程	获奖情况	备注
2009	Douglas Eugene Hall	男	美国	口语	-	临时聘用
2009	Marc Corey Rush	男	美国	口语	-	临时聘用
2009—2014	Michael McGrath	男	爱尔兰	口语	2013—2014学年优秀教师	临时聘用
2012	Anthony Dobrochodow	男	澳大利亚	口语	-	临时聘用
2010.9—2015.2	Lauren Vanessa Stirling	女	新西兰	口语 学术写作	2011—2012学年教学名师、2012—2015年连续3次获优秀教师	长期聘用
2010.9—2012.7	Justin Anthony Oogjes	男	澳大利亚	口语	2011—2012学年优秀教师	长期聘用
2012.9—2013.7	Carol Ann Nix	女	美国	阅读与讨论口语	-	长期聘用
2015.7—2019.6	Thomas Owen Chudyk	男	加拿大	阅读与讨论口语	2017—2018学年优秀教师	长期聘用
2015.9—2017.7	Anna Dekunova	女	乌克兰	口语	-	临时聘用
2018.7—2019.6	Anthony John Ragucci	男	美国	阅读与讨论口语 听力	-	长期聘用
2018.8—2019.7	Joshua Mills Bernstein	男	美国	阅读与讨论口语 听力	-	长期聘用

四、国际教育合作交流协议/备忘录

依托中国农业科学院的国际合作资源，促进教学资源引进、师生交流和校际交流活动。组织开展美国俄亥俄州立大学海外实习项目、世界粮食奖励基金会实习生项目、国际应用生物中心（CABI）课程引进和联合培养博士项目等项目。2012 年开始，先后与比利时列日大学（2012 年）、荷兰瓦赫宁根大学（2014 年）、澳大利亚悉尼大学（2015 年）、澳大利亚默多克大学（2017 年）、爱尔兰国立都柏林大学（2018 年）和加拿大阿尔伯塔大学（2018 年）等 6 所国际知名高校签署了关于开展合作办学的协议。同时，积极服务“一带一路”倡议和农业“走出去”战略需求。截至 2019 年 6 月，累计与全球五大洲的 16 个国家和 1 个国际组织签署合作协议/合作谅解备忘录（MOU）29 份，助力国际教育高质量发展（表 6-10）。

表 6-10　2009—2019 年签署国际教育合作协议/备忘录情况

序号	学校	国别	大洲	协议类型	签署日期	有效期	合作领域
1	第三世界妇女科学组织	国际组织（总部位于意大利）	欧　洲	协议	2011. 3. 3	5 年	留学生奖学金
2	堪萨斯州立大学	美　国	北美洲	MOU	2012. 5. 11	5 年	交流合作
3	列日大学	比利时	欧　洲	协议	2012. 9. 28	4 年	合作办学
4	Faisalabad 政府学院大学	巴基斯坦	亚　洲	MOU	2013. 1. 11	5 年	交流合作
5	Sukhothai Thammathirat 开放大学	泰　国	亚　洲	MOU	2013. 10. 15	长期	交流合作
6	林肯大学	新西兰	大洋洲	MOU	2014. 9. 15	5 年	交流合作
7	瓦赫宁根大学	荷　兰	欧　洲	协议	2014. 12. 1	4 年	合作办学
8	悉尼大学	澳大利亚	大洋洲	协议	2015. 6. 7	5 年	合作办学
9	列日大学	比利时	欧　洲	MOU	2015. 6. 24	5 年	交流合作
10	大城府皇家大学	泰　国	亚　洲	MOU	2016. 1. 19	无	交流合作
11	列日大学	比利时	欧　洲	协议	2016. 6. 24	4 年	合作办学
12	泰国农业大学	泰国	亚　洲	MOU	2016. 12. 15	5 年	交流合作
13	列日大学	比利时	欧　洲	协议	2017. 7. 24	8 年	合作办学
14	默多克大学	澳大利亚	大洋洲	协议	2017. 11. 7	4 年	合作办学
15	Sher-e-Bangla 农业大学	孟加拉国	亚　洲	MOU	2017. 12. 18	5 年	交流合作
16	爱尔兰国立都柏林大学	爱尔兰	欧　洲	协议	2018. 3. 12	6 年	合作办学
17	南波西米亚大学	捷克	欧　洲	MOU	2018. 6. 11	5 年	交流合作
18	加拿大阿尔伯塔大学	加拿大	北美洲	协议	2018. 7. 16	6 年	合作办学
19	Walailak 大学	泰国	亚　洲	MOU	2018. 7. 17	5 年	交流合作
20	Yezin 农业大学	缅甸	亚　洲	MOU	2018. 8. 28	5 年	交流合作

（续表）

序号	学校	国别	大洲	协议类型	签署日期	有效期	合作领域
21	Sokoine 农业大学	坦桑尼亚	非　洲	MOU	2018. 8. 28	5年	交流合作
22	澳大利亚新英格兰大学	澳大利亚	大洋洲	MOU	2018. 10. 22	3年	交流合作
23	加拿大阿尔伯塔大学	加拿大	北美洲	MOU	2018. 11. 17	6年	交流合作
24	Jaramogi Oginga Odinga 科技大学	肯尼亚	非　洲	MOU	2018. 11. 20	5年	交流合作
25	Masinde Muliro 科技大学	肯尼亚	非　洲	MOU	2018. 11. 21	5年	交流合作
26	埃塞俄比亚生物技术研究所	埃塞俄比亚	非　洲	MOU	2018. 11. 22	5年	交流合作
27	Debre Tabor 大学	埃塞俄比亚	非　洲	MOU	2018. 11. 23	5年	交流合作
28	布达佩斯兽医大学	匈牙利	欧　洲	MOU	2018. 12. 17	5年	交流合作
29	泰国开放大学	泰　国	亚　洲	MOU	2019. 3. 7	5年	交流合作

第七章
科技与社会服务

第一节　科研工作

一、规章制度建设

2011年10月9日，依据国家、相关部委和中国农业科学院相关规定，制订《中国农业科学院研究生院科研项目管理办法》（农科研生〔2011〕98号），对除基本科研业务费项目以外的各类科研项目的立项申请、组织实施和经费使用等管理工作做出明确规定，以加强对各类科研项目的科学化、制度化、规范化管理，提高管理效率和水平。2016年12月28日，经院务会议审议通过，对《中国农业科学院研究生院科研项目管理办法》进行修订，将适用对象修改为“无专项管理办法的科研项目以外的各类科研项目”。

2011年10月26日，根据《中国农业科学院学术委员会章程》，制订《中国农业科学院研究生院学术委员会章程》（农科研生〔2011〕107号），对研究生院学术委员会的组织、职责、议事规程等做出明确规定，以进一步加强研究生院学术管理工作，完善学术委员会工作制度，提高教学和科研水平。2016年12月28日，经院务会议审议通过，对《中国农业科学院学术委员会章程》进行修订，将其中有关“常务副院长”的描述修改为“院长”。

2016年7月11日，根据《国务院关于改进加强中央财政科研项目和资金管理的若干意见》和《中国农业科学院科研经费信息公开管理办法》的规定，为深入贯彻落实中国农业科学院实施科研经费监管“阳光工程”的要求，制订《中国农业科学院研究生院科研经费信息公开实施细则》（农科研生〔2016〕86号），对科研经费信息公开的范围和内容、形式和期限及信息公开的反馈机制等作出明确规定，全面加强科研经费管理、推进科研经费信息公开。

2016年12月28日，根据《中国农业科学院基本科研业务费专项管理实施细则》（农科院科〔2016〕314号）文件要求，经院务会议审议通过，制订《中国农业科学院研究生院基本科研业务费专项管理实施细则》（农科研生〔2016〕184号），对基本科研业务费专项管理的机构与职责、项目库制度、立项与组织实施、报告与结题、绩效管理、监督检查等做出明确规定。

二、国家自然科学基金

2012 年，研究生院获得首个国家自然科学基金项目资助，项目名称为“微生物对毒死蜱降解机理研究”，执行期限为 2012 年 1 月—2015 年 12 月，资助经费 65 万元，由闫艳春主持。至 2019 年 6 月，研究生院共获得 6 项国家自然科学基金项目资助，资助经费总额 338.4 万元（表 7-1）。依托项目资助共发表学术论文 43 篇，其中 SCI 论文 15 篇，授权专利 4 项。

表 7-1　2012—2019 年国家自然科学基金资助项目情况

项目名称	项目类型	资助经费	执行期限	主持人
微生物对毒死蜱降解机理研究	面上项目	65 万元	2012.1—2015.12	闫艳春
邻苯二酚生物感应分子的研制及其功能验证	青年科学基金项目	23 万元	2014.1—2016.12	王海胜
嗜热盐碱厌氧菌 Natranaerobius thermophilus 独特的多极端环境适应机理	面上项目	80 万元	2014.1—2017.12	赵百锁
毒死蜱代谢产物——三氯吡啶酚的微生物降解机理研究	应急管理项目	18 万元	2016.1—2016.12	闫艳春
产四醚膜类脂（GDGTs）的盐碱微生物对环境变化的响应机理	面上项目	74.4 万元	2016.1—2019.12	赵百锁
分枝杆菌 YC-RL4 高效降解酞酸酯的遗传调控网络解析	面上项目	78 万元	2019.1—2022.12	闫艳春

三、基本科研业务费

2009—2019 年，研究生院共获得基本科研业务费专项经费资助 1 434.5 万元，其中，2016 年有 1 项“院级统筹”项目，项目名称为《农业科技创新联盟人才培优工程建设》，执行期限为 2016 年 9 月—2017 年 12 月，资助经费 80 万元。2017 年有 1 项“院级统筹”项目，项目名称为《农业科技创新联盟人才培优工程建设》，执行期限为 2017 年 1 月—2021 年 12 月，资助经费 100 万元。除 2 项“院级统筹”项目外，其余均为“所级统筹”项目，资助经费共 1254.5 万元，资助项目 77 个，其中结题 52 个、在研 17 个、终止 8 个。依托项目资助，共发表学术论文 110 篇，其中 SCI 论文 42 篇；出版教材（专著）4 部，申请专利 12 项、授权 7 项，构建了研究生教育管理信息系统等信息化平台，提高了教职员工研究水平和业务能力。

2017 年 3 月 2 日，根据《中国农业科学院基本科研业务费专项管理实施细则》（农科院科〔2016〕314 号）、《中国农业科学院研究生院基本科研业务费专项管理实施细则》（农科研生〔2016〕184 号）的规定，成立基本科研业务费专项管理咨询委员会（农科研生〔2017〕21 号），共有委员 19 人，其中本单位委员 14 人，外单位委员 5 人。主任委员为刘大群，副主任委员为刘荣乐、罗长富，本单位委员为李志平、李虹、翟研宁、温洋、李文才、王春霞、杨建玲、汪勋清、佟继旭、闫艳春、卢鹿，外单位委员为梅旭荣（科技管理局）、刘瀛弢（财务局）、林敏（生物所）、朱昌雄（环发所）、李俊（资源区划所）。

2017 年 11 月 24 日，鉴于人员变动情况，经主任委员批准，增补李哲敏、柳萌为研究生院基本科研业务费专项管理咨询委员会委员。

2018 年 8 月 1 日，为保证各类相关工作小组、委员会顺利开展工作，结合人员变动情况，经 2018 年第 7 次院务会研究同意，对研究生院相关工作小组、委员会构成人员进行调整（农科研生〔2018〕75 号）。调整后的基本科研业务费专项管理咨询委员会共有委员 22 人，其中本单位委员 17 人、外单位委员 5 人。主任委员为刘大群，副主任委员为刘瀛弢、罗长富、王春霞、李哲敏，本单位委员为佟继旭、王仕龙、李虹、翟研宁、温洋、李文才、陈黎明、杨建玲、汪勋清、柳萌、闫艳春、卢鹿，外单位委员为任天志（科技管理局）、陈金强（财务局）、林敏（生物所）、朱昌雄（环发所）、李俊（资源区划所）。

第二节　科技培训

充分发挥中国农业科学院“农业科研国家队”品牌优势，突出雄厚的科研实力、优秀的专家团队、广泛的影响力与合作关系等优势，面向政府部门、高校科研院所和企业等组织机构的领导管理干部、农业科技人才、基层农技人员等开展培训。整合全院资源、联合社会力量形成了覆盖全国农业技术和人才的培训网络，组建了由国家部委、高校科研院所及知名企业等 300 余位专家学者组成的师资队伍，服务“三农”事业发展和乡村振兴战略的实施，统筹组织实施高层次科技及精准扶贫等培训工作。

2009—2014 年，培训工作由研究生院培训中心负责组织实施。2009 年，承办中国农业科学院新职工岗前培训班、处级干部培训班；受科技部农村中心委托，举办 UNDP 特派员项目第三期培训班；受农业农村部贸易促进会和乡镇企业管理局委托，举办第二期农产品国际贸易经理及管理人员培训班，共培训 400 余人。

2010 年，配合农业部、科学技术部、中国农业科学院举办国际贸易职业经理人培训班、中国农业科学院 2010 年所（局）级领导干部培训班等 11 期，培训人员近 1 000 人。

2011 年，成功申报人力资源和社会保障部首批“国家级专业技术人员继续教育基地”，在中国农业科学院人事局的指导下，具体负责基地运行管理工作。做好第八届“西部之光”访问学者 36 人的安排接待工作。组织承办“第四期农产品国际贸易经理及管理人员培训班”等各类培训 11 期，培训人员 633 名。

2012 年，成功申报科学技术部“发展中国家技术培训基地”，组织涉外科技培训。承担科学技术部、农业部、中国农业科学院等各类国内外培训项目 12 个，累计培训人员 900 余人次。首次举办发展中国家技术培训班项目“2012 年资源高效利用型植物工厂技术国际培训班”，来自朝鲜等 7 个发展中国家的 13 名学员参加培训。

2013 年，举办第六期农产品国际贸易经理及管理人员培训班、中国农业科学院新入职人员培训班等 15 个培训班，累计培训 1 100 余人次；组织由科技部主办的资源高效利用型植物工厂技术国际培训班，来自巴基斯坦、朝鲜等 7 个国家的 14 名学员参加培训；与中国科学院大学发起建立科研机构培训联盟，实现培训资源共享。做好第十届“西部之光”访问学者和新疆、西藏特培人员 16 人的组织接待工作。

2014 年，撤销研究生院培训中心。6 月 20 日，中国农业科学院印发《中国农业科学院关于成立培训中心的通知》（农科院研生〔2014〕148 号），成立中国农业科学院科技培训指导委员会和中国农业科学院培训中心，培训中心挂靠研究生院，负责对全院各类科技培训活动进行总体规划和顶层设计，对培训活动中的战略性、方向性、全局性问题进行指导和协调，不断完善培训教学条件及设施，开展人员培训、教材课件开发和课题研究，致力于打造我国农业科技培训的第一品牌。坚持国际视野，服务国家“一带一路”倡议和农业“走出去”的战略，开展国际农业合作培训，圆满完成多期国家援外培训任务。已在北京、成都等地建立 11 个中国农业科学院培训中心培训基地（表 7-2）。

表 7-2 培训基地建设情况一览表

序号	挂牌时间	基地共建单位名称	地 点
1	2017. 12. 8	棉花研究所海南科研中心	海南三亚
2	2018. 3. 28	北京顺鑫控股集团	北 京
3	2018. 8. 4	哈尔滨兽医研究所	黑龙江哈尔滨
4	2018. 9. 17	沼气科学研究所	四川成都
5	2018. 10. 13	新疆农垦科学院	新疆石河子
6	2018. 12. 8	敦煌种业集团	甘肃敦煌
7	2018. 12. 12	白洋淀国家农业科技园区委员会	河北保定
8	2019. 1. 19	东海县人民政府	江苏连云港东海县
9	2019. 4. 16	江西省农业科学院	江西南昌、高安
10	2019. 4. 17	井冈山市科科苑宾馆	江西井冈山
11	2019. 5. 5	石家庄市农林科学研究院	河北石家庄

2014 年，组织开展种业高级技术人员研修班、农村职业经理人培训班、发展中国家植物工厂技术培训班等 10 余期，培训 1 000余人。

2015 年，规范培训管理工作，将基地的培训班管理、精品课程管理等纳入《中国农业科学院国家级专业技术人员继续教育基地管理办法》中。启动现代农业产业技术体系及农业增产增效技术推广培训项目建设，首批建设水稻、玉米等 15 个培训课程。组织完成

“青年课题组长培训班”等 13 期培训，累计培训 1 006 人次。

2016 年，在湖北荆门建立“湖北彭墩新型职业农民培训基地”，启动新型职业农民教育培训体系建设。组织完成“西部之光”、青年课题组长培训班等 26 期培训，累计培训 1 495 人次。

2017 年，在棉花研究所海南繁育中心建立首个“中国农业科学院培训中心培训基地”。举办首届“国家农业科技创新联盟科技人才培训项目”、首届“创新工程团队首席科学家轮训班”、首期“全国‘三支一扶’人员能力提升专项计划示范培训班”。组织完成“西部之光”、援疆援藏及安康产业扶贫等 28 期培训，累计培训 2 377 人次。

2018 年，制定“一懂两爱”农业科技队伍建设行动方案，将培训工作纳入中国农业科学院乡村振兴和科技扶贫的统一部署。配合中国农业科学院做好“院地合作”工作，与新津县人民政府和新希望集团联合共建“天府希望绿领学院”，与史来贺干部学院合作建立培训基地，在北京顺鑫控股集团、哈尔滨兽医所、成都沼气研究所、成都新津县、新疆农垦科学院、甘肃敦煌种业集团、河北白洋淀国家农业科技园区管理委员会等地建立 7 个培训基地。组织完成扶贫培训、国际培训等 25 期，累计培训 3 495 人次。

2019 年，举办世界知识产权组织学院 DL 中文课程培训班、新疆农业科学院短期访问学者短期培训班等 8 期，累计培训 988 人次。在江西南昌、高安、井冈山及河北石家庄等地建立 4 个培训基地。

第三节　乡村振兴及科教扶贫

一、乡村振兴学院

党的十九大做出实施乡村振兴战略的重大决策部署，为更好地推进“科技服务‘三农’”和乡村振兴工作的开展，培育造就一支懂农业、爱农村、爱农民的“三农”工作队伍，2018 年，经中国农业科学院 2018 年第 13 次常务会研究同意，组建“中国农业科学院乡村振兴学院”，挂靠在研究生院。

乡村振兴学院旨在整合中国农业科学院各类资源，协同国内外高校、科研院所和企业，围绕乡村振兴战略的理论与实践，重点开展乡村振兴战略相关研究，促进乡村振兴战略有效实施，助推中国农业科学院实现人才、科技、智库三个方面的集中发力。针对乡村发展特点和地方发展需求，面向社会群体开展特色产业培育、乡村振兴与城乡融合发展等方面的专题培训。结合乡村发展中的热点和难点问题开展调查研究，向有关部门提出决策咨询与政策建议。举办有关乡村振兴论坛和成果发布会等。

中国农业科学院乡村振兴学院以“主动服务‘三农’工作及社会发展、主动融入国家乡村振兴战略和以贡献求支持、以服务促发展”为发展思路；以理论研究、专题培训、决策咨询、国际合作和专题调研等为主要工作内容；以打造具有决策影响力、社会信任、国内知名的研究咨询服务平台和我国新型智库体系的重要组成部分为目标，从而努力提升中国农业科学院社会服务能力。

二、科教扶贫

（一）“西部之光”访问学者、少数民族特培学员培养工作

2003年，中央组织部、人力资源和社会保障部开始实施“西部之光”访问学者、少数民族特培学员培养工作，旨在从西部地区选调部分青年科研骨干作为访问学者到中央和国家机关有关部委所属的研究机构、重点院校、医疗卫生机构进行培训，力争在5年左右的时间，为西部地区培养和造就1 000名左右的学术带头人和科技骨干。

中国农业科学院党组高度重视“西部之光”访问学者、少数民族特培学员培养工作，按照中央组织部、人力资源和社会保障部的统一部署和要求，在农业部人事劳动司的直接指导下，本着服务西部、对口支援的原则，积极协调落实访问学者接收培养单位、培养导师，把落实“西部之光”访问学者计划作为一项重要任务，切实纳入支持西部大开发的总体规划和中国农业科学院高层次农业科研人才培养基地建设的具体工作中。

研究生院承担“西部之光”访问学者、少数民族特培学员培养工作和日常管理工作，积极鼓励访问学者参加中国农业科学院、各研究所的学术报告和讲座，选修研究生课程。经过为期一年的培养，参与合作导师课题研究和调研，访问学者在各方面均取得很大收获，在论文产出方面每人至少公开发表1~2篇文章，多者发表7~8篇。自2009—2019年共接收“西部之光”访问学者299人（表7-3）。

表7-3　2009—2019年中国农业科学院“西部之光”访问学者

接收年份	进修时间	接收人数	来源省份	培养单位
2009	2009.9—2010.8	21	宁夏、新疆等8个省市自治区	作物科学所、蔬菜花卉所等11个单位
2010	2010.9—2011.8	18	云南、甘肃等10个省市自治区	植保所、蔬菜花卉所等10个单位
2011	2011.9—2012.8	西30 特3	四川、广西等13个省市自治区	畜牧兽医所、饲料所等15个单位
2012	2012.9—2013.8	西24 特3	新疆、西藏等12个省市自治区	资源区划所、沼气所等15个单位
2013	2013.9—2014.8	西14 特2	湖北、甘肃等10个省市自治区	农产品加工所、油料所等10个单位
2014	2014.9—2015.8	14	云娜、宁夏等8个省市自治区	哈尔滨兽医所、兰州兽医所等10个单位
2015	2015.9—2016.8	17	重庆、广西等11个省市自治区	郑州果树所、上海兽医所等11个单位
2016	2016.9—2017.8	24	新疆、青海等10个省市自治区	饲料所、质量标准所等16个单位

（续表）

接收年份	进修时间	接收人数	来源省份	培养单位
2017	2017.9—2018.8	33	宁夏、贵州等11个省市自治区	麻类所、棉花所等18个单位
2018	2018.9—2019.8	33	四川、陕西等12个省市自治区	茶叶所、生物所等20个单位
2019	2019.4	63	广西、青海等11个省市自治区	作物科学所、蔬菜花卉所等18个单位

（二）扶贫培训工作

深入贯彻落实党的十九大精神和习近平总书记2018年在成都主持召开的打好精准脱贫攻坚战座谈会精神，按照中国农业科学院党组的工作部署和要求，充分发挥培训平台作用，详细制定扶贫工作方案，加大帮扶力度，增强帮扶效果。

深入调研阜平县培训工作具体需求，充分利用中国农业科学院科技创新资源，实现科技成果落地，推进中国农业科学院在阜平县的精准扶贫工作。2017年7—12月，联合北京畜牧兽医研究所、农业资源与农业区划研究所、蜜蜂研究所和蔬菜花卉研究所，分别针对畜牧养殖、香菇栽培、蜜蜂养殖和蔬菜生产四个产业领域，在阜平县开展了4批次的技术培训与技术咨询工作，举办专题讲座共计16场次，培训人员共计400余人。同年，联合陕西省安康市农业局举办“安康生态富硒农业培训班”，75人参加培训。

2018年，根据中国农业科学院党组的统一安排，继续教育处参与《中国农业科学院科技扶贫行动指导意见》（农科党组发〔2018〕22号）文件制定和《中国农业科学院科技扶贫行动实方案》（农科转化〔2018〕176号）的编制工作。为有效开展科技扶贫工作，2018年11月12日，围绕重点区域落实重点任务的基础上培训中心编制《中国农业科学院研究生院科技扶贫实施方案》。在阜平县举办养殖、菌类、小微企业战略发展等培训班6期，培训320人次；在德州、河南、枣庄、宁波等地举办番茄育种、产业兴旺、秸秆综合利用等培训班10期，累计培训2 085人次。

根据中国农业科学院部署乡村振兴科技支撑行动工作精神，参与《2018—2035年中国农业科学院乡村振兴科技支撑行动》规划制定工作，策划“一懂两爱”农业科技队伍建设行动，该行动被列为中国农业科学院整体规划重点实施的“十大行动”之一。

第四节　北京中农研科技服务中心有限公司

多年来，北京中农研科技服务中心有限公司（下称公司）主要承担农业农村部、中国农业科学院及各研究所的各种培训和会议任务的接待和住宿工作，是农业农村部定点采购单位。每年接待各类会议160余次，客房利用率达85%以上，公司每年接受北京市公安、消防、卫生检疫等部门的检查，均为达标状态。

2012年，公司从股份有限公司变更为法人独资公司。截至目前由于各种原因，公司法人经历几次变更。

2012年2月，因之公司法人王秀玲到达法定退休年龄，任命李志平为公司法人代表，任命高雷为公司经理，任命李虹为公司监事。

2013年5月，因工作需要，任命李思经为公司法人代表，陈挈为公司经理，李虹任公司监事。

2014年1月，按照上级关于规范领导干部在企业兼职（任职）的要求，研究生院决定对公司法人代表等进行变更，任命晁伟为公司法人代表，胡俊鸿为公司经理（2019年1月退休），陈武梅为公司监事。后因陈武梅退休，任命果文帅任公司监事。

2018年8月，任命张玉胜任公司监事，果文帅不再任公司监事。

2015年5月，北京中农研接待中心承包合同到期。在中国农业科学院监察局的指导下，对于承包业务进行公开招投标，中标方为赵宏伟。

2016年以后，为业务开展需要，陆续对接待中心客房进行装修，更新了部分设备设施，包含淋浴房、暖气、热水器、空调和电视等，公司运行状态良好。

第八章
条件建设

第一节　基本建设

2009年以来，研究生院快速推进基础设施建设，加强院区规划和校园环境治理，改善办学条件。在上级有关部门的大力支持下，建成学生公寓一栋（研究生公寓2号楼），马连洼院区研究生宿舍楼即将开工建设。截至2019年6月，研究生院管理和使用楼宇8栋，其中教学楼1栋，教学实验楼1栋，宿舍楼4栋，办公楼1栋，在建宿舍楼1栋。

2010年3月，研究生公寓2号楼破土动工，9月30日竣工，10月正式投入使用。该楼建筑面积15 500平方米，设计为“回”字形，地下2层，地上7层（局部3~6层）。公寓建有房间636间，共有床位1 089张，安装电梯两部。2011年，完成研究生公寓2号楼的验收、竣工结算、结算审核以及项目档案归类和整理等工作，并报北京市档案馆完成备案。公寓2号楼的建成和投入使用，改善了研究生住宿条件，为研究生教育提供了充足的发展空间。

2015年，北京市规划委员会批复同意中国农业科学院在海淀区圆明园西路建设学生集体宿舍用地的需求。2017年9月，农业部批复研究生院申请的马连洼院区研究生宿舍项目可研报告，批复新建研究生宿舍7 781平方米（自筹资金建设地下车库等1 050平方米），总投资2 772万元，资金来源为国拨（农计发〔2017〕108号）。同年，中国农业科学院批复马连洼院区学生集体宿舍项目，建设单位为中国农业科学科学院后勤服务中心（农科院基建〔2017〕131号）。2018年完成文物保护评估审批（表8-1）。

表8-1　研究生院房屋建设使用情况

序号	项目名称	用途	开工时间	竣工时间	建设地点	建筑面积（平方米）	结构类型	层数	立项批准文号
1	硕士宿舍楼加层项目	硕士生宿舍	1986 2006.5	1987.12 2006.8	中国农业科学院内	4 707 1 750	砖混 框架	4 1	（85）城建基128号 农科院计财〔2006〕49号
2	留学生楼扩建项目	留学生宿舍	1988 2005.5	1989.12 2005.8	中国农业科学院内	2 493 2 208	砖混 框架	4 5	农计函〔2005〕第2号
3	25号楼住宅	硕士生宿舍	1990	1991.12	中国农业科学院内	3 300	砖混	5	（1989）农（计基）字第36号

（续表）

序号	项目名称	用途	开工时间	竣工时间	建设地点	建筑面积（平方米）	结构类型	层数	立项批准文号
4	教学实验楼	实验室及农民大学	1997	1997.12	中国农业科学院内	2 246	砖混	4	（96）农科院（计财）字第215号
5	教学楼	教　学	2002.6	2003.1	中国农业科学院内	3 518	框架	5	农办计〔2005〕5号
6	科技培训交流楼	办公综合楼	2001.5	2002.12	中国农业科学院内	10 055	框架	8	农计函〔2001〕42号 农办计〔2001〕93号
7	研究生公寓2号楼	硕士博士宿舍	2010.3	2010.9	中国农业科学院内	15 500	框架	3~7	发改投资〔2006〕2728号
8	马连洼院区研究生宿舍项目	宿　舍	待开工	待竣工	马连洼	13 621	-	5	农科基建〔2017〕131号

第二节　设施条件建设

2009年以来，研究生院积极争取多方支持，努力改善办学条件，在教学实验设施、生活文体设施、信息网络设施和安全防控设施等方面均得到提升。

一、教学实验设施

2010年，完成教学用多媒体设备购置项目及视频教室和远程教学设备购置项目的招投标及项目执行工作，实验教学条件全面升级。

2011年，利用修缮购置项目购置教学用分子生物学实验室设备15台（套），使用资金643万元，及时更新教学实验设备，保证教学工作的正常开展。

2012年，投资900万元完善实验室建设，购置仪器设备592台（套），为高水平实验课程的开设提供条件保障。

2013年，对教学楼进行装修改造，主要内容为室内外装饰装修、门窗更新、卫生间装修改造、屋面防水等；完成新增实验室（硕士宿舍楼一楼原宿舍改造为实验室）装修改造工程，该工程主要内容为室内装修、贴砖、吊顶、门窗更新、定制实验台、配电改造等。

2015年，对教学楼部分设施进行安装和更新，包含教学楼火灾自动报警等装置。

2017年，完成教学楼课桌椅采购、教室改造和语音教室改造工程，其中更换课桌椅

1 400 套。

二、生活文体设施

2009 年，自筹资金 100 万元完成了球形网架建设工程，在宿舍楼和教学楼之间建设了 700 平方米室内运动场地。

2011 年，投资近 200 万元改善学生的学习生活设施，铺设塑胶运动场地 2 000 平方米；投资 100 余万元完成学生食堂装修改造工程，完成留学生宿舍楼五层 4 间房屋的改造工作，建成了留学生阅览室和活动室，为留学生楼和公寓 2 号楼配备了家具、书架、衣柜等；在各学生宿舍楼内安装自动投币洗衣机 40 台。

2012 年，投资 400 万元完成院区电力增容及宿舍楼、教学楼空调安装工程；投资 150 万元美化校园环境，完成宿舍区路面美化、动场地灯光工程及乒乓球室建设等项目；各宿舍楼安装了智能限电装置及节水设备。

2013 年，学生浴室引入太阳能热水，将原有的浴室设备改装为太阳能热水器。

2014 年，投资近 500 万元完成学生浴室装修改造、学生宿舍粉刷等各类基建项目 25 项，大力推进节能减排，将院区日光灯照明全部更换为 LED 节能灯。

2015 年，投资 270 余万元，完成运动场塑胶铺装、学生食堂消防设施改造等项目建设；将 2 号公寓楼电热水器和楼道照明灯更换为节能设备，节约能耗 50%以上。

2017 年，对学生食堂部分设施进行改造和新建，包含燃气管线及灶台安装、清真厨房建造、餐厅操作间改造等。

2018 年，完成电动自行车充电桩安装等工程项目。

三、信息网络设施

2011 年以前，研究生院网络带宽为 20M，学生宿舍不能上网，仅能勉强维持办公室工作使用。

2012 年，投资 190 万元建设完成校园“一卡通”管理系统；投资 430 万元完成网络升级改造，带宽增至 200M，有效提高了办公区、教学区和生活区的网络运行速度。

2013 年，“研究生教育一体化数字校园平台建设项目”立项；在教学楼安装无线网络设备，实现无线上网；全面启用“一卡通”系统，方便学生在校生活。

2014 年，启动实施“研究生教育一体化数字校园平台建设项目”并顺利完成，布置完成研究生院 18 个教室和 32 个研究所地面教室，共计 50 个点，在北京（研究生院）、兰州（兰州兽医所）、杭州（水稻所）、哈尔滨（哈尔滨兽医所）建成四个数据中心，采用视频播放云技术，提供远程实时授课服务，支持师生开展同步课堂教学和视频会议；与联通公司签订网络服务协议并支付费用 180 万元，将中国农业科学院院区网络带宽增至 2G，研究生院带宽增至 1G。

2015 年，“研究生教育一体化数字校园平台建设项目”二期进展顺利，建设完成研究生管理信息系统和办公自动化系统；自主引进 500M 教育宽带，提高了访问国外教育网站的速度，丰富网络教育资源，为学生开展学习、科研提供便利。

2016 年，“研究生教育一体化数字校园平台建设项目”继续推进，研究生管理信息系统和办公自动化系统上线试运行；通过修缮购置项目改善机房核心链路设备，提升网络安全水平。

2017 年，完成“虚拟教学机房及精品课堂建设设备购置项目”，执行项目经费 300 万元，建成 5 个现代化精品课堂教室；申报并获批“数字校园无线覆盖设备购置项目”，下达资金 210 万元；完成“一卡通”系统及马连洼宿舍网络升级改造工作。

2018 年，实施完成“数字校园无线覆盖设备购置项目”，布置完成无线接入点 1 035 个，实现全院办公教学生活区域无线网络全覆盖，极大改善了研究生院院区的无线网络环境。

四、安全防控设施

2011 年，完成研究生公寓 2 号楼红外对射报警、监控设备安装与更新改造及办公综合楼报警和监控设备更新维护工程；投资 70 余万元完成办公综合楼等五项消防设备设施的改造更新工程。

2015 年，更新留学生公寓监控系统。

2017 年，投资 160 余万元升级改造全院监控系统，完成 25 号楼烟感报警系统安装。

2018 年，投资 100 多万元完成学生食堂燃气报警系统升级改造、教学楼和办公综合楼防火门安装等工程。

第三节 修缮购置项目

2009 年以来，研究生院充分利用修缮购置项目争取建设资金，改善办学环境，提升教学、实验、生活设施条件和信息化水平。截至 2019 年，共完成修缮购置项目 12 个，其中 1 个房屋修缮类项目，11 个仪器设备购置类项目，批复总资金 6 493 万元。

一、房屋修缮类项目

2018 年，研究生院申请中央级科学事业单位修缮购置项目——公共安全：研究生院校园安全及教学保障项目。2019 年 4 月，农业农村部批复金额为 850 万元。项目主要建设内容为：教学楼、留学生公寓、研究生公寓 1 号楼及 2 号楼的室内外墙面修缮、新增消防喷淋系统、食堂排油烟系统改造、顶楼屋面保温防水及消防监控集成改造等。项目的实施将改善教室、教研室、学生食堂等办学条件，系统解决老旧建筑安全隐患，保障教学生活安全。

二、仪器设备购置类项目

通过仪器设备购置类项目的实施，先后完成数据中心机房、实验室设备、教室设备和语音室机房改造。这些项目的完成逐步改善了教学实验环境，丰富了教学实验硬件条件，保障了安全快捷的网络环境，有效提高了教学基础设施水平。

（一）数据中心机房改造

2016 年，完成了教学用核心机房设备及安全防范设备购置项目，对数据中心机房进行了改造，替换了原有的老旧设备，增加了网络安全管理服务器，提高了对上网行为管理、漏洞扫描、入侵检测的能力，保障了网络安全，改善了整体网络环境。

（二）教室设备、语音室机房改造

2014—2016 年，数字校园设备购置项目把所有教室改造成视频教室，可以进行远程教学，提高教学质量；在全院范围内进行视频会议的布置，全院可以通过视频会议进行直播互动，节约会议成本，提高工作效率。研究生教育管理系统能够提高招生、学籍、培养、毕业等方面对学生的管理水平和能力，方便、快捷、及时地处理各种问题。

2017 年，在现有设备条件的基础上又进行了 5 个教室的精品课堂改造，对原有的语音室进行了虚拟教室的改造，改善了教学环境，提升了教学条件，满足了师生的教学需求；改造 5 个录播教室，全部为高清录播，对教师讲课的视频进行后期处理，作为精品课程留存，满足后期师生自学观看（表 8-2）。

表 8-2　2009—2019 年修缮购置专项财政拨款情况

序号	项目名称	类型	年份	项目经费（万元）
1	数字化语言实验室设备购置项目	仪器设备购置	2009	450
2	教学用多媒体设备购置项目	仪器设备购置	2010	150
3	视频教室和远程教学设备购置项目	仪器设备购置	2010	80
4	教学用分子生物学实验室设备购置项目	仪器设备购置	2011	643

（续表）

序号	项目名称	类型	年份	项目经费（万元）
5	中国农业科学院共建共享项目：生物学实验教学中心—分子生物学实验室设备购置项目	仪器设备购置	2013	770
6	中国农业科学院共建共享项目：生物学实验教学中心—生物化学实验室设备购置项目	仪器设备购置	2014	450
7	中国农业科学院院级统筹重大项目：数字校园设备购置项目（一期）	仪器设备购置	2014	795
8	中国农业科学院院级统筹重大项目：数字校园设备购置项目（二期）	仪器设备购置	2015	1 415
9	修购专项—更新改造项目：教学用核心机房设备及安全防范设备购置项目	仪器设备购置	2016	330
10	修购专项—更新改造项目：虚拟教学机房及精品课堂建设设备购置项目	仪器设备购置	2017	350
11	数字校园无线覆盖设备购置项目	仪器设备购置	2018	210
12	公共安全：研究生院校园安全及教学保障项目	房屋修缮	2019	850
	合　计			6 493

第四节　后勤制度建设

2010 年，为做好研究生院学生宿舍临时安排住宿管理工作，建立规范有序的住宿秩序，制订《中国农业科学院研究生院学生宿舍临时安排住宿管理规定》。为加强研究生院房屋对外租赁管理，充分发挥资源的使用效率和综合效益，制订《中国农业科学院研究生院房屋、教室对外租赁管理办法》，办法规定在签订租赁合同的同时，需签订房屋租赁安全管理协议书。

2011 年，为加强院基本建设管理工作，提高投资效益，促进基本建设管理的规范化、制度化，制订《中国农业科学院研究生院基本建设管理办法》。

2016 年，为进一步规范小型基建工程项目（采购）管理，制订《中国农业科学院研究生院小型基建工程项目管理（采购）办法》。为加强学生食堂管理，提高服务水平，保障广大师生的饮食健康，制订《中国农业科学院研究生院学生食堂管理规定》。为加强设备管理，更好地做好日常维护维修工作，制订《中国农业科学院研究生院设备设施日常维护维修管理办法》。为加强和规范消防管理，预防和减少火灾危害，保障全院师生员工生命和财产安全，制订《中国农业科学院研究生院消防安全管理规定》。

2018 年，修订《中国农业科学院研究生院研究生公寓管理规定》《中国农业科学院研究生院教学楼管理规定》《研究生院教学楼自习室管理规定（试行）》和《研究生院浴室管理规定（试行）》《研究生院公务用车管理办法》等 5 项制度。

第九章
行政管理

第一节　体制机制

一、管理机制

2016年之前，研究生院实行院长负责制。2016年之后，实行党委领导下的行政领导人负责制。

1985年，根据《中国农业科学院关于实行所长负责制的通知》（[人]字第187号文件）精神，研究生院实行院长负责制。院长领导研究生院的全面工作，并实行逐级负责的工作机制，即常务副院长向院长负责，副院长向常务副院长负责，各处处长向分管院领导负责。同时，建立重大决策会议制度，实施科学化、民主化管理，主要形式有：党委会议、院务会议、院长办公会议制度。

党委会议讨论决定全院的中长期发展规划、院属机构设置、人员编制以及思想政治、精神文明和党的建设等重大问题、院党委管理的干部任免、奖惩等事项。参加党委会的人员为党委委员、党委办公室主任（兼党委会秘书）。专职纪委副书记、工会主席、团委书记、支部书记可列席有关会议，但不参加会议表决。党委会实行例会制，一般每季度召开一次，必要时可临时召开。

院务会议是研究生院最高行政决策机构，讨论决定报请中国农业科学院及农业农村部（原农业部）等上级单位的决策建议、年度经费预决算、院长工作报告、重大科研、投资项目规划等重大决策事项。参加院务会议的人员为院长、副院长、各处室主要负责人组成。办公室负责人作为院务会秘书列席会议，经会议主持人同意，有关人员可列席会议。一般每半月举行一次。

院长办公会议是研究生院院级行政领导组成的议事机构。院长办公会议讨论贯彻执行上级部门的指示、精神以及研究生院党委会议、院务会议的决议；安排部署研究生院近期、中远期及各项重大工作；检查研究生院重大工作的落实情况；协调、沟通各部门的工作。副院长、办公室主任参加会议，根据会议内容可邀请党委书记、副书记参加，根据需要不定期召开。

2016年6月，农业部党组决定，研究生院在中国农业科学院党组领导下，实行党委领导下的行政领导人负责制。不断完善重大事项的决策规则和程序，确保决策的科学化、民主化。研究生院党政会议主要形式有：党委会议、院务会议、书记办公会议、院长办公会议、院长专题办公会议，其决定事项以会议纪要形式印发。

党委会议主要对研究生院改革发展稳定和教学、科研、行政管理及党的建设等方面的重要事项做出决定。院务会研究决定全院的中长期发展规划、人员编制、财务预决算、国有资产管理、重要政策和规章制度等事项。书记办公会传达党的文件和上级重要指示及重要会议精神；酝酿需要提交党委会讨论决定的事项；对党委会决定事项的组织实施进行协调等。院长办公会议研究决定研究生院近期及中长期工作、招生名额分配方案、人事调配、教职工奖惩、国内外的重要合作交流项目、出国（境）组团与院领导出国计划等事项。院长专题办公会主要研究具体业务工作。

为保证教育管理工作的顺利开展，2019 年设立党政联席会议制度，行使院务会议、院长办公会议职责，其他议事制度不变。党政联席会议由党委书记主持或受党委书记委托的其他院领导主持，领导班子成员、党委委员参加会议，党委办公室、院长办公室负责人作为会议秘书列席会议，相关处室负责人或全体处级干部根据议题内容列席会议。

二、管理制度

2009 年 5 月，在开展研究生教育调研的基础上，出台《关于中国农业科学院研究生教育的若干意见》。

2010 年，制定编制外劳动用工、国有资产管理及基本建设管理办法等 20 余个，着重加强人事、档案、国有资产管理及政府采购等方面的制度建设。

2012 年，制（修）订党务、行政、人事、财务、档案、培养管理、学位管理、科研、后勤等规章制度 64 项，完成规章制度汇编（2012 版）。

2016 年，开展研究生院制度制（修）订工作，制（修）订各类规章制度 58 项，涵盖党务纪检、政务管理、人事管理、财务管理、安全保密和信息管理、培养管理、科研道德及项目管理、后期和基建管理，完成规章制度汇编（2016 版）。

2018 年，根据中国农业科学院管理效益年活动要求，全面开展研究生院管理制度的制（修）订工作，制（修）订各类规章制度 70 余项，形成了一套科学、适用、规范，符合科研机构研究生院教育管理特色的制度。

第二节　人事管理

2009—2017 年，办公室承担人事管理工作，主要负责干部和职工的录用、考核、培训、干部任免、工资福利等。2017 年，成立党委办公室，原办公室更名为院长办公室，其中，党委办公室主要负责干部选拔任用、人才队伍建设、纪检和群团等工作，院长办公室主要负责劳动工资、社会保险、人才工作、离退休人员管理等。

一、人事管理制度

为严格人事管理，提高管理效率，构建科学规范的人事管理制度，研究生院除执行农业农村部和中国农业科学院的有关制度外，结合实际制（修）订一系列人事管理规章制度。

2010 年制定《中国农业科学院研究生院绩效工资发放暂行管理办法》和《中国农业科学院研究生院编外聘用人员管理规定》（2016 年修订）。

2011 年制定《中国农业科学院研究生院用人制度改革实施办法》（2018 年修订）、《中国农业科学院研究生院职工考勤管理办法》（2016 年、2018 年修订）、《中国农业科学院研究生院职工加班工资管理办法》《中国农业科学院研究生院编制外劳动用工管理办法》和《中国农业科学院研究生院干部实践锻炼管理办法》（2016 年、2018 年修订）。

2012 年修订《中国农业科学院研究生院收入分配管理办法》（2004 年制定）、《中国农业科学院研究生院职工年度考核管理规定》（2004 年制定）。

2016 年制定《中国农业科学院研究生院“科教英才计划”管理办法》（2018 年修订）和《中国农业科学院研究生院职工教育培训工作管理办法》（2018 年修订）。

2018 年修订《中国农业科学院研究生院年度考核管理办法》（2004 年制定、2016 年修订）。结合中国农业科学院管理效益年活动，2018 年进一步规范内部管理，人事管理工作有章可循、有据可依、依法合规。

二、教职工管理

（一）干部管理

坚持按照德才兼备，任人唯贤的原则，任免和考核处级干部，对拟任干部和现任干部从德、能、勤、绩、廉进行全面考核，提交研究生院领导和党委会讨论，并报中国农业科学院人事局审批或备案。2009—2019 年，研究生院经中国农业科学院人事局批准的处级机构 11 个，处级干部职数 22 个。2009 年来先后选拔任命处级领导干部 26 人次。

2010 年，按照“公开竞聘、择优录用”的原则，完成专业学位教育处、学位办公室、研究生工作处及后勤培训中心 5 个处级岗位的公开竞聘工作。2011 年，提拔一名办公室副主任，轮岗一名处级干部。2014 年，组织完成学位办、培养处、研究生工作处、招生就业处四个处室的副处级干部竞聘上岗，高雷同志被中央组织部博士服务团选派赴新疆塔里木大学挂职。2015 年，4 名处级干部轮岗。2016 年，根据《党政领导干部选拔任用工作条例》（中发〔2014〕3号）、《事业单位领导人员管理暂行规定》（中办发〔2015〕34号）以及《中国农业科学院党政领导干部选拔任用工作规定》（农科院党组发〔2014〕16号），经中国农业科学院人事局批准，选拔5名副处级和3名正处级干部，2名副处级干部轮岗。2018年1月选拔5名副处级和3名正处级干部。

为加强年轻干部培养，2011年，根据《中国农业科学院研究生院干部实践锻炼管理办法》，首次实行研究生班主任制，共有21位年轻职工担任研究生班主任。2014年首次举办研究生院处级干部培训班。2016年，根据中国农业科学院人事局统一部署，于子荣等4名处级干部参加农业部"三院"处级干部能力建设培训班。2016年，根据上级部门人事档案管理有关文件的要求全面审查干部档案，重点审核"三龄两历一身份"，完成正处级和正研究员干部人事档案审核工作。

（二）职工管理

2009年，组织招聘录用4名应届高校毕业生，调入3名工作人员。2010年，招聘录用5名应届高校毕业生。2011年，招聘录用3人应届高校毕业生。

自2012年以来，因编制限制和人事管理制度原因，职工录用方式调整为以调入和人才引进为主。2012年，引进教学管理人员4人，招聘编外人员3人。2013年引进教学人员1名。2015年，进一步规范编外聘用人员的招聘、培训和考核工作，招聘12名管理岗聘用人员。2016年，调入在编职工3人，聘用编外管理人员6人。2017年，调入在编职工2人，招聘编外管理人员6名。2018年，调入职工9人，招聘聘用人员11人。

截至2019年6月30日，正式在编职工81人。其中，女职工占64.2%；具有博士学位占23.5%，具有硕士学位占48.1%；研究生以上学历占55.6%。离退休人员55人，其中离休4人、退休51人，详细名单如下。

1. 在职职工名单（按姓氏笔画排序）

于向鸿	方军（女）	方放（女）	方海洋	毛晓霞（女）
牛星（女）	王少雄	王仕龙	王代军	王伯彤（女）
王志霞（女）	王欣欣（女）	王垚（女）	王春霞（女）	王秋玲（女）
王恩涛	王桦（女）	王海胜	卢鹿（女）	叶鹏（女）
田松杰（女）	白雪（女）	刘兰芝（女）	刘庆辉（女）	刘潞潞（女）
安凤玲（女）	许　雷	佟继旭	吴宾（女）	吴培（女）
吴　巍	张玉胜	张红宜（女）	张纯（女）	张明军
张艳华（女）	张捷（女）	张博（女）	张新红（女）	张蓉斌（女）
李艾诺（女）	李虹（女）	李哲敏（女）	李然嫣（女）	杨从科
杨佳萍（女）	杨建玲（女）	杨　杰	杨　哲	杨琴英（女）
汪勋清	肖阳（女）	陈黎明	陈娶（女）	卓　炯

周燕（女）	果文帅（女）	罗文（女）	罗长富	柳　萌
贺妍（女）	赵百锁	赵轶洁（女）	唐晓航	夏晨（女）
晁　伟	涂超群（女）	秦方（女）	秦艺蕾（女）	袁京明
贾兴永	郭　毅	高弘毅（女）	高宝军	高枫岚（女）
温洋（女）	董一威	蒋希文	翟研宁（女）	雒津（女）
潘东芳（女）				

2. 离退休人员名单（按姓氏笔画排序）

于子荣（女）	于晶莹（女）	毛国良	王文录	王丽（女）
王丽娜（女）	王秀玲（女）	王振漪（女）	王晓兰（女）	王慧君（女）
车幼屏（女）	申红珍（女）	白慧丽（女）	石坚竖	刘大群
刘四朝（女）	刘永杰	刘玉荣（女）	刘秀荣（女）	孙红（女）
曲恒芬（女）	闫艳春（女）	宋家祥	张　木	张汝悌（女）
张贵田	张桂英（女）	张海虹（女）	李　信	李毅刚
李霞（女）	杨忠源	苏朝晖（女）	谷顺先（女）	邱建德（女）
里景伟	陆庆光	陈武梅（女）	庞铁军（女）	武然（女）
金莘农	侯自新	胡秀婵（女）	胡俊鸿	赵公天
袁珏（女）	曹国印	曹桂荣（女）	梁立新（女）	梅莲芝（女）
彭丽芳（女）	韩惠鹏	蔡博鸿	潘　哲	颜翠柏（女）

3. 2009—2019 年在研究生院工作过的人员名单（按姓氏笔画排序）

王凤忠	王　杕	王海峰	刘宇航
刘荣乐	刘瀛彧（女）	李文才	李志平（女）
李思经（女）	高　雷	黄家章	潘淑敏（女）

（三）离退休人员管理

院长办公室有专人负责离退休人员的管理和服务工作。根据政策为离退休人员兑现中央和地方的津补贴，保证离退休干部收入和福利待遇。积极配合中国农业科学院老干部处，做好上传下达工作。组织离退休人员政治学习、参观、体检等活动，定期听取他们对研究生院发展的意见和建议。

2009 年组织离退休人员春秋游活动；为杨忠源、潘哲、石坚竖 3 位老同志庆祝八十大寿；为梁立新、张桂英、王慧君、李信办理退休手续。退休人员陆庆光同志获得2009—2010学年优秀教师证书，同时获得中国科技特派员合作项目杰出贡献专家证书。

2010年组织离退休人员重阳节游世界花卉大观园活动；组织离退休人员体检；为颜翠柏、车幼屏两位老同志庆祝八十大寿；为张贵田、王文录、刘秀荣、胡秀婵、刘四朝办理退休手续。

2011年组织离退休人员参观卢沟桥、北宫森林公园；组织离退休人员体检；看望慰问潘哲、石坚竖、于晶莹等老干部；为蔡博鸿办理退休手续。

2012年组织离退休人员到顺义国际鲜花港春游和密云水长城秋游；慰问金莘农、石坚竖、车幼屏三名困难老党员；为庞铁军庆祝八十大寿；为王秀玲、王晓兰办理退休手续。

2013年组织离退休人员到顺义农业嘉年华春游和园博园秋游；为离退老人员安装“999”一键通电话；为潘哲庆祝九十大寿。

2014年组织离退休人员到昌平洼里乡参观农耕文化和社会主义新农村建设；为金莘农、袁珏两位老同志庆祝八十大寿；为李霞办理退休手续。

2015年组织完成离退休人员座谈会、年度体检和重阳节活动；结合抗战胜利70周年走访慰问石坚竖、于晶莹、颜翠柏、潘哲4名离休老同志；为李毅刚办理退休手续。

2016年结合建党95周年慰问离休老党员和生活困难老党员；协助离退休党支部开展“两学一做”教育活动及离退休党支部换届工作；建立离退休职工微信群和离退休党员微信群；为陈武梅、韩惠鹏办理退休手续。

2017年组织离退休人员踏青健步行及重阳节赏花活动；看望慰问生病住院和空巢老人；为王丽娜、孙红办理退休手续；统计困难老党员情况，结合党的十九大召开为离退休人员发放补贴。

2018年组织开展离退休支部学习交流和重温入党誓词活动；办理于子荣、刘永杰、王丽、闫艳春退休手续；组织离退休老同志参加中国农业科学院举办的庆祝改革开放40年建言献策征文比赛，陆庆光同志获得征文三等奖。

2019年，召开离退休人员新春座谈会。组织离退休党支部座谈会和院庆筹备沟通会；办理胡均鸿、刘大群、赵公天退休手续。组织离退休人员参加中国农业科学院举办的庆祝中华人民共和国成立70周年“增添正能量·共筑中国梦”系列活动。

三、工资制度改革

2012年，根据国家和中国农业科学院的相关规定，制订《中国农业科学院研究生院收入分配管理办法》。根据国家政策规定，不断加强和完善职工工资制度和收入管理工作的规范化和科学化。

2015年，国务院印发《关于机关事业单位工作人员养老保险制度改革的决定》（国发〔2015〕2号），决定从2014年10月1日起对机关事业单位工作人员养老保险制度进行改革。机关事业单位实行社会统筹与个人账户相结合的基本养老保险制度，由单位和个人共同缴费；改革基本养老金计发办法，待遇水平与缴费相关联，建立多缴多得、长缴多得的激励机制；建立基本养老金正常调整机制，统筹考虑机关、企事业单位退休人员和城乡居民的基本养老金调整；加强养老保险基金管理和监督，确保基金安全；做好养老保险关系转移接续工作，促进人员合理流动；同步建立职业年金制度，形成多层次的养老保险体系；建立健全养老保险筹资机制，确保待遇发放；逐步实行社会化管理服务，不断提高管理服务水平。

2015 年，根据国务院办公厅转发《人力资源社会保障部、财政部关于调整机关事业单位工作人员基本工资标准和增加机关事业单位离退休人员离退休费三个实施方案的通知》(国办发〔2015〕3 号)，从 2014 年 10 月 1 日起，调整机关事业单位工作人员基本工资标准、增加机关事业单位离退休人员离退休费。主要内容是：①岗位工资标准，专业技术人员提高到 1 150 元至 3 810 元，管理人员提高到 1 150 元至 3 770 元，工人提高到 1 130 元至 1 640 元；薪级工资标准，专业技术人员、管理人员提高到 170 元至 5 795 元，工人提高到 150 元至 1 855 元。②将部分绩效工资纳入基本工资，绩效工资水平相应减少。③建立事业单位工作人员基本工资标准正常调整机制。今后基本工资标准原则上每年或每两年调整一次。④机关事业单位 2014 年 9 月 30 日前已办理离退休手续和已达到离退休年龄的人员增加离退休费。⑤冻结规范津贴补贴（绩效工资）的增长，各地区、各部门不得自行提高津贴补贴水平和调整津贴补贴标准，要严格执行国家规定的改革性补贴政策和考核奖励政策。

2016 年，根据人力资源社会保障部、财政部印发《关于 2016 年调整退休人员基本养老金的通知》（人社部发〔2016〕37 号），人力资源社会保障部办公厅、财政部办公厅印发《关于 2016 年调整在京中央国家机关事业单位退休人员基本养老金的通知》（人社厅发〔2016〕141 号）和农业部有关通知要求，2015 年 12 月 31 日（含）前经批准已办理退休手续的退休（退职）人员，从 2016 年 1 月 1 日起调整基本养老金。采取定额调整、挂钩调整、高龄倾斜相结合的调整办法。

2016 年，根据国务院办公厅转发《人力资源社会保障部、财政部关于调整机关事业单位工作人员基本工资标准和增加机关事业单位离休人员离休费三个实施方案的通知》(国办发〔2016〕62 号)，从 2016 年 7 月 1 日起，调整机关事业单位工作人员基本工资标准、增加机关事业单位离休人员离休费。主要内容是：①岗位工资标准，专业技术人员提高到 1 390 元至 4 850 元，管理人员提高到 1 390 元至 4 770 元，工人提高到 1 360 元至 2 010 元；薪级工资标准，专业技术人员、管理人员提高到 215 元至 6 355 元，工人提高到 185 元至 2 047 元。②将部分绩效工资纳入基本工资，绩效工资水平相应降低。③机关事业单位离休人员每月按标准增加离休费。

2017 年，根据人力资源社会保障部、财政部印发《关于 2017 年调整退休人员基本养老金的通知》（人社部发〔2017〕30 号），人力资源社会保障部办公厅、财政部办公厅印发《关于 2017 年调整在京中央国家机关事业单位退休人员基本养老金的通知》（人社厅发〔2017〕117 号）和农业部人事劳动司《关于 2017 年调整部机关及部属在京事业单位退休人员基本养老金的通知》（农人劳函〔2017〕64 号）有关要求，2016 年 12 月 31 日（含）前经批准已办理退休手续的退休（退职）人员，从 2017 年 1 月 1 日起调整基本养老金。采取定额调整、挂钩调整、高龄倾斜相结合的调整办法。

2018 年，根据人力资源社会保障部、财政部印发《关于 2017 年调整退休人员基本养老金的通知》（人社部发〔2018〕18 号），人力资源社会保障部办公厅、财政部办公厅印发《关于 2018 年调整在京中央国家机关事业单位退休人员基本养老金的通知》（人社厅发〔2018〕92 号）和农业农村部有关通知要求，2017 年 12 月 31 日（含）前经批准已办理退休手续的退休（退职）人员，从 2018 年 1 月 1 日起调整基本养老金。采取定额调整、挂钩调整、高龄倾斜相结合的调整办法。

2018 年，根据国务院办公厅转发《人力资源社会保障部、财政部关于调整机关事业单位工作人员基本工资标准和增加机关事业单位离休人员离休费三个实施方案的通知》（国办发〔2018〕112 号），从 2018 年 7 月 1 日起，调整机关事业单位工作人员基本工资标准、增加机关事业单位离休人员离休费。主要内容是：①岗位工资标准，专业技术人员提高到 1 510 元至 6 010 元，管理人员提高到 1 510 元至 5 910 元，工人提高到 1 480 元至 2 250 元；薪级工资标准，专业技术人员、管理人员提高到 260 元至 7 204 元，工人提高到 225 元至 2 232 元。②机关事业单位离休人员每月按标准增加离休费。

四、专业技术职务任职资格评审

（一）评审委员会组建

2009—2016 年，研究生院中级专业技术职务任职资格评审委员会负责评审中级专业技术职务任职资格，评审推荐高级专业技术职务任职资格。2017 年，根据《关于组建副高级专业技术职务任职资格评审委员会的通知》（农科人才函〔2018〕128 号），授权研究生院首次组建副高级专业技术职务任职资格评审委员会（简称“副高评委会”），负责评审自然科学研究、农业、工程、实验和出版 5 个系列副高级及以下专业技术职务任职资格，评审推荐正高级专业技术职务任职资格。2017 年度研究生院副高评委会组成：主任委员为刘大群，副主任委员为刘瀛弢，委员为罗长富、王春霞、李哲敏、汪勋清、温洋、闫艳春，外聘委员 23 人，秘书长为王仕龙。2018 年度研究生院副高评委会组成：主任委员为方军，副主任委员为刘瀛弢，委员为罗长富、王春霞、李哲敏、汪勋清、温洋，外聘委员 14 人，秘书长为张博。

（二）任职资格评审

2009—2018 年，共评审通过高级专业技术职务任职资格 27 人，其中研究员 7 人，副研究员 17 人，高级会计师 2 人，高级实验师 1 人。

2009 年，获批准正高职称 2 人，副高职称 1 人。2010 年，获批准副高职称 1 人。2011 年，获批准正高职称 1 人，副高职称 2 人。2012 年，获批准正高职称 1 人，副高职称 3 人。2013 年，获批二级研究员 1 人，三级研究员 2 人，副高职称 3 人。2014 年，获批正高职称 1

人，副高职称 1 人。2015 年，获批正高职称 1 人，副高职称 1 人。2016 年，获批副高职称 2 人。2017 年，获批准 1 名农科英才领军人才 C 类人选，获批准二级研究员 1 人，三级研究员 1 人，副高职称 3 人。2018 年，获批正高职称 1 人，副高职称 2 人（表 9-1）。

表 9-1 2009—2018 年度高级专业技术职务任职资格评审通过人员名单

年 度	高级专业技术职务名称	姓 名	批准文号	任职资格时间
2009	研究员	毛晓霞	农科院人〔2010〕87 号	2010. 1
		李志平	农科院人〔2010〕87 号	2010. 1
	副研究员	肖 阳	农科院人〔2010〕87 号	2010. 1
2010	副研究员	晁 伟	农科院人〔2011〕48 号	2011. 1
2011	研究员	于子荣	农科院人〔2012〕104 号	2012. 1
	副研究员	王海胜	农科院人〔2012〕104 号	2012. 1
		于向鸿	农科院人〔2012〕104 号	2012. 1
2012	研究员	温 洋	农科院人〔2013〕105 号	2013. 1
	副研究员	卢 鹿	农科院人〔2013〕105 号	2013. 1
		高 雷	农科院人〔2013〕105 号	2013. 1
		田松杰	农科院人〔2013〕105 号	2013. 1
2013	副研究员	赵百锁	农科院人〔2014〕87 号	2014. 1
		张蓉斌	农科院人〔2014〕87 号	2014. 1
		杨建玲	农科院人〔2014〕87 号	2014. 1
	高级实验师	吴 巍	农科院人〔2014〕87 号	2014. 1
2014	研究员	潘东芳	农科院人〔2015〕95 号	2015. 1
	副研究员	王海峰	农科院人〔2015〕95 号	2015. 1
2015	研究员	肖 阳	农科院人〔2016〕118 号	2016. 1
	副研究员	翟研宁	农科院人〔2016〕118 号	2016. 1
2016	副研究员	王恩涛	农科院人〔2017〕110 号	2017. 1
	高级会计师	果文帅	农办人〔2017〕11 号	2017. 1
2017	副研究员	董一威	农科院人〔2019〕51 号	2018. 1
		佟继旭	农科院人〔2019〕51 号	2018. 1
	高级会计师	王志霞	农办人〔2018〕62 号	2018. 1
2018	研究员	赵百锁	农科院人〔2019〕157 号	2019. 1
	副研究员	赵铁洁	农科院人〔2019〕157 号	2019. 1
		王仕龙	农科院人〔2019〕157 号	2019. 1

第三节 财务管理

一、财务管理情况

2009—2012 年由办公室负责财务管理。为加强财务工作管理，保证财务工作顺利开展，经研究生院院务会研究并报中国农业科学院人事局批准，2013 年研究生院增设财务处（农科人干函〔2013〕6 号），主要负责财务管理规章制度建设、财务核算、预决算管理、学费及住宿费等收费管理、科研经费管理等，在职、离退休及编外职工工资、学生助学金、奖学金发放，确保各类收费项目的公开透明和“阳光收费”，有效规范各种经济行为和财务管理行为，为领导战略决策提供效支撑。

2009 年，配合审计署农林水审计局完成对 2007—2008 年财务收支的审计；配合农业部完成“三项经费”压缩情况专项检查；配合农业部、中国农科院完成“小金库”专项检查治理工作。2011 年完成“小金库”专项治理工作，制定“小金库”专项治理工作方案和“小金库”防治长效机制。2014 年，根据《中央和国家机关会议费管理办法》《中央和国家机关差旅费管理办法》《中央和国家机关培训费管理办法》《党政机关国内公务接待管理规定》等规定，先后制定相关专门管理办法。

2016 年配合中央巡视组完成对研究生院的巡视检查和审计署对研究生院 2016 年度预算执行情况及其他财政收支情况审计等工作。2017 年制定《中国农业科学院研究生院内部控制章程》，明确业务环节，确定风险点，建立风险防范机制，开展内部控制自评工作。

二、经费来源

（一）国家财政拨款

包括科学事业费、专项经费（农业农村部和中国农业科学院专项拨款）、研究生培养经费。经多方积极争取，研究生院在 2006 年年底得到财政部批复，研究生培养经费列入财政部经常性预算项目，全日制在校研究生获一年的培养经费资助，硕士 10 000 元/人、博士 12 000 元/人。2008 年获得修购专项经费和基本科研业务项目经费的支持。从 2011 年开始，国家增加教育投入，研究生培养经费由一年经费拨款变为三年经费拨款，并增加博士生奖学金和国家奖学金两项项目经费。随着国家教育改革政策的实施，2014 年新增加国家助学金和学业奖学金两项项目经费，原博士生奖学金合并到国家助学金项目。教育经费投入的增加提高了研究生的待遇，为培养高层次、研究型和国际化的农业科技人才提供了保障。

（二）事业收入

事业收入包括科研收入、预算外资金收入。预算外资金收入主要包括：研究生培养费和在职申请学位进修费等。2009—2013 年，根据国家计委办公厅、财政部办公厅《关于中国农业科学院研究生院研究生培养收费标准的通知》（计办价格〔2000〕1017 号），研究生培养费由研究所从课题费中列支，博士生每生每学年 10 000 元、硕士生每生每学年 8 000 元，在职人员申请博士、硕士学位进修费标准为每生每学年 7 000 元。随着国家教育改革政策的实施，经北京市发展与改革委员会等 4 部门批准（京发改〔2013〕2587 号），2014 年，研究生教育实行全面收费，博士生学费每生每学年 10 000 元、硕士生学费每生每学年 8 000 元，由学生缴费。此外，教育部外国留学生中国政府奖学金经费，包括学费（博士 38 000 元/年、硕士 29 000 元/年）、住宿费、生活费，北京市外国留学生奖学金资助学费（博士 4 000 元/年、硕士 3 000 元/年），按每年度获资助人数的经费总额拨付。

（三）其他收入

包括：培训收入、房屋出租收入、国际合作项目收入等。

三、财务管理制度

财务管理一直执行国务院、农业农村部、教育部、中国农业科学院制定的财务管理有关规定。同时，结合具体情况制定一系列财务制度，为研究生院财务管理的规范化、科学化提供制度保障。

2011 年 11 月制定《中国农业科学院研究生院财务管理办法》和《中国农业科学院研究生院基本建设财务管理办法》。为加强专项经费的管理，2011 年 11 月制定《中国农业科学院研究生院非营利性科研机构改革专项启动经费管理办法》《中国农业科学院研究生院修缮购置专项资金管理办法》等各项专项经费管理办法，并于 2016 年 12 月进行修订。

2014 年 1 月制定《中国农业科学院研究生院公费医疗报销暂行规定》《中国农业科学院研究生院财务报销管理办法》等制度。为落实《中共中央办公厅 国务院办公厅印发〈关于进一步完善中央财政科研项目资金管理等政策的若干意见〉的通知》的精神，做好放、管、服工作，2016 年修订《中国农业科学院研究生院差旅费管理办法（试行）》。

2017 年 10 月制定《中国农业科学院研究生院科研经费管理办法（试行）》《中国农业科学院研究生院会议管理细则》《中国农业科学院研究生院基本科研业务费专项资金报销规定》《中国农业科学院研究生院科研项目经费预算调整管理办法》《中国农业科学院研究生院间接经费管理办法》《中国农业科学院研究生院结余资金管理办法》《中国农业

科学院研究生院横向经费（收入）使用管理办法》和《中国农业科学院研究生院财务助理管理办法》。

四、财务收支基本情况

随着国家经济体制和教育管理体制改革的深化发展，在保持国家财政全额拨款事业单位基本属性的同时，研究生院经费来源逐步发展为以国家财政投入为主，多渠道筹集办学资金的多元化经费投入保障体制。经费来源主要包括：财政补助经常性经费、财政补助专项经费、财政补助培养专项经费、科研收入、预算外资金收入、其他收入。研究生院具有充足和结构合理的办学经费支出预算，按照办学目标、发展战略与实施路径，依据中长期事业发展规划与年度工作计划，认真编制财务预算方案，科学合理安排支出预算。

2009—2018 年，研究生院财务收入总额快速增长，由 4 367.52 万元增至 17 141.83 万元，增加了 12 774.31 万元，增长率为 292.48%，收入年均增长率为 16.21%；财务支出总额逐渐增加，由 4 741.2 万元增至 15 670.95 万元，增加了 10 929.75 万元，增长率为 230.53%，年均增长率为 14.21%（表 9-2）。

表 9-2　2009—2018 年财务收支情况　　（单位：万元）

项目	2009	2010	2011	2012	2013	2014	2015	2016	2017	2018
总收入	4 367.52	5 586.96	7 874.22	7 872.56	8 418.38	12 015.94	13 798.93	14 601.74	15 446.41	17 141.83
总支出	4 741.2	5 302.89	6 680.1	8 338.95	9 435.27	11 181.42	13 273.29	12 525.09	14 623.08	15 670.95

五、记账方式和账簿建设

（一）记账方式

2009—2018 年，继续执行科研单位会计制度，实行全额预算的管理形式，即财务收入全部纳入预算，财务核算应用用友财务软件，采用借贷记账方式，预算外资金实行“收支两条线”管理。

（二）账簿建设

根据《中华人民共和国会计法》，设置总账、明细账和日记账。总账：作为核算资产、净资产、收入、支出、结余的总括情况的账簿，控制和核对各种明细账；明细账：主要设置收入明细账、支出明细账、往来明细账、固定资产明细账及项目支出明细账；日记账：

现金日记账、银行日记账。

（三）会计报表

根据上级领导部门的要求和本单位工作的实际情况，及时、准确地填报各类财务报表，动态掌握财务执行情况、为领导决策提供基础数据依据，是财务管理的一项重要工作。为充分保证报表的准确性，财务处执行由专人负责报表上报工作。2008 年获中国农业科学院工会财务二等奖，在中国农业科学院 2009—2010 年度、2010—2011 年度会计基础工作评比中均被评为先进单位。

第四节　资产管理与政府采购管理

一、资产管理

资产管理实行预算管理、配置计划管理、采购管理、使用管理的模式。2009—2015 年，办公室负责资产管理工作。2016 年，资产划归财务处管理。车辆管理归培训服务中心管理，科研仪器设备归培养处实验室管理。每年 10 月对固定资产进行清查，核对账目，每年 12 月编制两套资产报表。

2009 年，办公室对固定资产重新登记审核。2011 年，制定《中国农业科学院研究生院国有资产管理实施办法》，进一步规范国有资产管理工作。

2013 年，全面启用国有资产管理信息系统。建立健全各项资产规章制度和管理办法，制定《研究生院国有资产管理办法》。资产管理工作有章可循、手续完备、管理规范，责任到人。

2016 年，制定《实验室规则》《精密贵重仪器设备管理办法》《实验室和实验室仪器设备管理条例》等规章制度。各实验室的仪器设备设专人管理，配备使用记录册，建立使用档案。

2015 年以来，全面开展仪器设备共建共享工作，所有仪器均对中国农业科学院各单位共享（表 9-3）。

表 9-3　研究生院大型贵重仪器设备情况

资产名称	价值(万元)	取得日期	数量	品牌	规格型号
DNA 质谱基因分析仪	119.50	2018.10.30	1	Agena Bioscience	MassARRAY Analyzer 4

（续表）

资产名称	价值(万元)	取得日期	数量	品牌	规格型号
原位杂交仪	135.80	2018.10.30	1	英太维斯	InsituPro VSi
高速分选型流式细胞仪	170.48	2015.1.5	1	BD	FACSJazz
生物分子相互作用系统	226.90	2015.1.6	1	GE	Biacore T200
荧光差异电泳分析系统	58.95	2015.1.6	1	GE	Ettan Dige
自动微生物鉴定及生态研究系统	62.00	2015.1.6	1	BIOLOG	ELX808BLG
双子激光扫描共聚焦显微成像系统	163.00	2015.3.31	1	Leica	TCS SP8
生物大分子分析仪	132.00	2015.3.31	1	Caliper LifeSciences	LabChip GX11
落地式超速离心机	71.00	2015.3.31	1	BECKMAN COULTER	XPN-100
微滴式数字 PCR 系统	64.50	2015.3.31	1	Bio-Rad	QX200
荧光分光光度计	16.88	2015.3.31	1	岛津	RF-5301PC
全自动显微镜	74.16	2014.4.15	1	TILL Photonics	TILL IMIC
基质辅助激光解析电离飞行时间质谱仪	195.60	2014.4.15	1	Bruker	MALDI-TOF/TOF
全波长酶标仪	50.40	2014.4.15	1	Tecan	Infinite M200 Pro
立体显微注射系统	59.90	2014.4.15	1	奥林巴斯	U-LH100HGAPO
高通量的蛋白质组学分析仪	198.78	2014.4.15	1	Bruker	MALDI-TOF/TOF
多维蛋白纯化系统	71.02	2011.12.23	1	AKTA avant	AKTA avant25
单核苷酸多态性检测仪	91.34	2011.12.23	1	QIAGEN	PyroMark Q96 ID
多重基因表达遗传分析系统	91.32	2011.12.23	1	BECKMAN COULTER	GenomeLabTM GeXP
全自动斑点切取系统	89.27	2011.12.23	1	GE	Ettan Spot Picker
多功能数字凝聚成像系统	50.74	2011.12.23	1	GE	Typhoon FLA 9000
目标蛋白快速鉴定系统	81.11	2011.12.23	1	BECKMAN COULTER	P/ACETM MDQ
自动化蛋白质酶解工作站	86.16	2011.12.23	1	GE	Ettan Digester
水质污染分析装置	50.28	2010.5.31	1	DKK	NPW-150
合计	2 411.09	-	24	-	-

二、政府采购管理

政府采购工作由院长办公室牵头负责。采购工作包括货物类、工程类和服务类。货物类主要有笔记本、台式机、打印机、空调、家具等的采购工作；工程类主要包括基建及房屋修缮等；服务类主要有机动车加油、维修、保险、会议等的采购工作。

2011 年 9 月，制定《中国农业科学院研究生院政府采购管理办法》。政府采购工作包括预算、计划、执行、信息统计 4 个方面，2014 年开始在财政部政府采购计划管理系统中填报采购计划，根据资产配置计划填报采购计划并按照有关规定进行采购的实施。

2016 年 12 月，根据国家政府采购办法和本院实际，修订《中国农业科学院研究生院政府采购管理办法》，在采购过程中严格按照政府采购预算进行采购，做到无预算不配置，无配置计划不列入采购计划，无采购计划不采购。规范采购管理工作和控制流程，资产管理部门、采购部门，使用部门、财务部门各司其职、依法合规。

第五节　档案管理

研究生院档案包括：文书档案、照片档案、学位档案、人事档案、财务档案、在校研究生档案、基建档案七部分。文书档案、照片档案、财务档案和人事档案在档案室统一管理，学位档案由学位办负责管理，在校研究生档案由研究生工作处负责管理。档案管理为行政管理、教学培养、条件建设等提供准确的参考资料，为上级领导部门巡视检查提供真实有效的档案材料。

2009 年，整理文书档案 11 卷，硕士 431 卷，博士 173 卷，专业学位档案 164 卷。研究生工作处保存管理在校学生档案 2 428 份。财务整理会计凭证 56 册。档案管理人员参加了农业部举办的档案培训班。

2010 年，制定《中国农业科学院研究生院档案管理办法》。文书档案由各处室收集后交办公室，办公室负责文书档案的整理、借阅、保管。完成 2009 年、2010 年学位档案移交整理装订工作。整理文书档案 14 卷，硕士档案 481 卷，博士档案 151 卷，专业学位档案 309 卷，会计凭证 57 册，校学生档案 2 683 份。2011 年，整理和制作照片档案共计 1 000余张，保存了研究生教育发展历程中的珍贵影像资料。整理文书档案 16 卷，全日制硕士档案 501 本、博士学位档案 172 本，专业学位档案 251 本。研究生工作处保存管理在校学生档案 2 868 份。财务处整理会计凭证 54 册。

2012 年，整理文书档案 15 卷，全日制硕士学位档案 538 卷、博士 201 卷，专业学位档案 298 卷。研究生工作处保存管理在校学生档案 2 799 份。财务处整理会计凭证 71 册。

2013 年，按照研究生院院务会议决议，将现有全日制学位档案和专业学位档案整理完整后分别移交给学位办公室和专业学位教育处。收集整理文书档案 18 卷，完成照片档案的整理归档工作，共整理 2006—2013 年照片档案近 900 张。补做 2008 年以前所有文书档案的电子档案目录，并将散放档案整理装订成卷。财务处整理会计凭证 73 册。学位办整理硕士研究生档案 616 卷、博士研究生档案 205 卷。专业学位处整理专业学位档案 267 卷，研究生工作处保存管理在校学生档案 2 923 份。

2014 年，收集整理档案 20 盒，共 313 件。财务处整理会计凭证 77 册。学位办整理全日制硕士研究生学位档案 616 卷，博士研究生 201 卷。专业学位处整理专业学位档案 245 卷。研究生工作处保存管理在校生档案 3 062 份。接收新楼基建档案 72 卷。整理、比对照片档案 600 张左右。档案室按标准配备电脑、打印机、温湿度计等设备。

2015 年，收集整理文书档案 21 盒，共 305 件。财务处整理会计凭证 92 册。学位办整理硕士研究生学位档案 643 卷，博士研究生档案 200 卷。专业学位整理专业学位档案 259 卷。研究生工作处保存管理在校生档案 3 219 份。档案管理人员参加了农业部举办的档案培训班。

2016 年，修订《中国农业科学院研究生院档案管理办法》《综合档案室安全保密规定》《库房管理规定》《档案借阅制度》。收集整理文书档案 17 盒，共 341 件。财务处整理会计凭证 88 册。学位办整理硕士研究生档案 649 卷，博士研究生档案 211 卷。专业学位处整理专业学位档案 222 卷。研究生工作处保存管理在校生档案 3 352 份。

2017 年，整理文书档案 17 盒，共 288 件。财务处整理会计凭证 54 册。学位办整理硕士研究生学位档案 682 卷，博士研究生 231 卷。专业学位处整理专业学位档案 170 卷。研究生工作处保存管理在校生档案 3 774 份。借阅复印档案资料 73 人次。档案管理人员参加了农业部档案培训班和中国农业科学院举办的综合政务培训班。

2018 年，整理文书档案 21 盒，共 315 件。财务处整理会计凭证 58 册。学位办整理硕士学位档案 672 卷，博士学位档案 223 卷。专业学位处整理专业学位档案 200 本。研究生工作处保存管理在校生档案 4 273 份。整理基建项目档案 82 卷，其中包括基建、工程、修缮、改造等文件及图纸。

第六节　安全生产

按照“安全第一，预防为主”的安全工作方针，建立健全安全生产机制，严格落实安全生产责任，维护单位正常的工作生活秩序。院长办公室牵头、培训服务中心配合全面加强安全生产，成立安全生产委员会，制定规章制度，开展形式多样的宣教培训及演练活动。2009 年、2011 年、2012 年、2016 年、2017 年获“海淀区交通安全先进单位”，2018 年获“中国农业科学院平安建设先进单位”。

2009 年，传达上级部门反恐防谍的相关文件精神，积极做好安全保卫工作，采取有效措施加强信息安全管理，为各处室配置专用互联网电脑、硬盘等设施，保证了全院的信息安全。

2011 年，制定《中国农业科学院研究生院安全管理规定》，明确安全管理原则、责任职责、管理措施和要求，每年签署安全生产责任书。自 2011 年起，每年组织开展安全生产月活动，建立安全消防档案，开展专职司机安全知识培训，保证车辆的安全行驶。

2012 年，加强教学楼、食堂及宿舍楼的消防管理，教学楼、办公楼和宿舍楼启用节能环保安全的照明设备，会议室和停车场安装安全监控系统，做到责任到人、定期检查，及时排除安全隐患。

2013年，利用报栏张贴图册、标语，加强安全生产及节能减排工作，建立检查制度，配齐设施设备，保持设备正常、有效使用。

2014年，组织消防安全讲座，发放《避险自救手册》，开展安全生产大检查，加强安全行车教育，实施行车记录制度，保证行车安全。

2015年，组织“安全生产月”形式多样的活动，通过主题讲座、培训交流、宣传展板、消防演练等多种形式，普及安全生产知识，加强全员安全意识，提高全体师生自防自救、突发事件应急处置能力。

2016年，修订《中国农业科学院研究生院安全管理规定》。制定中国农业科学院研究生院值班工作制度。制定《中国农业科学院研究生院消防安全管理规定》，明确消防责任人、消防安全管理重点，规范消防安全管理，预防减少火灾危。

2017年，制定《中国农业科学院研究生院信访工作制度》。做好十九大期间安全维稳、安全生产月、大清理、大整治、大检查及消防安全工作，确保院区安全。邀请海淀区消防局专家开展消防安全讲座及现场演练。

2018年，制定《中国农业科学院研究生院防汛应急预案》及《中国农业科学院研究生院租用车辆管理规定》。

第七节 保密工作

2010年，加强网络安全管理，制定《中国农业科学院研究生院网络安全保密管理办法》(2018年修订)，张贴保密安全宣传海报，提高广大师生的安全保密意识。

2014年，成立研究生院保密委员会，委员会由院领导和相关涉密人员组成。为关键岗位配备保密硬盘、保密计算机、保密文件柜等设备。

2015年，组织全体职工收看《手机背后的谍网》保密安全教育片，在宣传栏张贴安全保密相关制度，加强安全保密教育。组织专人参加农业部保密工作培训，做好机要文件的登记传阅，保证机要文件当天传阅、当天收回，传阅完及时放回保密柜，接收、传阅机密文件180余份。

2016年，上报新增领导干部保密审查表，组织院领导和涉密人员共5人参加农业部涉密人员培训和考试。向相关人员传达《农业部七五保密法治宣传教育工作计划的通知》和《中国农业科学院办公室关于加强涉密人员因私出国（境）审批和管理的通知》等文件；组织全体职工观看安全保密教育宣传片；完成保密自查自评工作；做好机要文件的登记、传阅和保管工作，全年接收和传阅机密文件190余份。

2017年，院领导分别在院务会和院长办公会上着重强调国家安全和保密安全工作，要求全体动员，强化保密意识和责任，涉密部门和岗位要严格按要求做好安全保密工作。为领导和涉密人员购买《机关、单位保密管理实务手册》《领导干部和涉密人员保密行为手册》，为全体职工购买《学习贯彻保密法辅导读本》。

2018 年，调整研究生院保密委员会，由院领导、各处处长和涉密工作人员组成。组织新增涉密人员参加农业农村部涉密人员轮训考试。5 月，罗长富副院长主持召开保密工作会，再次强调涉密处室和涉密人员要做好安全保密工作。

2019 年，组织 2 位新入职员工参加农业农村部保密轮训考试。未参加过轮训考试的涉密人员 5 月参加农业农村部组织的涉密人员轮训考试。

第十章
党建与精神文明建设

第一节 组织建设

一、党组织设置情况

（一）研究生院党委人员组成与换届

2003 年 5 月，韩惠鹏调任党委副书记，同年 12 月任党委书记；1999 年 5 月，王秀玲任党委副书记，2010 年 9 月退休。2003 年 5 月，于子荣任党委委员。2005 年 12 月，刘荣乐任党委委员。2010 年 4 月，李思经任党委委员，2010 年 9 月任党委副书记。2010 年 9 月，孙红任党委委员。

2011 年 1 月，研究生院党委完成换届选举工作，韩惠鹏任党委书记，李思经任党委副书记，刘荣乐、孙红、李志平、于子荣、闫艳春任党委委员；李思经兼任纪委书记，王春霞、李虹任纪委委员。2014 年 5 月，党委委员孙红离任。2015 年 3 月，党委副书记兼纪委书记李思经调离，刘荣乐任纪委书记。2015 年 4 月，增补罗长富担任党委委员。2015 年 11 月，刘大群任党委副书记。2016 年 5 月，党委书记韩惠鹏退休，同年 12 月，刘大群任党委书记。2017 年 2 月，党委委员于子荣退休。2017 年 9 月，刘瀛弢任党委副书记。2017 年 12 月，纪委书记刘荣乐调离，罗长富任纪委书记。2018 年 1 月，党委委员李志平调离。2018 年 12 月，纪委书记罗长富兼任党委副书记。2019 年 3 月，方军任党委书记，5 月到任。2019 年 5 月，党委书记刘大群退休。2019 年 6 月，党委副书记刘瀛弢调离。

（二）研究生院下属党组织组成

1. 教工党支部

2011 年 6 月，教工党支部换届改选，因原有 3 个支部间人数不平衡，故重新划分并新增 1 个党支部。改选后，第一党支部由闫艳春担任支部书记，汪勋清担任宣传委员，卓炯担任组织委员；第二党支部由李志平担任支部书记，高宝军担任宣传委员，高雷担任组织委员；第三党支部由罗长富担任支部书记，黄家章担任宣传委员，王凤忠担任组织委员；第四党支部由王春霞担任支部书记，杨建玲担任宣传委员，陈㛃担任组织委员。11 月，教工第三党支部支部委员发生变更，温洋任组织委员。

2013 年 9 月，教工第三党支部支部委员发生变更，翟研宁任宣传委员。

2015 年 5 月，教工党支部换届改选，第一党支部由闫艳春担任支部书记，汪勋清担任宣传委员，卓炯担任组织委员；第二党支部由李志平担任支部书记，李虹担任宣传委员，王仕龙担任组织委员；第三党支部由杨建玲担任支部书记，张玉胜担任宣传委员，陈黎明担任组织委员；第四党支部由于子荣担任支部书记，翟研宁担任宣传委员，陈㛃担任组织委员。

2016 年 12 月，教工支部委员发生变更，第一党支部宣传委员调整为温洋，教工第三党支部宣传委员调整为夏晨。

2017 年 3 月，教工第四党支部支部委员发生变更，陈㛃任支部书记，佟继旭任组织委员，翟研宁任宣传委员；11 月，组织委员改由柳萌担任。

2018 年 1 月，教工第二党支部支部委员发生变更，佟继旭任支部书记。

2018 年 6 月，教工党支部换届改选，第一党支部由闫艳春担任支部书记，温洋担任宣传委员，卓炯担任组织委员；第二党支部由佟继旭担任支部书记，陈黎明担任宣传委员，翟研宁担任组织委员；第三党支部由杨建玲担任支部书记，夏晨担任宣传委员，董一威担任组织委员；第四党支部由王仕龙担任支部书记，王志霞担任宣传委员，陈㛃担任组织委员。

2019 年 7 月，教工第一党支部支部委员发生变更，温洋担任支部书记，卓炯担任组织委员，张蓉斌担任宣传委员。

2. 离退休党支部

2007 年 7 月，离退休党支部换届选举，曹国印任支部书记，宋家祥任支部副书记兼宣传委员，彭丽芳任组织委员。

2010 年 12 月，离退休党支部调整，宋家祥任副书记，梁立新任宣传委员。

2012 年 4 月，离退休党支部换届改选，王秀玲任支部书记，宋家祥任副书记兼组织委员，蔡博鸿任宣传委员兼生活委员。

2016 年 7 月，离退休党支部换届改选，王秀玲任支部书记，宋家祥、蔡博鸿任支委委员。

3. 研究生党总支

2009 年以来，研究生党总支基本以 2 名教工党员加 5 名学生党员的形式组成，2016 年开始由 5 名教工党员加 2 名学生党员组成，并根据教工工作调整、学生毕业离校等情况及时调整委员。学生以班级为单位建立党支部，并根据二年级学生回研究所、毕业生离校等情况，及时进行支部调整。根据研究生院学生党员多，流动性大的特点，2016 年中央巡视后，实行二年级、三年级党员将组织关系转入培养研究所进行管理的模式，加强学生党员教育和管理工作。

2009 年，研究生党总支委员共 7 人，党总支书记为于子荣，党总支副书记为杨建玲，组织委员为孙丰，宣传委员为孙友位，纪检委员为黄绍哲，青年委员为杜君，文体委员为李珊珊。撤销 19 个学生党支部，新组建 24 个学生党支部。

2010 年，研究生党总支调整，免去原支委委员孙丰、孙友位、黄绍哲，组织委员变更为张少军，宣传委员变更为睢珂，纪检委员变更为王步云。撤销 22 个学生党支部，新组建 23 个学生党支部。

2011 年，研究生党总支调整，免去原支委委员杜君、李珊珊，青年委员变更为王杕，文体委员变更为刘秀明。撤销 23 个学生党支部，新组建 25 个学生党支部。

2012 年，研究生党总支调整，免去原支委委员王步云、张少军、睢珂、王杕，组织委员变更为刘尧，宣传委员变更为田丽霞，纪检委员变更为杜立啸，青年委员变更为周延乐。撤销 23 个学生党支部，新组建 26 个学生党支部。

2013 年，研究生党总支调整，免去原支委委员于子荣、刘秀明，党总支书记变更为杨建玲，党总支副书记变更为佟继旭，文体委员变更为袁迎迎。撤销 26 个学生党支部，新组建 26 个学生党支部。

2014 年，研究生党总支调整，免去原支委委员刘尧、周延乐，组织委员变更为杜立啸，纪检委员变更为杨洪磊，青年委员变更为赵明礼。撤销 26 个学生党支部，新组建 28 个学生党支部。

2015 年，研究生党总支调整，免去原支委委员袁迎迎，文体委员变更为吴祖葵。撤销 24 个学生党支部，新组建 27 个学生党支部。

2016 年，研究生党总支换届改选，免去原 7 名支委委员，党总支书记变更为李文才，党总支副书记为夏晨，组织委员为马文哲，宣传委员为臧延芬，文体委员为杨大贺，纪检委员为赵金彤，青年委员为李艾诺。撤销 16 个学生党支部，新组建 24 个学生党支部。

2017 年，研究生党总支调整，免去原总支委委员马文哲、杨大贺、赵金彤，增补赵怡斐、李岩、温欣为研究生党总支委员。撤销 22 个学生党支部，新组建 13 个学生党支部。2018 年，撤销 13 个学生党支部，新组建 19 个学生党支部；截至 2019 年 6 月，撤销 19 个学生党支部。

二、组织发展

研究生院充分发挥研究生党总支和教工支部的作用，积极推进党的组织建设，高度重视并积极做好发展党员工作，对入党积极分子进行严格考察、系统教育、全面培养，同时严把党员转正关，保证发展党员的质量。

2009—2011 年，每年举办两期业余党校培训班，自 2012 年起，每年举办一期。截至 2019 年 6 月，共培训入党积极分子 2 800 余人。2011 年开始，组织第一期预备党员培训班，第一年组织两期，其后每年组织一期。截至 2019 年 6 月，共培训 710 余人。每年组织一期学生党支部委员培训班，共培训 700 余人次。截至 2019 年 6 月，共发展党员 1 029 人，其中教工党员 10 人，转正党员 959 人，其中教工 8 人（表 10-1）。

表 10-1 历年发展、转正党员人数统计

年份	发展党员人数	转正党员人数	备 注
2009	126	110	其中发展教工 2 人
2010	165	103	其中发展教工 2 人，转正教工 2 人
2011	115	138	其中发展教工 1 人，转正教工 1 人
2012	173	108	—
2013	156	142	其中发展教工 3 人
2014	53	115	其中发展教工 1 人，转正教工 3 人
2015	66	63	其中发展教工 1 人，转正教工 1 人
2016	41	62	其中转正教工 1 人
2017	98	37	—
2018	36	38	—
2019	0	43	—
总计	1 029	959	—

注：2019 年数据截至 6 月。

三、评优表彰

为进一步激励广大党员奋发进取、努力拼搏，研究生院党委积极参与部、院组织的评优表彰活动，同时在研究生院内开展党内“创先争优”活动，2011 年制定研究生院“两优一先”评选办法，提高创先争优工作的制度化、规范化，在全院范围内营造“学习先进、争当先进、赶超先进”的良好氛围。

2010 年，研究生院 1 名同志获中国致公党北京市委员会“优秀党员”称号；中国农业科学院“两优一先”评选活动中，研究生院党委获“2008—2009 年度先进基层党组织”荣誉称号，并有 2 人分获“优秀共产党员”和“优秀党务工作者”；研究生院党内“创先争优”活动中，评选表彰学生“先进基层党组织”4 个、“优秀学生党员”19 人。

2011 年，研究生院党委获农业部“先进基层党组织”称号，1 人获农业部“优秀共产党员”称号；研究生院党内评选活动中，表彰学生“先进基层党组织”5 个、“优秀共产党员”30 人（教工 4 人）和“优秀党务工作者”3 人（教工）。

2012 年，中国农业科学院“两优一先”评选活动中，研究生院党委获“2010—2011 年度先进基层党组织”称号，并有 2 人分获“优秀共产党员”和“优秀党务工作者”称号；研究生院党内评选活动中，表彰学生“先进基层党支部”5 个、“优秀共产党员”62 人（教工 9 人）、“优秀党务工作者”8 人（教工 3 人）。

2013 年，研究生院党内评选活动中，表彰学生“先进基层党组织”5 个、“优秀共产党员”42 人（教工 8 人）、“优秀党务工作者”29 人（教工 8 人）。

2014 年，中国农业科学院“两优一先”评选活动中，研究生院党委获 2012—2013 年

度“先进基层党组织”称号，并有2人分获“优秀共产党员”和“优秀党务工作者”称号；研究生院“两优一先”评选活动中，表彰学生“先进基层党组织”3个、“优秀党务工作者”27名、“优秀共产党员”30名。

2015年，研究生院“两优一先”评选活动中，表彰学生“先进基层党组织”4个、“优秀党务工作者”26人、“优秀共产党员”31人。

2016年，中国农业科学院“两优一先”评选中，研究生院2名同志分获“优秀共产党员”和“优秀党务工作者”称号；研究生院“两优一先”评比活动中，评选表彰学生“先进基层党组织”5个、“优秀党务工作者”27人、“优秀共产党员”31人。

2017年，研究生院“两优一先”评选活动中，表彰学生“先进基层党组织”6个、“优秀党务工作者”20人、“优秀共产党员”27人。

2018年，研究生院党委被评为2016—2017年度农业农村部“先进基层党组织”；中国农业科学院“两优一先”评选中，研究生院党委获2016—2017年度“先进基层党组织”，1人获“优秀共产党员”称号；研究生院获中国农业科学院党建信息宣传工作先进单位；研究生院“两优一先”评选活动中，表彰学生“先进基层党组织”5个、“优秀党务工作者”11人、“优秀共产党员”25人。

第二节 思想建设

一、政治理论学习

研究生院党委围绕学习型党组织建设，积极组织广大党员干部深入学习中国特色社会主义理论体系，深入贯彻落实科学发展观，学习习近平新时代中国特色社会主义思想。通过组织生活会、党支部学习、邀请先进模范人物或政治理论专家授课、知识竞赛、专题研讨、实地参观、社会实践等形式，各教工和学生党支部认真落实“三会一课”、主题党日活动等各项制度，学习贯彻党的有关文件和方针政策，提高党员的政治理论水平，调动党员的积极性、主动性、创造性，保持党员先进性，发挥党员的先锋模范作用。

2009年，开展党的历史主题教育活动。组织支部开展学习《中国共产党党史第二卷》的活动，开展学党历史为主题的思想政治工作创新论文征集和我为党旗添光彩征文活动。

2010年，组织党员认真学习党的十七届五中全会精神、《国家中长期人才发展规划纲要》《国家中长期教育改革和发展规划纲要》等文件精神，总结“十一五”发展经验，谋划“十二五”发展规划。组织全体党员观看《沈浩同志先进事迹纪录片》，邀请优秀党员讲党课。

2011年，组织党员学习党的十七大和十七届六中全会精神、胡锦涛总书记在中国共产党成立 90 周年大会上重要讲话等文件精神。组织召开传达贯彻党的十七届六中全会精神会议。为各支部包括学生党支部发放单行本，组织各支部全文学习全会精神。邀请人民大学教授为全体师生党员作党的十七届六中全会辅导报告，深入解读大会精神；以建党九十周年为契机，开展系列活动，隆重纪念建党九十周年庆典。七一当天组织党员收看胡锦涛在中国共产党成立 90 周年大会上重要讲话，开展集中学习讨论活动。组织教工观看献礼影片《建党伟业》，重走井冈山、延安红色之旅。组织离退休党员参观卢沟桥抗日纪念馆，组织学生党员开展“学党史、知党情、跟党走”主题演讲比赛、参观学习祁阳站精神等丰富多彩的主题实践活动，重温党的发展历程。

2012 年，以“全面探索研究生培养机制改革”“学习贯彻党的十八大精神”为主题举办 2 次中心组理论学习活动。组织全体党员集体收看党的十八大开幕式，出台《研究生院贯彻落实十八大精神实施方案》。邀请中央党校陈冬生教授对党的十八大报告进行解读。以支部为单位组织全体党员学习报告全文。教工党员围绕“保持党员纯洁性”主题举办学习活动，开展“农业部核心价值观”讨论活动，学生党员组织“农业科技创新，党员争先”的讨论交流活动。组织党员观看爱国主义教育影片《钱学森》。组织贵州遵义、广西百色、湖北恩施红色之旅，召开红色精神座谈会。教工支部组织延庆大庄科乡沙塘村“重走革命旧地，接受教育洗礼”等活动。学生支部组织参观抗日战争纪念馆、国家博物馆等教育基地。

2013 年，起草制定《研究生院学习贯彻党的十八届三中全会方案》，为每位党员发放《中共中央关于全面深化改革若干重大问题的决定》学习材料，邀请党校老师做讲座，解读党的十八届三中全会精神。邀请中国农业科学院党组书记陈萌山给师生党员讲党课。教工支部组织参观鲁迅纪念馆、北京宋庆龄故居、中国历史文化名村门头沟爨底下村等实践活动。学生党支部组织到卢沟桥、农展馆、焦庄户地道战遗址等地开展主题学习活动。组织全体教工党员及入党积极分子集中观看重大革命历史题材影片《周恩来的四个昼夜》和《苏联亡党亡国 20 年祭》。

2014 年，邀请国务院学位办欧百钢作“学位与研究生教育 2014 年度工作重点与进展”讲座，邀请中央党校高长见副教授为研究生党员解读十八届四中全会精神。为教工及学生党支部购买《中国共产党第十八届中央委员会第四次全体会议公报》《培育和践行社会主义核心价值观学习读本》《中共中央关于全面推进依法治国若干重大问题的决定》等学习材料。

2015 年，重点学习党的十八届五中全会精神、习近平总书记系列重要讲话精神和《习近平谈治国理政》《优秀领导干部先进事迹选编》等书籍。各教工、学生党支部开展参观狼牙山、毛主席纪念堂等参观学习活动。组织全体师生党员观看《筑梦中国》纪录片。组织教工党员观看《焦裕禄》电影，以支部为单位交流讨论观看心得体会。

2016 年，邀请李保国同志先进事迹报告团为广大师生党员宣讲，邀请中央党校教授为广大师生党员作《中国共产党廉洁自律准则》和《中国共产党纪律处分条例》专题辅导讲座。组织教工党员开展“延安精神”学习主题党日活动，赴革命圣地延安参加“延安精神”学习专题教育培训。组织离退休党员参观京西山区第一党支部纪念馆。组织学生党员参观军事博物馆《英雄史诗 · 不朽丰碑——纪念中国工农红军长征胜利 80 周年主题展党》主题实践活动。组织教工党员观看《长征》歌剧。以中央巡视整改为契机，强化各党支部“三会一课”制度落实，严格党内组织生活。

2017年，制定《中共中国农业科学院研究生院委员会理论学习中心组学习规则》，组织5次中心组理论学习，重点学习党的十九大精神、习近平总书记致中国农业科学院建院60周年贺信和李克强总理批示精神、习近平总书记7·26重要讲话等文件精神。研究提出全院学习宣传贯彻党的十九大精神工作方案，研究生党总支专门制定学生党支部学习宣传贯彻党的十九大精神工作方案，把学习宣传贯彻大会精神作为重大政治任务抓紧抓好。邀请中国农业大学教授作“从梁家河到中南海——人民领袖习近平的成长之路”专题党课报告。组织教工党员赴革命圣地西柏坡、“砥砺奋进的五年”大型成就展进行参观学习，组织学生党员开展“学党的知识 做党的传人”、与中国农业大学学生党支部联合开展“两学一做”座谈会等主题党日活动30余次。组织师生党员观看学习黄大年同志先进事迹和《榜样》专题节目，在离退休职工中开展“畅谈十八大以来变化，展望十九大胜利召开”为主题的“五个一”活动。组织师生党员集中观看十九大开幕式，认真聆听习近平总书记代表第十八届中央委员会所做的工作报告。各在职教工党支部当天下午立即召开支部党员大会，交流观看体会。为全体师生党员发放十九大报告及新修订的《中国共产党章程》，并进行闭卷测试。制作党的十九大精神专题宣传栏。组织召开支部党员大会，集中观看韩长赋部长在农业部宣讲党的十九大精神报告会实录。组织全体职工通过视频会议观看“中国农业科学院建院60周年成就展暨表彰大会”，第一时间学习习近平总书记贺信和李克强总理批示精神。组织观看《大地丰碑》宣传片和“中国农业科学院建院60周年成就展”。

2018年，深入学习贯彻习近平新时代中国特色社会主义思想，党的十九大精神和十九届二中、三中全会精神，习近平总书记关于“三农”、教育、乡村振兴和脱贫攻坚等方面的重要论述。邀请中央党校教授为全体师生党员作党的十九大精神和2018年全国“两会”精神专题辅导报告。组织教工党员参观国家博物馆“真理的力量——纪念马克思诞辰200周年主题展览”“伟大的变革——庆祝改革开放40周年”等大型展览，开展“不忘初心 重温入党志愿书”主题党日活动，坚定理想信念，强化党性观念。

2019年1—6月，组织党员深入学习贯彻习近平新时代中国特色社会主义思想、习近平总书记关于“三农”工作、教育工作和科技创新的重要论述以及习近平总书记致中国农业科学院建院60周年贺信精神等；结合“不忘初心、牢记使命”主题教育和“七一”党日活动，组织全体党员前往中国人民抗日战争纪念馆参加“不忘初心、牢记使命”主题教育民族先锋大讲堂活动。

二、形势政策教育

（一）深入学习实践科学发展观活动

2009年下半年，做好“学习实践科学发展观”第三阶段工作，开展深入学习科学发展观“回头看”工作，制定《中国农业科学院研究生院深入学习实践科学发展观整改落实“回头看”工作自查报告》。代表中国农业科学院接受农业部学习实践科学发展观检查组检查。完成《中国农业科学院研究生院深入学习实践科学发展观活动总结报告》。在368名2009级新生党员中开展“以学习实践科学发展观为主题的先进性教育活动”。

（二）创先争优活动

2010年，围绕“坚持科学发展，服务‘三农’事业，加快推进高层次农业科技人才的基地建设步伐”的总体要求，本着“两层次、双提升”的原则，对教工党员和学生党员齐抓共管，分别制定教工、学生两套实施方案，全面开展“创先争优”活动。在教工党员中，举办管理知识培训班，组织年轻同志开展学习交流和研讨，将争创工作落到提高业务能力上。在学生党员中，以“我为党旗添光彩”活动引导广大研究生党员开展“党员形象”大讨论活动。组织京内900余名学生党员在西门主楼广场以佩戴党徽、集体签名的方式举行承诺宣誓大会，活动包括佩戴党徽、党员公开承诺、承诺横幅签字等活动。此项活动作为典型事例向中组部“创先争优”活动领导小组汇报，获得中组部有关领导的高度评价。

2011年，深入开展创先争优活动。组织各支部进行创先争优支部承诺，在承诺的基础上，各支部进行互评，党委领导对各支部承诺进行点评；召开创先争优工作推进会。七一组织全体教工党员观看天安门升旗仪式，并举行入党宣誓。开展“创先争优”活动学生党员公开承诺书征集活动。开展学生党员宿舍挂牌活动，先后为110余个党员宿舍挂牌。组织“创先争优”党课专题系列报告会。邀请中央党校国际战略研究所赵磊副教授、中央国家机关优秀共产党员徐明岗研究员、中国农业大学李明教授为研究生党员、积极分子上党课。2011—2014年先后组织70名优秀学生党员和教工赴祁阳红壤实验站参观学习“执着奋斗、求实创新、情系‘三农’、服务人民”的“祁阳站精神”。

2012年，举办纪念建党91周年暨创先争优师生表彰大会，表彰5个研究生先进党支部、8名优秀党务工作者、9名教工优秀共产党员和53名研究生优秀共产党员，组织100余名新党员集体入党宣誓。详细制定《研究生院党务公开实施目录》。深入开展基层组织建设年活动。在支部自查评分的基础上，党委对56个党支部进行定级，评定等级“好”和“较好”的支部比例为100%。

（三）党的群众路线教育实践活动

2013年，组织召开研究生院群众路线教育实践活动动员大会，按照中国农业科学院党组统一部署，根据教工、学生不同特点，分别制定《研究生院党的群众路线教育实践活动实施方案》，对教工和学生实行分类指导。认真贯彻落实“八项规定”《党政机关厉行节约反对浪费条例》《中国农业科学院关于改进工作作风的有关规定》等文件精神。针对查摆出的问题，研究制定“两方案一计划”（《研究生院群众路线教育实践活动整改落实方案》《学风建设专项整治方案》《规章制度修订计划》）。出台《研究生院党务公开实施方案》，明确党务公开的内容、程序、方式和时限。

2014 年，认真做好群众路线教育实践活动总结，加大对《研究生院群众路线教育实践活动整改方案》《学风建设专项整治方案》和《规章制度修订计划》的督办力度，组织召开研究生院群众路线教育实践活动总结大会并进行群众满意度民主测评，班子“好”和“较好”占 92.3%，较活动前提高 15%；班子个人均在 80%以上，较活动前提高 10%。

（四）“三严三实”专题教育

2015 年，按照中央、部、院党组要求，研究生院制定实施《研究生院关于在处级以上领导干部中开展“三严三实”专题教育工作方案》，以书记讲党课的形式全面启动研究生院“三严三实”专题教育。完成 3 次专题研讨，每位班子成员都做专题党课报告。组织召开以“三严三实”为主题的专题民主生活会和组织生活会，广泛征求群众意见，查摆不严不实问题，制定整改方案，把整改任务分解到处室，责任到人，明确完成时限，并作为 2015 年的重点工作任务加以推进。

（五）“两学一做”学习教育

2016 年，认真贯彻落实中央和部、院党组关于“两学一做”学习教育有关要求，成立“两学一做”学习教育协调小组，负责对学习教育工作的协调督导；坚持分类指导，针对教工、学生党员不同特点，制订两套工作方案，对教工、学生党员分别进行动员部署；完成“两学一做”4 个专题的学习研讨。学生党支部开展以“两学一做”为主题的读书心得交流会、专题讨论会、学术研讨会、党员讲党课、参观学习等多种活动，教工党支部组织党员参加“党章党规在我心中——中央国家机关党章党规知识测试及竞赛活动”“两学一做”主题征文活动，开展“佩戴党徽，设立党员服务窗口，亮明党员身份”活动。开展“学习李保国同志精神”系列活动：邀请李保国同志先进事迹报告团为广大师生党员宣讲；教工党支部就学习李保国同志精神进行研讨交流，对比李保国同志先进事迹找差距、明不足；开展“踏寻李保国足迹，学习楷模精神”专题学习教育活动，组织党员和教工代表赴河北前南峪村参观中国人民抗日军政大学陈列馆和李保国同志生前帮扶过的村庄。

2016 年，按照中国农业科学院直属机关党委《关于转发〈中共中央组织部关于开展党员组织关系集中排查的通知〉的通知》要求，对全体教工及学生党员的组织关系进行集中排查，针对因毕业或出国等原因与组织关系分离或与党组织失联的学生党员，通过邮件、电话、QQ、微信等多种方式逐个查找，对经查找取得联系的党员和仍然无法取得联系的党员进行登记造册。针对每名党员的情况，逐个提出组织处理建议。协助中国农业科学院党建工作领导小组出台《关于进一步加强和改进研究生党员教育和管理工作的意见》，将京内所二年级、三年级学生党员组织关系转回所内进行管理。针对编外聘用职工中党员组织关系与人员分离问题，经党委会研究，将编外聘用职工中党员纳入统一管理，并印发《研究生院编外职工党员管理办法》，规范编外聘用职工党员的管理。

2017 年，扎实推进“两学一做”学习教育常态化制度化，制定《关于推进“两学一做”学习教育常态化制度化的实施方案》，指导和督促各党支部全面开展好各项工作，开展反对和防止“四不”活动，顺利通过中国农业科学院党组“两学一做”学习教育常态化制度化推进情况督查。

2018 年，持续推进“两学一做”学习教育常态化制度化，以落实“三会一课”制度为重点，认真落实谈心谈话、民主评议党员、党建述职评议考核、党务公开等制度，进一步加强研究生院基层党建工作。

（六）“不忘初心、牢记使命”主题教育

按照党中央和部、院党组部署，扎实开展“不忘初心、牢记使命”主题教育，制定《中共中国农业科学院研究生院委员会关于开展“不忘初心、牢记使命”主题教育的实施方案》，召开工作安排会议，全面安排主题教育各项工作。成立“不忘初心、牢记使命”主题教育领导小组。贯彻守初心、担使命，找差距、抓落实的总要求，把学习教育、调查研究、检视问题、整改落实贯穿主题教育全过程。以处级以上领导干部为重点，组织为期 5 天的集中研讨学习，并带动全体党员参加学习。

三、理论研究成果

2011 年，建党九十周年之际，组织师生党员参加农业部“我为党旗添光彩”征文活动，获三等奖 1 篇、优秀奖 1 篇。

2012 年，报送的“创先争优 贵在落实”论文获得中国农业科学院党建研究会优秀论文评选三等奖；党委利用基本科研业务费课题开展“基于分类指导角度下创新党建方式方法研究”，先后在《高等农业教育》《办公室业务》等杂志上发表关于研究生院党建研究的文章。

2013 年，组织全院近千名党员参与中央组织部、共产党员网联合举办的十八大报告和知识竞赛活动，两人分别获得一等奖（全国 5 名，北京市 1 名）和三等奖。

2014 年，获农业部“又生春雨再兴农”征文优秀奖（1 篇）、农业部“中国人的饭碗”征文三等奖（1 篇）。

2015 年，督促领导干部加强理论学习思考，获 2015 年度中国农业科学院“两研会”优秀研究论文二等奖（1 篇），获 2015 年度中国农业科学院领导干部理论学习论文三等奖（1 篇）。

2016 年，获 2016 年度中国农业科学院“两研会”优秀研究论文优秀奖（1 篇）。

2017 年，获 2017 年度中国农业科学院领导干部理论学习论文三等奖（1 篇）。

2018 年，获 2018 年度中国农业科学院“两研会”优秀研究论文二等奖（2 篇），获学习《习近平的七年知青岁月》征文一等奖、二等奖、三等奖各 1 篇，获中国农业科学院离退休职工“纪念改革开放四十周年”主题征文三等奖（1 篇）。

第三节 党风廉政建设

为加强党风廉政建设，明确党政领导班子和领导干部对党风廉政建设应负的责任，保证党风廉政建设各项任务的全面落实，根据中国农业科学院党组《关于落实中共中央国务院〈关于实行党风廉政建设责任制的规定〉的实施办法》有关精神，结合研究生院实际情况，2010 年制定《中国农科院研究生院廉政建设责任制实施办法》（农科研生〔2010〕46 号），明确廉政建设责任的内容、范围、检查和追究机制，分别于 2011 年和 2018 年对该办法进行修订。

2009 年，组织全体党员和积极分子观看《一个明星区长的坠落轨迹》警示教育电教片。配合农业部、中国农业科学院完成“小金库”专项检查治理工作，顺利通过农业部“三项经费”压缩情况专项检查。重点加强对宿舍楼修缮项目、“球形网架”建设工程、“钢架玻璃房”建设工程的监督，规范施工、监理招投标工作。

2010 年，组织领导干部认真学习《中国共产党党员领导干部廉洁从政若干准则》《关于领导干部报告个人重大事项的规定》等廉政建设文件，增强廉政意识。认真抓好《中共中国农业科学院党组贯彻落实〈建立健全惩治和预防腐败体系 2008—2012 年工作规划〉的实施办法》的具体落实。举办“廉政文化宣传月活动”，观看廉政教育音像资料片《拒腐防变每月一课》。

2011 年开始，党委书记与各处室主要负责人签订党风廉政建设责任书，形成一级抓一级、层层抓落实的党风廉政建设格局。强化党员领导干部的“一岗双责”意识，确保责任落地，做到业务工作和党风廉政建设两手抓。纪委有效运用“四种形态”，强化监督执纪问责，切实担负起全面从严治党的监督责任。制定《中国农业科学院研究生院纪律检查委员会工作规则》（农科研生〔2011〕95 号），提高纪检工作的规范化、制度化。组织全体党员领导干部观看《廉政教育　每月一课》和《迟来的忏悔——李洋系列案件警示录》，并以“李洋案件的警示”为主题专门召开一次组织生活会。结合研究生教育管理实际，围绕容易滋生腐败和不正之风的重点领域和关键环节，查找廉政风险点，编制《中国业科学院研究生院廉政风险防控手册》。

2012 年，组织全体党员观看《秉公用权 廉洁从政警示录》，增强党员干部拒腐防变的能力；严格实行采购监察制度，对重大项目工程的招投标工作进行跟踪监督。召开廉政风险防控机制执行情况座谈会，中国农业科学院党组副书记罗炳文到会指导。

2013 年，认真落实十八届三中全会《中共中央关于全面深化改革若干重大问题的决定》明确提出的党风廉政建设责任制：党委负主体责任，纪委负监督责任。组织处以上领导干部学习《中央八项规定、六项禁令》《党政机关厉行节约反对浪费条例》《党政机关国内公务接待管理规定》和《中国农业科学院关于改进工作作风的有关规定》等文件。深入开展科研经费专项检查、“小金库”治理、庆典、研讨会、论坛专项治理和清退会员卡活动。

2014 年，制定《研究生院落实 2014 年反腐倡廉工作任务意见方案》《研究生院“三重一大”制度实施细则》。组织党员观看《伪装的外衣》《代价》《沉沦》等廉政教育宣传片，督促各支部开展好廉政建设专题组织生活会。。

2015 年，为党员干部购买《中国共产党廉洁自律准则中国共产党纪律处分条例》《优秀领导干部先进事迹选编》《党员领导干部违纪违法典型案例警示录》等廉政学习材料；组织召开科研经费专项整治活动贯宣会，认真开展科研经费的自查自纠工作，完成《中国农业科学院研究生院科研经费专项自查报告》。

2016 年，通过理论中心组学习会传达学习十八届中纪委六次会议精神及农业部、中国农业科学院党风廉政建设工作会议精神；传达中央国家机关纪工委关于违反中央八项规定精神案件的通报；组织学习《中国共产党问责条例》等材料；组织党员干部和科研人员观看“卢长明、曹应龙违法犯罪案件警示教育片”和中纪委大型电视专题片《永远在路上》；邀请中央党校教授为广大师生党员作《中国共产党廉洁自律准则》和《中国共产党纪律处分条例》专题辅导讲座。按照工作程序对 3 名干部进行诫勉谈话。

2016 年 2 月 29 日至 4 月 29 日，中央第八巡视组对中国农业科学院党组进行为期两个月的专项巡视。在中国农业科学院党组的正确领导下，研究生院党委带领全体教职工全力支持、积极配合，按要求及时上报党建、人事等方面检查表格 20 余份，开展“落实中央八项规定精神、整治四风工作回头看”“2013—2015 年度科研经费使用管理情况以及四个专项情况自查及回头看”等工作，党委书记向巡视组汇报研究生院党建工作情况，接受中央巡视组的全面检阅。针对中央第八巡视组反馈的研究生院在党的领导、党的建设、全面从严治党等方面存在的问题，党委高度重视，成立由院长、党委主要负责人任组长、副院长任副组长、各处室主要负责人和各基层党组织主要负责人组成的巡视整改工作领导小组，组织领导全院的整改工作。根据《中共中国农业科学院党组落实中央第八巡视组巡视反馈意见整改方案》要求，研究生院党委结合实际，制定巡视整改方案，对巡视期间发现的问题，逐条梳理，明确整改措施、牵头领导、责任处室、责任人和整改时限，逐条逐项抓落实。先后召开巡视整改专题组织生活会、专题民主生活会、院务会等，对巡视整改情况进行梳理，7 月上旬对前期整改进展情况进行总结，上报督导组，并将党建、科研经费专项治理、监督执纪问责等专题的整改情况分别上报各专题牵头单位，确保整改工作有序推进和落实。梳理 18 个方面问题的 29 项整改任务，逐项落实整改任务。

针对中央巡视反馈意见重新修订《研究生院“三重一大”制度实施细则》。各处室根据事业发展中出现的新情况、新问题重新修订《研究生院廉政风险防控手册》，并认真按照《手册》要求加强对关键节点防控。巡视期间认真开展科研经费使用管理及四个专项情况自查，针对“超范围使用科研经费”“账务处理存在漏洞”“现金发放劳务费、咨询费”“超标准乘坐交通工具”“实验耗材管理不到位”“科研经费信息不够公开”等问题，通过积极落实科研经费监管“阳光工程”和“防火墙”工程、进一步加强科研经费使用监管，全部清退超标准乘坐交通工具支出，劳务费、咨询费全部通过银行卡支付，按照有关会计制度进行科目设置和调账，通过网上平台采购实验耗材，建立出入库管理办法，指定专人负责采购和出入库登记，制定《研究生院实验耗材购置使用管理规定》《研究生院科研经费信息公开实施细则》。

2017 年，开展“以案释纪明纪　严守纪律规矩”主题警示教育月系列活动：组织职工党员学习中纪委纪检监察专员闫群力的廉政党课报告；组织职工参加中国农业科学院廉政诗文征集活动，上报 3 篇作品；各党支部组织党员集中观看警示教育录——《警钟》，组织学习《习近平关于党风廉政建设和反腐败斗争论述摘编》，学习新修订的《廉政风险防控手册》，并结合业务工作进行交流研讨，切实增强党员干部纪律规矩意识，提高拒腐防变能力。严格落实新修订的《规章制度汇编》《廉政风险防控手册》和《内部控制规程》，加强对科研经费使用、基建、政府采购招投标等重点领域、重点部位、重点环节廉政风险点的动态监控。坚持党委会、院务会、院长办公会等各类会议制度，集体决策“三重一大”事项，严格规范权力的使用和运行。

2018 年，为进一步落实党风廉政建设党委主体责任和纪委监督责任，出台《中国农业科学院研究生院落实党风廉政建设主体责任和监督责任的实施细则》，压紧压实“两个责任”。为每位党员发放新修订的《中国共产党纪律处分条例》，通过自学、中心组学习、党支部学习等形式组织党员学习。认真贯彻农业农村部警示教育大会精神和中国农业科学院直属机关党委的要求，积极开展警示教育活动，制定《研究生院党员警示教育活动实施方案》，先后组织开展中心组学习、参观中央国家机关廉政教育基地——恭王府、观看警示教育宣传片《走出违纪第一步，一定有更凶险的下一步在等着你》等活动进行廉政教育。

2019 年年初，制定《中共中国农业科学院研究生院委员会 2019 年工作要点》《中国农业科学院研究生院纪委 2019 年工作计划》和《研究生院 2019 年全面从严治党重点工作》。认真落实《中国农业科学院全面落实研究生导师立德树人职责实施细则》，开通立德树人监督举报电话及邮箱，在新增导师培训班上首次设置“新增导师集体谈话”环节，全面加强师德师风建设。

第四节　群团组织

一、工会委员会

（一）工会委员

2011 年 7 月，研究生院完成第六届工会换届选举，工会主席为李思经，工会副主席为杨建玲，工会委员为王海峰、刘宇航、佟继旭、张博、高雷。2015 年 1 月，工会委员调整，杨建玲、刘宇航、张博、高雷不再担任工会委员，佟继旭、王海峰担任工会副主席，增补王志霞、白雪、胡俊鸿、高弘毅、牛星、吴宾为工会委员。同时，以处室为单位，成立工会小组，设立小组长。同年3月，工会委员调整，李思经不再担任工会主席，增补陈黎明为工会委员，刘荣乐担任工会主席。2017年12月，刘荣乐不再担任工会主席。

（二）工会工作

在中国农业科学院工会和研究生院党委的领导和支持下，工会不断加强自身建设，维护职工合法权益，关心职工生活，积极开展各项文体活动。召开职工代表大会，充分发挥职代会对院工作参与、管理和监督的权利，保障教职工对研究生院建设发展的知情权。按时足额计提、上缴工会经费，及时上报《基层工会经费收支报告表》。积极组织教职工参加农业农村部和中国农业科学院举办的各项活动。

2009年以来，每年坚持为全体职工办理公园年票、邮寄生日蛋糕、购买电影票，做好节假日慰问品发放工作，提升职工福利水平，增强职工的归属感。元旦、春节期间，工会干部陪同院领导，走访慰问患病职工、困难职工和离退休职工，帮助他们排忧解难。每年组织两次健步走或登山比赛。2009—2015年，连续7年组织教职工参加研究生院师生运动会。2009—2013年组织全体职工包括离退休职工迎新春联欢会。自2013年开始，每年开展工会统计年报调查工作，及时上报《年度基层工会调查表》。

2009年9月，组队参加“中国农业科学院研究生院院庆杯篮球邀请赛”，获冠军。2010年4月，组织全体职工到农业展览馆参观农史展览。邀请中国农业大学心理素质教育中心施钢主任，做有关工作与生活之间平衡艺术的心理讲座。9月，积极组织职工参加中国农业科学院趣味运动会，由36名教工组成的代表团参加全部的13个比赛项目，获女子单项跳绳第一名、团体总分第五名。12月，师生元旦联欢会中，工会组织8名年轻教工排练新疆舞《掀起你的盖头来》参加演出。

2011年9月，组织开展首届棋牌比赛。组织全体职工参观北京野生动物园和大兴榆垡农业观光园。12月，举办工会委员培训班。

2012年，组织职工参加中国农业科学院京内职工广播体操比赛和中国农业科学院第六届职工运动会。获得中国农业科学院第六届职工运动会团体总分第八名、精神文明奖和广播体操比赛第五名。

2013年1月，组织第二届棋牌比赛。组织全体职工包括离退休职工到昌平参观北京首届农业嘉年华。4月，开展工会会员登记和发放会员证工作，对现有会员摸底调查，规范会籍管理。组织教职工参加中国农业科学院“我向院长建言跨越式发展”青年演讲比赛和主题征文活动，4人分别获得演讲比赛三等奖和优秀奖、主题征文活动三等奖和优秀奖。

2014年4月，组织教职工前往园博园参加中国农业科学院“中国梦、健康美”第二届职工长走活动。10月，组织教工观看教育影片《黄金时代》。11月，组织教职工参加农业部征文比赛，获“又生春雨再兴农”征文优秀奖和“中国人的饭碗”征文三等奖。

2015年1月，组织全体职工（包括离退休职工）2014年迎新春联欢会，会上为从教30周年教工组织了特殊贡献奖颁奖活动。组织职工参加中国农业科学院工会举办的健康长走活动，购买计步器，举办《健康长走》专题讲座，组织职工开展长走前体能测试。邀请原解放军艺术学院教师举办《摄影技巧》职工专场讲座。

2016 年，先后多次为职工购买防霾口罩。组队参加中国农业科学院第三届羽毛球比赛。5 月，组队参加第二届中国农业科学院“跨越杯”青年足球友谊赛。获得“中国农业科学院健步走团体二等奖”。

2017 年，新建育婴室，为怀孕和哺乳期的女职工创造良好的休息环境。新建阅读室，开展职工读书阅报系列活动。组织工会健康讲座。11 月，组织参观中国人民抗日战争纪念馆、宛平古城活动。获得“中国农业科学院健步走团体三等奖”。

2018 年，组织职工参加中国农业科学院第七届职工运动会，获“农科院群众性体育活动先进单位”和“精神文明奖”；组织职工参加中国农业科学院“强身健步走 奋进新时代”健步走活动，获得“优秀组织奖”和“凯旋奖”（综合成绩一等奖）。积极向中国农业科学院工会推荐 1 名同志参加农业农村部职工跳绳比赛，获个人二等奖，院工会专门向研究生院工会发送感谢信。

2019 年 4 月，组织教职工参加中国农业科学院“与时代同发展，与祖国共奋进”职工健步走活动，获优秀组织奖。6 月，组队参加中国农业科学院（京区）第四届职工羽毛球团体赛。组织全体教工观看教育影片《老师・好》。

二、妇女委员会

2011 年 7 月，换届产生第三届妇委会，主任为孙红，副主任为陈婭，委员为李艾诺、牛星、夏晨。2014 年 11 月，主任变更为李思经。2015 年 4 月，主任变更为李志平。2017 年，主任变更为陈婭。

妇委会在研究生院党委以及中国农业科学院直属机关妇女工作委员会的领导下，以提高女职工、女学生素质为主旨，充分发挥全国巾帼文明岗的示范作用，积极带领广大女同胞紧密结合研究生教育特色，开展一系列适合女职工和女学生特点的活动。组建女教工舞蹈队、女学生健身操队、礼仪队等，丰富业余文化生活。舞蹈队组织的《在希望的田野上》《火之舞》《酥油飘香》《丰收歌》等节目先后在元旦师生联欢会、中国农业科学院团拜会上演出，《丰收歌》还参加了中国农业科学院六十周年院庆演出。每年国际妇女节，开展系列活动，先后组织女教工观看话剧演出、参观农业嘉年华、奥林匹克森林公园健步长走等活动。在学生中举办“女生节”，开展女生心愿墙，观看女性题材电影、礼仪讲座等活动。每年组织教职工在农业农村部组织的“向实行计划生育的贫困母亲献爱心”活动中捐款。自 2013 年开始每年举办女职工摄影展。

2009 年，研究生院被全国妇联评为“全国巾帼文明岗”，11 月，通过农业部检查组考核，3 篇文章参选中央国家机关女干部职工“成长・成才・成功”征文，1 篇获三等奖，2 篇获优秀奖。2011 年，获 2009—2010 年度“中国农业科学院先进基层妇女组织”称号，1 人被评为 2009—2010 年度中国农业科学院优秀妇女工作干部，通过“全国巾帼文明岗”检查验收，继续挂牌，获中国农业科学院 2011 年度人口与计划生育工作先进单位称号。2013 年，获 2011—2012 年度中国农业科学院“先进基层妇女组织”称号，1 人被评为“妇女之友”，1 人被评为“优秀妇女工作干部”，1 人被评为“巾帼建功标兵”，1 人获全国首届书香“三八”读书征文个人优秀奖。2014 年，通过“全国巾帼文明岗”检查验收，获中国农业科学院“魅力巾帼，芳耀农科”赛诗会二等奖。2015 年，获中国农业科学院 2013—2014 年度“先进基层妇女组织”称号。2017 年，获中国农业科学院 2015—2016 年度“先进基层妇女组织”称号。2019 年，获 2017—2018 年度“中国农业科学院巾帼文明岗”。

三、青年工作委员会

2013 年，研究生院成立青年工作委员会（青委会），青委会主席为高雷。2015 年 1 月，增补王仕龙、张纯为青委会委员。届时青委会主席为王海峰，青委会副主席为翟研宁、李文才，青委会委员为李艾诺、高弘毅、王仕龙、张纯。

青委会在研究生院党委的领导下，坚定落实党委各项部署，以服务全体青年教工为己任，围绕学习交流、提高能力为核心职能，制定《研究生院青年工作委员会工作计划》，指导青委会工作的顺利开展。按照中国农业科学院青年工作委员会的各项工作要求，在全院“十佳青年”评选、青委会负责人培训班、足球比赛、青年干部学习成果交流会、组织“强党性 铸信仰 农科青年重温入党誓词”活动、组织业务讲座、参与其他各类文体活动等方面发挥了积极作用，为全院青年工作有序开展贡献了积极的力量。先后组织青年职工前往红旗渠、北大红楼、周口店北京人遗址博物馆等地参观学习。成立“研究生院青年读书交流小组”，制定相应的章程，自 2017 年秋季学期起，组织读书交流活动。组织青年教工参加中国农业科学院组织的《习近平的七年知青岁月》征文，获一等奖。

四、团委、研究生会

加强团委、研究生会的组织建设。2009—2019 年，完成从第十五届团委、第二十五届研究生会到第二十四届团委、第三十四届研究生会的换届。2012 年起，每年组织学生干部素质拓展，抓好“关键少数”，加强学生干部培训和能力建设，以充分发挥团委、研究生会的纽带和引领作用。

2009 年 10 月，召开研究生院共青团第十五次、第二十五次研究生代表大会。王杕当选团委书记，张俊辉当选研究生会主席。

2010 年 10 月，召开研究生院共青团第十六次、第二十六次研究生代表大会。王杕当选团委书记，赵文龙当选研究生会主席。

2011 年 10 月，召开研究生院共青团第十七次、第二十七次研究生代表大会。王杕当选团委书记，陈曦当选研究生会主席。

2012 年 10 月，召开研究生院共青团第十八次、第二十八次研究生代表大会。佟继旭当选团委书记，黄文强当选研究生会主席。

2013 年 9 月，召开研究生院共青团第十九次、第二十九次研究生代表大会。佟继旭当选团委书记，刘杨当选研究生会主席。

2014年9月，召开研究生院共青团第二十次、第三十次研究生代表大会。佟继旭当选团委书记，张晓星当选研究生会主席。

2015年9月，召开研究生院共青团第二十一次、第三十一次研究生代表大会。佟继旭当选团委书记，解振诚当选研究生会主席。

2016年9月，召开研究生院共青团第二十二次、第三十二次研究生代表大会。佟继旭当选团委书记，孙福昱当选研究生会主席。

2017年9月，召开研究生院共青团第二十三次、第三十三次研究生代表大会。夏晨当选团委书记，邹洁当选研究生会主席。

2018年9月，召开研究生院共青团第二十四次、第三十四次研究生代表大会。夏晨当选团委书记，解屹（北京）、刘陶然（保定）当选研究生会主席。

第五节　校园文化和精神文明建设

作为研究生教育培养单位，研究生院认真贯彻落实国家、教育部有关文件精神，注重研究生综合素质培养，加强校园文化建设。围绕“立德树人”主线，结合研究生思想政治教育工作，加强科学道德和学风建设，开展丰富团学活动，营造崇尚创新、文明和谐的校园文化氛围。依据全国高校思想政治工作会议精神和习近平总书记讲话精神，以《关于加强和改进新形势下高校思想政治工作的意见》为指导，2017年，起草并由中国农业科学院党组印发《中共中国农业科学院党组关于加强和改进研究生思想政治工作的意见》（农科院党组〔2017〕26号），从必要性、总体要求、基本原则、工作机制、队伍建设等几个方面为今后一个时期研究生思政工作顺利开展奠定制度基础。

一、研究生思想政治工作

（一）思想政治工作队伍

2011年，制定《中国农业科学院研究生院班主任工作暂行办法》，正式实行研究生班主任制度，充实研究生思想政治工作队伍。每年从各处室、教研室的青年在职人员中选聘具有一定理论水平和管理工作经验，能够胜任研究生思想政治教育工作，热爱学生工作的人员，担任一年级博士、硕士研究生班级班主任；至2019年6月，共选派8批兼职班主任，215人次。举办班主任工作经验交流会和班主任工作评议会，就班主任工作的重点、方式与方法、聘任分工等进行交流学习，收集院领导和学生两方面的意见和建议，促进工作不断提升。

（二）学风校风建设

加强对研究生的学术道德教育，将其纳入学校研究生教育培养体系。弘扬优良学风，培育优良校风。每学期期末考试前，各班级召开诚信考试主题班会，签署考试承诺书，并在教学楼、宿舍宣传栏等地通过海报形式宣传诚信考试，严肃考风考纪。2009—2019 年，处理违规违纪学生 135 人，其中包括因在 2012 年全国英语六级考试中替考的两名同学，予以开除学籍处分。

2011 年 7 月 5 日，经中国农业科学院第七届学位评定委员会第六次会议审议通过，制订两项规章制度：根据国家相关法律法规及国务院学位委员会《关于在学位授予工作中加强学术道德和学术规范建设的意见》（学位〔2010〕9 号）文件精神，制订《中国农业科学院关于学位授予工作中舞弊作伪行为的处理办法》，明确学位授予工作中舞弊作伪行为的类型、审议程序及处理办法；根据国家相关法律法规及教育部《关于加强学术道德建设的若干意见》文件精神，制订《中国农业科学院研究生院学术道德与学术行为规范》，对所有以中国农业科学院研究生院名义从事学术活动的人员，包括所有教师、研究生指导教师、管理职员、工勤人员和各类研究生以及以中国农业科学院研究生院名义发表作品的其他人员，包括在中国农业科学院研究生院学习和工作的访问学者、进修教师、兼职人员等的学术道德与学术行为规范做出规定，明确违反学术道德与学术行为规范的表现及处理办法。

2012 年，在课程学习中发生群体考试作弊现象，中国农业科学院党组高度重视，研究生院将此事件形成教育案例，以班级和党支部为单元，组织全体在校生集中学习教育，并以此为契机，号召全院师生杜绝一切学术不端行为，营造清新纯洁的校园学术风气。

自 2012 年起，每年组织研究生参加首都高校科学道德和学风建设宣讲教育报告会，共组织1 000余名研究生参会。自 2012 级研究生开始，围绕科学道德和学风建设，抓好“四个一”：“第一课、一份承诺、一本教材、一次专题讨论”。新生开学，邀请有关专家为全体研究生做一次学术道德宣讲报告会，作为开学第一课。签署学术道德承诺书，每人一本《科学道德和学风建设简明读本》，各支部开展一次科学道德与学风建设专题讨论会。

2013 年，为加强学风建设，规范研究生科研记录管理，提高研究生培养质量，研究制订《中国农业科学院研究生院研究生科研记录管理暂行办法》，要求各研究所结合本单位学科专业等实际情况制定相应制度。2014—2016 年，完成所有研究生培养单位研究生科研记录全覆盖抽查，推动研究生科研记录工作水平的整体提升。

2015 年，举办以“落实主体责任 加强学风建设”为主题的落实党风廉政建设主体责任专题研讨会，邀请中国人民大学中共党史系辛逸教授做“学术精神与学位论文”专题讲座。

（三）社会实践

2009 年以来先后在祁阳站、四川元宝生态资源开发公司、保定硕丰农产股份有限公司等11个单位建立研究生培养实践基地。2014年，制订《硕士研究生社会实践管理办法》，进一步完善社会实践管理有关要求。

2012年，积极响应农业部“农业科技促进年”活动，组建4个社会实践团队，42名博士、硕士研究生、5位专家和7位领导老师，分别走进承德县开展农业科技服务工作；深入黑龙江省嫩江县中储粮北方农业开发有限公司生产一线，了解我国粮食仓储及农业现代化现状；赴三仪集团江苏三仪工业园参观调研，进行生产实践；深入大连三仪集团，了解现代涉农高新技术企业特点，学习先进企业文化及理念。其间，共走访多个基层农技站和10余家涉农公司，举办科技专题讲座2场，签署院县共建基地协议1份，举办专家与地方企业、政府人员论坛1次，社会实践总结大会4次。

2013年，开展以“青春践行农科魂，实践激扬中国梦”为主题的暑期社会实践活动，44名研究生分别到河北承德县、黑龙江嫩江县、浙江杭州郊区开展社会实践及科技服务活动。

2014年，开展以“践行农科精神，服务现代农业”为主题的暑期社会实践活动。先后组织4个农业科技服务团41名博士、硕士研究生以及多位专家、领导、老师分别奔赴湖南株洲、黑龙江嫩江、上海松江区开展调研、参观学习、入村户同劳作、企业实习、举办座谈会等工作。

2015年，开展以“感受现代农业，成就农业英才”和“践行北大荒精神，做顶天立地农科人”为主题的暑期社会实践活动。先后组织2个农业科技服务团近40名博士、硕士研究生以及多位专家、领导、老师分别奔赴上海光明集团种业公司、黑龙江北大荒集团856农场，开展参观学习、企业实习、人物访谈、举办座谈会等工作。

2017年7—8月，组织两队师生社会实践团分别奔赴湖南祁阳红壤实验站和研究生培养实践基地（邢台·岗底）进行社会实践，并组织孟山都奖学金获奖同学代表赴孟山都公司张家口基地参加夏令营。

2018年7月，组织16名师生前往研究生培养暨博士创新实践基地四川省元宝生态资源开发公司开展生产实践及调研工作。

（四）志愿服务

2009年，组织青年志愿者参加“2009年中国北京国际节能环保展览会”，获“优秀组织奖”。2010—2019年，每年坚持到校园、中国农业科学院院区和居民区、街道开展卫生清洁义务劳动。2010—2011年，连续两年组织青年志愿者服务队共48名队员前往海淀区培智中心学校进行志愿服务。2012—2016年，连续五年，青年志愿者服务队到通州关爱中心与残障儿童零距离志愿者服务活动，带去大米、面粉、奶粉、洗漱用品等慰问品，为中心的农疗基地栽种蔬菜。2012—2019年，组织无偿献血活动，获2013年度、2016年度北京市献血先进单位。2014—2017年，组织“中医义诊送健康”同北京中医药大学联合举办中医义诊活动。2016—2019年，组织电脑医院社团开展“电脑义诊”。

2010年4月14日，青海玉树发生里氏7.1级强震，团委第一时间发起“爱心汇聚力量，真情共筑希望”向玉树灾区捐款活动，共筹集善款6 466.26元，悉数汇至中国红十字会。5 月，开展“知识点亮希望，真情温暖玉树”为玉树灾区儿童捐书活动，为灾区儿童提供精神上的抚慰。

2012 年，开展“帮助在身边，温暖一线牵”发现身边好人好事活动、“一腔热血献真情”“同一片天空　同一个梦想”为贫困地区孩子捐赠书籍和衣物、“熄灭灯光 点亮希望”签名倡议等系列活动。

2013 年 4 月 25 日，团委组织全院研究生发起“援助雅安、祈福雅安”捐款活动。捐款总额为 27 297.23 元，捐款通过中国建设银行汇款方式汇到“雅安市慈善总会”账户。

2017 年，组织开展“衣旧换心 情聚农科”的爱心捐赠活动和“走进太阳村——儿童关爱”活动。2018 年，组织开展“种一棵小树，绿一方净土”志愿植树活动。

（五）研究生综合素质提升

2013 年开始，组织文化名流大讲堂活动，分别邀请国学大师张家麟教授、军事理论专家徐勇凌大校、原中央办公厅老干部局局长徐中远为师生做专题讲座。2014 年，邀请北京中医药大学养生学研究所副所长刘长喜教授做中医养生讲座，中国兵器工业集团首席专家、总工程师李春明研究员应邀做题为《需求牵引，技术推动，创新发展我国坦克装甲车辆》的专题讲座。2015 年，分别邀请原解放军艺术学院文化管理系主任温晋让作《中国文化与中国书法艺术》、国家一级作曲家许镜清老师作《梦在心上、路在脚下》等 6 期文化名流大讲堂活动。2016 年举办《聆听红色经典传承革命精神》等文化名流大讲堂 3 场。

2017 年起，创设“树人讲堂”，围绕国学、心理学、宏观经济形势、就业创业、“一带一路”倡议、科研诚信与学术规范、党的十九大精神学习宣传贯彻等主题组织（暨名师论道讲座）8 期专题报告，并组织优秀毕业生代表进行“学术达人”讲座。2018 年，聘请中国科学院大学、中国人民大学、国家行政学院、中国政法大学、中央电视台等单位的知名学者，系统开展“影视艺术的人文情怀”“做最好的自己，遇见最好的你”“摄影艺术基础与摄影技巧”“从热点案例解读证据规则”“建设现代经济体系”“走上职场彼岸的康庄大道”等 6 期“树人讲堂”。

（六）研究生思政工作阵地建设

1. 校园刊物

《春华》杂志于 1999 年元月创刊，由中国农业科学院主管，是中国农业科学院研究生院主办的综合性季刊，主要以研究生院教学及学生生活为主要报道内容。2009—2014 年共出版 24 期，2009 年研究生院 30 周年院庆期间出版《春华》院庆专刊。2011 年，《春华》杂志成功改版，一改往日单一的封面，精心设计的彩色图文封面让《春华》焕然一新。2015 年将《春华》杂志改版为电子期刊，并制作 4 期杂志。2016 年完成 2 期《春华》电子期刊，后随着校园 App 和微信公众号等媒体的陆续开发和使用，《春华》杂志也于 2016 年下半年停刊。

2. 网络媒体

每年将开学典礼、毕业典礼、“两代会”召开、学术节等重大活动新闻，及时在研究生院网站发布，在校园活动版块中全面反映各研究所、班级、党支部组织的各项活动。2009—2019 年，登载各类新闻 400 余篇。

3. 新媒体平台

为拓展研究生思想政治工作渠道，2017 年 10 月 16 日，“农科校园”微信公众号正式上线，包括农科快讯、校内活动和信息园地 3 个版块，推送校园活动、农科阅读、农科生活、社会热点文章，年均发表新闻 300 余条。2018 年，“农科校园”App 完成测试开始上线运行，促进学生管理工作信息化，为学生提供更加高效的服务。

（七）心理健康教育和咨询工作

研究生院心理健康教育工作正式开始于 2006 年，以系列心理健康讲座的形式开展，在学生中普及心理健康知识，增强同学们出现心理问题后求助心理辅导的意识。2007 年 3 月，开始将健康心理学课程纳入研究生课程体系，2006 年至 2013 年 5 月，聘请中国农业大学施钢老师为研究生提供个体咨询，每年咨询人次在 150 左右。2013 年 6 月，中国农业科学院研究生院心理咨询中心挂牌成立。2016 年，心理咨询中心从宿舍楼地下室调整到研究生院办公楼二层，2017 年完成心理咨询室建设。2018 年 9 月，经向教育部思政司申请，成功获批使用“中国大学生心理健康测评系统”进行在校学生心理普查，逐步完善心理健康与咨询工作制度规范，改进研究生心理工作模式。

二、校园文化活动

（一）精品活动

1. “一二·九”大合唱比赛

创办自 2004 年，已经连续举办 16 年。坚持每年在“一二·九”纪念日前夕，组织一年级新生班级开展合唱比赛进行纪念庆祝活动。让同学们积极参与其中，通过回顾历史、展望未来，激发大家的爱国热情。

2. 学术节

创办自 2006 年，通过举办系列学术活动，为同学搭建交流的平台，提供与知名专家、学者交流的机会，使同学们更全面地了解学术前沿动态，活跃学术思想，提高学术创新意识。

2010 年 4 月，与中国农业科学院科技管理局以“展农科风采、谱学术新篇”为主题共同举办第五届学术节。由“名家讲坛”“坐标与人生”“英语影视配音大赛”和“学术之星评选”四期专题活动组成。

2011 年 4 月，与中国农业科学院科技局共同举办第六届研究生学术节。由名家讲坛、企业面对面、英文短剧大赛三大板块组成。进行第二届“研究生学术之星”的评选活动。邀请多位知名学术专家和知名企业家与同学们进行互动交流。“研究生学术之星”评选活动中，12 名同学被授予第二届“研究生学术之星”的荣誉称号。

2012 年 4 月，主办以“把握前沿促交流，推动创新赢发展”为主题的第七届学术节，开展名师论道、“学术之星”评选、学术道德倡议、农业青年科技论坛等 4 个版块的活动。名师论道活动邀请到农业部总经济师杨绍品、中国社会科学院研究生院院长刘迎秋、大连三仪集团董事长江国托做精彩讲座。6 名博士和 4 名硕士被评为“学术之星”。“农业青年科技论坛”邀请到两位专家做点评嘉宾，北京大学、中国科学院、中国农业科学院的研究生作为访谈嘉宾。

2013 年 4 月，举办以“民生 唯实 创新 使命”为主题的第八届学术节，内容包括 4 个版块：名师论坛、学术之星评选、农科杯演讲比赛、农业青年科技论坛。其中，名师论坛先后邀请农业部副部长牛盾作题为《以世界眼光和全球视野推动农业科研工作的开展》的报告，中国科学院大学副校长、博士生导师马石庄教授作题为《人间正道》的专题报告，中国农业科学院副院长、中国工程院院士、博士生导师吴孔明作题为《农业科技创新与人才培养》的专场报告，农业部党组副书记、副部长余欣荣作题为《我国现代农业发展形势与任务》的专题报告。评选出 10 名学术之星。举办“农科杯”演讲比赛和农业青年科技论坛。

2014 年 4 月，主办第九届学术节。活动包括：名师论道系列学术报告和百科知识竞赛。名师论道系列学术报告，分别邀请到中国农业科学院院长李家洋院士、副院长吴孔明院士以及来自中国科学院大学的马石庄副校长作报告。

2015 年 4 月，举办第十届学术节，共举办名师论道系列学术报告 3 场。分别邀请到著名农业经济专家、中共中央政策研究室农村局局长冯海发、中国科学院大学党委副书记、纪委书记马石庄教授以及北京和君咨询有限公司合伙人、资深咨询专家夏忠群博士做讲座。

2016 年 4 月，组织第十一届学术节，共举办赵国屏院士等专家学者带来的名师论道系列学术报告 4 场。针对国家奖学金获得者、优秀党务工作者、企业奖学金获得者等优秀同学创造性开展 4 期“科研达人”访谈展播，进行先进事迹宣传。

2017 年，组织第十二届学术节，邀请中国科学院院士吴常信院士做学术道德专题讲座，国家行政学院信息技术部主任丁茂战研究员做“当经济形势和供给侧改革”讲座，苏州大学比较文学研究中心主任方汉文教授讲述“中国传统思想儒学与全球化时代的信仰”，中央民族大学世界民族学人类学研究中心袁剑教授做专题讲座。邀请优秀毕业生与在校生面对面开展“农科达人”经验交流活动。

2018 年，举办以“激扬文化，学术青春”为主题的第十三届学术节，分别邀请到中国科学院心理研究所黄铮副教授、中央电视台资深摄影师赵湛鸣老师、北京市法学会研究部王秀海主任、中国人民大学文学院陈阳教授做专题讲座。邀请“学术榜样”与同学们进行经验交流。

2019 年，举办以“博学求真、创新致远”为主题的第十四届学术节。分别邀请到中国社会科学院李真真老师、科技部科研诚信建设办公室孙平老师、国家高级摄影师徐兢老师、央视新闻播音员方亮老师等为同学们做专题讲座。组织英语演讲比赛、“头脑风暴”知识竞赛和摄影比赛。

3. 师生元旦联欢会

每年元旦前组织师生联欢会，舞蹈、乐器、诗朗诵、相声、小品、茶艺表演和情景剧等节目，为同学们提供展示自我的舞台。现场抽奖、人人墙使用、开场视频不断丰富联欢会的形式。2015 年开始与原解放军艺术学院文化管理系共同举办以“文化强军 · 科教兴农 · 共筑中国梦”等为主题的军民共建元旦联欢会。

（二）文体活动

2009—2015 年，连续 7 年组织研究生院师生运动会；每年组织新生篮球赛、趣味运动会、各类乒乓球、拔河等比赛，促进同学之间的交流。

2009 年，组织承办科研院所学位与研究生教育工作网第二届羽毛球比赛，获季军。参加科研教育网“庆祝建国 60 周年歌咏比赛”文艺汇演，歌舞剧《感恩的心》获三等奖。

2010 年，研究生会作为首个科研院校学生组织加入北京市学生联合会。7 月，在农业部团委组织的“学习沈浩精神事迹”报告会上，研究生院团委选送的小品《农情》深刻反映了当代农科学子不畏艰难、扎根基层、奉献“三农”的精神。作为 2010 年科研工作网轮值主席单位，2010 年 6 月承办科研工作网首届“研究生会主席论坛”。11 月，承办科研院所学位与研究生教育工作网第二届乒乓球比赛，共计 14 家科研单位参赛。

2011 年 5 月，举办文化节活动，包括“我的红色家园”主题摄影大赛，优秀寝室评选活动和“我为党旗添光彩”征文活动 3 个版块的内容。表彰全院近 50 个优秀寝室，并推荐 2 篇征文参加农业部“我为党旗添光彩”的征文活动，其中一篇获得三等奖，一篇获得优秀奖。6 月，参加全国科研工作网举办的“党在我心中”研究生演讲比赛，获得二等奖。9 月，参加全国科研工作网举办的第三届羽毛球团体赛，取得团体季军。

2012 年，组织全体师生为身患尿毒症的 2009 级兰州畜牧与兽药研究所硕士研究生李均亮同学捐款，共募集到捐款 58 410 元。同时，为缓解李均亮家里的经济困境，研究生院党委经研究决定给李均亮同学提供 10 000 元特困补助。研究生院的善款总额为 68 410 元。配合中国农业科学院第六届职工运动会，组织 80 余名 2012 级研究生承担入场式仪仗队任务。同时为大会招募 20 余名志愿者。5 月，开展校园文化节，包括“歌唱青春，和谐校园”青年歌手大赛，“镜头里的世界，画笔下的祖国”书画摄影大赛和文明宿舍评选等活动。

2013 年，组织研究生参加首届科技部“资源共享杯”竞赛，获优秀组织奖，2 篇论文获得优秀奖。2014 年，参加科研工作网组织的乒乓球团体赛和英语风采大赛，英语比赛中取得团体第四名、个人第三、第四名。组织开展“北京联通高校乒乓球挑战赛中国农业科学院研究生院校内选拔赛”，并组队参加北京联通高校乒乓球挑战赛。

2015 年，组织 16 名优秀学生代表，随第 23 批中国大学生访日交流团赴日交流。组队参加科研工作网组织的英语风采大赛。

2016 年，组织以“花样青春　绚丽飞扬”为主题的“女生节”，通过“爱心墙”等方式引导广大女生同学更加关注自身的道德修养、文化内涵、心理健康等方面的建设。组织“弘扬五四精神，重在实干兴邦”学习五四精神座谈会。

2017 年，开展“中外友谊班共建”活动，组织中外友谊班共建启动晚会。2017 年 9 月研究生会加入北京市学联，当年两名学生干部选拔为北京市学联委员。

2018 年 10 月，组织 120 余名研究生参加农业农村部首届农民丰收节合唱演出，圆满完成上级指派任务。11 月，组织首届研究生三分钟论文（3MT）演讲比赛，提高研究生科研创新能力和语言表达能力。12 月，3 位同学在“华为杯”第十五届全国研究生数学建模大赛获全国三等奖。

截至 2019 年 3 月，设立茶学社、爱心社、电脑医院、瑜伽社、双节棍、跆拳道社、逻辑推理社、读书社、舞龙舞狮社等各类学生社团 18 个。

获得荣誉：2012 年 5 月，在农业部 2009—2011 年团系统表彰评选中，研究生院团委获“农业部先进基层团组织”称号，1 人获“农业部优秀共青团干部”称号，1 人获中国农业科学院“优秀共青团员”称号。2014 年研究生院团委获中国农业科学院“先进基层团组织”称号，两位团干部获“优秀共青团员”称号，1 人获“优秀共青团干部”称号，1 人获“青年之友”称号。2017 年 2 月，获 2014—2015 年度中国农业科学院先进基层团组织称号。2019 年 5 月，获 2017—2018 年度农业农村部直属机关五四红旗团组织称号。

三、精神文明建设

（一）文明单位创建

积极做好文明单位申报和复查工作。在教工中积极开展“文明处室”“文明职工”评选活动。严格落实评选办法，按职工总数的 20%评选文明职工，2009—2018 年，共评选近 150 名“文明职工”，每年“文明处室”率达 100%。在学生中广泛开展“文明宿舍”评选活动。在全院师生中认真开展“讲文明　树新风”系列活动，利用研究生院网站、宣传栏等媒介，通过专家讲座和座谈会等形式，扎实推进核心价值体系建设。启动“一张纸献爱心”活动，组织广大师生积极参与无偿献血，以实际行动向社会奉献爱心。

（二）军民共建

研究生院与国防大学军事文化学院学员大队（原解放军艺术学院文化管理系，以下简称文管系）坚持“科技拥军，文化助民”原则，发挥各自特长，不断巩固共建成果，通过举办七一入党宣誓、艺术讲座、师生联欢会等系列活动，提升共建水平。先后荣获首都军（警）民共建标兵单位、海淀区军（警）民共建标兵单位、海淀区拥军优属先进单位等奖励。

2009—2015 年，先后在圆明园、国旗护卫队营地、天安门广场、卢沟桥畔、平北抗日战争纪念馆等地共同举办七一入党宣誓活动，双方共近 900 名党员参加活动。

2009 年 10 月，组织 700 余名新生参观文管系学员内务。2010 年 7 月 1 日，组织双方共 260 余名新党员在天安门城楼观看升旗仪式。2012 年，开展师生乒乓球友谊赛、组织研究生院师生观看文管系的毕业汇报演出剧幕等活动。

2013 年，共同组织篮球友谊赛。参加文管系举办的“军民共建单位慰问文艺晚会”和“文化强军校园风采大赛”。邀请文管系陆明新老师为研究生院师生做艺术讲座。

2014 年，举办“文化强军 · 强农兴邦 · 共筑中国梦”主题军民共建活动，组织文管系近 100 名师生参观国家农业科技展示园区，邀请中国农业科学院专家为文管系师生解读现代农业和转基因安全，双方领导举办座谈会，总结工作，共同制定 2015 年共建工作计划。邀请文管系师生参加研究生院元旦联欢会等文体活动。

2015 年，首次与文管系共同举办以“文化强军 · 科教兴农 · 共筑中国梦”为主题的军民共建元旦联欢会。2016 年，共同举办“弘扬伟大长征精神 · 携手走好新长征路”主题演讲会、“忆往昔 · 颂长征 · 民族魂”——纪念“一二 · 九”运动 81 周年大合唱比赛、“研途欢歌颂军民农墨重彩谱华章”为主题的军民共建元旦联欢会等大型活动。邀请文管系学员参观国家农业科技展示园，并举办转基因专题讲座。

2017 年，共同举办“不忘初心 · 继续前进 · 走进新时代”纪念“一二 · 九”运动合唱比赛和研究生院师生新年联欢会两个大型活动。2017—2018 年，组织研究生院师生参观文管系学员的寝室内务，与学员开展篮球友谊赛（表 10-2）。

表 10-2　2009—2018 年研究生院文明单位创建成果

年　份	获　奖
2009	全国巾帼文明岗、首都军（警）民共建标兵单位、农业部文明单位、中国农业科学院文明单位标兵、海淀区拥军优属先进单位、海淀区交通安全先进单位
2010	中央国家机关文明单位、海淀区拥军优属先进单位、2009 年度北下关文明单位
2011	通过“中央国家机关文明单位”复查、海淀区交通安全先进单位、中国农业科学院文明单位标兵、中国农业科学院 2009—2010 年度先进基层妇女组织、中国农业科学院 2011 年度人口与计划生育工作先进单位
2012	农业部文明单位、海淀区交通安全先进单位、中国农业科学院文明单位、中国农业科学院青年文明号、中国农业科学院信息宣传工作先进单位、中国农业科学院第六届职工运动会精神文明奖
2013	通过“中央国家机关文明单位”验收、海淀区军（警）民共建标兵单位、中国农业科学院先进基层妇女组织
2014	通过“中央国家机关文明单位”和“全国巾帼文明岗”复查、申报“首都文明单位”
2015	首都文明单位、中国农业科学院先进基层妇女组织
2016	海淀区交通安全先进单位
2017	海淀区交通安全先进单位、中国农业科学院先进基层妇女组织

（续表）

年 份	获 奖
2018	中国农业科学院文明单位、中国农业科学院创新文化建设先进单位、中国农业科学院群众性体育活动先进单位、中国农业科学院第七届职工运动会精神文明奖
2019	中国农业科学院 2016—2017 年度先进集体、2017—2018 年度中国农业科学院巾帼文明岗、中国农业科学院 2018 年度平安建设优秀单位

四、宣传工作

（一）宣传报道工作

2009 年，设计制作《中国农业科学院研究生院中英文宣传册》，编写《中国农业科学院研究生院院志（1979—2009）》；确定“明德　格物　博学　笃行”院训。配合院庆 30 周年系列活动，在《学位与研究生教育》《高等农业教育》各做 4 版专栏加强研究生院建院 30 周年宣传；专门制作院庆专题网站，对院庆前后的活动情况进行宣传报道。积极宣传连续获“中国一流研究生院”称号以及研究生教育竞争力进入前 30 强等教育成绩。在《中国农科院报》刊登院庆 30 周年大会专刊（四版面），同时充分利用《光明日报》《科技日报》《科学时报》、“新华网”《农民日报》《学位与研究生教育》杂志、CCTV7 等媒体报道研究生院 30 周年庆典盛况，着重介绍 30 年来研究生教育取得的卓越成就。

2009—2019 年，在中国农业科学院网站登载新闻 360 余篇，在研究院网站登载新闻 700 余篇，制作宣传栏 700 余版，制作工作简报近 30 期。重点报道党团活动、开学毕业典礼及教学管理方面所取得的成绩。

2011 年，开通党建专题网站，加强党建文化的宣传。2013 年，完成院歌征集工作，由专业设计公司在办公楼和教学楼设计院标、院训、办学理念等文化宣传方案并付诸实施；制定《中国农业科学院研究生院宣传工作管理办法》（农科研生〔2013〕144 号），分别于 2016 年和 2018 年进行修订。

2014 年，以庆祝建院 35 周年为契机，通过会议报道、撰写建院 35 周年总结、制作宣传册等形式积极宣传研究生院取得的成绩。

2015 年，改版并开通新版英文网站，对栏目结构、版面安排和配色等方面进行改版，提升国际教育的宣传效果。2017 年，积极推进中文网站改版工作。

2018 年，对新版网站栏目进行综合统筹和调整。2019 年，制作建院 40 周年宣传片和宣传册，对研究生院的发展历程、教育成果、校友人才、院区服务等方面进行宣传，并在研究生院网站专题专栏及研究生院微信公众号上进行展示。

（二）宣传工作队伍建设

按照中国农业科学院宣传工作会议精神，建立一支年轻、精干、高效的通讯员队伍，从招生到学位授予各环节都有专门人员负责新闻素材的收集和新闻稿件的编撰，并策划主题宣传活动和宣传培训工作，对全院工作重点和学术活动等进行宣传报道，确保全面、内容真实。

2012 年，成立研究生院宣传工作小组（农科研生〔2012〕10 号），组长为李思经，副组长为李志平，通讯员为陈翾、杨建玲、高雷、王仕龙、刘宇航、卓炯、陈黎明、佟继旭、黄家章。2014 年，调整宣传工作小组成员（农科研生〔2014〕174 号），组长为李思经，副组长为李志平，通讯员为王仕龙、杨哲、王恩涛、李艾诺、卓炯、陈黎明、张玉胜、张纯、陈翾。

先后于 2012 年、2013 年、2014 年和 2019 年举办新闻宣传和摄影培训班，邀请中国农业科学院院办宣传处从新闻写作、素材选取、突出亮点等方面做新闻写作培训；邀请报社资深编辑就相机操作、审美构图、不同拍摄环境的注意事项等方面进行讲解。

2012 年、获中国农业科学院 2011—2012 年度"好公文"评选活动优秀奖。2013 年，获 2013 年度中国农业科学院优秀网站三等奖。2015 年，1 人被评为"中国农业科学院 2014—2015 年度宣传工作先进个人"。2016 年，获中国农业科学院 2015—2016 年度"好公文"单位称号。2018 年，获 2017 年度中国农业科学院党建宣传信息工作先进单位，1 名同志获 2017 年度中国农业科学院党建宣传信息工作优秀信息员。

第十一章
研究生培养单位

中国农业科学院现有 34 个直属研究所、9 个共建研究所。2009 年，有作物科学所、资源区划所、环发所、蔬菜花卉所、饲料所、生物所、农经所、农业信息所、质量标准所、植保所、畜牧兽医所、农产品加工所、蜜蜂所、天津环保所、灌溉所、郑州果树所、棉花所、油料所、麻类所、水稻所、茶叶所、沼气所、烟草所、特产所、果树所、上海兽医所、哈尔滨兽医所、兰州兽医所、兰州牧药所、草原所、南京农机化所、柑桔所等 32 个研究所招收研究生；2010 年，招生单位增加甜菜所、出版社，柑桔所自 2010 年起不再招生；2011 年，招生单位增加甘薯所、家禽所，甜菜所当年未招生，出版社自 2011 年起不再招生；2012 年，甜菜所未招生；2013 年，招生单位增加甜菜所；2014 年，招生单位增加食物营养所，甜菜所自 2014 起不再招生；2015 年，招生单位增加深圳基因组所。至 2019 年 6 月，中国农业科学院院属研究所（含共建研究所）中，共有 35 个研究所招收研究生，分布在全国 16 个省（直辖市、自治区），其中北京有 14 个研究所（表 11-1）。

表 11-1　研究生培养单位汇总（2019 年 6 月）

序号	代码	研究所名称	通信地址	邮编	网址
1	001	作物科学所	北京市海淀区中关村南大街 12 号	100081	http：//icscaas. com. cn
2	002	资源区划所	北京市海淀区中关村南大街 12 号	100081	http：//www. iarrp. cn
3	003	环发所	北京市海淀区中关村南大街 12 号	100081	http：//www. ieda. org. cn
4	004	蔬菜花卉所	北京市海淀区中关村南大街 12 号	100081	http：//www. ivfcaas. ac. cn
5	005	饲料所	北京市海淀区中关村南大街 12 号	100081	http：//www. caasfri. com. cn
6	006	生物所	北京市海淀区中关村南大街 12 号	100081	http：//www. bricaas. cn
7	007	农经所	北京市海淀区中关村南大街 12 号	100081	http：//www. iae. org. cn
8	008	农业信息所	北京市海淀区中关村南大街 12 号	100081	http：//aii. caas. cn
9	009	质量标准所	北京市海淀区中关村南大街 12 号	100081	http：//www. iqstap. com
10	010	植保所	北京市海淀区圆明园西路 2 号	100193	http：//www. ippcaas. cn
11	011	畜牧兽医所	北京市海淀区圆明园西路 2 号	100193	http：//www. iascaas. cn
12	012	农产品加工所	北京市海淀区圆明园西路 2 号	100193	http：//iappst. caas. cn
13	013	蜜蜂所	北京市海淀区香山北沟一号	100093	http：//iar. caas. cn
14	014	天津环保所	天津市南开区复康路 31 号	300191	http：//www. aepi. org. cn
15	015	灌溉所	河南省新乡市宏力大道东 380 号	453003	http：//www. firi. org. cn

（续表）

序号	代码	研究所名称	通信地址	邮编	网址
16	016	郑州果树所	河南省郑州市航海东路六十三中南	450009	http：//www. zzgss. cn
17	017	棉花所	河南省安阳市开发区黄河大道38号	455000	http：//www. cricaas. com. cn
18	018	油料所	湖北省武汉市武昌区徐东二路2号	430062	http：//www. oilcrops. com. cn
19	019	麻类所	湖南省长沙市咸嘉湖西路348号	410205	http：//www. chinaibfc. com
20	020	水稻所	浙江省杭州市体育场路359号	310006	http：//www. chinariceinfo. com
21	021	茶叶所	浙江省杭州市梅灵南路9号	310008	http：//www. tricaas. com
22	022	深圳基因组所	广东省深圳市大鹏新区鹏飞路7号	518120	http：//www. agis. org. cn
23	024	沼气所	四川省成都市武侯区人民南路四段13号	610041	http：//www. biogas. cn
24	025	烟草所	山东省青岛市崂山区科苑经四路11号	200101	http：//tric. caas. cn
25	026	特产所	吉林省长春市净月经济开发区聚业大街4899号	130122	http：//www. caastcs. com
26	028	果树所	辽宁省兴城市兴海南街98号	125100	http：//www. ip. caas. cn/
27	029	上海兽医所	上海市闵行区紫月路518号	200241	http：//www. shvri. ac. cn
28	030	哈尔滨兽医所	黑龙江省哈尔滨市香坊区哈平路678号	150001	http：//www. hvri. ac. cn
29	031	兰州兽医所	甘肃省兰州市盐场堡徐家坪1号	730046	http：//www. chvst. com
30	032	兰州牧药所	甘肃省兰州市七里河区硷沟沿335号	730050	http：//www. lzmy. org. cn
31	033	草原所	内蒙古自治区呼和浩特市乌兰察布东路120号	010010	http：//www. gricaas. pixy. cn/web/
32	034	南京农机化所	江苏省南京市柳营100号	210014	http：//www. nriam. com
33	035	食物营养所	北京市海淀区中关村南大街12号	100081	http：//www. ifnd. org. cn
34	038	甘薯所	江苏省徐州市城东大道高铁站北	221121	http：//www. xzaas. ac. cn
35	039	家禽所	江苏省扬州市邗江区仓颉路58号	225125	http：//www. jips. cn

第一节　研究生教育评价

为贯彻落实中国农业科学院党组提出的现代化科研院所建设行动，推进实施科技创新工程，进一步提高研究生教育质量，自 2013 年开始，建立了研究所研究生教育评价机制，按年度对各研究所研究生教育工作进行考核评价，具体由研究生院组织实施。

2013 年上半年，研究生院专门成立“研究所研究生教育管理评价指标体系”工作小组，在充分调研的基础上起草完成《中国农业科学院各研究所研究生教育考核指标体系》。经过几轮征求意见和修改完善后，提交 2013 年 7 月 3 日中国农业科学院第八届学位评定委员会第一次会议审议通过。2016—2018 年，对指标体系进行三次修订。

考核评价运用定性评价与定量评价相结合的方式，采取打分制，评价结果通过得分、排名形式呈现。评价指标体系包括培养条件、业务管理、综合管理、人才培养质量 4 个一级指标、17 个二级指标、42 个二级指标以及 3 个加分项、4 个减分项（表 11-2 至表 11-9）。

表 11-2　中国农业科学院研究所研究生教育考核评价指标体系（2018 年 11 月修订）

一级指标	二级指标	三级指标	指标含义及统计内容说明	评分标准（按百分制）	备注
培养条件（10%）	导师队伍（35%）	高层次人才（50%）	生均高层次人才	按院里考核的范围和标准计算 =高层次人才得分/研究生数 *（1/该指标最高得分）*权重	
		导师博士学位比例（25%）	具有博士学位的导师人数/导师数	=导师博士学位比例*权重	
		博士生导师比例（25%）	博士生导师人数/导师数	=博士生导师比例*权重	
	科技资源（35%）	科研立项（60%）	生均科研投入	按院里标准计算科研项目+科研经费得分 =（科研项目+科研经费）得分/研究生数*1/最高（该指标得分/研究生数）*权重	*按生均最高分归一
		科研条件（40%）	生均科研条件	按院里标准计算科研条件（科技平台+科研条件投入）得分 =科研条件得分/研究生数*1/最高（该指标得分/研究生数）*权重	*按生均最高分归一
	生活条件（30%）	研究生公寓（40%）	自有的研究生宿舍，生均建筑面积达标	自有研究生宿舍得满分，统一租房得 60 分；院部各所此项得 60 分 =此项得分*权重	
		食堂（40%）	自有研究生（职工）食堂	有研究生（职工）食堂或统一为学生解决用餐问题，得满分，否则不得分；院部各所此项计 60 分 =此项得分*权重	
		浴室（20%）	自有研究生（职工）浴室	有研究生（职工）浴室或研究生公寓有淋浴间，得满分，否则不得分；院部各所此项计 60 分 =此项得分*权重	

（续表）

一级指标	二级指标	三级指标	指标含义及统计内容说明	评分标准（按百分制）	备注
业务管理（40%）	招生（20%）	招生宣传（20%）	组织开展招生宣传工作	参加研究生院组织的招生宣传活动或自行组织招生宣传活动4次以上，一次计20分，共计80分；建有中英文网站，并对研究生教育动态及时进行新闻报道得20分	培养单位自行组织的宣传活动需说明活动的具体时间和地点
		生源数量（30%）	按报考人数考核生源数量	实际参加考试人数达到招生计划数的3倍及以上得满分 =实考人数/招生计划数/3＊权重	
		生源质量（50%）	按达到国家录取分数线人数考核生源质量	上线人数达招生计划数的2倍及以上得满分 =上线人数/招生计划数/2＊权重	博士、硕士分值各占50%，其中博士按研究生院划定的复试分数线统计，硕士按国家一类地区复试分数线统计
	就业（15%）	就业指导服务（40%）	组织开展就业指导服务	通过招聘会、座谈会、讲座等形式组织开展就业指导和服务，一次计50分，两次及以上计满分 =此项得分＊权重	
		毕业生实际就业率（60%）	实际就业人数/毕业生数	=实际就业率＊权重	以上报北京市教委数据为准
	回所课程管理（12%）	规范开设回所课程（80%）	按照回所课程管理有关办法，规范开设回所课程	=规范开设回所课程数/研究所应开设回所课程数＊权重	比值超过1时按1计算
		按时完成回所课程（20%）	组织研究生按时完成回所课程，按时提交有关材料	=按时完成回所课程数/研究所应完成回所课程数＊权重	
	开题报告（15%）	文献综述（30%）	研究生文献综述规范，符合研究生院和研究所要求	=研究生文献综述通过研究生院检查或抽查份数/检查或抽查总份数＊权重	
		开题报告材料（50%）	研究生开题报告材料规范，符合研究生院和研究所要求	=研究生开题报告材料通过研究生院检查或抽查份数/检查或抽查总份数＊权重	
		开题报告材料提交（20%）	按时组织研究生完成开题报告，并提交有关材料	=研究所按时组织完成开题报告人数/研究所当年应参加开题报告人数＊权重	
	学术活动（3%）	学术活动组织（50%）	按要求组织研究生学术活动（每年不少于10次）	研究所组织研究生学术活动10次及以上得满分，否则不得分 =此项得分＊权重	
		学术活动按时完成率（50%）	研究生按时完成学术活动的比率	=按时完成学术活动人数/研究所当年应完成学术活动人数＊权重	材料不合格视同未按时完成

（续表）

一级指标	二级指标	三级指标	指标含义及统计内容说明	评分标准（按百分制）	备注
业务管理（40%）	科研记录检查（5%）	检查材料（70%）	按时提交科研记录检查报告与自查结果汇总表，检查报告真实、详细，自查结果汇总表完整，包含所有应查研究生	按时提交检查材料且符合要求得满分，否则不得分 =此项得分＊权重	
		管理办法规范性（30%）	管理办法具体规定了研究生科研记录的形式、媒介、内容、记录规范，提出了导师定期检查研究生科研记录的要求	管理办法规范得满分，否则不得分 =此项得分＊权重	
	中期考核（15%）	中期考核材料（60%）	研究生中期考核材料规范，符合研究生院和研究所要求	=研究生中期考核材料通过研究生院检查或抽查份数/检查或抽查总份数＊权重	
		中期考核材料提交（20%）	按时组织研究生完成中期考核，并提交有关材料	=研究所按时组织完成中期考核人数/研究所当年应参加中期考核人数＊权重	
		中期考核优秀生（20%）	按照研究生中期考核有关规定推荐中期考核优秀生	按规定推荐中期考核优秀生得满分；推荐比例不符合规定扣50分；推荐研究生不符合要求或出现投诉并经核查属实，不得分 =此项得分＊权重	当年未推荐得60分
	论文答辩（15%）	论文检测（30%）	对学位论文进行学术不端行为检测的情况	检测结果全部合格得满分，不合格，每篇减20分	
		答辩组织（30%）	论文答辩组织情况和答辩过程的规范性	答辩组织有序，程序规范得满分，未按要求组织答辩或程序不规范，得60分	
		所学位会审议（30%）	所学位会认真审议论文和答辩材料，对答辩和评阅中提出的问题进行重点审核	所学位会按要求进行认真审议，审议结果未被学科评议组否决，得满分；学科评议组评议时，要求修改论文每篇减5分，要求重新答辩每篇减10分，不授学位每篇减20分	
		材料提交（10%）	按时、按要求提交材料	=提交材料合格率＊权重	

（续表）

一级指标	二级指标	三级指标	指标含义及统计内容说明	评分标准（按百分制）	备注
综合管理（10%）	管理制度和队伍（20%）	管理制度（40%）	研究生管理制度健全并严格执行	制定专门的研究生管理制度（内容涵盖招生、就业、开题、科研记录、中期、答辩、学位授予、生活管理、奖惩等方面。注：①可逐项制定，也可综合制定；②其中注明某项参照研究生院相关规定执行的，视为有）并认真规范执行，得满分；研究生管理制度缺项的，每一项扣10分；制定相关制度未按要求认真规范执行的，每一项扣20分	管理的相关细则须报研究生院备案
		管理队伍（60%）	设置研究生管理机构和管理人员配备情况	有专门的研究生管理机构，按要求配备专职管理人员，得满分，未按要求配备专职管理人员减50分 =此项得分＊权重	按研究生100∶1的标准配备，超过300人应设专职机构或部门
	党团学生组织（20%）	党团组织和活动（40%）	学生可以参加党的组织生活（有学生党支部或纳入其所在的研究室党支部）	党员发展工作正常开展，学生党建工作有成效；学生能正常参加党组织生活，得满分，学生党团组织不健全，党员无法正常参加组织生活，不得分 =此项得分＊权重	出现学生极端事件或发生学生群体事件，此项不得分
		学生组织和活动（60%）	学生组织建设情况	有研究生分会，活动场所和经费有保障，能经常性开展活动得满分，没有学生组织或学生活动无法正常开展不得分 =此项得分＊权重	
	奖助学金（10%）	奖学金（50%）	有无自设奖学金	有自设或企业设立的奖学金项目，得满分；没有则不得分 =此项得分＊权重	
		助研津贴（50%）	助研津贴发放情况	足额按时发放助研津贴（含非全日制非定向专业学位硕士研究生的学业奖学金、助研津贴等），得满分；没有则不得分 =此项得分＊权重	
	导师管理（50%）	导师管理（20%）	落实导师队伍建设主体责任，认真执行有关制度，强化对导师队伍的日常管理、教育培训和落实立德树人职责的评价考核	按要求完成导师管理工作，得满分；未达到上述要求，减50分 =此项得分＊权重	
		导师履职（60%）	导师按照《中国农业科学院全面落实研究生导师立德树人职责实施细则》的要求履行立德树人职责	导师按要求履行立德树人职责，得满分；出现导师不认真履行立德树人职责影响学生的培养和过程管理，或由于导师的原因造成师生矛盾突出导致学生退学或更换导师等，减50分；出现导师违反师德行为，不得分。=此项得分＊权重	
		导师培训（20%）	导师按照要求定期参加培训	=参加导师培训人数/应参加培训人数＊权重	

（续表）

一级指标	二级指标	三级指标	指标含义及统计内容说明	评分标准（按百分制）	备注
人才培养质量（40%）	学位论文质量（50%）	盲审通过率（70%）	盲审论文评阅一次通过的数量/盲审论文数	=盲审通过率＊权重	博士全部盲审，硕士30%盲审
		学位授予率（30%）	当年毕业生获得学位人数/毕业生数量	=学位授予率＊权重	
	发表论文（50%）	博士生均发表论文（60%）	按院里标准计算博士发表论文的得分	=博士生该指标得分/博士生数＊1/（博士生该指标全院总得分/博士生在校总数）	只计第一作者
		硕士生均发表论文（40%）	按院里标准计算硕士发表论文的得分	=硕士生该指标得分/硕士生数＊1/（硕士生该指标全院总得分/硕士生在校总数）	只计第一作者

表 11-3　考核评价指标体系加减评分项（2018 年 11 月修订）

类别	评分项	评分项说明
加分项	招收外国留学生	研究所招收外国留学生，加 1 分，每招收 1 人，加 0.1 分
	研究所组织为研究生开设全院性课程	集中教学阶段，研究所组织开设 1 门中文课程加 0.4 分，组织开设 1 门英文课程加 0.6 分
	优秀学位论文	院级优秀博士学位论文每篇加 1 分，优秀硕士学位论文每篇加 0.6 分
减分项	复试录取	复试录取过程中违反教育部有关政策，出现投诉并经核查属实，视情节严重程度扣 5 分、10 分、20 分
	论文抽检/审查	本院论文审查出现问题，每篇扣 5 分，全国论文抽检出现问题，每篇扣 20 分
	学术道德及声誉影响	在研究生科研和论文写作中发生学术不端行为，或出现重大责任事故，对研究生院声誉产生不良影响，经核查属实，视情节严重程度扣 10 分、20 分、30 分
	师德师风建设	导师出现《中国农业科学院全面落实研究生导师立德树人职责实施细则》中所列禁行行为的，视情节严重程度扣 10 分、20 分、30 分；对于导师严重违反师德行为监管不力、拒不处分、拖延处分或推诿隐瞒，造成不良影响或严重后果的，扣 30 分

表 11-4　2013 年研究所研究生教育评价综合排名

排名	研究所	得分	排名	研究所	得分
1	植保所	109.28	17	农业信息所	76.88
2	哈尔滨兽医所	105.10	18	果树所	76.79
3	资源区划所	100.96	19	茶叶所	76.34

（续表）

排名	研究所	得分	排名	研究所	得分
4	作物科学所	97.31	20	水稻所	76.21
5	油料所	94.81	21	烟草所	73.96
6	农产品加工所	93.10	22	环发所	73.69
7	生物所	89.58	23	南京农机化所	73.14
8	畜牧兽医所	87.77	24	灌溉所	72.25
9	上海兽医所	86.15	25	棉花所	71.83
10	饲料所	85.71	26	天津环保所	70.46
11	兰州兽医所	83.62	27	特产所	69.47
12	兰州牧药所	82.26	28	农经所	69.21
13	蔬菜花卉所	81.90	29	沼气所	68.76
14	蜜蜂所	80.64	30	麻类所	67.89
15	质量标准所	77.53	31	草原所	66.42
16	郑州果树所	77.31			

表 11-5　2014 年研究所研究生教育评价综合排名

排名	研究所	得分	排名变化	排名	研究所	得分	排名变化
1	植保所	97.14	0	17	兰州牧药所	73.78	-5
2	作物科学所	92.77	+2	18	特产所	73.39	+9
3	资源区划所	89.49	0	19	蜜蜂所	73.27	-5
4	畜牧兽医所	88.04	+4	20	茶叶所	73.13	-1
5	农产品加工所	86.79	+1	21	农业信息所	72.97	-4
6	蔬菜花卉所	86.49	+7	22	天津环保所	72.42	+4
7	饲料所	86.38	+3	23	灌溉所	72.37	+1
8	哈尔滨兽医所	82.95	-6	24	郑州果树所	70.96	-8
9	环发所	82.62	+13	25	烟草所	69.66	-4
10	油料所	81.92	-5	26	麻类所	67.51	+4
11	生物所	78.96	-4	27	草原所	64.81	+4
12	棉花所	78.22	+13	28	果树所	64.03	-10
13	质量标准所	77.14	+2	29	南京农机化所	63.42	-6
14	水稻所	75.34	+6	30	沼气所	62.49	-1
15	上海兽医所	75.11	-6	31	农经所	59.05	-3
16	兰州兽医所	74.77	-5				

表 11-6　2015 年研究所研究生教育评价综合排名

排名	研究所	得分	排名变化	排名	研究所	得分	排名变化
1	植保所	102.58	0	17	蜜蜂所	79.26	+2
2	哈尔滨兽医所	97.81	+6	18	茶叶所	78.65	+2
3	资源区划所	96.10	0	19	环发所	78.65	-10
4	作物科学所	96.04	-2	20	烟草所	78.30	+5
5	蔬菜花卉所	93.39	+1	21	上海兽医所	78.21	-6
6	饲料所	91.54	+1	22	郑州果树所	76.07	+2
7	畜牧兽医所	91.30	-3	23	天津环保所	75.19	-1
8	质量标准所	91.03	+5	24	特产所	75.08	-6
9	农产品加工所	89.83	-4	25	农经所	71.93	+6
10	生物所	84.22	+1	26	农业信息所	70.61	-5
11	兰州牧药所	83.86	+6	27	灌溉所	69.78	-4
12	水稻所	83.09	+2	28	南京农机化所	69.75	+1
13	沼气所	81.35	+17	29	果树所	66.87	-2
14	油料所	81.17	-4	30	麻类所	64.29	-5
15	棉花所	80.93	-3	31	草原所	54.73	-6
16	兰州兽医所	80.71	0	32	食物营养所	51.99	-

表 11-7　2016 年研究所研究生教育评价综合排名

排名	研究所	得分	排名变化	排名	研究所	得分	排名变化
1	哈尔滨兽医所	94.94	+1	17	茶叶所	75.80	+1
2	植保所	92.54	-1	18	环发所	73.83	+1
3	作物科学所	91.23	+1	19	畜牧兽医所	73.46	-12
4	农产品加工所	86.51	+5	20	果树所	72.58	+9
5	蔬菜花卉所	86.06	0	21	郑州果树所	72.58	+1
6	饲料所	84.72	0	22	麻类所	71.83	+8
7	质量标准所	84.56	+1	23	沼气所	71.57	-10
8	资源区划所	82.64	-5	24	灌溉所	69.52	+3
9	水稻所	81.40	+3	25	棉花所	67.61	-10
10	烟草所	80.45	+10	26	草原所	67.52	+5
11	油料所	79.42	+3	27	兰州牧药所	67.19	-16
12	生物所	78.67	-2	28	南京农机化所	66.80	0
13	天津环保所	77.58	+10	29	农业信息所	66.19	-3

（续表）

排名	研究所	得分	排名变化	排名	研究所	得分	排名变化
14	上海兽医所	77.45	+7	30	农经所	65.49	-5
15	特产所	76.60	+9	31	蜜蜂所	57.89	-14
16	兰州兽医所	75.90	0	32	食物营养所	54.69	0

表 11-8　2017 年研究所研究生教育评价综合排名

排名	研究所	得分	排名变化	排名	研究所	得分	排名变化
1	质量标准所	93.76	+6	17	兰州兽医所	72.30	-1
2	哈尔滨兽医所	89.14	-1	18	南京农机化所	72.18	+10
3	植保所	88.54	-1	19	生物所	71.19	-7
4	畜牧兽医所	84.72	+15	20	果树所	71.09	0
5	农产品加工所	82.19	-1	21	灌溉所	71.03	+3
6	烟草所	79.09	+4	22	特产所	70.98	-7
7	作物科学所	78.61	-4	23	兰州牧药所	70.74	+4
8	天津环保所	77.86	+5	24	上海兽医所	68.71	-10
9	水稻所	77.71	0	25	环发所	68.33	-7
10	油料所	76.38	+1	26	麻类所	67.19	-4
11	棉花所	75.15	+14	27	草原所	66.48	-1
12	沼气所	74.86	+11	28	茶叶所	66.38	-11
13	资源区划所	73.65	-5	29	蜜蜂所	65.13	+2
14	郑州果树所	73.53	+7	30	农经所	64.53	0
15	饲料所	72.34	-9	31	农业信息所	61.32	-2
16	蔬菜花卉所	72.34	-10	32	食物营养所	55.35	0

表 11-9　2018 年研究所研究生教育评价综合排名

排名	研究所	得分	排名变化	排名	研究所	得分	排名变化
1	哈尔滨兽医所	97.33	+1	17	棉花所	72.23	-6
2	畜牧兽医所	91.06	+2	18	上海兽医所	72.06	+6
3	质量标准所	87.25	-2	19	油料所	71.59	-9
4	植保所	82.10	-1	20	蔬菜花卉所	70.91	-4
5	兰州兽医所	80.38	+12	21	蜜蜂所	70.08	+8
6	生物所	78.42	+13	22	烟草所	69.56	-16
7	沼气所	77.21	+5	23	天津环保所	69.36	-15

（续表）

排名	研究所	得分	排名变化	排名	研究所	得分	排名变化
8	兰州牧药所	76.90	+15	24	特产所	68.68	−2
9	作物科学所	76.90	−1	25	食物营养所	68.32	+7
10	农产品加工所	75.93	−5	26	南京农机化所	67.79	−8
11	茶叶所	75.49	+17	27	灌溉所	67.03	−6
12	郑州果树所	74.87	+2	28	果树所	66.45	−8
13	资源区划所	74.62	0	29	农经所	65.91	+1
14	环发所	74.24	+11	30	草原所	63.78	−3
15	水稻所	74.06	−6	31	农业信息所	63.54	0
16	饲料所	72.82	−1	32	麻类所	58.75	−6

为加强研究生管理工作，发挥院所结合的优势，调动院属各研究所研究生管理人员的积极性和创造性，建立健全激励机制，营造良好的工作氛围，推进科学、规范的过程管理，提高研究生培养质量，根据2007年中国农业科学院研究生招生与管理工作研讨会精神，结合实际情况，研究生院制定《中国农业科学院研究生院关于研究生管理先进集体和先进个人评选办法》，从2008年开始组织评选上一年度研究生管理工作先进集体与先进个人。

从2014年开始，以上一年度各研究所研究生教育考核指标体系考核评价结果作为评选研究生管理工作先进集体的主要依据。

2016年12月，研究生院修订评选办法为《中国农业科学院研究生院研究生管理工作先进集体和先进个人评选办法》，明确特别荣誉奖的评选与奖励（表11-10，表11-11）。

表11-10　研究生管理工作历年先进集体名单与先进个人人数

评选年份	获奖年度	先进集体单位数	先进集体名单	先进个人人数
2008	2007	11	哈尔滨兽医所、农业信息所、上海兽医所、作物科学所、植保所、棉花所、油料所、资源区划所、农经所、兰州兽医所、茶叶所	25
2009	2008	12	植保所、哈尔滨兽医所、蔬菜花卉所、农业信息所、草原所、油料所、水稻所、烟草所、上海兽医所、畜牧兽医所、环发所、资源区划所	23
2010	2009	13	作物科学所、烟草所、特产所、农业信息所、农经所、植保所、蔬菜花卉所、油料所、畜牧兽医所、环发所、资源区划所、上海兽医所、哈尔滨兽医所	23
2011	2010	13	上海兽医所、作物科学所、油料所、植保所、环发所、哈尔滨兽医所、蔬菜花卉所、畜牧兽医所、农经所、农业信息所、农产品加工所、烟草所、资源区划所	22
2012	2011	12	作物科学所、植保所、环发所、畜牧兽医所、饲料所、资源区划所、农业信息所、油料所、哈尔滨兽医所、上海兽医所、特产所、烟草所	22

（续表）

评选年份	获奖年度	先进集体单位数	先进集体名单	先进个人人数
2013	2012	12	植保所、环发所、农产品加工所、生物所、资源区划所、农业信息所、灌溉所、水稻所、兰州牧药所、上海兽医所、特产所、烟草所	23
2014	2013	10	植保所、哈尔滨兽医所、资源区划所、作物科学所、油料所、农产品加工所、生物所、畜牧兽医所、上海兽医所、饲料所	21
2015	2014	10	植保所、作物科学所、资源区划所、畜牧兽医所、农产品加工所、蔬菜花卉所、饲料所、哈尔滨兽医所、环发所、油料所	24
2016	2015	12	植保所、哈尔滨兽医所、资源区划所、作物科学所、蔬菜花卉所、饲料所、畜牧兽医所、质量标准所、农产品加工所、生物所、兰州牧药所、水稻所	27
2017	2016	10	哈尔滨兽医所、植保所、作物科学所、农产品加工所、蔬菜花卉所、饲料所、质量标准所、资源区划所、水稻所、烟草所	25
2018	2017	10	质量标准所、哈尔滨兽医所、植保所、畜牧兽医所、农产品加工所、烟草所、作物科学所、天津环保所、水稻所、油料所	22
2019	2018	10	哈尔滨兽医所、畜牧兽医所、质量标准所、植保所、兰州兽医所、生物所、沼气所、兰州牧药所、农产品加工所、茶叶所	27

表 11-11　研究生管理工作历年特别荣誉奖名单

评选年份	特别荣誉奖人数	特别荣誉奖名单
2008	8	黄兵（上海兽医所）、苏胜娣（资源区划所）、华芳（油料所）、高琼瑶（农经所）、刘素琴（畜牧兽医所）、李晓宁（郑州果树所）、巩文红（果树所）、史良秀（柑橘所）
2009	0	
2010	1	杨锐乐（上海兽医所）
2011	3	于迎建（农业信息所）、王述民（作物科学所）、刁青云（蜜蜂所）
2012	1	张文静（草原所）
2013	1	胡慧英（水稻所）
2014	2	顾惠明（上海兽医所）、赵利华（饲料所）
2015	3	郑彦（畜牧兽医所）、姬军红（环发所）、刘好宝（烟草所）
2016	1	沈菊艳（灌溉所）
2017	3	陈巨莲（植保所）、周莉（天津环保所）、周磊（兰州牧药所）
2018	2	王学智（兰州牧药所）、张萌（南京农机化所）
2019	3	刘益民（哈尔滨兽医所）、邱坤（沼气所）、宋国立（棉花所）

第二节　培养单位概况

作物科学研究所

作物科学研究所（简称“作物科学所”）是2003年由原作物育种栽培研究所、作物品种资源研究所和原子能利用研究所的作物育种研究室经战略性重组，成立的以作物种质资源、遗传育种、栽培生理和分子生物学为主要研究领域的国家非营利性、社会公益性研究机构，是我国作物科学领域的创新中心、国际合作中心和人才培养基地。

现拥有国家级科技创新平台25个、省部级平台15个、院级平台6个。其中，农作物基因资源与基因改良国家重大科学工程是我国农业领域首个大科学工程；国家作物种质库保存各类作物种质资源50万余份，位居世界第二。现有50万元以上的大型仪器设备70余台（件）、自动化温室12 000平方米、人工气候室28间、抗旱鉴定设施7 200平方米、抗病虫鉴定设施3 000平方米、网室11 000平方米，在主产区建有综合试验基地14个、新品种测试与示范站点1 150个。

2003年以来，作物科学所承担国家“863”计划、国家“973”计划、国家科技支撑计划和重点研发计划项目、国家自然科学基金、转基因重大专项、农业部产业技术体系、行业科研专项、国际合作项目、企业和地方项目等各类科技项目千余项，合同总经费超60亿元。获国家科技进步创新团队奖1项，一等奖5项、二等奖12项，省、部级奖45项；培育小麦、玉米、大豆和水稻等作物优良新品种252个，累计推广面积超过2 667万公顷；发表SCI论文1 700余篇，获得授权专利401项。

作物科学所现有两院院士3人，在岗研究生导师141人，其中博士生导师73人。导师队伍中，“千人计划”入选者2人，国家特支计划（“万人计划”）入选者5人，国家自然科学基金委“杰青”和“优青”5人，“百千万人才工程”国家级人选9人，科技部“创新人才推进计划”入选者3人1团队，中国青年科技奖获得者3人，农业科研杰出人才12人，“青年英才计划”入选者和候选人11人。

研究所围绕国家重大战略需求和研究所发展定位，通过资源整合优化和统筹配置，优化优势学科，打造学科高地；扶持新兴学科，培育学科新增长点。现有博士学位授权一级学科3个，二级学科6个；硕士学位授权一级学科5个，二级学科8个；另外还有1个专业学位授权资格。2003年以来累计招收研究生1 129名，授予博士、硕士学位770名。现有在读研究生359名，此外还有来自中国农业大学、南京农业大学、浙江大学、西北农林科技大学等高校客座研究生300余名。

研究所不断拓展国际合作领域和渠道，积极鼓励和支持研究生参与国际学术交流。目前已与美国、英国、法国等60多个国家及国际玉米小麦改良中心（CIMMYT）、国际水稻所（IRRI）等10多个国际组织建立了合作关系。与美国、加拿大、英国、澳大利亚等国家联合培养了数十名研究生，同时，先后招收了103名国外留学生来所攻读博士、硕士学位。

研究所探索培养研究生的模式和特色，把研究生教育与科研紧密结合起来，把提高科研能力贯穿于研究生培养全过程，取得了良好的成效。近年来，作物科学研究所研究生获得了“全国百篇优秀博士论文奖”提名、“北京市优秀博士学位论文奖”“中国农业科学院优秀博士、硕士论文奖”等多项奖励。培养的毕业生实践动手能力强、视野开阔，综合素养强，得到了用人单位的高度评价。毕业生分布在全国各地的科研院所、高校、政府部门、各类企业等，就业率达95%以上。

农业资源与农业区划研究所

农业资源与农业区划研究所（简称“资源区划所”）于2003年5月由土壤肥料研究所（成立于1957年8月）与农业自然资源和农业区划研究所（成立于1979年2月）整合组建而成。经过多年的发展，形成了包括硕士、博士、博士后、留学生和专业学位教育在内的全方位、多层次、多类型人才培养体系，并取得了丰硕的教育成果，已成为我国培养农业资源环境和区域发展领域高层次科技人才的重要基地，并连续多年被研究生院授予“研究生管理先进集体”。

研究所在职职工285人，高级职称占62%，拥有博士学位的科研人员占59%。现有中国工程院院士1人，欧洲科学院院士1人，“万人计划”入选者5人，“百千万人才工程”入选者5人，国家杰出青年基金获得者1人，国家优秀青年科学基金获得者1人，农业部农业科研杰出人才及其创新团队7人（个）。现有导师159人，其中博导59人。近5年共招收博士生130名、硕士生262名，毕业博士生77名、硕士生191名。研究所学科专业覆盖农、理、工、管理学等四大门类，学位培养点共有一级学科4个、二级学科7个和自主交叉设置专业1个。研究所是农业资源与环境教研室依托单位，有任课教师30余人，承担研究生课程近20门。在全国第四轮学科评估结果中，研究所参加的生物学、农业资源与环境、生态学、农林经济管理、环境科学与工程等5个一级学科均获得B类以上佳绩（全院12个B类以上）。研究所荣获院优秀学位论文、国家奖学金、高水平优秀论文、金龙鱼奖学金等各类研究生奖励位于前列。

现有部级以上科技平台22个，其中国家级6个、部级科技平台16个，其中部级重点实验室5个、风险评估实验室2个、重点野外台站6个、国家农作物改良中心1个、产品质量监督检验测试中心1个、创新基地1个。建有中国农业科学院研究生培养实践基地（内蒙古呼伦贝尔、祁阳）等各类研究生教育实践基地10个，基地专业指导导师达50人。

60年来，研究所牵头主持了数百项国家重大项目，在南方红黄壤土壤改良、北方盐碱地治理、农业微生物资源挖掘利用、新型肥料研制、测土配方技术、农业遥感业务化应用、全国优势农产品区划等方面取得了一大批具有国际领先水平的原创性科技成果。先后获得国家科技奖励30多项，省部级科技奖励150余项。特别是“十一五”以来，主持国家科技重大专项、国家“973”计划、国家“863”计划、国家重点研发计划、国家自然科学基金等国家级项目（课题）631 项；发表学术论文3 530篇，其中 SCI、EI 收录 1 025 篇；获得国家授权专利 365 项，其中发明专利 225 项；获得软件著作权 453 项；制定国家和行业标准 117 个。

研究所积极构建学术交流平台，在所内定期举行国内外知名学者系列学术报告，组织研究生参加国际、国内大型学术研讨会。常年邀请国内外知名学者来所讲学，与日本东京大学、日本农林水产省、美国新罕布什尔大学、美国马里兰大学、加拿大农业部、澳大利亚联邦研究所等 30 多个国际一流大学和研究机构签订了合作协议，为研究生提供留学交流机会。目前，近 50% 的博士生有国外进修经历。毕业生保持了较高的就业率，就业渠道呈现多样化，总体以国有企事业单位就业为主，包括中央企事业单位、农业农村部系统事业单位以及中国科学院、中国农业科学院、省级农业科学院和高等院校等中央及地方科研机构，部分同学出国、留院或到其他院校继续深造。

农业环境与可持续发展研究所

农业环境与可持续发展研究所（简称“环发所”）自 2002 年由农业气象研究所与生物防治研究所合并组建成立，秉承“定位准确、特色鲜明、协同治理、学术民主”的现代化研究所治理体系，以创新工程为统领，推进实施优化学科建设、人才培养与引进、科技创新与成果转化“双轮驱动”三大战略。积极推进“两个一流”建设，以建成农业环境领域“特色鲜明国际一流”的现代化研究所为目标，以绿色科技支撑引领乡村振兴和农业农村绿色发展。

研究所目前已形成农业气象、农业水资源水环境、农业生态、农业生物环境工程、农业纳米科技与新材料等学科领域，组建了 10 个科技创新团队，总人员 600 余人，其中在职职工 171 人。“十二五”以来，承担国家重点研发项目、国家“973”计划、国家“863”计划等项目（课题）540 项，以第一单位获国家科技进步二等奖 4 项。

现有导师 79 人，其中博导 36 人。导师中国家和部级高层次人才 25 人，27 人次担任“全球农业温室气体研究联盟”专家组组长、国际园艺学会（ISHS）设施植物生产系统设计与智能化专业委员会主席、国际农业塑料协会主席、《农业生态系统与环境（AGEE）》期刊主编等国际学术职位。导师主讲研究生专业课程 8 门、英文课程 2 门，研究所牵头开设农业硕士专业学位主干课程 2 门，回所集中开设课程 1 门。杨其长等多位导师获研究生院教学名师、优秀教师等称号。

环发所是作物高效用水与抗灾减损国家工程实验室建设单位，是农业农村部重点实验室农业环境学科群牵头单位，建有 5 个重点实验室，建成山西寿阳、湖南岳阳、西藏那曲等 11 个野外科学观测实验站。是国家气候变化谈判农业领域技术支撑单位。牵头全国农业环境科研协作网和国家农业废弃物循环利用创新联盟。是国家水体污染控制与治理重大科技专项总体专家组农业领域专家单位、纳米科技国家“973”农业领域项目组织单位。

环发所先后与沈阳农业大学、浙江大学、西北农林科技大学等多所高校签订科研协作框架协议，建立研究生联合培养及互推机制。近20余名研究员被聘为国内知名高校客座教授或博士生导师、硕士生导师。通过招收留学生和推荐研究生赴境外联合培养（或课程研习）、参加学术访问等多种学术交流活动，拓宽研究生国际视野，推动国际化培养进程。自2012年以来，共选派在读研究生赴日本鸟取大学、日本千叶大学、英国诺丁汉大学等高校或科研机构交流学习50余人次。

现有博士招生专业7个，硕士招生专业10个，专业学位招生领域2个。在籍研究生199人，其中博士生78人、硕士生121人；来自10余个国家的留学生25人；中外合作项目博士生7人。采用科技论文奖励、研究所配套奖励等优化研究生创新激励机制。近3年，研究生以第一作者年均发表论文60余篇，其中SCI论文10余篇；获得所各类奖励约10余万元。年均3~5人获国家、企业奖学金等奖励、20余人获院级课程学习、优秀学生干部等荣誉。年均1名及以上研究生获得研究生院高水平论文奖励。年均2名以上研究生获国家留学基金委等奖学金资助赴境外知名高校继续深造。每年均有部分毕业生进入农业农村部、中国科学院、央企等就业。

蔬菜花卉研究所

蔬菜花卉研究所（简称“蔬菜花卉所”）创建于1958年，是蔬菜花卉学科唯一国家级公益性专业研究机构，是国内唯一具有蔬菜学博士学位授予权的科研单位。主要任务是围绕我国蔬菜、花卉产业和学科发展的重大需求，开展应用与应用基础研究，创新重要的应用技术和基础理论，开展科技成果转化，组织全国重大科研协作；开展国内外学术交流和培训，培养高层次专业技术人才；编辑出版学术刊物。

研究所牢固树立“人才是第一资源”的工作理念，大力实施人才强所发展战略，坚持引进与培养并重，不断充实和优化人才队伍。现有中国工程院院士1人、国家杰出青年科学基金获得者2人、国家“万人计划”科技创新领军人才2人、科技部“创新人才推进计划”中青年科技创新领军人才4人、百千万人才工程国家级人选6人、中国青年科技奖获得者2人、国家优秀青年科学基金获得者2人、国家“万人计划”青年拔尖人才2人、中国农业科学院农科英才入选者14人，享受国务院政府特殊津贴人员65人等。截至2018年8月，研究所在编职工201人，其中，高级专业技术职务人员115人（研究员38人、副研究员57人），博士学位99人、硕士学位38人。现有导师86人，其中博导33人；累计培养硕士生439人、博士生129人，培养留学生32人；累计接收博士后73人，其中出站47人，在站26人。

自“六五”以来，研究所一直是国家蔬菜重大科技项目的组织与协调单位，现主持“十三五”国家重点研发计划园艺学科全部7个项目中的6项，并且是“国家大宗蔬菜产业技术体系”和“国家马铃薯产业技术体系”依托单位。共获得科技成果奖励200余项，其中主持获得国家级奖励22项。近年来发表SCI论文700余篇，其中在*Nature*、*Science*等国际顶级期刊发表论文34篇。截至2018年，拥有国家级和省部级以上平台达24个。研究所是国家蔬菜改良中心、国家花卉改良中心、作物细胞育种国家工程实验室等国家级平台的依托单位，是农业农村部园艺作物生物学与种质创制学科群的牵头单位。建有 5 个试验基地，总面积 154 公顷；50 万元以上的大型仪器设备 36 台（套），总价值 4 100 多万元。研究所也是国家蔬菜科技与产业创新联盟和国家马铃薯产业科技创新联盟的理事长单位；研究所是国家薯类作物研究中心、中国园艺学会、中国蔬菜协会的依托单位。

研究所目前招生专业涉及蔬菜学、观赏园艺、植物病理学、农业昆虫与害虫防治等学科及农业与种业（园艺方向）、资源利用与植物保护（农业有害生物综合防控、植物检验检疫与生物安全方向）专业学位领域。2003 年获批园艺学博士后流动站。培养的研究生中 41 人获北京市、教育部优秀毕业生称号；研究生就业、升学率连续 15 年达到 100%。

研究所先后与美国、荷兰、日本、法国、俄罗斯、捷克、泰国等 30 余个国家的农业科研单位、大学及国际机构建立了广泛的科技合作与交流关系。分别组建了中—荷蔬菜遗传育种实验室、中—捷菌根研究联合实验室、中—俄蔬菜种质资源挖掘利用联合实验室、中—美蔬菜遗传育种联合实验室、中—智蔬菜科技联合研发中心等多个合作平台，参与“一带一路”重点国家农业双边合作。依托院培养计划，与荷兰瓦赫宁根大学、比利时列日大学建立长效联合培养机制。

饲料研究所

饲料研究所（简称“饲料所”）成立于 1991 年，是集饲料科学研究、成果转化与推广、技术咨询与服务、人才培养于一体的现代化国家级研究所，是国内饲料科学研究领域最为齐全、研究实力最为雄厚的专业性科研机构。

目前设有动物营养与饲料、动物兽用药物、农产品质量安全与控制等 3 个学科领域，下设饲用酶工程、抗菌肽及抗生素替代品、单胃动物饲料、反刍动物饲料、水产动物饲料、饲料质量安全控制、新型饲料资源研究与利用、饲料加工 8 个创新团队和 1 个饲料检测技术研究室。现有导师 51 人，其中博导 20 人；国家杰出青年基金项目获得者 1 人；中华农业英才奖获奖者 1 人；科技部“万人计划”科技创新领军人才 3 人；“新世纪百千万人才工程”国家级人选者 2 人；农业农村部农业科研杰出人才 2 人；享受政府特殊津贴专家 13 人；省部级有突出贡献的中青年专家 4 人；科技北京百名领军人才 1 人；北京市科技新星 2 人；中国农业科学院一级岗位杰出人才 1 人；二级岗位杰出人才 6 人。

建有生物饲料开发国家工程研究中心及国家饲料工程技术研究中心、农业部饲料生物技术重点实验室、农业部动物产品质量安全饲料源性因子风险评估实验室（北京）、北京市奶牛营养重点实验室、国家转基因生物饲用安全评价与检测中心、国家水产饲料安全评价基地、饲料安全评价基准实验室、饲料工艺标准参考实验室、国家饲料中药物参考实验室、国家饲料加工技术研发分中心、全国名特优农产品营养品质评价鉴定机构、全国农产品质量安全科普基地及中关村开放实验室等；同时，研究所作为理事长单位建有经科技部批准的饲料产业技术创新战略联盟。研究所在北京市昌平区和河北省廊坊市各建有 1 个功能较为齐全、配套设施完善的综合性试验基地和专业化试验基地，可开展绿色化学合成中试、微生物发酵中试、饲料加工中试以及猪、家禽、牛羊和水产动物等生物学评价。

研究所与美国宾夕法尼亚大学、宾夕法尼亚州立大学、德州农工大学、芬兰东芬兰大学、德国柏林大学、日本大阪药科大学、东京大学、韩国农村振兴厅畜产科学院及韩国檀国大学建立了战略合作伙伴关系，合作内容不断增加与深化；2015 年与挪威特罗姆大学共建“鱼类消化道微生物联合实验室”。2016 年与奥地利自然与生命科学大学共建中国—欧盟饲料霉菌毒素脱毒技术联合实验室。2017 年与挪威生命科学大学共建饲料加工技术联合实验室，与古巴草料和饲料研究所签署合作协议，与埃及农业研究中心签署科研协作协议。2018 年与美国宾夕法尼亚州立大学联合成立“反刍动物及其幼畜营养代谢中美联合研究中心”，与比利时根特大学生物工程学院签署合作协议。

研究所招收动物营养与饲料科学、微生物学、生物化学与分子生物学、食品科学（仅硕士）、农产品质量与食物安全（仅博士）和兽药学 6 个专业的硕、博士研究生。目前在读硕士生 80 人，博士生 30 人。除研究生院设立的奖学金，研究所还自设昕大洋奖学金，奖学金覆盖率 100%。毕业博士生大部分进入高校或科研机构；硕士生部分在大中型企业就业，部分继续深造，每年约有 5 人次出国留学或短期培训。

生物技术研究所

生物技术研究所（简称“生物所”）成立于 1986 年 6 月，是目前我国唯一一所以农业生物技术前沿基础和应用基础研究为重点的国家级非营利性科研机构。研究所拥有 7 000 平方米实验区和 1 200 平方米实验温室，在海南三亚、河北廊坊和辽宁营口等地建立了田间试验基地，为功能基因大规模转化、作物分子育种、新品种培育及转基因生物安全性评价等工作提供了重要的硬件支撑。挂靠研究所的农业部农业基因组学重点开放实验室和农业部转基因植物用微生物环境安全监督检验测试中心是我国农业生物技术领域重要的研发基地。

研究所现有研究生导师 79 人，其中博士生导师 36 人。导师队伍中，中国工程院院士 1 人，国家级“百千万人才工程”人选 6 人，国家“有突出贡献中青年专家”2 人，国家杰出青年科学基金获得者 2 人，享受政府特殊津贴 12 人，全国农业科研杰出人才 4 人。

研究所先后培养博、硕士研究生 500 余人，与中国农业大学、华中农业大学、兰州大学、首都师范大学等高等院校联合培养研究生 300 余人。培养了谢道昕、李付广、姚斌等一批获得长江学者、国家杰青荣誉称号的优秀科技人才。

研究所瞄准国际发展前沿，针对国家重大需求，围绕作物和资源与环境两大学科集群，坚持植物和微生物的交叉与融合，在作物功能基因组、作物蛋白质组与代谢工程、作物分子育种技术、微生物功能基因组、微生物蛋白质工程和转基因生物安全评价与应用等 6 个优势研究领域内确立重点研究方向，系统开展前沿理论与技术研究，取得了一系列重要创新成果。

“十二五”以来，研究所共承担“973”计划、“863”计划、国家自然科学基金、转基因重大专项等国家科技计划 300 余项。获得国家和省部级科技成果 30 多项，获得专利授权 178 项（其中国外专利 5 项），以转让的发明专利为核心技术而参股的公司有 6 家，注册资金超过1亿元；在国内外重要学术刊物上发表论文800多篇，出版专著30余部；审定品种14个，获安全生产证书80项，软件著作权6个，制定标准17项。

研究所积极拓宽国际合作渠道，先后与美国、法国等10余个国家的科研院所，以及国际水稻所、ISAAA等国际组织机构建立了密切的合作关系；挂靠在研究所的中国—巴西农业科学联合实验室、中国—巴基斯坦棉花生物技术联合实验室，为研究所的国际合作提供了重要平台支撑；《中国农业科技导报》与《生物技术进展》两个所办核心期刊为研究生的科学研究与交流提供学术支持。

近年来，研究所积极调整研究方向，努力优化专业结构，注重提升整体学术水平和科技创新能力，着力把生物技术研究所建成国内一流、国际著名的农业生物技术研究所，使生物所成为国家农业生物技术科技创新中心、科技产业孵化中心、国际合作交流中心和人才培养基地，为我国农业创新做出贡献。

农业经济与发展研究所

农业经济与发展研究所（简称“农经所”）成立于1958年，是中华人民共和国成立最早的专门从事农业经济与政策研究的国家级科研机构，承担着为各级政府和农业企业提供政策建议和决策咨询，为农业政策研究、行政管理及企业经营培养高级人才及开展国际合作与学术交流等任务。

农经所拥有“国家农业政策分析与决策支持系统重点开放实验室”和“中国农业科学院农业经济与政策顾问团”两大政策分析平台以及农业规划与咨询技术服务平台和中国农业政策与科技发展战略研究中心，为我国政府解决“三农”问题、实现城乡经济社会协调发展、建设现代农业和社会主义新农村提供科学有效的决策支持。近年来，农经所不断加强科研团队整合，凝练组成粮食安全与畜牧经济团队、农业现代化理论与政策团队等共8个科技创新团队，形成了结构合理、特色鲜明的农业经济与农村发展的研究格局。农经所科研经费充足，科研项目来源主要包括国家自然科学基金、国家社会科学基金、国家科技计划、产业技术体系、国际合作项目以及其他部委委托项目。2014年有1项国家社科基金重大项目获得资助。2015年以来，新增主持课题299项。2017年两项国家自然科学基金重点类项目获得资助，实现了该类项目零的突破。2016—2018年，农经所科研人员共发表SCI/EI/SSCI论文24篇，发表学科前5%论文61篇，学科前25%论文119篇，中文核心期刊论文523篇；农业农村部软科学成果奖14项，一等奖4项，二等奖5项；北京市科学技术三等奖1项。

农经所现有学科涉及农林经济管理一级学科下的农业经济管理、农业技术经济和产业经济3个二级学科。共有研究生导师55人，其中博士生导师28人。拥有农科英才领军人才2人，院级青年英才2人，所级青年英才5人，农业农村部生猪产业监测预警首席专家1人，产业体系岗位科学家6人，联合国粮安领域高级别专家组指导委员会委员1人。截至2018年，共有在读研究生128名，其中博士生52人，硕士生58人，留学生16人，中外合作办学项目博士生2人。在人才培养上，形成了注重基础理论和实践应用紧密结合的人才培养特色，培养和输送了一大批农业政策研究和管理高层次人才——11 位省部级领导、30 多位司局级领导和众多知名专家学者。

未来，在中国农业科学院领导下，农经所将凝聚思想，统一行动，以增强责任感、使命感和紧迫感为使命，不忘初心，砥砺前行，以“三个面向”“两个一流”为指引，进一步加强研究所品牌建设，努力把农经所建设成为我国农业与政策研究的主力军、具有国际先进水平的农业公共政策创新策源地、国家“三农”问题的决策咨询中心、国家农业政策思想库、高层次农业政策及管理人才的培养基地，为中国农业现代化建设，推动乡村振兴战略实施贡献新的智慧和力量。

农业信息研究所

农业信息研究所（简称“农业信息所”）是以大数据驱动下的农业信息科技创新与服务为主要方向的国家级非营利性科研机构，确立了数据科学、农业信息管理、农业信息技术、农业信息分析四大学科领域的农业信息学科体系，是全国农业信息技术创新中心、国家农业科学数据中心。同时，作为中国农业科学院研究生院培养单位之一，承担农业信息学科体系的培养教学工作。现有农业信息分析学、农业经济管理、农业信息管理、信息技术与数字农业 4 个博士学位授予点和管理科学与工程、农业经济管理、图书情报（专业硕士）、农业管理（专业硕士）、农业工程与信息技术（专业学位）5 个硕士学位授予点，建立了博士后流动站。每年在读硕、博士研究生 100 余人，包括近 10 个国家的留学生。经过多年的发展，研究所为我国农业行业培养了大批优秀的农业信息与管理学科领域研究人才，极大推动了农业信息和管理学研究的发展。

农业信息所紧密围绕“三个面向、两个一流”的宗旨，以服务于国家创新驱动、互联网+现代农业、“一带一路”倡议、农业人工智能、大数据以及乡村振兴等重大战略需求，以服务产业发展、服务“三农”为宗旨，形成了管理科学、管理系统工程、信息管理与信息系统、科技与创新管理四个优势明显、特色鲜明的学科方向。

2017 年起，农业信息所以学科建设为核心，通过举办夏令营、建立联合培养机制等举措逐步扩大招生规模，2018 年招生人数较 2017 年增加 37.5%。全所在培研究生共 111 人（含留学生 19 人），其中博士生 51 人，硕士生 60 人。

农业信息所现有导师 68 人，其中博导 18 人。目前，根据研究所学科布局建立了数据科学、农业信息管理、农业信息技术、农业信息分析 4 个序列科技创新团队，为培育高水平人才提供了良好的队伍支撑。学科方向带头人有农科领军人才孙坦研究员、许世卫研究员、李哲敏研究员；有比尔·盖茨基金首席专家王文生研究员等。

农业信息所积极开展高质量学术和国际交流活动，以推进信息学科领域的人才建设和学术发展。近年来，与世界上多个国家和地区的相关机构建立了科技合作与信息交流的友好关系，加强了与英国、澳大利亚、韩国、日本等国家和联合国粮农组织、世界粮食计划署等国际组织在农业信息科技方面的合作，并多次主办或承办农业信息学科的大型国际学术会议和国际农业信息科技培训活动。

农业信息所建有农业农村部农业大数据重点实验室、农业农村部信息服务技术重点实验室、北京市农业监测预警工程技术研究中心、中国农业科学院海外农业研究中心、全国农业农村信息化示范基地、中国农业科学院野外科学观测试验站等创新平台；在河北、天津、江苏、浙江、广东、四川等地建立农业信息技术示范基地，为培养农业信息领域人才、开展农业信息教学研究提供了科研支撑。

农业质量标准与检测技术研究所

农业质量标准与检测技术研究所（简称“质量标准所”）创建于2003年，是经中央机构编制委员会办公室批准成立的、国内唯一专业从事农产品质量安全研究的国家级科研机构。研究所主要从事农产品质量安全科学研究和技术创新，以食用农产品及饲料为研究对象，开展标准与检测技术、风险评估与预警、过程分析与控制、品质与营养功能研究，并承担国家农产品及饲料质量安全风险监测、监督检查等监控技术支持。

研究生教育自始至终为研究所重要工作之一。截至2018年年底，共培养研究生133名，其中硕士研究生89名，博士研究生44名（含2名外籍博士研究生）。目前，在读研究生66名，其中，硕士研究生44人，博士生20人，外国留学博士生2人。秉持育人为本、科教融合、服务国家需求的办学方针，研究所遴选优质教育教学资源，科教融合，培养高素质德才兼备人才，为国家农产品质量安全事业发展服务。

以“建设世界一流学科和一流科研院所”为目标，面向世界农业科技前沿和国家农产品质量安全需求，研究所围绕高质素研究生培养不断探索。在招生上，积极开拓生源渠道，注重考核科研基本素质和能力；在培养上，优化培养环境，引导研究生开展创新研究工作，保证研究生培养质量，提高学科建设水平。

15年来，培育和凝聚了一批高水平的专家学者，现有导师36人，其中博导11人。导师队伍中，农业农村部农产品质量安全专家组专家6人，农业农村部农业科研杰出人才2人，中国农业科学院科技创新工程首席科学家5人，中国农业科学院农科英才5人。目前，研究所可招收农产品质量与食物安全博士研究生、食品科学、食品加工与安全等硕士研究生，并设有农产品质量与食物安全博士后流动站。研究所建设有国家饲料质量监督检验中心（北京）、国家农业检测基准实验室（饲料非法添加物）、农业农村部农产品质量安全综合重点实验室和二噁英检测实验室、农产品质量安全监督检验测试中心等；此外，还与荷兰瓦赫宁根大学食品安全研究所建有持续性有机污染物联合研究中心，与美国安捷伦科技公司建有农产品质量安全新技术研发联合实验室，与国际原子能机构建设有食品安全与质量联合实验室等国际科技合作平台。“十三五”以来，研究所获得多项国家重点研发计划项目及众多省部级项目，基金项目立项数逐年攀升，资助率高于全院水平。

依托于丰富的科研资源和国际合作平台，研究所开展了形式多样、内容丰富的国际学术合作和师生交流，为研究生的科学研究和学术交流营造良好氛围。遵循“团结、奋斗、开拓、创新”的所训，研究所不仅注重培养学生的科学素养和科研品格，更注意培养学生服务国家的使命意识和责任担当。通过前沿讲座、论坛报告、社会实践、文体活动等方式，促进学生全面发展。2014 年以来，研究生多次获得中国农业科学院优秀博士和硕士论文荣誉以及北京市优秀毕业生称号，研究所连续多年在全院研究生培养教育评价中名列前茅。未来，农业质量标准与检测技术研究所研究生教育工作将继续坚持国家办学方向和方针，书写健康发展的新篇章。

植物保护研究所

植物保护研究所（简称“植保所”）是专业从事农作物有害生物研究与防治的国家级社会公益性科学研究机构。创建于 1957 年 9 月，是中国农业科学院首批成立的 5 个直属专业研究所之一。主要任务是围绕国家农业生产与生态安全，立足农作物病虫草鼠害防控的产业需求，针对病虫害生物学及其灾变机理等重大科学问题开展系统研究，创新病虫害监测预警与可持续控制技术，为我国农业持续发展提供科技支撑。2013 年，研究所入选中国农业科学院科技创新工程第一批试点研究所。在全院研究所评价中实现人均实力七连冠。2017 年，植物保护学科在全国第四轮评估中获得科研单位学科评估 A+的优异成绩。

现有在职职工 236 人，其中高级技术职称 156 人，具有博士学位 176 人，研究生导师 158 人，其中博士研究生导师 65 人。导师队伍中，中国工程院院士 1 人，国家杰出青年科学基金获得者 5 人，“中华农业英才奖”获得者 1 人，何梁何利基金科学与技术进步奖获得者 2 人，农业科研杰出人才及创新团队 7 名，国家“百千万人才工程”入选者 6 人，“万人计划”科技创新领军人才 4 人，“万人计划”青年拔尖人才 3 人，科技部“创新人才推进计划”中青年科技创新领军人才 6 人，国家优秀青年科学基金获得者 4 人，形成了一支以院士为龙头、高级科技人员为主体、青年优秀科技人才贮备丰厚、在国内外具有较高影响力的专业技术人才队伍。

植保所拥有“植物保护”一级学科和植物保护学博士后流动站，拥有植物病理学、农业昆虫与害虫防治、农药学、杂草学、入侵生物学、转基因生物安全学、生物防治学和生物化学与分子生物学等 8 个博士学位授权二级学科。硕士研究生招生始于 1980 年，博士研究生招生始于 1991 年，博士后招录始于 1994 年，植物保护博士后流动站始建于 1999 年。外籍博士后招收始于 2002 年，外国留学生招生始于 2008 年。每年研究生招生百余人。现有在籍博士生 125 人，硕士生 242 人，留学生 54 人，联合培养研究生 110 余人。

充分依托研究所的国家农业生物安全科学中心、植物病虫害生物学国家重点实验室、国家国际联合研究中心，农业部作物有害生物综合治理重点实验室、野外科研实验台站等完善的科研平台和仪器设备条件，利用植保所大讲堂、植物保护青年论坛、国内外知名专家来所学术交流等载体，广泛开展国内外科技合作，努力为研究生营造浓厚的学术交流氛围及良好的人文环境；借助研究所科研队伍力量强、科研项目多的优势，努力为研究生成才提供机会；通过改善设施条件，为研究生生活与业余活动提供良好的保障：依托所研究生分会，开展丰富多彩的活动，更好地为研究生服务。

北京畜牧兽医研究所

北京畜牧兽医研究所（前身为中国农业科学院畜牧研究所，2006 年更名，简称“畜牧兽医所”）成立于 1957 年，定位为国家级社会公益性畜牧兽医综合科技创新研究机构，以畜禽和牧草为主要研究对象，开展动物遗传资源与育种、动物生物技术与繁殖、动物营养与饲料、草业科学、动物医学和畜产品质量与安全等学科的应用基础、应用和开发研究，着重解决国家全局性、关键性、方向性、基础性的重大科技问题。现拥有 6 个科技创新平台、6 个科技支撑平台和 3 个科技服务平台，其中，动物营养国家重点实验室是全国畜牧领域唯一一家国家级重点实验室；国家家养动物种质资源共享平台是科技部认定首批国家基础科技平台之一。在北京市昌平区马池口镇和南口镇、内蒙古自治区鄂托克旗、河北省廊坊市等地有 4 个试验基地，正在建设的有中国农业科学院西部肉牛种质科技创新基地。

建所 60 多年来，先后有 74 人次获得国家及部委颁发的优秀人才荣誉称号。目前拥有中国工程院院士 1 人，国家杰出青年基金获得者 2 人、“973”计划/重大科学研究计划首席科学家 6 人、百千万人才工程国家级人选 7 人，“万人计划”青年拔尖人才 2 人，中青年科技创新领军人才 4 人；研究员 47 人（二级研究员 8 人），副研究员 60 人；研究生导师 92 人，其中博士生导师 44 人。

60 多年来，依托杰出的人才队伍，畜牧兽医所打造了覆盖畜牧兽医全产业的 6 大学科，18 个院所级科研创新团队。在家禽品种选育与应用、饲料营养调控技术、家畜遗传基因工程研究、牧草品种研发与推广等多个方向，科研成果均处于国际先进水平，以第一完成单位获得国家奖 21 项。先后承担了近千项国家重大课题，拥有一批国内顶尖的人才队伍，在动物营养学、畜禽遗传育种、基因工程与遗传资源、畜产品质量与安全等多领域，引领学科研究，助力行业发展。

畜牧兽医所硕士研究生招生始于 1980 年，博士研究生招生始于 1986 年。此后分别于 2010 年、2016 年和 2018 年开始与中国农业大学、西北农林科技大学和南京农业大学开展联合培养博士研究生。2010 年开始招收外国留学生，并分别于 2013 年和 2016 年开始中比、中荷联合培养博士项目。现有学科涉及畜牧学、兽医学、草学 3 个博士学位授权一级学科，在全国第四轮学科评估中，畜牧学、兽医学评估结果为 A+，草学评估结果为 B+。

截至 2018 年年底，在读研究生 304 人。其中硕士研究生 183 人，博士研究生 121 人。另有博士后研究人员 35 人。2013 年以来，畜牧兽医所在中国农业科学院研究生教育考核评价工作中名列前茅，先后 5 次被评为中国农业科学院研究生管理先进集体、5 人次获得中国农业科学院研究生管理先进个人。

畜牧兽医所以博士生回所课程为依托，打造了高端、前沿的“未来畜牧学”论坛学术活动，邀请国际、国内相关领域知名一线中青年科学家讲授最新研究进展；资助师生积极参加国内外学术交流并做大会或分会场报告。近 5 年，共 20 余人通过国家留学基金委、国际合作项目等资助出境交流学习。

多年来，畜牧兽医所秉承“求真、务实、创新、卓越”的发展理念，结合特色学科优势和行业发展需求，向社会各界输送了大批具有创新能力的科研、教学、管理人才——多位司局级领导干部，国家杰出青年基金获得者、百千万人才工程国家级人选、“万人计划”青年拔尖人才，企业高管等，在各条战线上取得了可喜的成绩。

农产品加工研究所

农产品加工研究所（简称“农产品加工所”）是农产品加工领域唯一的国家级公益性科研机构，在科技创新、产业技术转化、国际合作与交流、高层次人才培养和战略研究等方面行使国家队职责。瞄准国际学科前沿、国家重大战略和产业发展需求，紧紧围绕食品科学与工程、质量与安全、营养与健康三大学科，形成了国内门类最齐全、覆盖整个农产品加工领域的学科体系，建立了油料加工与品质调控、谷物加工与品质调控、肉品加工与品质调控、果蔬加工与品质调控、薯类加工与品质调控、加工有害生物防控、加工化学危害物控制、中式食品加工与装备、食品功能因子研究与利用、食品酶工程、农产品采后生物学与保鲜、生物毒素防控等 12 个重点方向。拥有农业部农产品加工重点实验室、国家农产品加工技术研发中心、农业部农产品加工质量安全风险评估实验室等 3 个部级科研平台和 FAO 国际参考实验室、中阿、中美、中加、中英、中德、中意、中日等 22 个国际合作平台。

现有学科涉及农产品加工利用、农产品质量与食物安全、生物化学与分子生物学、植物病理学等 4 个博士学位授权二级学科，食品科学、农产品加工及贮藏工程等 2 个硕士学位授权二级学科以及食品工程、食品加工与安全、植物保护等 3 个硕士专业学位授权领域，并设有农产品加工利用、农产品质量与食物安全、生物化学与分子生物学、植物病理学 4 个博士后流动站。

现有研究生导师 44 人，其中博士生导师 18 人。建所 15 年来已培养研究生 741 人，其中博士 74 人，硕士 314 人，留学生 29 人，联合培养硕士生 351 人，出站博士后 21 人。目前在读研究生 294 人，其中博士生 47 人，硕士生 169 人，在站博士后 25 人，留学生 53 人，联合培养硕士生 105 人。

本着培养高素质、综合性科研人才为目标，紧抓科研能力培养，强化品德教育，为研究生成才成长搭建良好平台。近年来，先后获得“北京市优秀毕业生”“中国农业科学院优秀博士论文提名奖”“孟山都奖学金”等多项奖励，毕业生分布在全国各地政府部门、科研院所、高校、企业等，就业率一直名列前茅。

蜜蜂研究所

蜜蜂研究所（简称“蜜蜂所”）是 1958 年创建的国家级研究所，得到朱德等老一辈无产阶级革命家亲切关怀和支持，是当今世界蜂业学科设置最全、规模最大的专业性研究所，为推动中国蜂业科学研究和技术发展作出了贡献。

60年来，蜜蜂所围绕产业重大需求，以解决制约蜜蜂产业发展的关键问题为目标，实施创新驱动战略，组建了传粉蜂生物学与授粉应用、蜂种质资源与育种、蜜蜂蛋白质组学、蜜蜂病虫害生物学、蜂产品加工与功能评价、蜂产品质量安全与风险评估、蜜粉源植物产地识别与控制等7个院级创新团队，同时按照院所学科布局及蜂产业发展现状，组建了蜜蜂资源与遗传育种和蜜蜂生态与环境协同2个所级预备团队，构建了涵盖产前、产中和产后全部产业链条在内的蜜蜂所科技创新体系。

研究所现有特种经济动物饲养、农产品质量与食物安全2个博士学位授权二级学科，食品科学1个硕士学位授权二级学科；现有硕士生导师40人，其中博士生导师14人。2013年起，研究所正式开始招收博士后。截至2018年年底，共培养博士后11名（含1名在职、1名外籍），其中已经出站7名（3名留所），在站4名（1名外籍）。博士后在站期间，有4名获得中国博士后科学基金资助，4名博士后参与或主持项目共计8项，培养了3名中国农业科学院优秀博士后。

2015年研究所首次开展集中授课，为研究生集中开设蜜蜂（熊蜂）生物学、专业Seminar等2门学位课。此外，定期召开研究生交流会，就科研、生活等一系列问题尽量满足学生的要求；组织参加院乒乓球、羽毛球比赛、北京市趣味运动会，加强了各所博士后人员的交流；举办研究生学术论坛、英语沙龙、实践活动等，丰富了研究生的生活。

建所以来，通过共同执行国际合作项目、科学家互访与交流等形式，与美国、法国、英国、马来西亚、泰国、德国、韩国、新西兰、泰国、比利时、葡萄牙、土耳其、澳大利亚、埃塞俄比亚、以色列、斐济等多个国家相关机构开展了务实合作，促进了研究所蜂业科技创新能力的提升。积极拓展国际合作平台，重点与英国自然历史博物馆、澳大利亚西澳大学、泰国清迈大学、以色列国家农业部农业研究组织、韩国农业振兴厅、美国堪萨斯州立大学、美国密歇根州立大学、美国加州大学欧文分校、埃塞俄比亚默克莱大学等机构签订了国际合作协议，自2000年以来，研究所每年新签订国际合作协议近10项，逐渐拓展建立中英、中加、中韩、中澳、中美、中以等联合实验室平台，进一步开展合作研究与交流，提升我国蜂业科技领域国际合作能力建设及国际影响力。

农业农村部环境保护科研监测所

农业农村部环境保护科研监测所（简称“天津环保所”）是我国最早建立的从事农业环境保护研究和监测的专门机构，1997年划归中国农业科学院。设有4个创新领域中心，9个科研创新团队，拥有1个国家级示范基地，11个省部级实验平台，7个院级实验平台，拥有大型仪器设备100多台（套）。天津环保所作为中国农业科学院环境科学与工程牵头研究所，在农田污染防治、农业环境监测、农业生态与农业废弃物处理利用、乡村生态环境等学科领域取得了一系列的成绩，是我国农业科研机构综合实力“百强研究所”。

天津环保所拥有多个科技研究平台：农业农村部大理野外科学观测实验站等野外实验台站、农业部产地环境污染防控重点实验室、农业部农产品质量安全环境因子控制重点实验室、农业部农产品质量安全风险评估实验室、农业部环境质量监督检验测试中心（天津)、农业部转基因生物生态环境安全监督检验测试中心（天津)；并建有中瑞农业和环境技术联合实验、中芬农业环境技术联合实验室、中新生物炭与农业环境联合实验室等国际合作交流平台。近5年承担了国家重点研发计划等项目400余项。所内图书和文献资料涵盖所有国际主流数据库，院所教育管理体制和规章健全，研究生奖助体系完善，拥有完备的研究生公共服务体系。

天津环保所拥有一支以中青年骨干为主、创新能力强的科研专家队伍，现有研究生导师53人，其中博士生导师14人；海外高层次人才1人，农业部科研杰出人才2人，中组部第四批万人计划青年拔尖人才1人，中国农业科学院领军人才3人，中国农业科学院“青年英才计划”引进人才2人，现代农业产业技术体系岗位专家2人，天津市“131”创新型人才团队2个，天津市“131”创新人才工程第1层次8人，天津市第一批青年拔尖人才2人，天津杰出青年基金项目获得者1人，天津市创新人才推进计划“青年科技优秀人才”1人，“科研英才培育工程”院级入选者1人，“科研英才培育工程”所级入选者2人。

近年来，培养的研究生发表了高质量的学术论文，相关论文发表在国内外知名学术期刊，如 *Soil Biology and Biochemistry*、*European Journal of Soil Science* 及《生态学报》《环境科学》等，毕业生就业情况较好，多数到高校、科研院所和大型企业工作，获得用人单位充分认可和赞许。近3年培养硕士研究生12人，其中1人获国家奖学金、1人赴荷兰瓦赫宁根大学深造，2人获优秀毕业生称号，多人次获得孟山都奖学金和陶氏益农奖学金等，研究生作为主要作者发表SCI论文40余篇。多名毕业生到高校、科研院所和大型企业工作，获得用人单位肯定。

天津环保所与美国、英国、法国、瑞士、日本等多个国家的国际组织、机构开展了良好的长期合作关系，是中英可持续农业创新协助网第四工作小组牵头单位。天津环保所主持多个国际合作项目，表现优秀的研究生有机会被派出留学、进行合作研究、交流访问。截至目前，在农业生态学领域，已累计培养和合作培养硕士博士研究生103人。包括76名毕业生、27名在读研究生。4名研究生获国家奖学金，1人获批国家留学基金委公派读博资格、多人获孟山都奖学金、陶氏益农最佳论文奖、院级优秀硕士学位论文等荣誉。

农田灌溉研究所

农田灌溉研究所（简称“灌溉所”）1959年成立于北京，1963年搬迁到河南省新乡市，由农业部、水利部共同领导，三权归属中国农业科学院。研究所主要从事农田灌溉排水科技领域的应用基础研究与技术开发，研究方向主要包括农田灌溉新技术与装备、排水技术与设备、作物—水关系及作物高效用水技术、农业水资源合理利用与水环境保护、农田生态系统物质和能量循环规律及高效利用技术等，是农业水土工程学科硕士、博士研究生培养单位。

研究所建有非充分灌溉原理与技术、非常规水资源安全利用、节水高效灌溉技术与装备、现代节水型灌区建设与改造、作物需水过程与调控、农业水资源优化配置与调控、农田排水技术与产品7个科技创新团队；依托建有河南商丘农田生态系统国家野外观测试验站、农业部作物需水与调控重点实验室、农业部节水灌溉工程重点实验室、农业部农产品质量安全水环境因子风险评估实验室、河南省节水农业重点实验室、水利部节水灌溉设备质量检测中心、水利部灌溉试验总站等13个国家、省部和院级科研平台；拥有河南商丘李庄、新乡七里营综合实验基地和新乡洪门专业试验基地，建有灌溉水力学试验厅、灌溉设备中试中心、地中渗透仪试验场、作物需水量试验场等国内一流的科研基础设施；拥有“项目水资源论证甲级资质”、新乡市、河南省文明单位称号。

建所以来，在节水灌溉技术与设备、作物需水过程与节水机理、农业水资源合理开发与利用、农田生态环境保护、区域农业开发等应用基础理论研究和应用技术开发方面，承担国家、省部级科研课题500余项，获得科技成果奖励170项，其中12项成果获国家级奖励，90余项成果获得省部级奖励，取得国家专利200余项，发表学术论文2 300余篇，出版专专著、译著160余部，累计创造社会经济效益100多亿元。

现有科技人员123人，其中研究员22人、副研究员36人，拥有博士学位51人、硕士学位57人，研究生导师30人、其中博士研究生导师10人。2003年以来累计招收研究生190余名，授予博士、硕士学位150余名。

研究所与20多个国家和地区有着良好的合作基础。先后派出119批次、150余人次赴国外进行学术交流活动，接待了40多个国家和地区的专家以及国际灌排委员会和世界银行等国际组织的官员86批、357人次来所访问交流或讲学，国际合作领域正在不断拓宽。先后承担了欧盟第六框架项目“运用劣质水和改进灌溉系统及管理办法进行安全优质粮食生产”、科技部国际科技合作项目“污灌区农田污染控制与修复技术”等国际合作项目。

研究所牵头全国80多家高校、科研单位、技术推广部门、企业联合组建了“国家灌溉农业绿色发展联盟”，并定期举办“灌溉农业绿色发展高峰论坛”“灌溉讲坛”学术交流活动；与中国农业大学等单位合作建有“河南省节水农业院士工作站”，与河北工程大学、华北水利水电大学、河南农业大学、河南科技学院、河南师范大学等高校联合培养硕士研究生，是多家高校的本科生教学实习基地。

郑州果树研究所

郑州果树研究所（简称“郑州果树所”）成立于1960年，是以果树（苹果、梨、桃、葡萄、猕猴桃、石榴、核桃、樱桃、草莓等）和瓜类（西瓜、甜瓜等）为研究对象的国家级科研机构，是国家果树瓜类科技创新中心、成果转化基地、国际合作基地和人才培养基地。

研究所面向世界农业科技前沿、面向国家重大需求、面向现代农业建设主战场，围绕“优质、安全、简约、多样、高效”的科技主攻方向，以种质资源为基础，以品种培育为核心，以栽培植保为支撑，以贮藏加工为拓展，以质量检测、风险评估和科技信息为保障，开展应用和应用基础研究，着力解决我国果树瓜类产业发展中基础性、战略性、全局性、关键性、前瞻性重大科技问题，为保障国家食物安全、食品安全、生态安全、人民健康、农民增收和可持续发展，推进美丽中国、健康中国建设和农业供给侧结构性改革，振兴乡村提供强有力的科技支撑，满足人民日益增长的美好生活需要和优美生态环境需要。

研究所建设有国家园艺种质资源库、国家葡萄桃种质资源圃、国家西瓜甜瓜中期库、国家瓜果改良中心、国家猕猴桃科技创新联盟、农业部果树育种技术重点实验室、农业部果品及苗木质量监督检验测试中心、河南省果树瓜类生物学重点实验室、国家引智示范推广基地、中国—新西兰、中国—日本、中国—西班牙、中国—保加利亚、中国—哈萨克斯坦等 5 个国际联合实验室等科技平台，在全国布局建设 10 个试验站、100 个专家工作站和成果示范基地。

现拥有果树学、蔬菜学、植物病理学、农业昆虫与害虫防治等博士培养点以及食品科学等硕士培养点。已形成了一支高水平、富有创新精神的教学科研队伍，现有研究生导师 44 人，其中博士生导师 8 人。其中具有“中原学者”称号的导师 1 人，享受国务院政府特殊津贴的导师 11 人，国家和省部级有突出贡献中青年专家导师 6 人，国家现代农业产业技术体系岗位专家导师 9 人。

研究生的教育培养工作，对科研事业的持续发展起到了重要的支撑作用，学生既有条件深入学科前沿学到最新的科学知识，又有机会接触生产第一线遇到的问题。1982 年至今，为我国培养造就一大批园艺学科高层次人才，开展国内外学术交流，在国内外相关研究领域占据重要地位。共培养硕士研究生 71 人，博士研究生 9 人。

面向未来，研究所将紧紧围绕“顶天立地”的发展方向和“建成世界一流农业科研院所”的发展目标，大力实施科技创新工程，加快推进现代科研院所建设，全面提升学术水平和影响力，凸显“改革排头兵、创新国家队、产业驱动器、决策智囊团”的地位，为建设创新型国家作出新的更大贡献。

棉花研究所

棉花研究所（简称“棉花所”）于 1957 年 8 月在北京成立，1958 年 3 月迁至河南安阳。作为唯一的国家级棉花专业科研机构和全国棉花科研中心，棉花所以应用研究和应用基础研究为主，组织和主持全国性的重大棉花科研项目，着重解决棉花生产中的重大科技问题，开展国际棉花科技合作与交流，培养棉花科技人才。

现有研究生导师 72 人，其中博士生导师 20 人。导师队伍中，中国工程院院士 1 人，国家级专家 1 人，享受政府特殊津贴专家 6 人，“万人计划”科技创新领军人才 2 人，国家级“百千万人才工程”人选 5 人，省部级专家 11 人。导师年龄以 45 岁以下的中青年科技骨干为主，尤其是 2001 年以来新增的硕士生导师大部分为 40 岁以下且具有硕、博士学位的青年科技人员。2007 年研究所在中国农业科学院研究生院的牵头下，建立了博士后流动站。

自 1983 年招收第一批硕士研究生，截至 2018 年共招收在籍硕士研究生 394 名；1999 年开始博士研究生招生，截至 2018 年共招收在籍博士 114 名，接收 63 名国外留学生来所攻读博士、硕士学位。自 2007 年开始招收农业推广专业硕士，取得良好效果，拓展了研究生培养的学科空间和招生数量空间。与华中农业大学、南京农业大学、郑州大学、河北农业大学、新疆农业大学等教学单位达成联合培养研究生的协议，特别是通过与郑州大学共建农学院，每年增加研究生生源 30 人以上。

依托棉花生物学国家重点实验室平台，与美国新墨西哥州立大学、德州理工大学、阿肯色大学等签订了联合培养协议，每年除聘请外籍教授为客座教授，还邀请国外知名专家来所进行学术交流。此外，依托中国棉花学会平台，每年为研究生提供学术交流和展示自我的平台。

目前，学术学位硕士招生专业包括生物化学与分子生物学、食品科学、作物栽培学与耕作学、作物遗传育种、作物种质资源学、植物病理学、农业昆虫与害虫防治。专业学位硕士招生专业包括农艺与种业、资源利用与植物保护、食品加工与安全。博士招生专业包括生物化学与分子生物学、作物栽培学与耕作学、作物遗传育种、作物种质资源学、植物病理学和农业昆虫与害虫防治。

拥有棉花生物学国家重点实验室、棉花转基因育种国家工程实验室、农业部棉花品质监督检验测试中心、农业部转基因植物环境安全监督检验测试中心（安阳）、农业部棉花生物学与遗传育种重点实验室、河南省棉花生物学重点实验室、国家棉花改良中心、国家转基因棉花中试基地等国家级、省部级重大科技基础设施，配备了先进的仪器设备，建成了棉花分子生物学、转基因、遗传学、生理生态学、植物营养学、昆虫生态学等专业实验室。同时完善了温室、病圃、种子挂藏室、棉虫网室、检疫圃、试验地、南繁中心的试验辅助设施。通过完善实验室管理制度，使实验室管理实现制度化、规范化。良好的试验平台为研究生培养提供了重要支撑，大大提高了研究生学位论文研究的效率与水准。

作为国家级棉花科研单位，研究所拥有雄厚的科技基础和科研实力、良好的科研条件、一流的人才队伍、广泛的国内外合作交流，是培养棉花领域科研人才的理想基地。

油料作物研究所

油料作物研究所（简称“油料所”）建于 1960 年，前身为中南农科所和华中农科所，隶属农业农村部。油料所本部所在地武昌保集庵是中国农业教育和科研发源地之一，为 1898 年湖广总督张之洞创办的湖北农务学堂原址。针对我国油料产业发展中的重大科学与技术问题，重点开展油菜、大豆、花生、芝麻及其他特种油料作物种质资源、遗传育种、功能基因组、基因工程、栽培生理、植物营养与施肥、植物保护、转基因安全性评价、品质化学分析、质量安全、产品加工与营养等领域的研究与技术开发，是我国从事油料作物研究专业齐全、学科完备的国家级科研机构。

建立了国家油料作物改良中心、国家油菜工程技术研究中心、国家油菜产业技术研发中心、国家野生花生种质圃、国家农业检测基准实验室（生物毒素）、农业农村部油料作物生物学与遗传育种重点实验室、农业农村部生物毒素检测重点实验室、油料油脂加工技术国家地方联合工程实验室等国家创新平台以及国家油料品质改良与质量安全国际合作基地、中加油菜遗传改良与利用联合实验室、花生黄曲霉防控国际联合实验室、中德农产品质量安全联合实验室、中美油料绿色加工与高值化利用国际联合实验室等国际合作平台。已建成武昌本部试验基地、阳逻综合试验基地、汉川转基因安全评价基地、青海平安北繁基地、南方三熟制进贤基地，占地面积合计153公顷。

油料所主持承担国内外各类科研项目1 700余项，培育油料品种214个，获各类科技成果奖励182项，以第一完成单位获国家级成果奖23项，高居国内油料科研机构之首。近年来，油料新品种、新技术年应用面积达267万公顷以上，其中油菜新品种年推广面积达233万公顷，覆盖全国油菜种植面积的35%以上。在“十一五”全国农业科研机构综合评估中，综合实力位居全国前三，在全国油料专业机构中居首位。

油料所招生学科涉及农学、理学、工学三大门类，包括作物遗传育种、作物栽培与耕作学、作物种质资源学、生物化学与分子生物学、植物病理学、植物营养学、农产品质量与食物安全、食品科学、农产品加工及储藏工程、微生物学等10余个专业。

目前在所博士生48人，博士留学生15人，硕士生73人，硕士留学生1人，客座生24人。油料所以科学的人才观指导和培养研究生，着力培养研究与应用相结合的高层次、复合型农业科技专业人才，已培养获得学位的博士研究生57人、硕士研究生171人，其中博士留学生2人，毕业生就业形势良好。

截至2019年6月，研究生导师81人，其中博士生导师21人。导师队伍中，中国工程院院士1人，“新世纪百千万人才工程”国家级人选3人，国家“973”计划首席专家1人，湖北省高层次人才工程一层、二层次人选9人，国家现代农业产业技术体系首席科学家和岗位科学家14人，国家和省部级突出贡献专家14人，国务院及省政府津贴专家10人等。

研究所密切关注国际教育发展及科技前沿，积极拓宽国际合作渠道，先后与加拿大、英国、德国、比利时等多个国家的农业科研单位、院校建立了紧密的科技合作与交流关系，并派遣优秀研究生前往美国、新加坡、荷兰等国家和地区开展合作培养研究生项目。

麻类研究所

麻类研究所（简称“麻类所”）1958年创建于湖南沅江，2001年整体搬迁长沙，是我国从事麻类作物研究的唯一国家级综合性专业研究所和国家麻类产业技术体系依托单位。

招生学科涉及农学、理学和工学，主要招生专业有9个，分别是作物遗传育种、作物栽培学与耕作学、作物种质资源学、生物化学与分子生物学、微生物学、农业机械化工程、农产品质量与食物安全、植物病理学、动物营养与饲料科学。截至2019年6月，共有研究生导师47人，其中博士生导师5人。

近10年来，共招生培养博士研究生21人，其中留学生4人，硕士研究生62人。2008年至2018年在所攻读硕士学位研究生共计87人，攻读博士学位研究生共计25人，毕业并获得学位的硕士生共计58名，博士生12人。

为积极响应国家“一带一路”倡议和农业“走出去”战略，促进研究所研究生教育国际化，2017 年招收了建所以来首位留学生——1 名孟加拉国籍留学生；2018 年，招收了 1 名孟加拉国籍留学生、1 名巴基斯坦籍留学生以及 1 名尼日利亚籍留学生。

2015 年起，每年都举办近 10 期青年学术论坛，邀请国内外知名专家做学术报告，组织学生参加研究所承办的各类学术会议。研究所每年组织研究生开展各种活动，包括五四、七一、6 月毕业生欢送活动、爱国主义教育参观活动、素质拓展训练、篮球赛、羽毛球赛、登山活动、担任国际论坛的志愿者等，通过开展活动提高在所学生的集体意识，挖掘自身潜力。

为提高学生实践能力，研究所与湖南德人牧业集团达成产学研合作，获批湖南省发改委“南方牧草资源开发与利用湖南省工程研究中心”，建立了南方饲草种质资源库；与湖南德人牧业集团建设的麻类所研究生实践教育基地旨在将“科研—教学—实践”一体化，共同培养具有创新能力、实践能力、就业能力的综合性应用人才。主要对作物学、畜牧学等方向开展实践应用。2018 年，与西南农业大学、华中农业大学、黑龙江八一农垦大学签订了科技合作协议，推动学科发展、科技合作、实习基地建设和研究生培养，根据协议内容，研究所沅江试验站和长沙白箬铺创新综合试验基地为三所高校的科研教学实习基地。

中国水稻研究所

中国水稻研究所（简称“水稻所”）是一个以水稻为主要研究对象的多学科综合性国家级研究所。1981 年 6 月经国务院批准在杭州建立，1989 年 10 月落成，2003 年经科技部等部门批准为非营利性农业科研机构。

研究所拥有水稻生物学国家重点实验室、国家水稻改良中心等国家级平台 5 个，农业部水稻生物学与遗传育种重点实验室等省部级、院级平台 15 个，拥有世界第二大水稻种质资源库、亚洲最大人工气候箱群。试验基地占地超 493 公顷，实验楼及配套设施总建筑面积超 3.5 万平方米，科研仪器设备原值 1 200 万美元，50 万元以上的大型仪器设备 64 余台（件），温室 3 800 平方米、网室 2 000 平方米。在全国稻区的 9 个省建有 15 个水稻新品种试验站，同时在海南陵水县建有海南试验中心，在黑龙江宝清县建有北方水稻研究中心。各类科研教学平台，为科技创新、学科建设和研究生培养发挥了重要的支撑作用。

研究所承担国家“863”计划、“973”计划、国家科技支撑计划和重点研发计划，国家自然科学基金，转基因重大专项，现代农业产业技术体系，行业科研专项，国际合作项目，企业和地方项目等各类科技项目千余项，合同总经费超 40 亿元。获省部级以上科研成果 200 余项，其中国家级科技奖励成果 21 项，涵盖国家科技进步奖、国家技术发明奖和国家自然科学奖三大奖。科研成果 6 次入选中国十大科技进展和中国十大科技新闻。培育水稻新品种 237 个，发表 SCI 论文 947 篇，获得授权专利 533 项。在“十五”全国农业科研机构综合科研能力评估中，参加评估的 1 077 个农业科研机构中总分名列第一。科研成果年应用面积 1 000 万公顷以上，取得了巨大的社会经济效益。

现有研究生导师 90 人，其中博士生导师 26 人。导师队伍中，国家与省部级突贡专家

12 人，国家科学基金委“杰青”1 人，国家“百千万人才工程”人选 4 人，农业科研杰出人才 4 人，浙江省特级专家 3 人，浙江省“151 人才工程”第一层次人选 6 人。国家级创新团队 2 个，农业农村部创新团队 4 个，科技部创新团队 1 个。

研究所现有博士学位授权一级学科 3 个，二级学科 7 个；硕士学位授权一级学科 5 个，二级学科 9 个；另外还有 4 个专业学位授权资格。自 1999 年以来，累计招收研究生 399 名，授予博士、硕士学位 249 名。现有在读研究生 176 名。

为促进我国农业科技创新和学科建设与国际接轨，提升研究生教育国际化水平，研究所与泰国、印度、巴基斯坦和孟加拉国等 15 个国家的农业科研机构、大专院校建立了多种形式的双边交流与合作，招收 42 名留学生来所攻读博士、硕士研究生。

研究所紧紧围绕国家相关人才培养规划，着眼于培养农业领域综合性中高级人才，把提高科研能力贯穿于研究生教育全过程，取得了良好的成效。研究生多篇学位论文获“中国农业科学院优秀博士、硕士论文奖”和“高水平论文奖”。培养的毕业生素质全面，具有较强的创新能力，就业率 95%以上，受到用人单位好评，在各自的工作岗位发挥着重要作用。

茶叶研究所

茶叶研究所（简称“茶叶所”）是我国唯一的国家级综合性茶叶科研机构，位于浙江省杭州市西湖风景区。1956 年经国务院科技规划委批准筹建，1958 年 9 月 1 日挂牌成立。2001 年 6 月加挂“浙江省茶叶研究院”牌子。现有职工 200 余名，其中专业技术人员 170 多人，正高 26 名、副高 53 名。陈宗懋研究员是目前我国茶叶研究领域唯一的中国国工程院院士。

茶叶所下设 9 个业务部门和 3 个职能部门，主要从事茶叶基础和应用基础科学、科技产业开发、茶叶质量安全检测、产业经济、有机茶认证、茶业职业技能培训、学术期刊编辑等领域的研究和服务工作，同时广泛开展国内外合作交流和高层次人才培养等工作。

60 年来，研究所始终牢记农业科研国家队使命，不断提升科研创新能力和科技支撑水平。先后承担各类科研项目 1 100 多项，获奖成果 118 项，其中国家级科技成果奖 14 项；主编各类著作 100 多部，发表论文近 4 000 篇，其中 SCI 收录近 500 篇。在科技创新、产业开发、服务“三农”等方面取得了一系列显著成绩。截至 2018 年，茶叶所在研科研项目 139 项，合同经费 1.8 亿元。在茶叶所建有国家级平台 8 个，省部级平台 8 个。

茶叶所自 1981 年开始招收硕士研究生，1987 年开始联合培养博士研究生，1994 年开始独立培养博士研究生，现有研究生导师 53 人，其中博士生导师 13 人，年均招收研究生 30 多名。招生专业为茶学、农林经济管理及园艺、植物保护、农村与区域发展、食品加工与安全专业学位。其中茶学为博士学位授权二级学科，分为 4 个研究方向：茶树种质资源与育种、茶树栽培生理与生态、茶叶加工与质量控制以及茶园有害生物综合治理。并设有园艺学、植物保护博士后流动站。

现有在读博士生 25 人，硕士生 58 人，在站博士后 10 人。研究生就业前景良好，就业率达 100%。近 3 年，博士研究生毕业后就业去向主要为大学和科研院所，占 87%；硕士研究生毕业后就业去向主要为企业和行政机构或其他事业单位，占 68%。

经过几代茶叶所人的不懈努力，茶叶所现已成为我国综合实力最强的全国茶叶科技研发中心。研究所紧紧围绕“面向世界农业科技前沿、面向国家重大需求、面向现代农业建设主战场”总体要求和“两个一流”“整体跃升”建设目标，解放思想，勇攀高峰，为提升茶产业科技含量和核心竞争力，科技支撑茶产业发展做出新的更大贡献。

农业基因组研究所

农业基因组研究所（简称“深圳基因组所”）是中国农业科学院和深圳市共同举办的新型国家级研究所，入选科技部等七部委组织的科技体制改革试点。深圳基因组所以生物组学为核心，辐射农业、食品与健康、生态与环境等三大领域；打造了国际领先的“种质资源收集—基因组测序和分析—功能基因挖掘—分子设计育种”的全链条创新平台；引进了 20 位具有国际竞争力的 PI，累计招收博士后 60 名；总经费超过 3 亿元；在 *Science*、*Nature*、*Cell*、*Nature Genetics* 等知名期刊上发表 SCI 论文 150 余篇，奠定了我国农业基因组学的国际地位。力争用 10 年时间实现“建设世界一流院所、建成国家农科特区、发展深圳生物产业、支撑湾区美好生活”的发展目标。

深圳基因组所在中国农业科学院研究生院“院所结合两段式培养”的研究生教育模式下，开展硕士和博士研究生培养工作，拥有生物化学与分子生物学、生物信息学两个专业的博士培养点，现有博士生导师 15 人，研究生 41 名，中荷、中比项目 3 名，留学生 2 名。

深圳基因组所举办了“第二届国际农业基因组学大会”“第三届国际入侵生物学大会”以及“中欧食品、农业和生物技术合作会议”等国际会议，为研究生提供良好的国际学术交流环境。研究生会组织了“时代潮头，尚科学览国之重器；青春壮志，缅先烈筑梦于农科”主题活动、“铭记历史，勿忘国耻，纪念七七事变 81 周年”主题活动、参观国家基因库、趣味运动会、七娘山登山拉练素质拓展活动等丰富的党建、学术、拓展等活动。

深圳基因组所充分利用研究所在农业基因组学等领域的科研优势，广泛开展联合研究生培养工作。目前，与澳大利亚默多克大学签署联合培养协议，每年将招收 25 个博士研究生；和华南农业大学联合培养博士研究生；为配合国家粮食安全保障、马铃薯主粮化和“一带一路”倡议，深圳基因组所和云南师范大学共建马铃薯学院，共同招收培养研究生；与中国科学院水生生物研究所（水生所）、中国水产科学研究院南海水产研究所（南海所）在深签订战略合作框架协议，共建“水生生物基因组中心”和“海洋生物基因组中心”，将联合培养研究生；与上海交通大学、西北农林科技大学、山东大学达成联合培养研究生意向。

深圳基因组所招生专业主要为物化学与分子生物学、生物信息学，建设了农业基因组大数据分析中心，基因组测序平台通量和超算平台均为全国农口单位最大。牵头成立“国家农业基因组科技创新联盟”，建设了“农业部农业基因数据分析重点实验室”“广东省农业基因组学科技创新中心”“深圳市农业基因组表型分析与利用重点实验室”“中国农业科学院—国际水稻所基因组辅助种质创新国际联合实验室”“基因组所—先正达联合实验室”等合作平台载体。

农业农村部沼气科学研究所

农业农村部沼气科学研究所（简称“沼气所”）是我国唯一的国家级沼气专业科研机构，1979 年经国务院批准成立。截至 2018 年，现有职工 110 人，研究员 10 人，副研究员 24 人，硕博士 66 人，省部级有突出贡献专家 2 人，农业科研杰出人才 2 人及其创新团队 2 个，中国农业科学院“农科英才”7 人。

建有农业农村部农村可再生能源开发利用重点实验室、沼气技术国家国际科技合作基地、四川省沼气工程技术研究中心等 16 个国家、省部级科技创新与服务平台。通过 40 年的科研积累，已建成国内学科最全、科研力量最强的沼气科研队伍，成为我国沼气建设科技支撑体系不可替代的核心和中坚力量，担负着国家有关农村能源及环境保护方面重大基础及应用研究任务。

建所 40 年来，在农业农村部、中国农业科学院的领导下，研究所始终坚持以生物技术为手段，围绕农业废弃物综合利用、农村生态环境治理和生物质资源利用开展科学研究和技术推广，建成能源微生物、畜禽粪污能源化利用与污染控制、秸秆资源化利用等 6 个创新团队。通过生物质转化理论、方法、技术、模式等研究，推动我国农村生态文明建设以及乡村振兴战略的实施，为我国农村沼气事业、畜禽养殖业健康发展和农业废弃物高值化利用做出了重要贡献。先后共承担了 500 多项国家和省部级科研项目，获得 30 多项国家和省部级科技进步奖。

长期以来，研究所不仅与美国、加拿大、德国、日本等国家的研究机构、大学和企业建立了广泛合作研究与技术交流关系，还与联合国开发计划署（UNDP）、联合国亚洲及太平洋经济社会委员会（ESCAP）、联合国粮食及农业组织（FAO）、德国联邦政府下负责执行对外合作项目的机构（GIZ）、荷兰发展组织（SNV）等国际组织或非政府组织在沼气项目的建设、技术培训、技术支持等有关方面进行广泛联系并开展合作。

研究所现有研究生导师 27 人，其中博士生导师 5 人。截至 2018 年已累计培养硕士研究生 86 人，博士研究生 4 人，留学生 1 人。研究所优良的科研设施设备、充足的科研经费、高素质的导师队伍、丰富的教学资源、广泛的对外交流合作，为研究生培养提供了强大的科技支撑和良好的学术氛围，为培养科研能力强、综合素质高的农业科技人才提供了良好的保障。

近几年，研究所充分利用科研条件优势，以服务需求、提高质量作为发展主线，狠抓研究生培养质量，积极营造良好学术氛围，研究生培养质量显著提高。2011 年以来，研究生先后有 46 人次分别荣获“北京市优秀毕业生”“中国农业科学院优秀毕业生”“优秀学习奖”“优秀学生干部”等荣誉称号。2015—2018 年，连续 4 年荣获中国农业科学院优秀硕士论文及研究生国家奖学金。近 3 年，研究生先后共发表 SCI 论文 23 篇，累计影响因子 80.932，其中多名研究生荣获中国农业科学院高水平学术论文奖。大部分毕业生进入农村环境领域、国家机关及企事业单位等工作，以素质全面、专业基础知识扎实、实践能力强等鲜明特点受到用人单位的广泛好评。

烟草研究所

烟草研究所（简称“烟草所”）自 1990 年开始招收研究生，逐步建立起博士、硕士、留学生、中外合作办学、本科生联合办学及学术学位、专业学位、联合培养等多层次、多方位的高等人才培养体系，为国家培养了一大批优秀高层次人才。目前有作物遗传育种学、作物栽培与耕作学、植物病理学、食品科学等 4 个学术学位博士、硕士招生专业，另有农艺与种业、资源利用与植物保护、食品加工与安全等 3 个硕士专业学位招生领域。现有研究生导师 75 人，其中博士生导师 11 人。1999—2018 年，培养在籍全日制博士、硕士研究生 303 人，在职农业推广硕士专业学位研究生 119 人。

烟草所每年年均有 3 人被评为研究生国家奖学金，近 10 人被评为课程学习优秀奖，年均 8 人被评为中期考核优秀奖，12 人被评为优秀学生干部，8 人被评为社会活动优秀奖；年均 2 篇毕业论文被评为中国农业科学院优秀硕士学位论文，1 篇毕业论文被评为中国农业科学院优秀博士学位论文。毕业生就业率连续几年在 95%以上，就业去向主要为农业农村部、北京海关等机关单位；西北农林科技大学、南开大学等高等院校；云南省烟草公司、湖南省烟草公司、湖南中烟等烟草商业公司及卷烟工业企业。研究生培养质量得到上级单位一致认可，多次被评为中国农业科学院研究生管理工作先进集体、中国农业科学院研究生管理先进个人、研究生管理最高荣誉奖等荣誉称号。

烟草所改变了烟草涉农专业研究生学位类型和渠道相对单一的状况，开辟了我国烟草涉农专业研究生的“产学研”联合培养新模式。通过专业学位研究生培养，在提升产区管理、技术人员综合能力的同时，也进一步巩固和密切了研究所与产区合作关系，促进了科技成果转化。烟草所作为山东省、四川省凉山州、贵州省遵义市在职农业推广硕士定点培养单位，立足烟区，服务乡村振兴战略，为山东省轻工农副原料研究所、安丘市农业局、莱芜市农业局等单位培养了一批优秀农技推广人才。

为提升科技人员服务“三农”和解决农民持续创收的能力，烟草所自 2004 年开始招收在职农业推广硕士，创建了符合农业科研和技术推广特点的长期稳定培养模式，培养了一大批符合时代要求、具有引领和带动作用的农业农村人才。

2011 年，开始招收留学生，并通过多渠道扩大招生宣传，吸引更多优秀留学生来所学习、工作。截至 2018 年，烟草所累计培养留学生 11 人，分别来自巴基斯坦、津巴布韦、伊朗、孟加拉国等国家，所学专业涉及作物遗传育种、作物栽培与耕作学、植物病理学，培养了一批“知华、友华、爱华”的国际农业科技人才。为借鉴国外大学先进办学理念，充分发挥双方优势，实现强强联合与合作共赢，在全院的整体布局下，烟草所选派研究生及在职职工参加了与荷兰瓦赫宁根大学及比利时列日大学的合作办学项目，目前在读该项目的博士研究生 7 人，所学专业涉及作物遗传育种、作物栽培与耕作学。

特产研究所

特产研究所（简称“特产所”）始建于 1956 年，位于长春市净月经济开发区，是我国唯一的国家级野生动植物保护与利用专业科研机构。以珍贵、稀有、经济价值高的特种经济动植物为主要研究对象，如梅花鹿、马鹿、貂、狐、貉、雉鸡、大雁、人参、西洋参、五味子、山葡萄等，以保护、利用为主要研究内容，坚持以家养、家植应用技术、应用基础研究为主的同时，大力加强鹿茸再生细胞工程、鹿茸干细胞转基因生物反应器、中药精深提取等基础研究，开展特产品精深加工与综合开发研究。

特产所建有吉林省特种经济动物分子生物学省部共建国家重点实验室、农业部特种经济动物遗传育种与繁殖重点实验室、吉林省中药种植（养殖）重点实验室等 25 个科研平台，是中国农学会特产分会、吉林省特产学会挂靠单位。单位自建所以来，共取得科研成果 330 项，获奖成果 200 余项，70%的科研成果得到了推广应用。

特产所招生学科涉及特种经济动物饲养、预防兽医学、野生动植物保护与利用、果树学、药用植物资源学等 5 个二级学科。特产所不断创新，为人才培养提供新的契机与平台，重点提高研究生的实践能力、适应能力、执行能力等多种综合素质。目前在读全日制硕博研究生 81 人，建所以来共培养博士研究生 65 名，硕士研究生 279 名。

特产所现有职工 357 人，其中高级职称 70 人，中级职称 143 人，具有博士学位 74 人、硕士学位 122 人；拥有综合科研实验室 2.2 万平方米，价值 9 000 多万元各类大型高精密仪器设备；建有 6 000 多平方米的研究生公寓及 4 000 平方米的各类活动场所。截至 2019 年 6 月，在岗研究生导师 56 人，其中博士生导师 10 人。导师队伍中，国家重点研发计划首席专家 3 人；国家现代农业产业技术体系首席科学家和岗位科学家 2 人；吉林省拔尖创新人才第一层次 2 人，第二层次 1 人，第三层次 3 人，吉林省高级专家 3 人，国务院特贴专家 2 人，吉林省突出贡献专家 4 人，农业部突出贡献专家 1 人，农业部农业科研杰出人才 1 人。

特产所在实践工作、岗位对接中开辟了新的途径，丰富了人才培养模式，有利于针对不同的专业要求有针对性地提供多样化培养方式，提升人才培养质量，增强就业竞争力。近 5 年毕业生就业率 100%，其中 40%进入教学科研单位、10%进入事业单位，50%进入企业。大多数毕业生能够胜任目前所从事的工作，在敬业精神和业务能力上，大多数毕业生得到用人单位高度评价。相当一部分毕业生取得了骄人的工作业绩，在工作单位学以致用，有较好的发展。

特产所左家所区位于吉林省长白山山脉和西部平原过渡地带——吉林左家自然保护区，面积达 50 多平方公里，区内野生动植物资源丰富，有野生植物 83 科，800 余种，其中药用植物 300 余种，是进行科学研究和试验的天然基地。

果树研究所

果树研究所（简称“果树所”）成立于1958年，是我国最早建立的专门从事果树科学研究的综合性国家级科研机构。研究所坚持“面向世界农业科技前沿”“面向国家重大需求”“面向现代农业建设主战场”的总要求，以服务“脱贫攻坚与乡村振兴”为目标，主要开展果树种质资源收集、保存与创新；果树新品种选育和育种技术研究；果树优质高效栽培技术研究、集成与示范；果树病虫害监测预警、发生规律和防控技术研究；果品贮藏保鲜与物流技术研究、集成与示范应用；果品质量安全标准研究制定及风险评估；果树产业发展战略研究与咨询服务；科技兴农与成果转化等相关工作。着力解决产业发展中的重大科技问题，支撑现代果业健康可持续发展。

果树所现建有国家果树种质兴城梨圃、国家果树种质兴城苹果圃、国家苹果育种中心等国家级科技创新平台4个，农业农村部园艺作物种质资源利用重点实验室、辽宁省落叶果树矿质营养与肥料高效利用重点实验室等省部级平台5个，中国农业科学院落叶果树工程技术中心等院级平台4个。目前，资源圃保存梨种质资源1 203份，苹果种质资源1 800份，均居世界前列。建有温泉试验区和砬山试验基地2个科研试验基地，占地面积236.5公顷，其中，科研用地约112公顷。建有科研及辅助用房1.5万平方米，试验用温室、网室等田间设施约2万平方米。现有科研仪器设备1 804台（套），总金额6 038.99万元，10万元以上仪器设备135台（套），金额4 079.23万元。相关科技创新与教学平台，为科技创新、学科建设和人才培养提供了有力支撑。

果树所现有科技创新团队7个，专业技术人员199名，其中国家农业产业技术体系岗位科学家及试验站站长7名，辽宁省百千万各级人才共20名，辽宁省梨创新团队首席1名，“青年英才计划”所级英才6名。在岗研究生导师25人，其中博士生导师5名。

研究所现有果树学和植物病理学2个博士招生专业，农业昆虫与害虫防治1个硕士招生专业；另有果树学、植物病理学博士后流动站。先后培养博士后、博士和硕士研究生100余名。现有研究生公寓662平方米，日常生活设施齐全，另有篮球、足球、羽毛球、乒乓球等室外场地500余平方米，为丰富学生课余生活提供了优越条件。

果树所不断拓展国际合作领域和渠道，积极鼓励和支持研究生参与国际学术交流。先后与美国、加拿大、英国、新西兰、意大利、荷兰等20多个国家的30余家科研机构、大学建立了合作关系，建有中—意果树学国际联合实验室1个，培养国际留学生11名。

果树所始终坚持教育与科学研究、生产实践紧密结合，将提高科研能力与实践操作技能贯穿于研究生培养全过程，取得了良好的成效。研究生先后获得“中国农业科学院高水平论文奖”“中国农业科学院优秀学位论文奖”“中国农业科学院优秀毕业生”等多项奖励。培养出的研究生专业素质过硬、学术视野开阔，得到了用人单位的一致好评。毕业生就业率100%，分布在全国各地的农业科研院所、高校及技术推广部门等相关企事业单位工作。

上海兽医研究所

上海兽医研究所（简称“上海兽医所”）的前身为中国农业科学院家畜血吸虫病研究室，成立于1964年10月。1982年2月更名为中国农业科学院上海家畜血吸虫病研究所。1989年7月更名为中国农业科学院上海家畜寄生虫病研究所。2006年3月更名为中国农业科学院上海兽医研究所，加挂中国动物卫生与流行病学中心上海分中心牌子。

现有职工150名，其中科研人员85名，管理人员18人（含双肩挑），支撑和服务人员11人，研究员32名，副研究员29名，具有博士、硕士学位的占科研人员的84%。入选人事部百千万工程和神农计划2人，中华农业英才奖获得者1人，上海市十大科技精英获得者1人，全国农业科研杰出人才2人，国务院政府特贴专家3人，中国农业科学院杰出岗位人才15人（一、二、三级），省部级中青年专家5人，上海市领军人才6人，闵行区拔尖人才和领军人才24人。

研究所从国家畜牧业发展战略的需求出发，主要开展动物传染病、动物寄生虫病和动物药物研究。2013年10月，研究所正式加入中国农业科学院科技创新工程，设有10大创新团队：动物血吸虫病团队、动物原虫病团队、猪病毒性繁殖障碍综合征团队、猪呼吸道传染病团队、水禽病毒病团队、兽用抗感染药物团队、畜禽细菌性传染病团队、动物流感病毒病原生态学团队、动物源性病原与食品安全团队和小动物传染病团队。

依托研究所建有国家家禽工程技术研究中心（上海）、国家动物血吸虫病参考实验室、农业农村部动物寄生虫学重点实验室和农业农村部兽用化学药物及制剂学重点实验室，是中国农业科学院与上海市人民政府合作共建的上海国家动物医学研究中心的依托单位，是中国畜牧兽医学会兽医公共卫生学分会、农业部血防专家咨询委员会的挂靠单位。1999年建立博士后流动站。

现有研究生导师59人，其中博士生导师23人，拥有博士学位的导师51人。2007—2013年，连续7年获得中国农业科学院研究生院研究生管理先进集体，2018年1名留学生获得中国政府优秀来华留学生奖学金，1人获得第七届全国兽医专业学位研究生优秀学位论文奖。自培养研究生以来，共培养研究生807人，硕士研究生694名，其中联合培养439名，博士研究生113名，其中联合培养32名。目前在校博士研究生55人，其中国际留学生19人，联合培养7人，在校硕士生235人，其中联合培养硕士生115人，为社会培养了大量的优秀人才。

建所以来，研究所获各项科研成果奖励67项，其中国家级2项；获得国家发明专利113项，其中获得美国和日本授权专利各1项，软件著作13项，获得国家标准8项；获得国家新兽药证书11项，获得转基因安全证书9项；出版专著76部，发表论文2900余篇，其中发表SCI文章861篇；“农业血防综合治理新技术”荣获寄生虫领域第一个国家科技进步奖；研制成功的抗锥虫新药“盐酸锥双净”获国家一类新兽药证书；抗球虫新药“地克珠利”原料药及预混剂共获得3项国家二类新兽药证书，并荣获国家科技进步三等奖；“球虫病免疫预防苗（DLV疫苗）”为国内第一个获新兽药证书的球虫病免疫预防疫苗。

研究所将继续追踪国际动物医学发展前沿，加强科技创新，不断增强综合实力，加快建成国内一流、国际知名的现代农业科研院所，为推动我国动物医学科技进步做出新的更大贡献。

哈尔滨兽医研究所

哈尔滨兽医研究所（简称“哈尔滨兽医所”）1948 年建所，为兽医生物技术国家重点实验室和中国农业科学院研究生院兽医学院依托单位，拥有我国唯一的大动物生物安全四级设施——“国家动物疫病防控高级别生物安全实验室”；所辖实验室分别被指定为国家禽流感参考实验室、联合国粮食及农业组织（FAO）动物流感参考中心、世界动物卫生组织（OIE）禽流感参考实验室、OIE 马传染性贫血参考实验室和 OIE 鸡传染性法氏囊病参考实验室及 OIE 亚太区人兽共患病区域协作中心；下辖全资哈尔滨维科生物技术开发公司和合资控股动物用生物制品国家工程研究中心。

建所 70 年来，研究所共获得国家科技成果奖励 22 项，其中主持完成国家技术发明一等奖 2 项，国家科技进步一等奖 1 项，国家自然科学二等奖 1 项，国家技术发明二等奖 2 项，国家科技进步奖二等奖 3 项。历史上，为我国控制和消灭牛瘟、牛肺疫和马传贫，以及成功研制猪瘟兔化弱毒疫苗做出了决定性的科技贡献；进入 21 世纪，在禽流感研究和防控中做出了杰出的科技贡献，在非典防治科技攻关中起到了关键作用，为猪蓝耳病和仔猪病毒性腹泻防控发挥了重要科技支撑作用。

1980 年，研究所开始招收传染病与预防兽医学硕士研究生；1987 年，开始招收传染病与预防兽医学博士研究生。1991 年，设立传染病与预防兽医学博士后流动站，为我国第一个兽医专业博士后流动站。1997 年，国务院学位办学科调整后，研究所拥有预防兽医学 1 个博士后流动站，1 个博士学位授权学科和预防兽医学、基础兽医学、生物化学与分子生物学 3 个硕士学位授权学科。2004 年，取得兽医硕士专业学位授权类别。2018 年，获批兽医博士专业学位授权类别。

现有研究生导师 125 人，其中博导 33 人。自 2017 年起，年均招生超过 100 人，其中硕士生 80 人，博士生 20 人，留学生 3～5 人。拥有中国科学院院士 1 人，“杰青” 1 人，“优青” 2 人，“百千万人才” 3 人，全国农业科研杰出人才 2 人。共培养硕士研究生 841 人，博士研究生 246 人，博士留学生 7 人。研究生培养质量不断提高，先后培养出 1 名中国科学院院士，1 名省部级管理专家，2 名优秀青年。获得全国百篇优博论文 1 篇，中国农业科学院优秀博士论文 15 篇，优秀硕士论文 18 篇，就业率超过 98%，深受用人单位和培养单位的认可。

2015 年，中国农业科学院依托哈尔滨兽医研究所，成立中国农业科学院研究生院兽医学院，负责全院兽医学科研究生的教学培养及管理工作。同年，研究所专门成立研究生培养处，负责兽医学院的日常运行和本所学生的培养工作。2016 年，兽医学院正式开学。2017 年，开始留学生的教学培养工作。目前在校生 721 人，其中硕士 558 人，博士 135

人，留学生28人。运行3年来，顺利完成研究生课程学习、过程培养、思政工作和学生管理等各项工作，同时顺利完成兽医学院博士招生“申请—考核制”试点工作，为研究生院学院制改革积累了经验。

今后，研究生培养工作将立足“三个面向”定位，瞄准“两个一流”目标，以立德树人为根本，以理想信念教育为核心，为动物疫病防控和公共卫生安全培养德智体美全面发展的社会主义建设者和接班人。

兰州兽医研究所

兰州兽医研究所（简称“兰州兽医所”）成立于1957年，是我国专门从事预防兽医学研究的著名科研单位之一，尤其在草食动物疫病研究上具有传统优势。是全国唯一的口蹄疫科学研究、诊断和咨询中心，在国内外享有盛誉。2006年1月，中编办批准加挂“中国动物卫生与流行病学中心兰州分中心”的牌子。

现有职工257人，其中研究员47人，副研究员70人。在职职工中有长江学者1人，国家杰出青年基金获得者1名，中青年科技创新领军人才2人，全国农业科研杰出人才1人，现代农业产业技术体系岗位专家4名，国家新世纪“百千万人才工程”人选2名，享受政府特贴专家4名，中国青年科技奖获得者2人；荣获省部级荣誉称号的有10人次，其中农业部有突出贡献的中青年专家2人；甘肃省优秀专家1人，甘肃省领军人才1人，甘肃省“333科技人才工程”第一、二层次人选和“555创新人才工程”第一、二层次人选5人，甘肃省杰出青年基金获得者4人；中国农业科学院农科英才领军人才A类2人，B类2人，C类2人，青年英才3人。

现有7个依托于研究所建立的国家、部委重点实验室及检测中心，包括家畜疫病病原生物学国家重点实验室、国家口蹄疫参考实验室、农业部动物病原生物学重点实验室（学科群综合实验室）、国家包虫病专业实验室、国家非洲猪瘟区域实验室、甘肃省动物寄生虫病重点实验室和甘肃省生物检测工程技术研究中心。此外，还建立有世界动物卫生组织口蹄疫参考实验室、世界动物卫生组织羊泰勒虫病参考实验室、世界动物卫生组织囊虫病参考实验室。并建立了国家菌种保藏口蹄疫病毒和血液原虫保藏分中心。拥有P3实验室、P3级大型和中型动物实验室以及GMP中试基地等大型基础设施，在国内具有无可替代的位置。

兰州兽医研究所是中国农业科学院研究生院成立时即开始招收研究生的单位之一，现有研究生导师78人，其中博士生导师29人。自1983年开始招收研究生以来，共培养研究生472人，其中培养博士研究生90名、硕士研究生378名，外籍博士4名，为社会培养了大量优秀人才。获得优秀硕士学位论文5篇、优秀博士学位论文1篇。从2011年以来，共有8位博士生、2位硕士生获得国家奖学金。研究生的毕业率和学位授予通过率达100%。

研究所设立了大华农奖学金、中农威特助学金、勃林格殷格翰研究生论坛奖学金等一系列奖助学金体系，100%覆盖。研究所还积极组织学生开展丰富多样的郊游、拓展训练等文体活动，丰富了学生的业余生活。目前，在读研究生共计 204 人，其中博士 56 人，硕士 127 人，留学生 21 人。

自 2012 年始，共招收培养留学生 21 名（硕士 2 名、博士 19 名），其中中国政府奖学金获得者 15 名。同时，积极推荐研究生参加“国家建设高水平大学”公派研究生计划，至今已有 14 位研究生被国家留学基金委派往德国、英国、荷兰、瑞典、澳大利亚、西班牙等国家攻读博士学位，另外有 6 位研究生赴国外进行短期培训。

建所以来，研究所获奖成果 150 项，其中国家级奖 14 项；授权发明专利 218 项；发表 SCI 收录论文 900 余篇。研制出了用于口蹄疫等疫病的疫苗 34 种、诊断试剂近百种和兽药产品 9 个。收藏种毒、菌种、虫种 800 余种（株）。在我国兽医科研和动物重大疫病防控方面发挥了学术带头作用，为我国畜牧业的健康、快速发展和国家公共安全做出了重要贡献。

兰州畜牧与兽药研究所

兰州畜牧与兽药研究所（简称“兰州牧药所”）于 1996 年由中兽医研究所（1958 年建所）与兰州畜牧研究所（1978 年建所）合并成立，是一所涵盖畜牧、兽医、兽药、草业四大学科研究的综合性农业科研机构。2002 年，研究所被科技部、财政部、中编办等三部委确定为非营利性科研机构。2007 年，在农业部组织的“全国农业科研机构综合科研能力评估”中进入百强行列。2011 年，在“十一五”全国农业科研机构科研综合能力评估中，研究所排名全国第 44 名、中国农业科学院第 11 名、甘肃省第 1 名、全国专业第 4 名、全国行业第 4 名。

研究所主要从事畜牧、兽医、兽药、草业 4 大学科 10 个重点方向的研究，设有畜牧研究室、兽药研究室、中兽医（兽医）研究室、草业饲料研究室 4 个研究部门。根据学科建设和科研工作的需要，按照专业、人才、科研任务、基础平台条件等内容，先后创建了兽药创新与安全评价 1 个农业农村部创新团队；牦牛资源与育种，细毛羊资源与育种，兽药创新与安全评价，兽用天然药物，兽用化学药物，寒生、旱生灌草新品种选育，奶牛疾病，中兽医与临床 8 个中国农业科学院科技创新团队。建成了省部级重点实验室和部院野外科学观测试验站等 23 个科技平台。

1979 年，研究生招生制度恢复以来，研究所立足当前，面向未来，以科学的人才观指导和培养研究生，按照中国农业科学院研究生院“院所结合、两段式人才培养”的模式，坚持“以人为本、以研为本、以质量为本”的原则，不断开拓创新，着力培养高层次研究型的农业科技专业人才，为推动我国现代畜牧业经济的发展、服务“三农”等方面做出了积极贡献。

1980—2018 年，研究所动物遗传育种与繁殖、基础兽医学、临床兽医学、预防兽医学、中兽医学、兽药学、食品科学和草业科学 8 个专业招收研究生。现有研究生导师 38 人，其中博士生导师 8 人。共培养研究生 288 名（含在职培养），其中博士 72 名，硕士 212 名，博士留学生 4 名。随着研究所科学研究自主创新能力的不断提高，对外学术交流与合作领域的不断扩大，师资力量的不断壮大，研究所充分发挥学科优势，还与甘肃农业大学、西北民族大学等高等农业院校开展联合培养研究生。近 10 年来研究所积极培养博士后人才，积极与全国高校及科研单位合作培养博士后 7 名。

在农业农村部、科技部、中国农业科学院和甘肃省的支持下，研究所紧紧围绕国家发展需求，自觉面向经济建设主战场，先后承担科研课题 1 670 余项，获奖成果 208 项，其中国家奖 12 项，省部级奖 159 项；获得授权专利 1 125 件，其中美国发明专利 1 件，国内发明专利 188 件，实用新型专利 930 件，外观专利 6 件；授权软件著作权 60 件；发表论文 6271 篇，SCI 收录 230 篇，编写著作 261 部；培育畜禽新品种 6 个，牧草新品种 10 个；创制国家一类新兽药 4 个，获新兽药、饲料添加剂证书 77 个；制定国家及行业标准 46 项。研究所是中国毒理学会兽医毒理学专业委员会、中国畜牧兽医学会西北病理学分会、西北中兽医学分会、全国牦牛育种协作组挂靠单位。研究所与德、美、英、荷、澳、加等国的高等院校和科研机构建立了科技合作交流关系。

近年来，研究所先后获得“全国文明单位”“全国精神文明建设工作先进单位”“甘肃省文明单位”“中国农业科学院文明单位”“甘肃省绿化模范单位”等一系列荣誉称号。

草原研究所

草原研究所（简称“草原所”）成立于 1963 年，坐落于内蒙古自治区呼和浩特市，是国内草业学科门类最齐全的国家公益性综合研究机构。研究所设有草学学科和博士后流动站，是草学一级学科博士和硕士培养单位，是我国草业科学领域国家高层次人才培养基地。草原所围绕我国草原资源、生态、经济发展等战略需求以及草业科学领域科学前沿和技术问题，草原所重点研究方向为牧草种质资源、牧草遗传育种、牧草栽培与生产、牧草加工、草地灾害防控、草原生物多样性保护与利用、天然草原生态、放牧人工草地生态、草地机械装备、草产品质量安全与风险评估、数字草原等。

科技支撑平台主要有国家牧草种质资源中期保存库、国家种质多年生牧草圃、国家牧草改良中心、国家林业和草原局呼和浩特草种质资源与育种国家长期科研基地等国家级平台；拥有农业农村部牧草资源与利用、草地生态与修复治理、草地与农业生态遥感、草业产品质量风险评估 4 个部级（重点）实验室；农业农村部鄂尔多斯沙地草原生态环境重点野外科学观测试验站等部院以及所级科学观测试验站和试验基地 9 个。

目前，研究所拥有研究生导师 28 名，其中博士生导师 8 名，多数为本领域中青年骨干。建所以来，先后获得国家、省部级科技成果奖 110 多项，专利 208 项，其中发明专利 25 项，计算机软件著作权 47 项，发表论文 2 000 余篇，出版著作 160 部，新品种 33 个。

截至 2018 年年底，共培养硕士学位人员 239 人，其中统招硕士 120 人，农业推广硕士 75 人，博士学位人员 44 人。已成为科学研究工作的骨干，正在自己的工作岗位上发挥着积极而重要的作用。目前，正在培养的硕士、博士学位人员共计 32 人。

草原所主办的《中国草地学报》是我国创办最早的草学期刊，现为中文核心期刊、中国科技核心期刊、中国农业核心期刊、RCCSE 中国核心期刊学术期刊和中国科学引文数据库来源期刊。根据《中国学术期刊影响因子年报（自然科学与工程技术 2017 版）》资料，《中国草地学报》复合影响因子为 2. 103，综合影响因子为 1. 498；在 2016 年中国科技期刊 CSCD 影响因子 300 名排行表中位居第 67 位。

先后有美国、英国、新西兰、加拿大、澳大利亚、俄罗斯、日本、波兰、蒙古国、印度、尼泊尔等国家的专家、学者来所进学术交流行并就草业科学的研究与发展方面共同关心的问题进行探讨；研究所有多名专家、学者赴国外与同行进行共同研究与学术交流。通过国际间的学术交流，增进了相互间的了解，扩大了研究所在国际学术界的影响。2015 以来，开展与欧盟以及澳大利亚、俄罗斯、蒙古国等国际合作研究；承担科技部国际合作重大项目、中澳国际合作项目、中俄政府间科技合作项目、国家自然基金国际合作交流项目；参与获批欧盟发起的“地平线 2020”国际合作项目；在蒙古国建立国际试验示范基地 1 处。与蒙古国科技人员合作，牵头编写《蒙古高原草原科学》，将欧亚草原作为一个整体进行系统的总结，该书对蒙古高原草原科学研究、教学具有重要的参考意义。派出 41 人次赴美国、日本等国参加学术活动、开展合作研究，邀请美国、英国、日本、澳大利亚、蒙古国、俄罗斯等国专家 32 人次来所讲学。

农业农村部南京农业机械化研究所

农业农村部南京农业机械化研究所（简称“南京农机化所”），是国务院 1957 年批准成立的我国最早的以农机化科技创新、教育培训和质量检测等为主的国家级公益性科研院所之一。

几十年来，研究所为我国农业机械化事业做出了重大贡献。成立之初，成功研制了世界上第一台水稻插秧机。研制的沤田绳索牵引机、远程喷雾机、畜力水田犁、手扶拖拉机、旋耕机和脱粒机等农田作业机械，代表了当时我国农业机械研制的先进水平，完成的农业机械化软科学研究成果，为国家农业机械化方针政策制定提供了重要参考依据。目前，研究所已经形成了包括耕种机械、收获机械、农产品加工机械、植保及资源化利用机械等 4 个学科领域共 12 个研究方向的学科体系，研究领域较为广泛。

研究所拥有优良的科研设备、大量的前沿课题、充足的科研经费、丰富的文献资源和一流的导师队伍，为研究生开展学术研究提供了良好的支撑条件。研究所建有国家博士后科研工作站、农业农村部现代农业装备重点实验室、江苏省农作物收获装备工程技术研究中心、江苏省施药技术和装备工程技术研究中心等国家及省部级科研平台，设有国家植保机械质量监督检验中心等国家及行业检测中心。在农业农村部“国家现代农业产业技术体系”建设中，建有花生、油菜、茶叶、麻类、食用菌、食用豆、甘薯、西甜瓜、绿肥、大麦青稞等 10 个机械化研究室，共有 14 名岗位科学家。建所以来，共获得各类科研成果 1 300 多项，各类科技奖励 160 多项，其中国家、部、省级奖励 120 多项，国家发明和实用新型专利千余项。研究所与世界诸多国家和地区科研机构有技术交往，在农业工程技术领域享有较高声誉。

研究所自 2007 年开始正式独立招收博硕研究生，主要承担中国农业科学院农业机械化工程二级学科博士、硕士学位授权学科的建设。同时，研究所还长期与南京农业大学、江苏大学、安徽农业大学、南京工程学院、西华大学、南通大学、湖北工业大学等多家高校联合培养研究生。截至2018年，研究所共有研究生导师49人，其中博士生导师5人。已培养博硕研究生约160人，其中独立培养91人，大部分毕业研究生考入美国芝加哥大学、中国农业大学、北京理工大学、南京理工大学等国内外知名高校继续攻读博士学位，或进入知名科教单位、世界500强等知名企业就职，毕业生培养质量获得了用人单位的一致认可。

农业农村部食物与营养发展研究所

农业农村部食物与营养发展研究所（简称“食物营养所”）于2012年经中编办、农业部批复成立，是实行理事会制的公益性事业单位，同时也是国家食物与营养咨询委员会科研载体和办事机构。办所宗旨是为国家保障食物安全供给、优化食物结构、强化居民营养改善、促进食物生产消费营养协调发展、提高国民素质和健康水平提供决策服务。

食物营养所设有食物营养发展与战略、食物营养与健康两大学科领域以及食物营养发展与战略、食物营养产业与政策、农产品营养因子与功效评价、农产品营养标准4个学科方向。建有农业农村部农产品质量与营养功能风险评估实验室、食物与营养政策分析与决策支持系统开放实验室2个科学研究平台以及双蛋白工程技术研究中心、食物与营养咨询平台2个公共服务平台。

建所以来，通过接收高校应届毕业生、海外留学归国人员等多种方式大力引进各类人才，初步形成了一支年龄与学历结构合理、整体素质高、创新能力强的食物营养学科创新人才队伍，其中具有高级职称的18人，博士学位的22人。作为国家农业科技创新工程试点单位，建有食物营养战略与政策、食物营养与安全2个创新团队。食物营养所自2014年独立招生以来，研究生教育规模持续扩大，招生专业包括食品科学、农产品加工与贮藏工程、农业经济管理等学术学位学科以及食品加工与安全、农村发展、农业管理等专业学位领域；另有2个博士后流动站。目前研究生导师共计15人，其中博士生导师1人；在校研究生23人；已顺利毕业硕士生12人，博士生2人。

食物营养所在河北廊坊设有食物营养田间种植试验基地，同时，国家食物与营养咨询委员会已创建公布的29个国家食物营养教育示范基地可为本所研究生教学与实践提供支持条件。

近年来，食物营养所与美国、欧盟、日本、韩国、加拿大等10余个国家的食物营养相关科研机构以及国际食物政策研究所等国际研究组织签署了战略合作协议，建立了良好的合作关系，在共建国际合作平台、联合申报国际合作项目、共同举办国际会议、高层次人才互访、开展学术交流和合作研究等方面开展了务实合作，定期邀请国际知名专家来研究所举办讲座，开展学术交流。

食物营养所主要围绕食物营养发展战略、食物营养产业政策、农产品营养功能和营养标准等主题，培养食物营养消费评价、消费引导与产业政策研究、食物营养标准与营养功能风险评估方向专业技术人才，服务于国家食物营养和健康产业发展。在中国农业科学院研究生院大力支持下，农业农村部食物与营养发展研究所从基础硬件、教学能力、科研实践等方面已成为我国食物营养学科高层次人才培养基地。

甘薯研究所

甘薯研究所（简称“甘薯所”）始建于1910年，位于五省通衢的历史文化名城江苏省徐州市，其前身是中国农业科学院薯类研究所，于2002年12月恢复挂牌，现为中国农业科学院、江苏省农业科学院和徐州市人民政府共建所，与江苏徐淮地区徐州农业科学研究所、江苏徐州甘薯研究中心、徐州市农业科学院同为一套领导机构。甘薯所（徐州所）是国家甘薯改良中心、国家甘薯产业技术研发中心建设依托单位，连续4次被农业部评为全国农业科研百强单位，在同类农业科研机构中均名列前茅。

甘薯所主要从事甘薯种质资源创新与利用、新品种选育与生物技术辅助改良、高效栽培与生理机制、病虫害防控机理与技术、产后加工与开发利用等领域的应用基础和应用技术研究以及水稻、小麦、棉花、大豆、花生和园艺作物的育种和栽培技术研究工作。中华人民共和国成立以来，先后育成农作物新品种300余个，荣获各级科技成果奖260余项（次），其中国家级科技成果奖30余项，国家发明奖3项。“六五”以来甘薯所一直牵头主持国家甘薯科研项目，承担全国甘薯科研工作的组织协调和对外合作与交流任务。育成了一大批甘薯新品种，推广种植面积约占全国甘薯良种种植面积的50%，闻名中外的“徐薯18”优良品种自1982年以来一直是国内甘薯生产的主体品种，获得国家发明一等奖。

甘薯所现有专职从事甘薯研究的师资队伍36人，其中研究员8人、副研究员20人，拥有博士学位11人，国家甘薯产业技术体系首席科学家1人、岗位科学家5人，具有国外留学（培训）经历19人。现有研究生导师8人，其中博士生导师1人。

甘薯所先后与国际马铃薯中心、美国、日本、韩国、印度尼西亚等国际组织、国外著名大学和科研机构以及中国农业大学等国内著名高校、科研机构、甘薯育苗和加工企业建立了良好的科技合（协）作关系。每年邀请多批次国内外知名专家和学者来所里开展学术交流，定期选拔优秀科技人员和学生赴国内外著名高校和国际组织培训和参加学术会议。经常组织学生参加各项学术活动，认真做好专业Seminar课程，拓宽研究生的科研视野，提高研究生的科研素养。

现有博士后工作站、农业部甘薯生物学与遗传育种重点实验室、国家甘薯种质徐州试管苗库、国家甘薯国外智力引进示范推广基地、中国农业科学院研究生院研究生培养点，江苏师范大学研究生联合培养点等20余个科研教学平台。建有占地70公顷的高标准“徐州现代农业试验示范基地”、温网暗室1万余平方米和3 875平方米的现代化实验大楼，国内外先进的科研仪器设备300余台（套）、总价值2 000余万元。

甘薯所坚持按德才兼备、理论和实践相结合的目标，为农业科研和推广培养具有较高理论素养、既能走进田间地头也能走入实验室的复合型人才，是国内为数不多的培养甘薯分子育种、种质资源创新、高效生产技术研发、产后加工利用的研究生培养基地。甘薯所著名专家盛家廉先生受中国农业科学院委托于1984年开始招收硕士研究生，2010年正式以甘薯研究所名义招收硕士研究生，并授予中国农业科学院硕士学位，目前已招收硕士研究生 10 人，6 人已经顺利毕业，其中 2 人继续深造，其余 4 名毕业生均找到合适的工作岗位，并受到用人单位的好评。

家禽研究所

家禽研究所（简称“家禽所”）成立于 1959 年，是我国创建最早的国家级家禽专业研究所。是以家禽种质资源保护及评价、家禽遗传育种与种禽扩繁、家禽品种性能测定与品质监督检验、家禽重大疫病研究与防控、家禽业信息服务与决策咨询等为主要研究任务的公益性研究机构。地处江苏省扬州市，占地面积近 80 多公顷（其中，总部 4 公顷，试验基地 30 公顷，产业基地 36 公顷）。实验室建筑面积 2 万平方米，拥有试验仪器 400 多台（套），资产价值近 4 亿元。

现有在职科研人员 151 人，其中正高级技术职务 19 人，副高级技术职务 29 人，博士 23 人，硕士 51 人，农业农村部学术委员会委员 1 人，国家家禽资源委员会主任委员 1 人，中国农业科学院学术委员会委员 1 人，农业农村部行业体系岗位专家 2 名、试验站站长 1 名，国家级突出贡献专家 2 人，省级突出贡献中青年专家 5 人，享受政府特殊津贴的专家 3 人，国家重大项目主持专家 8 人，省“六大人才高峰”专家 6 人，省“333 工程”培养对象 15 人（其中第二层次 2 人），多名人员担任国家级学会和协会的会长和秘书长。有 80%以上的技术人员主持或参与过省部级以上科研项目，拥有一支高水平的人才梯队。

家禽所是国家家禽产业技术创新战略联盟、江苏省家禽产业技术创新战略联盟的理事长、秘书长单位，拥有的科研平台和机构有：国家地方禽种资源基因库、农业部禽类产品质量安全风险评估实验室、农业部种禽质量安全监督检验中心、农业部家禽品质监督检验测试中心及所属国家家禽生产性能测定站、中国农业科学院家禽遗传资源评价与繁育重点开放实验室、江苏省家禽遗传育种重点实验室、江苏省家禽育种中心、江苏省家禽保健药品工程技术研究中心、中国家禽业信息中心、《中国家禽》杂志、《中国禽业导刊》杂志、中国家禽业信息网、中国畜禽遗传资源动态信息网等。多年来，围绕我国家禽产业发展需要，形成了公共基础、环境控制与设施、资源保护与评价、水禽育种与生产、产业信息与经济、质量安全与加工、肉鸡育种与生产、特禽育种与生产、家禽饲料与营养、禽病预防与控制等十一大研究学科，为我国家禽业的发展提供了强大的科技支撑。

家禽所于 2011 年开始招收硕士研究生，现有硕士生导师 6 人。按“院所结合，两段式”进行培养。主要招生专业有动物遗传育种与繁殖二级学科及畜牧、食品加工与安全等专业学位领域。培养期间坚持质量，突出特色，培养全面发展的高级专门人才。培养学生成为思想进步，综合素质良好的人才。当前培养的毕业生在科研单位、企业等各重要岗位得到认可。

近年来，研究所不断加强国际交流与合作，先后与美国、荷兰、俄罗斯等国家的高校和农业科研院所建立了紧密的合作伙伴关系，开展家禽资源保护、抗病育种、生物分子技术等方面的科技合作。

附录1　研究生院管理制度目录

研究生院规章制度汇编（2017年）

序号	类型	制度名称	制定时间	修订时间
1	党务纪检	中共中国农业科学院研究生院委员会工作规则	2016年5月	
		中国农业科学院研究生院“三重一大”制度实施细则	2014年7月8日制定	2016年12月28日修订
		中国农业科学院研究生院编外职工党员管理办法（试行）	2016年7月21日制定	
		中国农业科学院研究生院文明处室、文明职工评选办法	2011年11月9日制定	2016年12月28日修订
		中国农业科学院研究生院关于评选年度先进基层党支部、优秀共产党员、优秀党务工作者的规定	2011年11月9日制定	2016年12月28日修订
		中国农业科学院研究生院廉政建设责任制实施办法	2010年5月18日制定	2016年12月28日修订
		中国农业科学院研究生院纪律检查委员会工作规则	2011年9月13日制定	
2	政务管理	中国农业科学院研究生院工作规则	2004年5月制定	2016年12月28日修订
		中国农业科学院研究生院职工代表大会工作实施细则	2005年7月15日制定	2016年12月28日修订
		中国农业科学院研究生院主要会议制度及议事规则	2016年12月28日制定	
		中国农业科学院研究生院会议管理细则	2016年12月28日制定	
		中国农业科学院研究生院公文管理办法	2004年5月20日制定	2016年12月28日修订
		中国农业科学院研究生院公务接待管理办法	2014年1月1日制定	2016年12月28日修订
		中国农业科学院研究生院院内请示办法	2011年11月30日制定	2016年12月28日修订
		中国农业科学院研究生院督办工作规则	2016年12月28日制定	
		中国农业科学院研究生院印章管理办法	2016年12月28日制定	
		中国农业科学院研究生院宣传工作管理办法	2014年1月1日制定	2016年12月28日修订
		中国农业科学院研究生院值班工作制度	2016年7月20日制定	
		中国农业科学院研究生院政府采购管理办法	2004年5月制定	2016年12月28日修订
		中国农业科学院研究生院物品及服务采购管理办法	2016年12月28日制定	
		中国农业科学院研究生院档案管理办法	2011年11月15日制定	2016年12月28日修订

（续表）

序号	类型	制度名称	制定时间	修订时间
3	人事管理	中国农业科学院研究生院用人制度改革实施办法	2011 年 11 月 22 日制定	
		中国农业科学院研究生院收入分配管理办法	2012 年 3 月 16 日制定	
		中国农业科学院研究生院“科教英才计划”管理办法	2016 年 12 月 22 日制定	
		中国农业科学院研究生院职工考勤管理办法	2011 年 11 月 22 日制定	2016 年 12 月 28 日修订
		中国农业科学院研究生院职工教育培训工作管理办法	2016 年 12 月 28 日制定	
		中国农业科学院研究生院年度考核管理办法	2004 年制定	2016 年 12 月 28 日修订
		中国农业科学院研究生院干部实践锻炼管理办法	2011 年 10 月 24 日制定	2016 年 12 月 28 日修订
		中国农业科学院研究生院编外聘用人员管理规定	2010 年 9 月 19 日制定	2016 年 12 月 28 日修订
4	财务管理	中国农业科学院研究生院财务管理办法	2011 年 11 月 30 日制定	2016 年 12 月 28 日修订
		中国农业科学院研究生院基本建设财务管理办法	2011 年 11 月 30 日制定	2016 年 12 月 28 日修订
		中国农业科学院研究生院国有资产管理暂行办法	2011 年 9 月 20 日制定	2016 年 12 月 28 日修订
		中国农业科学院研究生院差旅费管理办法（试行）	2016 年 12 月 28 日制定	
		中国农业科学院研究生院非营利性科研机构改革专项启动经费管理办法	2011 年 11 月 30 日制定	2016 年 12 月 28 日修订
		中国农业科学院研究生院修缮购置专项资金管理办法	2011 年 11 月 30 日制定	2016 年 12 月 28 日修订
		中国农业科学院研究生院财务报销管理办法	2014 年 1 月 1 日制定	
		中国农业科学院研究生院差旅费管理办法（试行）	2016 年 12 月 28 日制定	
		中国农业科学院研究生院间接经费管理办法	2017 年 10 月 1 日制定	
		中国农业科学院研究生院结余资金管理办法	2017 年 10 月 1 日制定	
		中国农业科学院研究生院横向经费（收入）使用管理办法	2017 年 10 月 1 日制定	
		中国农业科学院研究生院财务助理管理办法	2017 年 10 月 1 日制定	
		中国农业科学院研究生院公费医疗报销暂行规定	2014 年 1 月 1 日制定	

（续表）

序号	类型	制度名称	制定时间	修订时间
5	安全保密及信息管理	中国农业科学院研究生院网络安全保密管理办法	2010年10月21日制定	2016年12月28日修订
		中国农业科学院研究生院网站管理规定	2011年11月29日制定	2016年12月28日修订
		中国农业科学院研究生院保密管理规定	2016年12月28日制定	
		中国农业科学院研究生院安全管理规定	2011年11月30日制定	2016年12月28日修订
6	培养管理	中国农业科学院研究生院专职教师工作量考核实施细则（试行）	2011年11月30日制定	
		中国农业科学院研究生院兼职教师教学津贴暂行规定	2013年12月3日制定	
		中国农业科学院研究生院研究生管理工作先进集体和先进个人评选办法	2012年1月5日制定	2016年12月28日修订
		中国农业科学院研究生院专职教师岗位管理办法（试行）	2011年9月1日制定	
7	科研道德及项目管理	中国农业科学院研究生院学术道德与学术行为规范	2011年1月1日制定	2016年12月28日修订
		中国农业科学院研究生院学术委员会章程	2011年10月26日制定	2016年12月28日修订
		中国农业科学院研究生院科研项目管理办法	2011年10月9日制定	2016年12月28日修订
		中国农业科学院研究生院科研经费管理办法（试行）	2016年12月28日制定	
		中国农业科学院研究生院基本科研业务费专项管理实施细则	2016年12月28日制定	
		中国农业科学院研究生院基本科研业务费专项资金报销规定	2011年11月30日制定	2016年12月28日修订
8	后勤、基建管理制度	中国农业科学院研究生院基本建设管理办法	2011年11月2日制定	2016年12月28日修订
		中国农业科学院研究生院小型基建工程项目管理（采购）办法	2016年7月21日制定	2016年12月28日修订
		中国农业科学院研究生院房屋、教室对外租赁管理办法	2010年9月2日制定	2016年12月28日修
		中国农业科学院研究生院学生食堂管理规定	2016年12月28日制定	
		中国农业科学院研究生院设备设施日常维护维修管理办法	2010年8月31日制定	2016年12月28日修订
		中国农业科学院研究生院学生宿舍临时安排住宿管理规定	2010年9月3日制定	2016年12月28日修订
		中国农业科学院研究生院单身职工宿舍管理规定	2008年5月1日制定	
		中国农业科学院研究生院消防安全管理规定	2016年12月28日制定	

《研究生手册（2019 年版）》

序号	类型	名称	制定时间	修订时间
1	综合	高等学校学生行为准则		
		中华人民共和国学位条例	1980 年 2 月 12 日	2004 年 8 月 28 日
		中华人民共和国学位条例暂行实施办法	1981 年 5 月 20 日	
		高等学校预防与处理学术不端行为办法（中华人民共和国教育部令第 40 号）		
		普通高等学校学生管理规定（中华人民共和国教育部令第 41 号）		
		涉密研究生与涉密学位论文管理办法	2016 年 11 月 25 日	
		中国农业科学院科研道德规范		
		中国农业科学院科研诚信与信用管理暂行办法	2018 年 9 月 7 日	
		中国农业科学院学术道德与学术纠纷问题调查认定办法	2018 年 9 月 7 日	
		中国农业科学院研究生工作管理暂行规定		
		中国农业科学院研究生指导教师工作条例		2016 年 1 月 17 日
		中国农业科学院全面落实研究生导师立德树人职责实施细则	2018 年 11 月 5 日	
		中国农业科学院研究生院学术道德与学术行为规范		
2	培养	博士研究生培养工作暂行规定		
		学术学位硕士研究生培养工作暂行规定		
		专业学位硕士研究生培养工作指南		
		研究生课程管理暂行规定	2018 年起执行	
		研究生考试纪律及违纪处理办法（试行）	2019 年 9 月 1 日	
		研究生第一外国语（英语）课程免修管理办法（试行）	2018 年起执行	
		研究生科研记录管理暂行办法	2014 年 9 月 1 日	
		研究生学术活动管理办法	2018 年起施行	
		研究生开题报告暂行规定	2018 年 9 月 1 日	
		研究生中期考核暂行规定	2018 年 9 月 1 日	
		研究生回所课程教学管理办法（试行）		
		中国农业科学院接收优秀应届本科毕业生免试攻读研究（含直博生）工作管理办法		
		中国农业科学院硕博连读研究生招生选拔办法		

（续表）

序号	类型	名称	制定时间	修订时间
		中国农业科学院研究生院学生管理规定		2017年7月
		中国农业科学院研究生院研究生国家奖学金评审办法（试行）		2018年7月
		中国农业科学院研究生院研究生学业奖学金评选办法（试行）		2018年7月
		中国农业科学院研究生学业奖学金评审实施细则（试行）		2018年7月
		中国农业科学院研究生学业奖学金综合测评量化考核细则（试行）	2014年起执行	
		中国农业科学院研究生院学生奖励条例	2016年7月修订	
		中国农业科学院研究生院研究生违纪处分条例（试行）	2008年起执行	
		中国农业科学院研究生院研究生注册管理办法（试行）	2012年起执行	
		中国农业科学院研究生院学生证管理办法	2014年起执行	
		中国农业科学院研究生院火车票学生优惠卡使用管理规定	2014年起执行	
3	学生管理	中国农业科学院研究生院研究生公寓管理规定		
		中国农业科学院研究生院教学楼管理规定（试行）		
		研究生院教学楼自习室管理规定（试行）		
		研究生院浴室管理规定（试行）		
		中国农业科学院研究生院学生宿舍网络管理规定	2013年8月制定	
		中国农业科学院研究生院研究生集体户口管理办法	2009年起施行	
		中国农业科学院研究生院研究生婚育管理办法（试行）		2016年7月
		中国农业科学院研究生出国（境）管理办法	2017年起执行	
		中国农业科学院研究生助学金及助研津贴实施办法（试行）	2017年起开始施行	
		中国农业科学院研究生院关于研究生“三助”制度的暂行办法		
		中国农业科学院研究生院研究生公费医疗管理办法	2017年9月1日起执行	
		中国农业科学院研究生院特困生补助实施办法	2017年9月1日起执行	
		中国农业科学院研究生院研究生社会实践管理办法		

（续表）

序号	类型	名称	制定时间	修订时间
4	学位	中国农业科学院学位授予工作实施细则		2019 年 6 月 25 日
		中国农业科学院关于向具有研究生毕业同等学力的在职人员授予硕士学位工作实施细则	2008 年 9 月 1 日起执行	
		中国农业科学院关于学位授予工作中舞弊作伪行为的处理办法（试行）		
		中国农业科学院关于研究生攻读学位期间发表学术论文要求的规定		2012 年 7 月 3 日
		中国农业科学院学位论文双盲制评阅实施办法		2017 年 7 月 6 日
		中国农业科学院涉密研究生学位论文管理规定		2011 年 1 月 13 日
		中国农业科学院优秀学位论文评选及奖励办法		2019 年 1 月 18 日
		中国农业科学院学位论文与摘要写作规范		2009 年 6 月
5	就业	中国农业科学院研究生院毕业生就业工作实施细则		
		中国农业科学院困难毕业生就业帮扶暂行办法		
		中国农业科学院研究生院关于对西部地区、艰苦边远地区和基层单位就业毕业生的奖励办法	2011 年 8 月 1 日起施行	

附录2　2009—2019年研究生院获荣誉表彰情况

序号	奖励名称	奖励部门	奖励时间
1	全国巾帼文明岗	中华全国妇女联合会 全国妇女“巾帼建功”活动领导小组	2009. 2
2	首都军（警）民共建标兵单位	首都精神文明建设委员会	2009. 9
3	农业部2008—2009年度文明单位	农业部直属机关精神文明建设协调领导小组	2009. 12
4	海淀区拥军优属先进单位	北京市海淀区双拥工作领导委员会	2009. 12
5	2009年度海淀区交通安全先进单位	北京市海淀区交通安全委员会	2009. 12
6	中国农业科学院2007—2008年度文明单位标兵	中国农业科学院	2009. 11
7	中央国家机关文明单位	中央国家机关精神文明建设协调领导小组	2010
8	海淀区拥军优属先进单位	北京市海淀区双拥工作领导委员会	2010. 12
9	海淀区2010年度统计先进单位	北京市海淀区统计局	2010. 12
10	北下关地区2009年度文明单位	北下关街道精神文明建设委员会	2010. 3
11	中国农业科学院2008—2009年度先进基层党组织	中共中国农业科学院直属机关委员会	2010. 7
12	2010年度北京地区学位授予信息报送工作先进集体	北京教育综合服务中心	2011. 5
13	农业部直属机关先进基层党组织	中共农业部直属机关委员会	2011. 6
14	2011年度海淀区交通安全先进单位	北京市海淀区交通安全委员会	2011. 12
15	中国农业科学院文明单位标兵（2009—2010年度）	中国农业科学院精神文明建设委员会	2011. 1
16	中国农业科学院2009—2010年度先进基层妇女组织	中国农业科学院妇女工作委员会	2011. 3
17	中国农业科学院2011年度人口与计划生育工作先进单位	中国农业科学院计划生育委员会	2011. 12
18	2012年在京外国留学生“我与北京”主题征文比赛优秀组织单位奖	北京市对外友好协会和北京市外办	2012. 12
19	全国高等教育学籍学历管理工作先进集体	教育部高校学生司	2012. 1
20	农业部文明单位	农业部直属机关精神文明建设协调领导小组	2012. 6
21	农业部2009—2011年度先进基层团组织	农业部直属机关团委	2012. 5
22	2012年度海淀区交通安全先进单位	北京市海淀区交通安全委员会	2012. 12

（续表）

序号	奖励名称	奖励部门	奖励时间
23	中国农业科学院文明单位（2011—2012 年度）	中国农业科学院精神文明建设委员会	2012
24	中国农业科学院 2010—2011 年度先进基层党组织	中共中国农业科学院直属机关委员会	2012. 7
25	中国农业科学院青年文明号	中国农业科学院团委	2012. 7
26	中国农业科学院 2011—2012 年度“好公文”评选活动优秀奖	中国农业科学院办公室	2012. 11
27	中国农业科学院 2011 年度信息宣传工作先进单位	中国农业科学院办公室	2012. 11
28	首届大学生科技资源共享与服务实践竞赛优秀组织奖	国家科技基础条件平台中心	2013. 12
29	海淀区军（警）民共建标兵单位	北京市海淀区双拥工作领导委员会	2013. 12
30	2013 年度中国农业科学院优秀网站三等奖	中国农业科学院	2013. 11
31	中国农业科学院先进基层妇女组织（2011—2012 年度）	中国农业科学院妇工委	2013. 3
32	2013 年度北京地区学位授予信息报送工作先进单位	北京教育综合服务中心	2014. 6
33	2013—2014 年度北京市科学道德和学风建设宣讲教育优秀示范项目	北京市科学道德和学风建设宣讲教育领导小组	2014. 9
34	2013 年度北京市团体献血先进单位	北京市献血办公室	2014. 1
35	中国农业科学院 2012—2013 年度先进基层党组织	中共中国农业科学院直属机关委员会	2014. 6
36	2012—2013 年度中国农业科学院先进基层团组织	中国农业科学院团委	2014. 12
37	首都文明单位	首都精神文明建设委员会	2015. 3
38	2014 年度北京地区学位授予信息报送工作先进单位	北京教育综合服务中心	2015. 6
39	中国农业科学院 2013—2014 年度先进基层妇女组织	中国农业科学院妇女工作委员会	2015. 3
40	中国老教授协会农业专业委员会 2014 年度先进集体	中国老教授协会农业专业委员会	2015. 2
41	2016 年度海淀区交通安全先进单位	北京市海淀区交通安全委员会	2016. 12
42	中国农业科学院 2015—2016 年度“好公文”单位	中国农业科学院	2016. 10
43	2012—2015 年度农业专业委员会工作发展先进集体	中国老教授协会农业专业委员会	2016. 1
44	2017 年度海淀区交通安全先进单位	北京市海淀区交通安全委员会	2017. 12

（续表）

序号	奖励名称	奖励部门	奖励时间
45	2016 年度北京市团体献血先进单位	北京市献血办公室	2017. 3
46	2016 年度人事劳动统计工作先进单位	中国农业科学院人事局	2017. 1
47	2014—2015 年度中国农业科学院先进基层团组织	中国农业科学院团委	2017. 2
48	中国农业科学院 2015—2016 年度先进基层妇女组织	中国农业科学院妇女工作委员会	2017. 3
49	2018 年在京外国留学生“我与北京”主题征文比赛优秀组织单位奖	北京市对外友好协会和北京市外办	2018. 6
50	北京市全国硕士研究生招生考试工作先进单位	北京教育考试院	2018. 6
51	农业农村部直属机关先进基层党组织	中共农业农村部直属机关委员会	2018. 6
52	2015—2017 年度中国农业科学院文明单位	中国农业科学院精神文明建设委员会	2018. 1
53	中国农业科学院 2016—2017 年度先进基层党组织	中共中国农业科学院直属机关委员会	2018. 6
54	中国农业科学院创新文化建设先进单位	中共中国农业科学院直属机关委员会	2018. 6
55	2017 年度中国农业科学院党建宣传信息工作先进单位	中共中国农业科学院直属机关委员会	2018. 9
56	中国农业科学院群众性体育活动先进单位	中国农业科学院	2018. 4
57	2017—2018 年度农业农村部直属机关五四红旗团组织	农业农村部直属机关党委	2019. 5
58	中国农业科学院 2016—2017 年度先进集体	中国农业科学院	2019. 1
59	中国农业科学院 2018 年度平安建设优秀单位	中国农业科学院	2019. 1
60	2017—2018 年度中国农业科学院巾帼文明岗	中国农业科学院妇女工作委员会	2019. 3

编 后 记

为迎接中国农业科学院研究生院建院40周年，研究生院决定续编《中国农业科学院研究生院志（2009—2019）》，成立了以院领导班子为主任、副主任，各处室主要负责人为编委的院志编纂工作委员会。院志编纂工作2018年10月正式启动，2019年9月完稿，历时1年。院志共分为11章，40余万字，全面翔实地记述了近10年研究生院的发展历程。

2018年，研究生院多次召开院长办公会，研究部署40周年院庆事宜，制定了《研究生院40周年院庆工作方案》；同时为更好地推进院志编纂工作，制定了《中国农业科学院研究生院志（2009—2019）编纂工作方案》，拟定了目录大纲，细化了具体分工，规范了写作要领，明确了院志编纂工作由刘大群、刘瀛弢、罗长富、王春霞和李哲敏直接领导，具体工作由罗长富主持，章节内容按分工要求由各处主要负责人负责。2019年1月，各处提交了负责部分内容的初稿，随后为确保院志工作稳步有序进行，陆续召开了院志编写协调碰头会和院志编写推进会，各处持续完善更新负责部分内容，几经修改统稿后形成了《中国农业科学院研究生院志（2009—2019）（征求意见稿）》，尔后交付老领导和院志编纂工作委员会审阅；2019年9月，组织召开了院志编纂座谈会，邀请近10年在研究生院工作过的部分退休和离任老领导出席会议并提出宝贵意见，随即成立了由罗长富、温洋、杨建玲、汪勋清、王仕龙、陈黎明、王恩涛组成的院志编写小组，根据老领导和院志编纂工作委员会提出的意见建议，迅速修改调整，并于9月底由编纂工作委员会定稿后送交中国农业科学技术出版社编辑出版。

《中国农业科学院研究生院志（2009—2019）》，继2009年出版的《中国农业科学院研究生院志（1979—2009）》之后，撰写了2009—2019年的相关内容，其篇章、体例上大体沿用了原院志，结构框架、章节顺序等略有调整，增加了“概述”和“研究生培养单位”两章以及“领导体制”“常设委员会”“学科评估”“中外合作办学”“乡村振兴及科教扶贫”“保密工作”等章节，以求更完整、更合理、更准确地反映近10年研究生院的发展状况。

近10年是中华人民共和国快速发展、人民生活水平不断提高、综合国力不断提升、国际竞争力不断增强的10年，也是研究生院不断深化教育改革、努力提高培养质量、加快“双一流”建设、走向国际化的10年。为了完整、详尽、真实、准确地体现研究生院近10年的研究生教育发展历程，向70周年国庆和40周年院庆献礼，研究生院领导高度重视院志的编纂，多次召开相关会议推进编纂工作，对章节顺序和框架结构多次修改，对征求意见稿认真审议把关；各处主要负责人尽职尽责，明确分工划分执笔人，针对反馈的意见认真修补完善，对词语和句子表达严格把关；各章节撰写人全力配合，干好本职工作之余加班加点完成任务，对文中数据和日期表述认真核对，仔细查阅档案，力争准确无误；此外，编纂工作还得到了老领导的大力支持，如刘大群、韩惠鹏、孙红等，怀着对研究生院的深厚感情和对研究生教育事业的责任感，不畏酷暑，百忙之中抽出时间前来参加座谈会，提出宝贵意见力求尽善尽美；老同志们也积极支持，如潘哲等，细心整理自己的工作笔记、文稿等纸质材料，提供了珍贵的历史参考资料。正是在各级领导和同事的重视、支持和帮助下，院志得以如期完成，在其付梓之际，衷心感谢对院志编纂表示关心的各级领导和同志，感谢为院志编纂倾注心血的各位前辈和同事，感谢向院志编纂提出意见建议的各位专家和同仁，最后，感谢所有为院志出版提供帮助的单位和个人。

由于编者水平有限以及个别史料不完整等原因，本书难免存在错漏之处，恳请各位读者批评指正。

院志编写小组

二〇一九年九月